傅斯年

中国近代历史与政治中的个体生命

Fu Ssu-nien: A Life in Chinese History and Politics

王汎森 著
王晓冰 译

生活·讀書·新知 三联书店

Simplified Chinese Copyright © 2017 by SDX Joint Publishing
Company. All Rights Reserved.
本作品中文简体版权由生活·读书·新知三联书店所有。
未经许可，不得翻印。

Fu Ssu-nien:a life in Chinese history and politics by Wang, Fan-sen
© Cambridge University Press 2000
ISBN 978-0-521-03047-2

此版本仅限在中华人民共和国境内（不包括香港、澳门特别行政区
及台湾省）销售

图书在版编目（CIP）数据

傅斯年：中国近代历史与政治中的个体生命／王汎森著；
王晓冰译．—北京：生活·读书·新知三联书店，2017.6（2025.7重印）
（当代学术）
ISBN 978-7-108-05956-7

Ⅰ.①傅…　Ⅱ.①王…②王…　Ⅲ.①傅斯年（1896-1950）—人物研究
Ⅳ.①K825.46

中国版本图书馆CIP数据核字（2017）第085689号

特邀编辑	孙晓林
责任编辑	冯金红
装帧设计	宁成春
责任印制	董　欢
出版发行	生活·讀書·新知 三联书店
	（北京市东城区美术馆东街22号　100010）
网　　址	www.sdxjpc.com
图　　字	01-2018-2730
经　　销	新华书店
印　　刷	天津裕同印刷有限公司
版　　次	2017年6月北京第1版
	2025年7月北京第8次印刷
开　　本	635毫米×965毫米　1/16　印张25.25
字　　数	280千字　图25幅
印　　数	27,001-29,000册
定　　价	72.00元

（印装查询：01064002715；邮购查询：01084010542）

当代学术

总　序

生活·读书·新知三联书店从1986年恢复独立建制以来，就与当代中国知识界同感共生，全力参与当代学术思想传统的重建和发展。三十年来，我们一方面整理出版了陈寅恪、钱锺书等重要学者的代表性学术论著，强调学术传统的积累与传承；另一方面也积极出版当代中青年学人的原创、新锐之作，力求推动中国学术思想的创造发展。在知识界的大力支持下，通过多年的努力，我们已出版众多引领学术前沿、对知识界影响广泛的论著，形成了三联书店特有的当代学术出版风貌。

为了较为系统地呈现中国当代学术的发展和成果，我们以上世纪八十年代以来刊行的学术成果为主，遴选其中若干著作重予刊行，其中以人文学科为主，兼及社会科学；以国内学人的作品为主，兼及海外学人的论著。

我们相信，随着当代中国社会的繁荣发展，中国学术传统正逐渐走向成熟，从而为百余年来中国学人共同的目标——文化自主与学术独立，奠定坚实的基础。三联书店愿为此竭尽绵薄。谨序。

生活·读书·新知三联书店
2017年3月

献给余英时教授

目　次

中译本序 …………………………… 1

鸣　谢 …………………………… 8

缩略语 …………………………… 9

导　论　1895 年后的思潮与傅斯年 …………………………… 1
　　傅斯年在中国现代知识界的地位 ＿＿＿＿ 5

第一章　傅斯年的早年 …………………………… 12
　　家乡：濒于崩溃边缘的旧社会 ＿＿＿＿ 12
　　傅斯年的成长历程 ＿＿＿＿ 16
　　北大岁月 ＿＿＿＿ 20
　　傅斯年和《新潮》 ＿＿＿＿ 30
　　作为五四游行示威主将的傅斯年 ＿＿＿＿ 33
　　年轻的叛逆者 ＿＿＿＿ 36
　　作为文化批判者的傅斯年 ＿＿＿＿ 38
　　对中国国民性的批判 ＿＿＿＿ 42
　　传统学术的再评估 ＿＿＿＿ 44
　　创造一个"社会" ＿＿＿＿ 46
　　"一团矛盾" ＿＿＿＿ 52

第二章　新历史学派的形塑 …………………………… 60
　　在伦敦和柏林的学习 ＿＿＿＿ 60

傅斯年与史语所 _____ 75
史语所的眼界和目标 _____ 83
史语所的工作 _____ 92

第三章　走向中国文明多元起源论：中国古史的学说 …………… 112

中国古史起源多元论 _____ 115
重建中国古代史 _____ 128
傅斯年学说的影响 _____ 135

第四章　反内省的道德哲学 …………… 140

反内省传统的出现 _____ 141
古代道德哲学的去伦理化 _____ 145
终结内省的道德传统 _____ 146

第五章　五四精神的负担 …………… 156

历史与政治 _____ 156
《东北史纲》 _____ 166
文化认同的需求 _____ 170
爱国主义与反传统 _____ 174
政治选择 _____ 177

第六章　一个五四青年的晚年 …………… 184

政府不端行为的批判者 _____ 191
对民族往昔的两难心理 _____ 198
平抑昆明学生运动 _____ 201
惩治汉奸 _____ 204
"清流" _____ 207
动荡年代的知识分子：在台湾和台大 _____ 215
寻找道德之源 _____ 220

"归骨于田横之岛" 225
结　语　一个五四青年的失败 228

附录一　攻击顾颉刚的小说片段 238
附录二　傅斯年与陈布雷笔谈记录 240
参考书目 241

附论六篇

傅斯年对胡适文史观点的影响 267
胡适与傅斯年 290
伯希和与傅斯年 296
傅斯年与陈寅恪 319
　　——介绍史语所收藏的一批书信
什么可以成为历史证据 328
　　——近代中国新旧史料观点的冲突
一个新学术观点的形成 363
　　——从王国维的《殷周制度论》到傅斯年的《夷夏东西说》

《傅斯年全集》总目录 380

中译本序

这是廿几年前写的一本书稿，正式由英国剑桥大学出版也是十年前的事。

廿几年前，我到美国普林斯顿大学做余英时先生的研究生。我在申请学校时的研究计划一个是战国到秦的思想转折，一个是明末的思想。余先生当时甫自耶鲁转来，见面之后便说，他认为我应该用傅斯年为题写博士论文，原因之一是如此重要的人物，西文及中文皆从未有专书。

为了写这篇序，我查了初到美国念书的旧笔记，居然发现我于1987年9月10日在普林斯顿帕玛堂与余英时老师的一段谈话记录：

> 下午与余老师谈，老师见面便建议我以傅斯年作为论文题目，他说能以档案作为论文题目是千载难逢的机会。我回答说这些档案资料太过零碎，余老师说无论如何总能够整理出一个脉络来，而且可以与我先前写过的两本书（案：1985年出版的《章太炎的思想》，及1987年出版的《古史辨运动的兴起》）相联。

就这样，我放弃了原先准备研究的题目，改作傅斯年。

在写这部论文的过程中，余先生提醒我，不必大幅转述傅斯年学术论文中的观点，如果想了解其学术观点的人，自然会去读他的原书，要紧的是把它放在整个时代思想、学术的脉络下来看。我基本上遵守了这一个指导原则。所以虽然傅斯年文集中有许多见解深刻的文字值得注意，但是在这本书中我并未大量复述他的文章。

这不是一本傅斯年一生的传记。传记必然要包括许多有趣的事件与交往情形，但此书对这方面的细节都尽可能地割舍了，除非它们能彰显历史的意义。生活传记方面的工作应该留给对傅氏的生平有兴趣的朋友来做，或是用一部年谱长编来表达。再者，此书是以英文撰写的，而英文著述有一定的体例，它必须围绕一个或几个themes来进行。所以此书是在一定的脉络之下开展，逸出这个脉络，或安排进去显得太臃肿的部分，都只好略去。在完成此书之后，我又陆续写过几篇补充性的文章，有兴趣的朋友可以参看（前三篇已收入本书的附论）——

一、《傅斯年对胡适文史观点的影响》

二、《什么可以成为历史证据》

三、《殷周制度论与夷夏东西说》

四、《民国的新史学及其批评者》

大概是在普林斯顿读书的第二年，我注意到普大的罗伦斯·史东（Lawrence Stone）的《历史叙述的复返》（"The Revival of Narratives"）一文，后来我也听过他有关16世纪欧洲的课。史东这一篇文章被认为是现代西方史学发展史中的一份重要文件，他在文中指责现代历史书大多不堪卒读，忘记了历史家本来的身份便是故事讲述者。他批判了年鉴学派史学，批判了新经济史，对马克思主义史学也有微词，提倡一种以问题为主干，但又不失叙事味道的历史写作。

此书的写作方式多少受到史东的感染，故希望它是问题取向的，但同时也是可读的。不管我成功地做到几分，但我在下笔时比较含蓄，对当时心中所思考的一些问题并未尽情地叙出，希望读者在阅读的过程中对此能有理解。

时间过得真快，离本书初稿写成已有二十几年。在我着手写这本书时，中外文世界似乎还没有一本以傅斯年为主题的专书。在此之前，已经出现几篇学位论文，但最后都没有出版，西方世界在提到傅氏时仅有一部参考文献是Alan Moller一本题为"Bellicose Nationalist of Republican China: An Intellectual Biography of Fu Ssu-nien"(《中国好战的民族主义者》)的博士论文。此书写到一半时,聊城师大历史系教授合写的《傅斯年:大气磅礴的一代学人》才出现。现在,有关傅斯年的中文书已经很多。这都是这十几年来的新荣景。

除了交代撰写本书的因缘外,我也想趁这个机会,记下一些零星的看法。

我认为,傅斯年处于"后传统"、"后科举"、"后古史辨"的时代,关于他的讨论就不能不与这三者有关。首先,我是想藉傅斯年看他这一代知识人的思想、心态的起伏变化。我的书出版之后,《美国历史评论》中有一篇书评,作者相当明快地指出这本书最大的贡献之一,是它在讲这一代知识分子所陷入的种种"两难"(Edmund S. K. Fung, *American Historical Review*, February 2002),这种"两难"的主要来源是因为傅斯年这一代人正处在一个传统秩序全面崩溃的时代,这样一个时代,旧的规范已失去约束力,旧的道德伦理被全面质疑,但新的规范、新的伦理尚未建立。它是一个解放的时代,但是被解放的同时也可能是无所适从。人们失去人类学家纪尔兹(Clifford Geertz)所说的"蓝图"(blueprint),这种困境反映在许多青年人迷惘、自杀的事例上。没有找到生命方向的人们,正如瑞典的斯特林堡在1888年出版的剧本《裘莉小姐》的序言中所说的:"由于他们是现代的角色,生活在过渡的时代里,因此我把他们写成是分裂的、动摇的。他们是过去和现在的结合,书本和报纸的点滴,人性的残片,上等服装的破烂,拼凑在一起,就像在人的灵魂中一样。"

但后传统时代也是一个无限可能的时代,所有的可能性都存在,因此那是一个各种论述相互角逐,并试图成为"领导性论述"(leading discourse)的时候。从1911年起,各种新旧思潮都在竞逐,而新文化运动脱颖而出,傅斯年在其间扮演着一个相当关键性的角色。

他们当时奋战的对象主要是保守派人士，清季的保守派似乎还不大能熟练地掌握新型传播媒体及横向组织，但是到了民初，保守派也开始组团体、办报刊，推展各种活动来与新派相抗。这时候谁的论点说服人，谁的立论坚决（有时候是武断），谁的观念与社会的脉动相照应，便在各种"论述"的争衡中逐渐胜出，一旦它获得"群聚效应"，这个"领导性论述"便逐渐上升到全国舞台的中央。

"领导性论述"在形成"群聚效应"之后，它便开始吸引一大批信仰者，同时也吸引一大批靠着向"领导性论述"靠拢而获得利益的人，许多在各地响应这种领导性思想论述的人，逐步以之成为身份上升甚至谋食之阶。新思想一旦获得"群聚效应"，即逐渐成为一种新的、类似科举道路的作用，一如晚清考策论时，大量清季的经世致用之书成为敏感读书人科场得意的上升之阶一样，不管动机如何，它们都帮助新思潮的迅速传播。

傅斯年是"后科举时代"的人。对于读书人而言，科举的废除是危机，但同时也代表着各种新的可能性，至少读书人不必再局限于读书做官这一条窄路，他可以选择各式各样的职业。家里门口的一条河，可能成为与外界隔绝的天险，但也可以是航向天涯的机会。

科举废除，仕学合一的传统中断，出现了一个新问题，用什么来决定什么样的人可以成为社会的菁英？过去在科举传统中，答案相当简单明确——考场上的文章是一个清楚的"传讯"媒介，可以决定谁是菁英。现在"菁英"的范围显然变得多元了，但还有一层更重要，现在人们正在摸索什么可以成为新的"传讯"媒介？拥有外国学位的人，身上握有强大物理力量的人，在公共领域中（包括新型的报刊杂志）成为领袖的人，或者是在社会空间中进行横向联系，成为社团、政团的领袖，或者在地方上成为豪霸，或者是成为新学术、思想的领袖等，不一而足。

而傅斯年与胡适等一批新知识分子，很快地成为学术文化的领导菁英。问题是新思想、新学术的领袖所鼓吹的东西五花八门，为什么以胡适、傅斯年为主体的这一派会取得优势，何以胡、傅所领导的带有实证论色彩的历史考证学派会成为一代之主流？这当然可以进行多方面的解释。我在这本书中也曾谈到这一点。书中提到，他们都熟悉并深受清代考证学的影响，比较能欣赏清代考证学所展现的某种与西方现代学术能够接榫的重证据、推论严谨的"科学"精神，所以相当自然地以"新汉学"为津梁去接引现代西方学术。此外，他们大都不满于中国近世思想传统中过度重视心性及内省论的倾向，以及太过含糊笼统的思想方式，所以倾向以谨严而确定的知识系统来医治中国思想学术上的痼疾。当时西方流行的实证主义、语言考证学派成了相当顺当的选择。

不过，如果摆在"后传统时代"来看，在那样一个失去规范的时代，人们心中是急切地想要掌握一些客观而确定的东西，而拒绝充满问题和紧张的（诸如 Weber）思想体系，以重新稳住崩解的秩序。这种心理也部分地解释了傅斯年、陈寅恪、俞大维、毛子水这些人虽然在德国念书，却与当时德国学术界争论得相当热烈的主流不相契合。傅斯年等人留德的年代，当时德国思想界有一场大辩论，重"理论"的风气已经占据主流地位（参见 Lawrence A. Scaff, *Fleeing the Iron Cage*），但是傅斯年他们身上完全看不到这方面的痕迹，反倒是选择了轻理论重实证的语言考证学派。

不过他们并不是清代学者简单的重复，虽然与清学有延承之处，但他们的"学术心态"并不一样。他们对"学术"是什么，"史料"是什么，"证据"是什么，乃至于史家的社会角色、政治功能，以及"价值"与"事实"之间的关系，都有不同的看法，形成一种"心态丛聚"，在这些"心态丛聚"方面他们与清代学者或是传统"文人"之间已经决裂了。我们已经相当熟悉傅氏在新文化运动时期，作为一种新思潮的倡导者所扮演的角色，但是极少留意他对现代学术的看法其实也反映了他对中国传统文化与社会制度的看法，并且有意识且有系统地想加以改造。他有力地批判、改造旧文人的历史文化。

傅斯年是"后古史辨时代"的史家,他提倡重建古史,其中有一些相当细致的看法。我在这本书中提到他把古史辨运动中所撕裂的碎片,用一种新的方式重新拼凑起来。这个态度,如果只读傅斯年的全集,其实不大能够清楚地看出,我虽然早已从他字里行间看出这一点,但不大有自信,一直要到在他的一本题为"答闲散记"的笔记本中发现他用极为潦草的字体所写的一篇讥刺顾颉刚的小说(见本书之"附录一"),才确定下来。在本书的第三章中,我花了相当多的篇幅写从疑古到重建之过程,而且也提到,这是后来学界脱离古史辨派影响的里程碑。

傅斯年也是"后经学时代"的学者。他是从"经学时代"到"史学时代"的转折性人物,自汉代以来,所有的经学观点所建立的静止的中国世界观被以史料为中心建立的变动与发展的概念的古代世界(从而也是现代世界)取代了。同时因为他倡导"价值"与"事实"的分离,使现代专业化史学得以生根,但因此引来传统派史家与左派史家猛烈的攻击,同时造成历史知识之社会功能与史学之社会角色的变化。

在涉及道德方面的问题时,傅斯年刻意扬弃内省论式的思维传统,主张"国民训练",主张"约律主义",反对以内省式的道德哲学作为社会伦理的基础。我不敢确定傅斯年是否读过康德在1795年所写的有关历史目的论的论文,但是他的论点却有与康德的《论永久和平——一项指导性规划》非常神似的地方,即不认为未来社会的进步是靠着使人人成为圣人,或是宋明理学中的"人欲净尽,天理流行",或毛泽东《送瘟神》中所说的"六亿神州尽舜尧",他与陈独秀都认为人类历史是一个反讽——当人们生活在野蛮社会时,需要发展一套规则体系来限制和规范自己的行为,这种限制和规范又有助于创造一个文明的社会。因为人人都有力量,而又不能无休止地斗下去,所以必须要坐下来制定各种规范,社会因而往前推进一步。这与中国内省的思想传统正好相异。

这本英文书的书稿早在1992年底已经完成，英国剑桥大学出版社于1993年接受出版。但是因为我的研究兴趣已经不在这里，所以直到2000年才将手边放了多年的校样寄回。我常对朋友开玩笑，我有"心理障碍"。对我而言，校稿比写稿还难，原因可能是因为在刚刚写定那一刹那，我已经对写出的东西感到不满意了。也因为这个"校稿症候群"，此书中译稿在2001年左右完成，但我竟一搁将近十年，对原译者及安排此事的友人，深感歉疚。

最后我要感谢以下诸位：译者王晓冰女士、清华大学国学院的刘东先生、三联书店的孙晓林女士，他（她）们促成了这个译本的出现。此外，我的好友罗志田教授及其学生、陈正国教授、潘光哲教授在我因"心理障碍"未能看译稿时，代我校订译文。志田兄、刘东兄和山东的马亮宽教授多年来一再催促，使我不能再原地踏步。没有他们的帮忙，这个译本决不可能完成。

王汎森于台北
2002.6.6
2010.5.4 修改

鸣　谢

这本书若没有许多人的慷慨帮助是难以完成的。首先要感谢我的导师余英时先生。感谢他在1987至1992年间我在普林斯顿大学学习时给予的不倦指导、启示和关怀。我深深感激张灏教授对拙作的有益建议，感谢杜希德（Denis C. Twitchett）、詹森（Marius Jansen）、牟复礼（Frederick W. Mote）、裴德生（Willard J. Peterson）、周质平、墨子刻（Thomas Metzger）诸教授及已故刘子健教授的宝贵指教。

本书写作期间，我的朋友David C. Wright、Markus Keller、冀小斌、John Kieschnick及我的英文教师Jeremiah Finch教授帮助我润色英文，我的朋友Peter Zarrow、David Wright、Axel Schneider和王晴佳在手稿准备期间提供了有价值的建议。剑桥出版社的编辑Brian MacDonald在定稿时给予了很大的帮助。

如果没有中研院史语所的同事们的帮助，这个项目是不可能完成的，尤其要感谢管东贵教授。

最末却非微末，要感谢我的妻子文芳，她给予我的支持和帮助，难以言表。

缩 略 语

中　共：中国共产党
《全集》:《傅斯年全集》，台北，1980年
傅　档：傅斯年档案，藏台北中研院史语所
史语所：中研院历史语言研究所
国民党：中国国民党

导论：1895年后的思潮与傅斯年

傅斯年出生的1896年，中国尚处于刚刚过去的中日甲午战争（1894—1895）余波之中。那场战争是中国近代史上的一次重大事件，战败于日本人手下实在令人震惊，给傅斯年及其同时代人的生活造成了巨大影响。

年轻的梁启超（1873—1929）已亲身体验到这次震惊带来的冲击，他认为这场战争的后果是"粉碎了中国两千年之大梦"，[1] 尽管鸦片战争之后中国屡遭失败，但败在日本手里却是创巨痛深的。毕竟日本是个亚洲国家，在中国人眼中长期处于中华文化影响之下，且其开始按照西方模式进行改革还在中国之后呢。

甲午之后，巨变接踵而至，各类中国知识分子也都发生了很大的转变。1895年，革命派领袖孙中山（1866—1925）认为日本的胜利是中国历史上难以预料之事。1894年冬，在中国刚刚遭受一系列军事失败之后，他即决定组织他的第一个反满团体——兴中会。后来成为改革派领袖的康有为（1858—1927）则召集在北京的一千三百多名举人促使皇帝进行改革。知识分子领袖严复（1854—1921）发表了四篇划时代的文章：《论世变之亟》《原强》《救亡决论》和《辟韩》。严氏后来以向中国译介欧洲功利主义政治、经济、哲学著称，他在1895年着手从事赫胥黎的《进化论与伦理学》的汉译工作，这本译名为《天演论》的书成为近代中国最有影响的出版

---

[1] 丁文江：《梁任公年谱长编初稿》（台北，1958年），第24页。

物。〔1〕后来成为戊戌变法牺牲者的谭嗣同（1865—1898）则在1894—1895年间决心放弃传统文士的生活方式。〔2〕

中国知识界的新发展形塑了傅斯年的知识体系结构。首先是思想观念的激进化。一些人促成了这种现象的出现。严复在中国和西方传统之间划下了黑白分明的界线，他极力主张中国已远不如西方，尤其是在文化领域。这种责难使此前对自身文化特别自豪的中国人甚感惊讶。〔3〕谭嗣同批评传统的三纲——君为臣纲、父为子纲、夫为妻纲。康有为几乎将过去两千年的学术通通贬为"伪学"。章炳麟（1869—1936）无情地批判了儒家的人格。梁启超的"新民说"认为中国的传统道德价值观已经过时，因为它们全都与现代公民所需的公德无关。〔4〕

但是，许多社会和政治体系仍支撑着传统的价值体系。其中最重要的是君主制、儒家礼仪、经典教育、科举制和法律制度。虽然晚清时激进思想已初露端倪，但只有在上述五个支柱全都崩溃之后，知识界的革命才真正开始：1905年废除科举考试；1911年君主制崩溃；1912年，教育总长蔡元培宣布学生不必祭孔，经学不再是必修课程；同年，大清律例也被废除。

1895年后被大肆诋毁的传统价值体系，曾经是个相当和谐统一的体系。这一价值体系崩溃后，原来相互关联的各个部分，彼此之间走向直接对抗或相互竞争。

知识界的第二个主要变化是新知识群体的形成，他们由效忠于

---

〔1〕 见 Benjamin Schwartz, *In Search of Wealth and Power: Yen Fu and the West* (New York, 1969), p.43, 91（史华兹：《寻求富强：严复与西方》，纽约，1969年，第43、91页）。
〔2〕 谭训聪：《清谭复生先生嗣同年谱》（台北，1980年），第14—19页。
〔3〕 见李泽厚：《中国近代思想史论》（北京，1979年），第249—285页。
〔4〕 同上书，尤其是关于谭嗣同、康有为、章太炎、梁启超的章节。也见王汎森：《章太炎（炳麟）的思想》（台北，1985年），第185—189页，以及《古史辨运动的兴起》（台北，1987年），第2—3章。

满清朝廷逐渐转向效忠于整个国家。1894—1895年中国败于日本之后，许多年轻知识分子渐渐放弃为进入官场而进行的科举考试的学习，他们成为韦伯（Max Weber）所描述的"自由流动的资源"，后来极大地影响了国家的转型。人们认为这些新知识分子将自己从中华帝国的成功阶梯——考试制度中分离出来。他们失去了官方的职位，[1]也不再受官方意识形态的制约，成为政治和知识转型的行为主体。然而，1905年科举制被政府废除，似乎是政府自己切断了士人和主要由儒家教义构成的官方意识形态之间的纽带。这一决策开启了多元化发展的可能性，同时也成为思想解放的主要推动力。科举制的废除是一次激变，将许多知识分子从昏睡状态中唤醒。没有了前程和收入，一些士人努力变成了新式知识分子，而另一些人则陷入绝境。[2]他们不能过传统知识分子那种以治国"平天下"为己任的生活。在这个新的中国里，读书人的地位成了问题：他们是否应该适应社会转变而成为专业人员，继而形成职业阶层来组成新社会的核心呢？

1895年之后，中国并存着政治和文化两个轴心。前者由求权力的意志驱动，后者由求真理的意志驱动。两者同时被知识分子看作是救国于危难的方法。虽然政治并不总是与文化背道而驰，但在近代中国，它们两者常剑拔弩张，关系紧张。政治轴心的目标是将民族从危机中拯救出来、追求富强；而在文化领域，一些旨在建立自主学术社会的知识分子脱颖而出，他们要使学术摆脱功利心态和政治力量的干预，其最终目标则是以更根本的方式与西方国家竞争。他们认为，旧传统的缺陷恰在于缺少有现代意味的学术社会。

对于那些呼吁建立学术社会的人来说，学术必须与现实关怀分

---

[1] 李泽厚：《中国近代思想史论》，第289页。
[2] 关于科举制度的废除带来的震撼，见刘大鹏：《退想斋日记》（太原，1990年），第146—147页。

离。学术自立——亦即为学术而学术——是一个越来越强烈的信念。严复是这一信念的始作俑者。他宣称西方国家的力量源自于思想和观念领域,为了追求这种"真正"的力量,中国必须去伪存真,即放弃被实用目的所腐蚀的伪学问,而获取真学问。[1]他断言,中国落后的根本原因是缺乏真正的学问;虽然真学问一时看起来似乎没有用处,但是从长远来看,它是最有价值的。与此相应,他主张治学与治世的分离。[2]"愈愚"是严复书斋的名字,这表明他坚信克服愚昧十分重要。"凡可以愈愚者,将竭力尽气皲手茧足以求之。"[3]只有克服愚昧,方能疗贫启弱。

章炳麟在这方面也起了很大作用。许多年轻人相信,章炳麟所主张的经学与实际应用相脱离,致使人们考虑以经典和古代学问作为学术研究的对象。[4]另一位思想敏锐的知识分子王国维(1877—1927)甚至在清末即主张学问应与实用相分离,应提升到更高的目的。[5]

吴稚晖(1865—1953)则坚信,如果中国能够有几十位知识渊博的学者形成一个重心,这些学者就能将中国变为现代国家。[6]一些相信学术文化优于政治的人形成了一个群体,他们中多数是受过西式教育的学生。蔡元培(1868—1940)、吴稚晖、李石曾(1881—1973)、汪精卫(1883—1944),以及一些曾参加过辛亥革命的元老们也都这样认为。但是,因为政治危机不断困扰着中国,他们没有时间和机遇来慢慢建立一个学术社会。

---

[1] 严复:《论世变之亟》,蒋贞金编:《严几道文钞》(台北,1971年),第19页。
[2] 严复:《论治学治世宜分二途》,同上书,第163—168页。
[3] Benjamin Schwartz, *In Search of Wealth and Power*, p. 49.(史华兹:《寻求富强:严复与西方》,第49页)
[4] 例如,参见顾颉刚为《古史辨》第一卷写的长篇序言(北京和上海,1926—1941年,7卷本),第1卷,第25—26页。
[5] 王国维:《论近年之学术界》,《王静庵文集》(台北,1978年),第173—174页。
[6] 吴敬恒:《四十岁日记选录》,《吴敬恒选集(序跋、游记、杂文卷)》(台北,1967年),第221页。

1917年，蔡元培就任北京大学（以下简称北大）校长，加速了建立纯粹学术社会理想的实现。蔡元培用一个简单的句子开始他的校长就职演说："大学者，研究高深学问者也。"[1]这一宣言彻底改变了大学的性质——由培养政府官员的机构转变为现代学术社群。治理国家不再是士人的责任。从那时起，知识分子得以从事严格意义上的学术研究，并以其同事为听众。他们的最终目的仍然是服务于社会——但不是作为官员，而是作为学者。他们的成就是由学术界的成员，而不是由社会来评判。蔡元培上任后九天，就任命陈独秀为文科学长。那时任命的一批学者从根本上改变了北大相对保守的氛围。后来成为中央研究院坚定拥护者的蔡元培、吴稚晖和李石曾相信，如果有几十个献身真正学术工作的知识分子集合起来，就能形成一个思想学术中心。假以时日，这个群体对社会的影响和改造，会比1911年的辛亥革命更为深远。[2]

因此，激进化、自由流动的知识分子以及在中国创建一个学术社会的愿景，成了此后影响傅斯年一生的三大倾向。

傅斯年在中国现代知识界的地位

虽然中国现代思想史领域有大量关于五四时代"老师辈"的论著，如胡适（1891—1962）、陈独秀和李大钊（1888—1927），但是很少有人关注"学生辈"。[3]在这些人之中，这场运动的重要领导人傅斯年（字孟真，1896—1950），几乎完全被忽略了。作为五四运动的学

---

[1] 蔡元培：《就任北京大学校长之演说》，沈善洪主编：《蔡元培选集》（杭州，1993年，2卷本），第1卷，第490页。
[2] 吴敬恒：《四十岁日记选录》，《吴敬恒选集（序跋、游记、杂文卷）》，第221页。
[3] 见 Vera Schwarcz, *The Chinese Enlightenment: Intellectuals and the Legacy of the May Fourth Movement of 1919*, Berkeley, 1986（舒衡哲：《中国的启蒙：知识分子与1919年五四运动的遗产》，伯克利，1986年）。

生领袖、学者、政治家、社会批评家以及学界领袖的傅斯年，是20世纪中国最有影响、色彩最丰富的人物之一。然而，除了莫勒（Alan Moller）的博士论文，迄今没有任何一种用西方语言写作的关于傅斯年的学术传记。[1]在中国学术界，有关傅斯年生平的研究也刚刚起步。[2]

在中国大陆，傅斯年差不多被遗忘了。因为与蒋介石（1887—1975）领导的国民党政府的密切关系，毛泽东（1894—1976）在1949年曾谴责他为战犯，加之在"批判胡适运动"中对他的严厉批

---

[1] Alan Gordon Moller, "Bellicose Nationalist of Republican China: An Intellectual Biography of Fu Ssu-nien," Ph. D. diss., University of Melbourne, 1979.（莫勒：《中国好战的民族主义者：傅斯年学术评传》，博士论文，墨尔本大学，1979年。）
[2] 山东的"傅斯年研究所"以及分别在台北和山东召开的两次傅斯年百周年纪念会，表明了这一趋势。"傅斯年研究所"是由聊城师范学院创立的，参见聊城师范学院历史系、聊城地区政协工委和山东省政协文史委编《傅斯年》（山东，1991年）第359页。这两次百周年纪念会分别于1995年在台北以及1996年5月在聊城召开。我用以构建傅斯年生平和思想的主要材料来源于《傅斯年全集》。1950年12月傅斯年去世不久，台湾大学编辑了五卷本的傅斯年著作集——《傅孟真先生集》（台北，1952年）。1967年，文星出版社出版了十卷本的傅斯年著作集，冠名为《傅斯年选集》，选了一些文章结集。这个版本比1952年版增加了43篇文章。1980年傅斯年的遗孀俞大䌽发起编撰了傅斯年著作的新集子，命名为《傅斯年全集》，共七卷。编者们加入了1967年版中没有的9篇文章。虽然这部集子号称"全集"，但我还是发现至少有10篇文章及相当数量的手稿没有被收入。
我也利用了傅斯年的文件书信（包括五大箱傅斯年于1948年末将史语所转移到台湾时运去的私人文件）、史语所档案及傅斯年作品集中未收入的文章。我还进行了大量的私人访谈。另外我的资料中也包括一些傅斯年同时代人撰写的回忆文章。我还到了伦敦大学的档案馆及傅的家乡聊城，但是令人失望的是，没有发现什么有价值的关于傅斯年的新材料。
傅斯年长期以来在中国大陆被称为"反动学者"，因此，在历经政治动乱之后，我不期望还能找到太多关于傅斯年的私人文献。考虑到傅斯年与中国学术界的广泛联系，如果确有任何关于他的文献在文化大革命和其他政治变动中幸免于难，对研究傅斯年的生平无疑会有很大帮助。
虽然傅斯年的档案约有四千件，但仍有一些局限在这里应该提及。他的档案总体上保存完好，然而，这些材料中，1937年之后的远远多于此前的；与学术行政有关的文献明显多于其他方面的；关于史语所和北大的材料明显多于其他材料。尽管存在诸多缺陷，这些文件仍然为理解傅斯年的生平和思想开启了新的方向。以下引用，径注档号，如I—1282。

评,大陆作者也对傅斯年的名字讳莫如深,甚至在叙述以他为中心的事件时也是如此。[1]大部分历史学家并未承认傅斯年对历史学科的贡献。[2]在台湾,傅斯年是享有盛名的学术领袖,其学术成就广为人知。他和胡适使用的研究方法和研究风尚成为各类持不同见解者不断攻击的靶子。譬如,新一代史家批评傅斯年拒绝理论性的诠释;而新儒家们,如徐复观(1903—1982),又强烈指责傅斯年和他建立的学派故意忽略中国传统学术中的道德观念(尤其是内省式的道德哲学)。其结果,一个1919至1949年间学术史及政治史上的重要角色至今仍然面目模糊。

　　本书中,我必须集中讨论他众多成就中的几个方面。首先是傅斯年的学术生涯和他组织并领导了二十年的学术群体。我所说的群体不仅指他的史语所,还包括北大和台湾大学(以下称台大)。作为中国现代学术的主要建构者之一,傅斯年创建的史语所被认为是当时现代历史学的代表。他集合并培养了一大批学者,在他领导下工作。这一事业本身就是一个引人入胜的故事,反映了20世纪20年代到30年代学术科学化的迅速发展。[3]傅斯年和他领导的机构取得了众多引人注目的成就。他们开展了一些新的研究项目,其中许多揭开了中国历史研究的新篇章。譬如,1949年后的中国考古发掘取得了可观成就是众所周知的,但这些考古发展在多大程度上应归功于傅斯年具有远见的领导,却鲜为人知。其实中华人民共和国所有的考古学带头人,最著名

---

[1] 生活·读书·新知三联书店编:《胡适思想批判》(北京,1955年,7卷本)。在这场运动中,傅斯年的名字总是作为"胡派"的一员与胡适的名字出现在一起。
[2] 例如,当傅斯年以前的同事夏鼐,纪念安阳发掘在中国考古学的里程碑意义时,从未提及傅斯年的名字,参见夏鼐:《五四运动和中国近代考古学的兴起》,《考古》1979年第3期,第193—196页。在晚近的一本书——逄振镐的《东夷古国史论》(成都,1989年)中,没有注明就引用了傅斯年关于东夷的观点,尤其参见此书的前言。
[3] 周培源:《六十年来的中国科学》,中国社会科学院近代史研究所编:《纪念五四运动六十周年学术讨论会论文集》(北京,1980年,3卷本),1:44—63。参见戴念祖:《五四运动和现代科学在中国的传播》,同上书,3:375—386。

的如夏鼐（1910—1985），当初就是由傅斯年的机构培养的。相关领域的情形也是如此，如甲骨文、金文研究和档案的收集与研究等。

另一个意义深远的贡献，是使中国的历史学专业化，成为一个学科门类。现代中国有许多史家在他们的研究中取得了令人瞩目的成就，但几乎没有人像傅斯年那样奠定了一个制度化的基础，对中国历史学的形塑产生了影响。傅斯年强调严谨的方法论和专业化，有意识地批判了传统史学的肤浅涉猎方式。如果我们可以说现代中国有一场"史学革命"，那么，它开始于顾颉刚（1893—1980），完成于傅斯年。但是在20世纪20年代后期，顾颉刚在西方已经获得了广泛的声誉，[1]相比之下，外在世界实际仍对傅斯年一无所知。现在是以学术的眼光予其应有的评价之时了。

作为历史学家，傅斯年将大部分精力集中在中国古代史研究领域。虽然傅斯年关于中国古代史的学术部分已经受到质疑或被修正，但它们仍提供了对这一时期的重要洞察。他最重要的学术主张是"夷夏东西说"，这一说法将三代分为两个对立的集团。本书将重构傅斯年打破过去的一元论体系、形成新学说的过程。同时也将讨论傅斯年的历史研究与多元论等现代思想观念的互动。

傅斯年对中国古代史研究的另一个主要贡献是他的重建努力。20世纪20年代中期，他因支持疑古运动而著名。但到30年代，他又极力参与否定这一运动。傅和他的史语所的同事们远非盲从者，他们坚定地将重建中国古代史作为中心任务。这里将讨论傅斯年对这场激进运动的反动和影响。

---

[1] 例如，参见 Arthur Hummel, "What Chinese Historians are Doing in Their Own History," *American Historical Review* 34:4（July 1929）, pp. 715—724（恒慕义：《中国历史学家对于自己的历史在做些什么》，《美国历史评论》，34：4，1929年7月，第715—724页），以及他的 *The Autobiography of a Chinese Historian*（Leyden, 1931）（《一位中国史学家的自传》）。Laurence Schneider, *Ku Chieh-kang and China's New History*, Berkeley, 1971.（施奈德：《顾颉刚与中国新史学》，伯克利，1971年）

本研究试图将傅斯年的个案带到中国现代思想史中两个更广泛的主题上来：一是五四青年的文化反传统主义的产生和发展；二是在中国建立一个学术社会进程中的成功与挫折。

从20世纪20年代后期起，当五四一代人极力贬低中国传统，给中国社会输入许多新思想并致力于构建新的学术社会时，相应地，社会也开始向他们发出挑战。主要表现在三方面：一、动荡的政局挑战着文化领域内的非政治立场；[1]二、文化本土主义的复兴及民族认同感的迫切需要挑战着五四反传统主义；三、政治集体主义挑战着五四自由主义。

1931年九一八事件，国家命悬一线，这些挑战也越发强烈。[2]此后，许多五四青年改变或放弃了他们早期的主张。考察傅斯年如何对这种挑战作出回应，以及他的回应在多大程度上代表了同时代人，是很重要的。

傅斯年晚年多从事于行政和政治。在北大读书时，他要求他的新潮社同事们在三十岁之前拒绝社会工作，并发誓脱离一切政治事业，即使是有价值的政治事业。涉入政治事务的需要后来改变了他年轻时的决定，但是傅斯年卷入政治事务并非朝夕之事。当一些五四青年已

---

[1] 由于民国早期的政治腐败，五四时期反政治的态度盛极一时。杜威（John Dewey, 1859—1952）敏锐地察觉到"士大夫"传统与当下的反政治倾向的区别，并说"在一种更深层次的意义上，反对所有政治家及进而反对所有对政治的倚赖，是社会改革的一个直接手段"。"甚至研究政治学的学者们也倾向于回避现实政治的牵绊。""自由主义者对现实政治的厌恶，一方面基于他们对军阀及官僚政府的悲观，另一方面也基于他们对政治改革只有在社会转型后才能实现的信念。" Chow Tse-Tsung, *The May Fourth Movement: Intellectual Revolution in Modern China* (Cambridge, Mass., 1960), pp. 223 – 224. （周策纵：《五四运动：中国的知识革命》，麻州康桥，1960年，第223—224页）

[2] 曾经发誓二十年不问政治的胡适，在这次事件后旋即卷入政治。1926年初，当胡适在英国听到北伐成功的消息时，他承认"我们逃避政治可能是错误的"。参见 Hu Shih, Address given at the Royal Institute of International Affairs, *Journal of the Royal Institute of International Affairs* 6:6 (1926), p. 279（胡适：《在皇家国际事务研究所的演讲》，《皇家国际事务研究所学刊》，6:6, 1926年，第279页）。

成为国民政府的部长时,他仍使自己远离行政职务,仅任职于国民参政会。作为一个业余的政治人物,傅斯年曾攻击国民政府中两个最有权力的行政院长(两人都是蒋介石的姻亲),并促其辞职。傅斯年一直坚持批判中共党人,这一立场可以解释他何以支持国民政府。后来他担任北大代理校长和台大校长,使他不能在生命的最后十五年里出版任何严肃的研究著作。傅斯年的晚年生涯揭示出政治如何实际主宰并最终耗尽了他的生命。

第一章　傅斯年的早年

家乡：濒于崩溃边缘的旧社会

　　1896年3月26日，傅斯年出生于山东聊城。他的祖先从15世纪起就在那里生活，1467到1487年，其先祖江西人傅回祖在山东西部冠县地区做县令。据墓志铭记载，当傅回祖任期结束时，当地人民请求他留下来，"乃留三子以抚慰之"。[1]傅回祖的两个儿子后来从冠县迁到聊城附近。从那时起，聊城成为傅家这一分支的"故乡"，到了傅斯年出生时，傅氏家族在此生活了十四代。

　　晚清时代，聊城的地理环境及其社会衰败给傅斯年的成长以相当大的影响。家乡的命运一直与大运河和八股文的命运相伴随。大运河是这一地区的经济支柱。"它的河网刺激着贸易发展，联结着相邻的各个地区，运河上的商业运输是私人和公共财富的来源，它的节奏影响着沿岸地区几百万人的生活。"[2]聊城是大运河沿岸的一个重要港口，她的命运同运河的兴衰息息相关。对于聊城的居民来说，这是幸运，也是不幸。几百年来运河给城市带来了易得的财富，使聊城成

---

[1] 傅乐成：《傅孟真先生的先世》，《时代的追忆论文集》（台北，1984年），第111—112页。
[2] Susan Naquin, *Shantung Rebellion: the Wang Lun Uprising of 1774* (New Haven, 1981), p. 3. （韩书瑞：《山东叛乱》，新港，1981年，第3页）

为长江北岸四个主要的内陆港口之一。然而，当大运河干涸的时候，这个城市又仿佛失去了存在的活力。傅斯年的童年时代，聊城周围地区已经丧失了富源，在幼小的傅斯年的眼中极端落后。这一地区与山东东部形成了鲜明对比，那里虽然贫瘠多山，因交通不发达而经济萧条，但竭力发展工厂、商业和水利灌溉，并最终成为中国重要的商业区之一。傅斯年将他的家乡同山东东部和中国沿海相比较，将鲁西描绘成一个疲敝的地方，有"一无是处"和"微温"的人民。旧的社会无力改变自己，只有坐待枯槁，缓慢走向不可避免的死亡。[1]

结果，这一地区成为叛乱的温床。从清朝中期开始，山东西部成为中国最动荡不安的地区之一，在清朝后期更加剧烈。清早期的一个叛乱——1774年的王伦叛乱发生于此，[2] 1861年的宋景诗（1824—?）叛乱，[3] 当然还有义和团起事均发生在这个地区。对官吏们而言，"鲁西"，即山东西部，尤其是傅斯年家乡的附近地区，是充斥着各种不满的社会组织的地方。但另一方面，聊城受过良好教育的民众因精通科举考试成功的钥匙——八股文而闻名遐迩，并因此而制造出许多教职和官场生涯的机遇。在八股文化灭亡和1905年科举考试废除之前，聊城的生活比鲁西其他地区要好一些，这使它免于卷入鲁西整个地区的地方性叛乱。但与八股文紧密相连的保守文化，也限制了聊城的精英们接受新鲜事物的能力，阻碍了扭转地方经济所必需的新式工商业的发展。[4]

傅斯年的童年时代，鲁西的民众大多从事农业劳动，在街上可以看到捡拾牲畜粪便的农人。女人们在家织布，孩子们帮助父母做一些

---

[1]《全集》，第2515页。

[2] Susan Naquin, *Shantung Rebellion: the Wang Lun Uprising of 1774*（韩书瑞：《山东叛乱》）提供了关于这次事件的详细论述。

[3] 参考《宋景诗档案史料》（北京，1959年）。在这本史料集中，几位关于这次事件的口述者来自于傅斯年的家乡聊城。

[4] Joseph Esherick, *The Origins of the Boxer Uprising*, Berkeley, 1987（周锡瑞：《义和团运动的起源》，伯克利，1987年），尤其是第一章。

杂事。虽然他们年复一年地日夜劳作，但即使当地的有钱人也只能过上低水平的富裕生活，一年中唯有二三特殊场合才能吃肉。[1]盗匪、士兵和土豪恣意扰乱了人们的生活。当地人大都忠诚、温和、品行端正，但太软弱，不足以抵挡官方和入侵者的压力；又太安于现状，不愿改变熟悉的生活方式来适应变化的外界环境。简言之，傅斯年对这个衰败的疲弱社会的萧瑟描绘，决不仅仅是一个年轻叛逆者的胡言乱语。

但旧社会的凋敝和科举制度的废除并没有减少人们对传统文化观念的依赖。1919年，傅斯年悲哀地说，他在家乡看到的是，失去生命力的古老文化虽然已无力阻止当地社会的转型，却仍旧有能力抵制新文化，并阻止它的居民向外国学习。山东难以完成清政府分配的出国学生名额，地方政府甚至到外省找人来补足。山东全省，尤其是聊城，在建立新式学校方面落后于其他地区，因为这里既缺乏学生，又缺乏师资。[2]

傅斯年回忆故乡时，曾经叹息说，他的家乡是土匪和士兵的栖息所。尽管如此，不能否认，这个地区曾孕育了许多英雄人物。傅斯年儿时的聊城民风中有各种各样的特点：好战、爱国、保守、神秘和反基督教。武士与智者的混合体时常体现在傅斯年的祖父傅淦（1844—1922）的性格之中，而祖父对傅斯年的性格养成最具影响。

根据傅斯年的家谱记载，傅淦字笠泉，是一个杰出的武术师和文士。[3]就中国传统而言，沉浸于武术的文士并不多见，但聊城的

---

[1]《全集》，第2520页，傅斯年在回他母亲的家乡，聊城附近的一个村庄时，观察到了这一点。
[2] "傅档"，I—1282，邓广铭（1897—1998）手稿，题为《记一位山东的老教育家——王祝辰先生》。
[3] 现存的一幅书法也表明他写得一手很漂亮的字。参见傅笠泉书法卷轴照片，"傅档"，II—60。他的家族成员相信，晚清最著名的、最有正义感的游侠大刀王五（谭嗣同的一个密友），曾用竹竿与傅笠泉比试，结果王五在这次激烈搏斗中失败，遂拜傅笠泉为师。参见傅乐成：《傅孟真先生的先世》，《时代的追忆论文集》，第121—122页。

地方传统是文武兼备。义和团运动就是由当地几个有声望的文士发起并支持的，至少在其初期是如此。[1]尽管没有直接证据表明傅斯年家族与叛乱有关，但是他的家族成员显然分享着这一地区的舆论氛围。譬如，傅笠泉在他的家乡以反对基督教而闻名。拳乱之后，美国福音派传教士取代了德国传教士，已经五十多岁的傅笠泉在阻挠、干扰美国传教士劝人皈依基督教的努力中极端活跃。19世纪初，一个美国教士正在对聊城的公众宣讲圣女玛丽亚的故事时，傅笠泉迅速跳上讲台宣称：耶稣无父而生完全不真实，其实是耶稣不知道他的父亲是谁！感到愤怒、震惊的听众将传教士轰下台。另一次，当牧师解释说"耶稣被钉死在十字架上是为了拯救世界"时，傅笠泉又跳上讲台说："（牧师说耶稣为救人类而死，自然是位义士。）中国的忠臣义士，向来视死如归，含笑入地。但各位请看，这图上的耶稣，垂头闭目，一脸莫可奈何的样子，未免有些那个！"随即人群向牧师大吼，布道又一次被打断了。[2]

傅斯年任性的祖父对傅家的衰败负有主要责任。他在晚清获得了拔贡的头衔，然而这个头衔在官场却是前途渺茫。[3]虽然他有很好的家族关系，但傅笠泉从未当过官。他有时在私塾教书，但大部分时间都闲散街头。他的家人过着极端贫困的生活。

20世纪30年代，傅斯年写过一篇简短的自传，提到他的父亲是龙山书院的山长，祖父是拔贡，曾祖父是安徽一名官员。[4]傅斯年没有

---

[1] 陶飞亚：《山东士绅与反教会斗争》，《义和团运动与近代中国社会》（四川，1987年），第278—286页。
[2] 只有在他钟爱的孙子傅斯年从北大回来过暑假之后，傅笠泉才被说服不再干预传教士。然而，在后来聊城师范学校邀请傅笠泉作报告时，他又一次强烈地谴责了基督教。傅乐成：《傅孟真先生的先世》，《时代的追忆论文集》，第122—123页。
[3] 拔贡是每十二年举行一次的考试选拔出来的高级头衔，持有这一头衔的人有资格参加三年一次的进士考试，他就能够在官场有光明的前途。然而，因为一个拔贡在他一生中只允许参加一次进士考试，所以成功的希望很渺茫。参见商衍鎏：《清代科举考试述录》（北京，1958年），第28—30页。
[4] "傅档"，III—432，关于傅斯年的一篇简短的自传。

第一章 傅斯年的早年

进一步追溯家族的起源,因为他的一个先人七世祖傅以渐(1609—1665)使他感到羞辱。傅以渐在满族早期的政府里供职,并因在新建立的清朝(1645)的第一次科举考试中获得状元而一举成名。1654年他担任武英殿大学士,也主持清廷的几个编撰项目。[1]傅以渐不仅仅因为科举考试而著名,也因为他任侠放纵[2]的性格与肥胖。这些遗传特征传给了他的许多后人,包括傅斯年。但傅斯年将傅以渐看作汉人的叛徒,据说每次提到傅以渐的名字时,他就脸红。[3]

傅斯年的成长历程

在1926年左右的一篇日记中,傅斯年认为对一个人教育具有决定性意义的时期是童年,尤其是和家人在一起的日子。[4]他又说,家庭教育的影响甚至可以持续到一个人完全成熟之后。即使他在1919年宣称"家为万恶之源"之时,他的头脑中仍有家庭教育的影

---

[1]《汉名臣传》(台北,1970年),第10、52、56页,恒慕义编:《清代名人传》(台北,1972年重印),第253页,因为傅以渐在清政府第一次科举考试中非常成功,他的应试文章被收集起来,1679年以《负固斋试艺》为题目出版,傅以渐还写了序言。见傅增湘:《藏园群书经眼录》(北京,1982年,5卷本),第5卷,第1403页。

[2] 参加科举考试前,传言傅以渐深深地为一个漂亮女子王素云所吸引,他不远千里跋涉去看望她。他失望地发现她已经成为一个当地富人伊密之的小妾。尽管如此,傅以渐要求看她一眼就马上离开。伊密之的仆人们追上他,并把这个美丽的女子送给他为妾。接下来发生的故事是,几年后,伊密之家牵连到清初在政治上最敏感的"通海"中,濒于毁灭的边缘,但是大学士的傅以渐救了这一家。傅以渐后来被指控将小妾作为正室。李桓编:《国朝耆献类征初编》(1884—1890)(台北,1966年重印本)卷四六三、四六,记载了这一故事。傅以渐奉皇帝之命编撰九卷本的《易经通注》,他也应邀为谷应泰的书《明史纪事本末》写序言。见李桓编《国朝耆献类征初编》卷三,第1—2页。傅以渐为谷应泰写的序言见《明史纪事本末》序(台北,1986年),第1页。

[3] 王世杰(1891—1981)在关于傅斯年的座谈会上的演讲:《傅先生在政治上的二三事》,《传记文学》28:1(1976年),第14页。

[4] "傅档",I—433,1926年的笔记。

子。[1]中年的傅斯年向他的兄弟坦白道:"祖父生前所教我兄弟的,尽是忠孝节义,从未灌输丝毫不洁不正的思想。"[2]傅斯年的父亲傅晓籛三十岁就去世了,留下妻子和两个儿子,当时傅斯年九岁,弟弟傅斯岩四岁。即使在傅晓籛生前,在他外出到聊城附近的龙山书院教书时,傅斯年就由母亲,更多时候是祖父来管教。一位傅家成员已觉察到祖孙二人在学问和性格上的相似。傅斯年的母亲李氏,出身于当地的地主家庭,她识字不多,据说非常勇敢。1928年,有一次,当匪徒用枪逼着她时,她的大声喊叫竟使他们离去。他的侄子以为,傅斯年在20世纪40年代谴责行政院长孔祥熙(1880—1967)和宋子文(1894—1971)的勇气,在某种程度上是受他母亲影响的结果,这种说法或是恰当的。[3]

傅斯年的童年恰逢光绪(1875—1908)和宣统(1909—1911)两皇帝治下的文化转型期,教育改革是这一转型的主要部分。[4]1901年,清廷下令在每个县和府建立新式的各级学校。但是直到1905年傅斯年十岁时,聊城才建立小学堂,他和许多同龄孩子进入新式小学,在那里,旧式经典是课程中最不重要的一门。梁漱溟(1893—1988)、钱穆(1895—1990)及大多数1890年后出生的一代人,也只在新式小学受到浅显的古典教育。[5]但

---

[1]《全集》,第1553—1558页。傅斯年的文章《家为万恶之源》,1919年1月发表。他的老师李大钊在题为《万恶之源》(《每周评论》1919年7月)中做了响应。参见《李大钊选集》(北京,1959年),第227页,然而这并不完全是新观念,刘师培(1884—1919)在1907年就有了同样的提法。
[2] 傅乐成:《傅孟真先生的先世》,《时代的追忆论文集》,第124页,还有记载说,甚至在傅斯年成为中国学术界十分杰出的领袖时,他的母亲一旦生气,他就要跪上一整天。这在傅斯年那一代人中同样是很罕见的。由于这是一个对传统中国家庭抱极端批判态度之人所为,就更加引人注意了。
[3] 傅乐成:《傅孟真先生的先世》,《时代的追忆论文集》,第126页。
[4] 舒新城:《中国近代教育史资料》(北京,1961年,3卷本),中册,第398—645页。
[5] 钱穆:《八十忆双亲·师友杂忆》(台北,1983年),第4、65、120页。钱穆写道,在他的童年时代,他发现亲友中几乎没有人读过五经,并承认他自己也从未读完过十三经。也见梁漱溟:《朝话》(上海,1941年),第140页。

傅斯年保守的祖父给予他特殊的关注，坚持要他学习儒家经典。在旧中国最通行的课程指南《程氏家塾读书分年日程》中，父母被告知让孩子八岁时开始接受教育，并保证他们在十一岁时读完五经。[1]

傅斯年的祖父让他六岁时就开始接受古典教育，这在他的同龄人中是很少见的。傅斯年回忆他的童年时，痛苦地写到繁琐的古典训练严重损害了他的健康。[2]十三岁时，他已经记住了十三经的大部分。[3]课程进度在《程氏家塾读书分年日程》中称为"功程"，傅斯年的读书进度即使在传统中国也算非常快了。傅斯年小时还跟随另一个拔贡孙达宸学习经典。后来，科举制度行将废除时，十岁的傅斯年进入了一所新式学校，但回家后仍在祖父的监督下继续接受传统的经典教育。可以说，是科举制的废除将傅斯年推到了新式教育的舞台；但他仍然继续接受经典教育，以备科举考试的恢复。[4]实际上，在科举制废除之后，与傅斯年同时代的许多士人依然徘徊于八股文之中，期望它有朝一日能够恢复，就像1898年废科举后旋即恢复一样。

新的教育系统由各县的小学堂、各府的中学堂、各省省城的高等学堂组成。按照规定，这些学校授予学生相应的生员、举人和进士名衔。或许傅斯年的家人担心科举考试不会复兴了，将十三岁的

---

[1] 见程端礼：《程氏家塾读书分年日程》，杨家骆编：《读书分年日程》，《学规类编》（台北，1962年），第8—9页。

[2] "傅档"，Ⅰ—708。《中国近三百年来对外来文化之反应》系列讲座笔记。

[3] 许多报道表明傅斯年能背诵这些经典的大部分，例如，钟贡勋：《孟真先生在中山大学时期的一点补充》，《传记文学》，28：3（1976年），第51页。Yang Lien-sheng, "Review of *Fu Meng-chen Hsien-sheng chi*," *Harvard Journal of Asiatic Studies*, 16：3－4（1953），p.489.（杨联陞：《傅孟真先生集评论》，《哈佛亚洲研究学刊》，16：3－4，1953年，第489页）

[4] 顾颉刚的情形也是如此。参见 Howard Boorman, *Biographical Dictionary of Republican China* (New York, 1968), vol.2, p.245（包华德编：《中华民国人物传记词典》，纽约，1968年，第2卷，第245页）。

傅斯年送到天津府立中学堂读书。虽然山东西部也有几所中学，但他们仍认为较为西化的天津是一个更发达的城市，在那里更容易获取新事物。科举考试废除之后，对西方事物掌握的程度成为进入官场的主要条件。值得注意的是，过去对功名的追求的渴望，转化为驱使许多年轻人转向西方，以寻求获得所谓新功名的途径。仅仅依靠在村塾的学习已不再能通过考试，小村落的学生们被吸引到城镇或大都市，以进入新式学校学习。[1]

进士侯延塽是傅斯年在天津学习的资助人。他少年时是个商店学徒，由傅斯年的父亲抚养并教育成人。[2]当侯延塽终于通过了进士考试，带着愉快的心情回到聊城看望敬爱的老师时，发现老师已经去世，家人正处于绝望之中。侯延塽在恩师墓前发誓，要抚养傅斯年兄弟。傅晓簏以前的学生们筹集了一笔钱以供养傅家。每年春节，一辆牛车就会满载着这些学生捐赠给傅家的食物到达聊城。侯延塽决定将傅斯年带到天津时，可能只是想帮助他学习西方事物，以获取进入官场的新渠道。在家乡，人们经常围住傅斯年问："你几时出官，官有多大？"[3]甚至在科举制废除后，人们仍然认为，获得学位后应该会得到一定的官衔，否则，获得的学位看起来就没有任何用处。

在天津，傅斯年早年对基督教的敌对态度逐渐缓和下来，主要是缘于他与英华（1866—1926）的频繁接触。英华是虔诚的天主教徒，也是《大公报》的出版商。虽然英华坚决支持清政府实行议会制度，但他反对革命派，并称之为"乱党"。英家属于具有改良倾向

---

[1] 郭沫若：《少年时代》（上海，1948年），第141、179页；钱穆：《八十忆双亲·师友杂忆》，第686页。
[2] 侯延塽后来成为中华民国早期的国会议员，在凌云《彭昭贤政海沉浮话当年》（一）中可找到一些关于他的传记资料。载《艺文志》，80（1972年），第20—26页。
[3] 《全集》，第2002页。

的满族贵族,在清廷日薄西山的最后几年中,傅斯年与英氏族人关于时事政治的热烈讨论,受到了英家的高度赞赏。[1]

中等学堂课程的目的显然是教育人们使国家变强。课程安排是每星期学习三十七个小时,大约一半用于学习外国文和算学,其余的时间学习修身、读经、词章、中外史学、中外地理、图画、博物、化学、物理和体操。[2]1913年,从天津府立中学堂毕业的傅斯年至少面临着两种选择:升入高等学堂或者进入京师大学堂预科,他选择了后者。

北 大 岁 月

傅斯年在中学的学习很出色,擅长数学、英语和中文。[3]一个人若拥有了这些资历和成绩,就有望进入科学学门或法科,两者都是通向成功的可靠之途。[4]然而傅斯年却决定进入文科的预科,毕业时他进入国文系令许多人感到惊奇。他劝说北大预科的其他几个学生进入国文系,也表明了他对中国传统学术的热情。[5]

当傅斯年进入北大预科的时候,这所大学正在逐渐由旧式的政府官员培养基地转变为现代的大学。[6]傅斯年在北大预科的杰出表现,给人以深刻的印象。毕业时,他是所有人文学科的第一名。虽然

---

[1] 英千里:《回忆幼年时代的傅校长》,《傅故校长哀挽录》(台北,1951年)。方豪的《英敛之先生年谱及其思想》讨论过英华对革命者的憎恨,见《台湾大学历史学系学报》(1974年),第91页。傅斯年通过侯延塽的介绍结识了英氏家族,侯延塽当时是英氏报纸的撰稿者,参见《英敛之先生日记遗稿》(台北,无出版年),第1174—1204页。

[2] 舒新城:《中国近代教育史资料》(北京,1961年),中册,第494—495页。

[3] 当时的人都倾向于将算学和外国文看作通向新学的两条关键之路。

[4] 茅盾(沈雁冰):《有志者》(上海,1938年),第110—111页。茅盾是傅斯年在北大时的同班同学。

[5] 李泉与徐明文:《台港知名人士忆傅斯年》(山东,1991年),第281页。

[6] 蔡元培之前的两任校长——何燏时(1878—1961)和胡仁源(1883—1942)都具有现代大学教育的眼光,但是没有对重塑这所大学的形象做出有意义的贡献。

傅斯年决不是唯一的天才学生,但他非常出名,被夸张地称为"孔子以后第一人"、"黄河沿岸的第一才子"。这样的名声有助于他后来成为学生领袖。[1]

傅斯年在北大期间,政治和文化的保守主义情绪正在高涨,袁世凯(1859—1916)和张勋(1854—1923)企图复辟帝制就表明了这一点。许多青年人相信,旧文学、旧政治、旧伦理,本是一家眷属。[2]谨慎的知识分子总结出,旧政体、旧道德、旧文化是一个必须彻底消灭的有机整体。只有终结传统文化和道德,才能摧毁军阀思想,纯洁北京的政治。

1916年,袁世凯终于登上了皇位。袁世凯的文化政策与南京国民政府第一任教育总长蔡元培的政策尖锐地冲突。蔡元培规定,学校里不再祭拜孔子,不再阅读儒家经典。代表一大批保守人士的袁世凯在1913年上台之后,撤销了蔡元培的决定。1913年6月,袁下令每个学校必须祭拜孔子。四个月后,在《天坛宪法草案》中,他又宣告儒家思想是国民教育的基础。1915年2月,袁的政府宣布所有的学校必须建立于儒家思想之上,将古代圣哲作为崇拜的偶像,将读经作为必修课。一些文人甚至提交请愿书,敦促宪法宣布儒教为国教。[3]虽然袁世凯与保守派关系密切,但他还是拒绝了这个建议。康有为也支持将儒教定为国教的运动。[4]值得注意的是,同一年(1915),陈独秀决定创办呼吁文化改革的《青年杂志》,

---

[1] 傅斯年在北大时,他甚至已经在聊城附近地区成了一个传奇性的人物,邓广铭回忆说,当他是孩子时,听说傅斯年是"黄河沿岸的第一才子",参见邓广铭《回忆我的老师傅斯年先生》,《傅斯年》,第2页。傅斯年在北大的同学伍俶,也证明他在北大时,听学生们说傅斯年是"孔子以后第一人"。见伍俶《忆孟真》,《傅故校长哀挽录》(台北,1951年),第62页。
[2] 参见陈独秀:《吾人最后之觉悟》,《陈独秀著作选》(上海,1993年),第179页;同上书,《袁世凯复活》,第239—240页。
[3] Ernest Young, *The Presidency of Yuan Shih-k'ai* (Ann Arbor, 1977), pp. 202 – 204. (杨格:《袁世凯的统治》,安尔伯,1977年,第202—204页)
[4] 同上书,第202—203页。

这被胡适认为是新文化运动的开端。[1]这个时间上的巧合当然不是偶然的。

1917年夏秋之交，张勋带领他的辫子军进入北京，企图恢复满清政权。这使新知识分子们进一步确认，清算中国传统政权的两大支柱——旧道德、旧文学的时机到了。所以新文化运动起始于这一年，也不是偶然的。

陈独秀认为，袁世凯和许多同他相似的人一样，都是中国传统政治文化的产物。儒家的政治文化是政治动乱成为恶性循环的根本原因，只有伦理和道德革命才能摧毁它，结束这种恶性循环。只有将旧瓶倾泻干净之后，西方的新思想才能装进去。陈独秀主张，如果中国不以这种方式改变自己，就会有更多袁世凯之流的人出现，发起废除民国、复辟帝制的运动。陈独秀文化理想的一个独特方面是，集中用文化手段来解决中国面临的各种迫切问题，尤其是政治问题。这一思路是陈独秀与其同时代人的主要差别。他们大多认为政治问题解决了，文化上的腐败落后也会跟着解决。袁世凯的文化教育政策和张勋复辟满族政权的企图，有力地促成了那个年代激进思想的形成。那些在1911—1912年间受自由思潮浸染的青年学生被日渐高涨的保守主义烦扰，他们愈来愈厌烦所有这些复辟运动。

傅斯年进入北大预科时，正值保守主义运动的高潮期。袁世凯登基做皇帝，不久即去世，那时他正在读预科三年级；[2]1917年张勋企图复辟清朝，他是北大本科的新生。傅斯年读大学一年级期间，蔡元培来到北大。蔡在京组成了一个独立于北京政治之外的学术社会，日后在中国现代思想发展中将起重要作用。

---

[1] 胡适：《五四运动是青年爱国运动》，《胡适讲演集》（台北，1978年，3卷本），下册，第568页。
[2] 茅盾：《我走过的道路》（香港，1981年），第86—87页。

傅斯年初入北京大学时与其弟傅斯岩合影

山平水遠蒼茫外

地闢天開指顧中

孟真同學兄正

蔡元培

蔡元培送给傅斯年的一副对联

作为革命派的前辈,蔡元培通常被看作新文化运动的总设计师。后来他的任职北大被称为"猪八戒肚子中吞了一个孙悟空"("孙悟空"指蔡元培,"猪八戒"指北方的军阀)。但是起初,人们并没有意识到蔡元培对北方保守势力的威胁。他的任职决不是因为北京政府想要发展大学,而仅仅是政治运作的意外结果。[1]

作为清末一个热情的革命派,蔡元培也因为他是翰林——一个士人通过科举考试后所能得到的最高荣誉——而闻名,他的文学成就在长江流域吸引了许多年轻人,他的声望有时甚至超过孙中山。[2] 蔡元培曾是无政府主义的真正信仰者,提倡用美育代替宗教。他的道德品质和他安详和蔼的人格是他与不同倾向和背景的人共事的资本。但是每当危急时刻,他意志十分坚定。他独特的性格对于形成两个主要的学术机构起了关键作用:北京大学和中央研究院。几年后,蔡元培对傅斯年坦陈,他在北大所做的就是允许各种因素自由成长并彼此竞争。"纯然由若干教员与若干学生,随其个性所趋而自由申张。弟不过不加以阻力,非有所助力也。"[3] 在他任职期间,虽然内心赞成新文化,蔡却从有限的财政资源中拨款同时支持激进和保守的杂志。蔡元培的另一个贡献是他把北大从官员培养基地转变为学术研究的大学。他的新政策有着决定性的影响:在宣誓就职北大校长之前,专业的学术研究在北大得不到任何尊重,甚至受到嘲弄;而他到来之后,学术研究在北大受到普遍欢迎。[4]

当时大学数量有限也有助于北大成为全国教育界的焦点。那时中国另外两所大学——太原的山西大学几乎不为人所知;天津的北

---

[1] 陶英惠:《蔡元培与北京大学(1917—1923)》,《中央研究院近代史研究所集刊》,5(1976年),第272—273页。
[2] 吴敬恒:《四十年前的小故事》,《蔡元培先生纪念集》(北京,1984年),第89页。
[3] "傅档",Ⅲ—735,蔡元培在欧洲时致傅斯年的一封信。
[4] 吕思勉:《蔡子民(元培)》,《蒿庐问学记》(北京,1996年),第440—445页。

洋大学又太小，作为一个高等教育机构甚至可以忽略不计。[1]这样一来，北大校长对新文化的态度就起着关键作用，使新思想在全国范围内脱颖而出。

但是老北大——亦即蔡元培到来之前的北大——仍然保留着一些传统，譬如，在老北大有时学生的官职比教师还高。[2]蔡的新政策使教师和学生之间的地位更加平等，有时会引发学生和教师间的自由争论，这种情况在传统的师生关系中是闻所未闻的。表述的自由迅速而出人意料地导致了更有活力的讨论。言论自由也包括张贴中伤同学的"大字报"，这一实践方式后来成为学生运动中的一种重要媒介。[3]

然而，新北大生成的主要催化剂是几个新教员的到来，尤其是1917年胡适的归来，他显然是北大教师中第一个博士（虽然直到1927年他才真正拿到学位）。甚至在胡适到来之前，新风气就已经开始形成。蔡元培担任北大校长九天后，就任命热衷于文学和道德改革的陈独秀为文科学长。文科以外，像逻辑学教授和图书馆长章士钊（1881—1973）等教授，也影响了傅斯年这样的学生学习逻辑学和心理学。受到这些影响，傅斯年后来赴英国学习弗洛伊德派心理学。

傅斯年显然在胡适和陈独秀到北大之前就接触了西方书籍。[4]

---

[1] 《国立北洋大学记往》（台北，1979年），晚清时期，北京政府命令建立许多地方性的大学堂，然而其中的大部分没有发挥作用，而且不为人知。见朱有瓛：《中国近代学制史料》（上海，1986年，第一部分，2卷本），第2卷，第811—817页。
[2] 过去北大的许多学生是政府官员，此外，毕业之后，许多人比教员们的仕途前景更光明。由于这些原因，陈汉章（1864—1938）拒绝在北大当教师的任命，而宁愿做学生。
[3] 傅斯年热衷于写揭帖捉弄他的同学，以至于蔡元培公开谴责了他。傅斯年后来承认蔡元培确实对他摒弃挖苦同学的坏习惯有帮助。见《全集》，第2375页。以及陶英惠：《蔡元培与北京大学》，第280页。
[4] 在傅斯年的私人图书馆（现中研院傅斯年图书馆）尚存一些1918年以前出版的英文书。如温德尔班（Windelband）的《哲学史》，根据此书前的眉批，得知购于1916年。我还发现有本罗素（Bertrand Russell）的《哲学的科学方法》，购于1918年。杜威等人编的《创造性思维：实用主义态度论文集》，也购于1918年。

虽然此时他已经完全沉浸于西方知识中，但并不等于说他反对传统。相反，他曾是康有为创办的《不忍杂志》的热心读者，该杂志提倡政治和文化的保守主义，强烈反对不加选择地吸收西方文化和制度。《不忍》的主旋律是对于国家生存的关注应当超出对议会和民主的关注。勾勒出康有为乌托邦思想的《大同书》也在杂志上发表。傅斯年不喜欢康有为的乌托邦思想，但对他的其他思想表现出热烈的赞赏。[1]

1917年下半年，章士钊辞去图书馆馆长职位，由李大钊接任。9月，胡适被任命为教授，开始讲授《中国哲学史》。他对古代经典的批判使一些头脑敏锐的学生大为震惊，也使他们受到启发。此外，1918年上半年，刘复（1891—1934）和周作人（1884—1966）的两门课也吸引着傅斯年：《欧洲文学史》和《中国小说史》这两门课第一次在古典学问占主导地位的北大国文系讲授。傅斯年对他们介绍的新知识有很强的理解力。在这些课程的研讨班上，他专注于对普通人心理和中国小说语言的研究。周作人的课吸引了一群学生，他们后来组织起来创办了《新潮》杂志。

李大钊对傅斯年和罗家伦（1897—1969）的影响几乎完全被忽略了，这种忽略有时恐怕是有意为之。傅斯年文集的几个版本遗漏了他一篇重要文章，可以明显看出俄国革命对李大钊的影响。[2]李大钊支持新潮社的成立，并在大学图书馆里为其腾出一间房子作为活动场所。新潮社杂志的编辑，李大钊的得意门生罗家伦，积极附和李氏关于俄国革命的大潮会席卷全人类的设想。[3]傅斯年也有同

---

[1] 康有为编：《不忍杂志汇编》（上海，1914年；台北，1968年重印本），第2页；毛以亨：《关于傅斯年的一封信》，《天文台》1951年1月2日。

[2] 例如，最通行的傅斯年著作的版本《傅斯年全集》。

[3] Maurice Meisner, *Li Ta-chao and the Origins of Chinese Marxism* (Cambridge, Mass., 1967), p. 71.（迈斯纳：《李大钊与中国马克思主义的起源》，剑桥，马萨诸塞，1967年，第71页）

样的看法,宣称俄国革命已经代替法国大革命,俄国革命的模式是全世界的希望,也是解决中国问题的唯一途径。[1]

这些新派教授的活动严重地威胁着保守派。保守派大部分是考据学者,乃章炳麟的门生故旧。1915年,这些新派教授与清朝时期形成的、更为保守的文人学派桐城派发生了争论,结果是最保守的教员被驱逐出北大。在北大,章炳麟的圈子分为三个集团:黄侃(1886—1935)等保守派;钱玄同(1887—1939)和沈兼士(1886—1947)等激进派;马裕藻(1878—1945)等温和派。胡适与激进派结盟。[2]然而,傅斯年当时却对黄侃和钱玄同讲授的课极有兴趣。[3]

黄侃和刘师培(1884—1919)在1900—1909年间曾极端激进,但在1917年左右,他们看起来变得相当保守。其详细原因至今仍待研究。[4]事实上,他们并没有想象的那么保守,没有全身投入旧文化的实践,也不是最严格意义上的"儒家"。他们是真理的绝对追求者,献身于学术研究。他们严谨地从事经典和小学研究,并不墨守传统的价值观。但是,他们也确实抵制用白话文代替文言文。除了这一团体的年轻斗士如张煊外,他们一般不宣扬旧道德,而是对中国文化的道德观持相对通融调和的态度。[5]他们之所为正如其杂志

---

[1]《社会革命——俄国式的革命》,《新潮》,1:1(1919年),第128—129页。这篇文章被《傅斯年全集》的编辑者遗忘了。
[2] 沈尹默:《我和北大》,《五四运动回忆录》(北京,1979年),第3卷,第157—170页。
[3] 钱玄同的语言学理论与白话文运动的主张有一些暗合,这一点已经被讨论过,参见毛以亨:《关于傅斯年的一封信》,《天文台》1951年1月4日。
[4] 张灏在他的书中对刘师培的激进思想有精彩的分析:Chinese Intellectuals in Crisis: Search for Order and Meaning, 1890-1911 (Berkeley, 1987), pp. 146-179(《危机中的中国知识分子:寻求秩序与意义,1890—1911》,伯克利,1987年,第146—179页)。
[5] 张煊是一个名不见经传的人,根据张煊中学同学钱穆的看法,张煊是一个热情的民族主义者,新文化运动结束后不久就去世了。见《八十忆双亲·师友杂忆》,第57—59页。刘师培也在这场运动结束后很快就去世了。

名称所揭示的那样——研究"国故"。

起初，黄侃和刘师培将傅斯年看作最有前途的学生，将会在发扬光大传统学术方面起带头作用。然而，到1918年，傅斯年很快被争取到新文化群体一边。由于缺乏历史资料，尚难解释他的转变。[1]事实上，因为他的转变太快，加入新文化团体时，人们曾怀疑他是保守派的奸细。[2]也因为他是国文系唯一一个加入新团体的成员，常常受到同学的威胁。[3]

大体上，两个因素促成了傅斯年的转变：一方面，保守派在意识形态上已经成为一个"空壳"；清代考据学的毁灭性力量，尤其是康有为和章炳麟所代表的考据学，已经颠覆了许多传统的观念。傅斯年非常欣赏康有为和章炳麟的著作，他在转向新文化团体之后，即敏感地指出他们对儒家思想的覆灭起了重大作用。他宣称，到他的时代为止，清代学术已经变得繁琐无用，儒学已经成为空壳。他说，章炳麟对儒家和先秦的各种思想流派一视同仁，他在多种著作中严厉地批判了儒家。[4]当时的北大教员许之衡写道，自章炳麟"以孔子下比刘歆，而孔子遂大失其价值，一时群言多攻孔子矣"。[5]至于康有为，傅斯年认为，虽然他因尊崇孔子而著名，但实际上他的一些著作对儒家权威地位危害最大。康有为指出，六经大部分是孔子为了改制和将儒教确立为国教而伪造的。这表明孔子是一个大胆的造伪者，儒家传统的主要文本六经是伪造的文本。在康有为和章炳

---

[1] 这里有一段轶事或许可以解释为什么傅斯年最终决定加入这一团体。一天，傅斯年被导师黄侃叫去清理痰盂，傅斯年清理得不干净，于是黄侃打了他一耳光，傅斯年对此感到再也不能忍受，决定离开。这段轶事得自台湾师范大学的教授陈新雄，他的导师林尹是黄侃的弟子。
[2] 唐宝林和林茂生编：《陈独秀年谱》（上海，1988年），第87—88页。
[3] 顾潮：《顾颉刚与傅斯年在青壮年时代的交往》，《文史哲》，2（1993年），第12、17页。
[4] 《全集》，第1458—1459页。
[5] 许之衡：《读〈国粹学报〉感言》，《国粹学报》6（1905年），第1页。

麟著作的强烈影响下，傅斯年对传统观念的信仰彻底动摇了。因此，五四运动前夕，傅斯年断言，儒家已经毫无希望，并即将崩溃。[1]

与此同时，旧的保守派对各类现实问题，如怎样最有效地拯救中国，或是像生活、婚姻、家族等具有时代意义的问题，都没有提供任何答案。傅斯年早年在家乡——一个顽固保守的、濒于崩溃边缘的社会——的经历，可能也促成了他的转变。他坚信旧社会已经不能够恢复活力，这一点也导致他怀疑传统的价值体系，并寻求其他可行的出路。像一个久病的人对过去的医生失去信心一样，傅斯年到处求医问药，希望治好民族的痼疾。就在这个时候，新事物、新思想潮水般涌入北大。一群对各种基本问题颇有说服力的新教授引进了一整套新观念。旧的价值体系已经被冲刷殆尽，新事物的浪潮将傅斯年推向新的团体。

傅斯年和《新潮》

在新文化运动期间，北大有三个学生社团，代表着三种不同倾向：新潮社、国民社和国故社。1918年11月18日，大约二十个新文化运动的年轻学生领袖决定组建新潮社。这些学生受到北大教授胡适、李大钊和周作人的感召和影响。其中许多人听过周作人的《欧洲文学史》，他们创办了名为《新潮》的月刊。《新潮》以他们老师辈创办的《新青年》为样板，这是《青年杂志》的新版。依靠学校的资助，1919年1月，傅斯年任主编的第一期杂志顺利出版。这本杂志希望向国内介绍西方思潮，目的是将年轻人的思想从僵硬顽固的陈规陋习中解放出来。社团的成员大多是二十多岁的青年，他们与老师辈的《新青年》杂志的出版者关系密切。

有意思的是，《新潮》中很少或几乎没有文章公开支持民族主

---

[1]《全集》，第1458—1459页。

义。相反地,作者们倾向于申说通常与现实无关的高尚的理想主义理论;同样具有讽刺意味的是,《新潮》的作者在批判中国传统方面有时比《新青年》更激进。他们中的一些人鼓吹按照俄国模式进行革命,尽管他们对革命的理解很模糊,对社会主义和民主也只有肤浅的了解。

新潮社对中国传统的激烈反对,在它与"民族主义"的标准定义——颂扬民族遗产——发生矛盾时达到顶点。新潮社对中国传统和价值观发起了负面进攻。按照他们的立场,任何有助于增强国力的西方观念和学说的输入,都是可以接受的。这种姿态使许多学者感到震惊,在20世纪50年代,一个重要批评者总结说,"世界决没有一笔勾销自己历史文化的民族主义",而"五四运动自身所包含的矛盾"即在于,一些爱国的五四人"偏偏要一笔勾销自己的历史文化"。[1]在新潮社建立前后,保守派学生着手组建国故社,并出版自己的刊物。[2]

新潮社和国故社之间的对抗最具戏剧性。两者都由学生主持,都受到蔡元培的资助,并且安排在相邻的房间中。两者之间的对抗冲突非常激烈,以至于社员们为了应付意外的争执常常将刀子带在身上。[3]但是新潮社很快就赢得了更多的听众,《国故》只出版了四期就停刊了。[4]在这种对抗中,几乎很少有例外,大多数的"保守派"成员实际上是妥协更甚于保守:他们不愿去反驳敌人,刘师培甚至公开宣称他们不反对新潮社的任何主张,这一组织的领袖不是

---

[1] 徐复观:《三十年来中国的文化思想问题》,《学术与政治之间》(台中,1963年,2卷本),乙集,第145页。
[2] 此前,梁漱溟的《印度哲学的报告》建立一个社团来讲东方哲学和儒家哲学,他还举办了公众演讲,《北京大学日刊》,1918年10月4日。
[3] 萧超然,《北京大学校史,1898—1949》(北京,1988年),第79页。
[4] 在《国故》期刊上,我们发现除了黄侃写的一个简短的序言,保守派的教员们从未发表任何文章明确攻击新文化团体。但是两个学生,张煊和薛祥绥,在白话文一类的议题上,积极诋毁新文化团体。

他自己,而是学生。[1]相反,《新潮》的成员是好战的,随时准备排除异己的思想。傅斯年抱怨新文化运动一边倒的胜利是因为保守派没有能力进行平等的斗争。在他看来,这也表明中国是一个软弱无能的国家。[2]

《新潮》的目的是影响中等学校的学生,[3]但它的读者包括从中学生到教授。《新潮》比《新青年》更激进,在很大程度上,超过了老师们的杂志。[4]教育总长在抱怨新文化的泛滥成灾时,提到了《新潮》,使这本杂志吸引了更多的注意。[5]

新读者群的出现可以解释新潮社成功的原因。在这一点上,北大学生是关键。只有在蔡元培将北大由仕途训练学校变成现代大学(换言之,当学生失去了进入官场的渠道)之后,学生们才能脱离官方的意识形态。在北大形成的新读者群,利用其声望在全国传播他们的观点。北大之外,1905年科举制废除后,潜在的读者群扩大了。此后两年内,新学生的人数增加了十倍。新文化运动期间,学生人数是1905年的四十倍(即四百万到四百五十万)。这些学生可能曾经既赞成保守派又赞成新文化,[6]但最终他们倾向于后者。

新潮社轻而易举地取得了与国故派斗争的胜利。但对于另一杂志《国民》的胜利,就不那么简单了。实际上,在非保守派的学生中,明显可分为两个派别:政治改革派和激进派。傅斯年领导的是

---

[1] 见《北京大学日刊》,1919年3月24日。梁漱溟的话可证明保守派教授的消极情绪,梁漱溟说他们太专注于他们自己的教学事业及从容不迫的生活方式,以至于新文化团体不能对他们产生干扰。梁漱溟坦言,奇怪的是,他自己只对儒家经典有粗略的认识,却奋而反抗。参见梁漱溟:《朝话》,第140页。
[2] 《全集》,第1203页。
[3] 《全集》,第2402页。
[4] 这是经过胡适证实的,唐德刚:《胡适口述自传》(台北,1981年),第176页。
[5] 见《五四时期的社团》(北京,1979年,4卷本),第2卷,第65—66页。
[6] Perry Link, "Traditional-Style Popular Urban Fiction in the Tens and Twenties," in Merle Goldman, ed., *Modern Chinese Literature in the May Fourth Era* (Cambridge, 1977), p. 331. (林培瑞:《一九一〇年代到一九二〇年代的传统通俗市民小说》,古德曼编:《五四时期之现代中国文学》,剑桥,马萨诸塞,1977年,第331页)

政治改革派和文化激进派,国民社由政治激进派和文化改革派组成。这两个团体的杂志都瞄准了不同层次的观众:《新潮》的目标是中学和高等学校的学生,然而国民社的目标是普通民众。国民社的成员甚至为下层民众开办一系列公共讲座。但是,颇具讽刺意味的是,他们的杂志仍然用深奥的文言文写成。《新潮》尽量用浅显的语言表达激进的思想,这种组合得到年轻一代的积极响应。[1]

《新潮》的巨大成功吸引了北大图书馆管理员毛泽东的注意,他寻找机会同傅斯年和罗家伦在期刊室讨论国事。[2]但是,毛泽东后来表示,傅斯年和罗家伦都太忙了,没有时间和他讨论。他们两人的缺课率高到令人难以相信的程度。到1919年5月,傅斯年在北大学生圈中的声望已经很高了。

作为五四游行示威主将的傅斯年

1919年5月,蔡元培告诉学生,由于中国外交官与日本的秘密协议,巴黎和会上的中国代表团没能够收回山东。为了表示抗议,学生们发动了示威游行。[3]示威游行对北大学生而言并不陌生。1919年初,国民社的成员组织了跨校之间反对北京政府的游行,因而在组织不同学校学生形成联合阵线方面积累了经验。那次学生的示威游

---

[1] 参见《五四时期的社团》,第124—126页。
[2] 关于毛泽东在北大的活动,见陈坡等:《青年毛泽东与北京大学》,《北京大学学报》第六期(1984年),第90—94页。毛泽东作为省级师范学校的毕业生,热情地参与北大的各种学生社团。见萧超然:《北京大学校史,1898—1949》,第85页。毛后来说:"我的职位太低了,人们都躲着我。我的工作之一是登记来读报纸的人的名字,但是对大多数人而言,我并不作为一个人而存在。来读的人之中,我认出了这次学生运动的著名的领袖的名字,如傅斯年、罗家伦及其他人,我对他们充满了好奇,我竭力想同他们谈论政治和文化,但他们都是大忙人。他们没有时间听一个操南方口音的图书管理员讲话。" Edgar Snow, *Red Star over China* (New York, 1978), pp. 139 – 140. (斯诺:《红星照耀中国》,纽约,1978年,第139—140页)毛泽东显然受到很深的伤害,多年以后仍在重复这些事情。
[3] 许德珩:《五四运动六十周年》,《文史资料选辑》,61(1979年),第19页。

行没有同新文化运动同步进行，而是由国民社发起的抗议。人们认为傅斯年反对1919年早期国民社发起的多校联合的示威运动。[1]但是，当傅斯年从蔡元培处得知这个令人失望的消息，并了解到五四那天抗议的对象不仅是军阀政府，还有帝国主义时，他积极地参加了游行，并很快成为运动的领袖。傅斯年成为学生运动领袖的原因很复杂。在本科学习期间，由于在学习上成绩出色和广泛参加新建立的各种学生社团，如北大消费公社，傅斯年已经是一个潜在的学生领袖了。他曾给北大职员讲授继续教育课程，也曾领导辩论队，并以最高票当选为进德会——蔡元培组织的北大最大的独立团体——的评议会成员，这些都证明了他的领导能力。[2]

北大以外，为了发行《新潮》所建立的渠道，也在学生间建立了庞大而松散的联系网络。作为《新潮》的主编，傅斯年在北京学生圈中非常引人注目。[3]他来自已经被日本占领一半的山东，[4]这种身份可能也促使他成为抗议北京政府游行的领袖人物。

1919年5月4日早晨，傅斯年带领大约三千学生的队伍，[5]向

---

[1] 许德珩：《五四运动六十周年》，《文史资料选辑》，61（1979年），第12页。
[2] 关于北大消费公社的组织，见《北京大学日刊》，1917年12月27日。傅斯年作为学生领袖的其他例子，如傅斯年作为评议员得到54票，胡适作为监督员，得到66票，《北京大学日刊》，1918年5月21日；傅斯年发表了给蔡元培的一封长信，讨论哲学系作为在文科一部分的失败，这是傅斯年第一次引起蔡元培的注意，《北京大学日刊》，1918年10月8日；傅斯年领导了辩论社，《北京大学日刊》，1918年10月17日。值得注意的是，据易宗夔1918年的观察，新文化运动有四个领袖：陈独秀、胡适、钱玄同和傅斯年。可知在人们眼里，傅斯年是这次运动的一个主要领袖。见易宗夔：《新世说》(1918年，1982年重印本)，前言，第39b—40a页。
[3] 最重要的原因可能是因《新潮》的发行而使傅斯年在学生圈中声誉卓著，按李小峰（1897—1971）的说法，由于发行网络的不足，《新潮》在北京比在其他地方流行。主要是在学校里而不是在书店里发行。大部分印出的刊物都在北京青年学生的手中。见李小峰的《新潮社的始末》，《文史资料选辑》，第61辑（1979年），第82—128页。
[4] 虽然北大的山东籍学生确切数目不明，但总数很少。我们可以确定的是，有四十名学生接受了山东省政府的资助。见《北京大学季刊》，1918年4月30日。
[5] Chow Tse-Tsung, *The May Fourth Movement: Intellectual Revolution in Modern China*, p. 105（周策纵：《五四运动》，第105页），论及了参加这次示威游行的学生人数。周策纵认为北京总共有一万五千名学生，参见同书，第99页。

北京使馆区进发,准备向美国公使递交抗议信。新潮社和国民社的歧异从两者的宣言中清晰可见,前者措辞较温和,后者则很激进;前者用白话文,后者用文言文。抗议信交给美国外交官之后,双方的分歧也浮出水面:傅斯年认为他的任务完成了,但是国民社坚持要到曹汝霖(1877—1966)的家,以羞辱这位对日秘密和谈的主要执行者。5月5日,傅斯年与国民社的领袖许德珩(1890—1990)发生争论。傅斯年在挨过一个耳光后,拒绝继续参加任何进一步的活动。值得一提的是,国民社的成员大部分加入了中共,而新潮社后来却分裂了。[1] 傅斯年和罗家伦赞同国民党,而谭平山(1886—1956)、张申府(1895—1986)和其他一些人则同情共产党。两个集团也代表了青年学生的两种倾向:以政治活动救国或者投身于学术文化活动。国民社的许多成员后来卷入了政治斗争,而新潮社的许多成员,如叶绍钧(1894—1988)、朱自清(1898—1948)、俞平伯(1900—1990)、康白情(1896—1959)后来都成了著名作家;另一些人成为了学术领袖,如历史学领域的傅斯年和顾颉刚,心理学领域的汪敬熙(1897—1968),中国哲学史领域的冯友兰。

　　五四运动在政治上有很大影响。在运动期间,好几个团体开始觉察到思想观念可以转变成政治武器。走上街头示威的学生手无寸铁,但却极大地改变了北京的政局。党派的领袖人物发现,将学生吸引进自己的组织对他们非常有利。各党派组织也开始出版白话的文学副刊。[2] 国民党进行了改组,中国共产党诞生了。同时出现了众多的新党派。在胡适看来,1915年开始的新文化运动被四年半之后的五四运动打断了。[3]

　　傅斯年在《新潮》杂志的地位一直未改变,直到1919年10月他

---

[1] 彭明:《五四运动史》(北京,1984年),第227页。
[2] 唐德刚:《胡适口述自传》,第190页。
[3] 胡适:《五四运动是青年爱国运动》,《胡适讲演集》下册,第568页。

离开北京去英国学习。罗家伦接替了他的编辑工作，《新潮》逐渐衰落。仅仅出版了十二期，《新潮》就在1922年3月停刊了。此后，孙伏园（1894—1966）、李小峰（1897—1971）将新潮社转型为研究和出版机构。北新书局这一名称实际上是北大和新潮的缩写。它作为学术思想出版机构的声誉传承了新潮运动的遗产。

回顾既往，令人惊奇的是，在一个如此注重资历的国度，启蒙运动领导人的角色竟是由一群未毕业的大学生扮演的。[1]作为一个未出校门的学生领袖，傅斯年居然挑起了与北大教师梁漱溟和马叙伦（1884—1970）间的两次论争，并宣称他的任务之一就是向他的长辈敌手发起挑战，或者说"骑在老虎背上"。[2]

为什么年轻人如此自信和自豪？ 在他们的头脑里，只有西方的知识才是衡量学问的最终尺度；传统变得几乎没有价值了。因此，那些受传统文化污染较少的人，如儿童和疯子，就不会犯错误。[3]支持新事业的教授钱玄同甚至宣称"四十岁以上的人都应该枪毙"。[4]越接近西方知识的人，就离"真理"越近。"道"的所在地已经由古代中国转向现代西方了。英文流利的傅斯年在1916年下半年从日本丸善书店得到了许多西方书籍。[5]在这些新式武器的武装下，傅斯年和他的社团或感到，同那些不能读英文的教授相比，他们的立足点不是更高也至少相等。

年轻的叛逆者

傅斯年受陈旧思想沾染较少，又能够很快地掌握他所认知的真

---

[1] 《全集》，第2406页。
[2] 《全集》，第2407页。
[3] 例如，《全集》，第1193页。
[4] 这是钱玄同早期广为人知的一句话，见鲁迅：《教授杂咏》，《鲁迅全集》（北京，1981年，16卷本），第7卷，第435—436页。
[5] 毛以亨：《关于傅斯年的一封信》，《天文台》，1951年1月2日。

正学问,在十个月内,他写了近五十篇文章来启蒙他的年轻同胞,文章的篇数几乎和他1920年之后出版的非学术文章的篇数相同。由于大多数文章非常受欢迎,影响很大,所以应该探讨一下它们的内容。然而,要考察他在《新潮》时期的复杂思想是不容易的。这些文字背后的激情和愤怒至今仍清晰可见。对传统学术的点点充满智慧火花的感悟同稚嫩的爆发式的观点相混合,令人费解;但这样的思维框架可能正是那样一个转型时期的代表。

新文化运动期间及其后一段时间,傅斯年观念的形成是相当缺乏系统的。他有一些思想不是原创性的,而是从胡适、鲁迅(1881—1936)、周作人和陈独秀那里继承而来,并加以进一步的发展。然而,不能忽视的是,傅斯年呼吁一个根本的转变,包括摒弃"文人"文化。任何与传统文人有关的事物都招致他大胆而夸张的攻击。这就等于攻击传统中国历史的核心。

傅斯年声称,"文人一旦做到手,'人'可就掉了"。[1] "一成'文人',便脱离了这个真的世界而入一梦的世界。"[2]他对与文人相关的一切,包括思想倾向到生活方式都深恶痛绝。[3]他的看法是,如果中国要自救,就要驱逐文人。他实质上对谁真正代表"中国"提出质疑,这也是他主编《新潮》期间的一贯主张。

这一时期傅斯年的许多著作中,某种程度上承载着那个时代的年轻人共有的两种倾向:

首先是大众(popularism,或译民粹主义)倾向,反映在傅斯年身上即是对传统士人文化的深切敌意。新的中国必须"走向人民",将普通老百姓的感情作为衡量传统文化形式的价值尺度。对于傅斯年及许多他的同时代人而言,普通老百姓是中国社会积极的一面。他运用

---

[1] 《全集》,第1192页。
[2] 傅斯年致胡适的一封信,《胡适来往书信选》(香港,1983年,3卷本),上册,第104页。
[3] 例如,《全集》,第1184、1191页。

普通老百姓的标准和真实感情重新评估一切。这也是他要改变传统的士人占主导地位的社会这一抱负的一部分。

第二种倾向是渴望启蒙人民,包括士人和普通人,这是五四运动时期许多人的共同想法。傅斯年一代人深知,要启蒙大众的先决条件,就是要采用他们的语言和文化形式。按照傅斯年的看法,这种转变不是要服从普通社会,而是要采取普通人所能接受的方式来改变他们。[1]

作为文化批判者的傅斯年

傅斯年将整个新文化运动事业看作一种接近"人性"的努力。与前辈思想家不同,他相信"人"不是已经确立的存在状态,而是需要去达到的目标。傅斯年认为,中国的哲学家总是努力使人脱离人性,而西方人却被推动去接近人性。在傅斯年看来,儒家,特别是宋明儒学,引导人们脱离社会现实和人生现状是极其错误的,导致中国文化脱离了人的存在究竟是什么这一本质问题。圣人观将人们的注意力转向现实生活之外。中国传统伦理的基本前提是人生来是为了实现道德,追求圣人们树立的道德典范,而不允许人们有"我"。[2]中国戏曲、小说和文学作品中充满了人造的做作情感,只有少数几部作品与常人的生活同调。傅斯年争辩说,构成真正人性的东西,不是圣人的声音,而是最基本的情感和意绪。[3]

---

[1]《全集》,第1092页。
[2]《全集》,第1245页。
[3] 我们在傅斯年的文章中经常可以遇到"人性"一词。傅斯年认为,中国哲学家对这一词汇和概念漠不关心。从他在伦敦大学研习两股西方思潮——达尔文及弗洛伊德学说伊始,他就充分证明了人的世俗本性的存在。达尔文的进化论使我们意识到我们的动物本源。受到这种新观念的启迪,傅斯年追问:为什么成圣的观念仍在延续(《全集》,第1261页)? 在精神分析学的帮助下,傅斯年获得了拆解圣人观念的另一个有力武器。在精神分析学里,人的意识分为几个层次,人们开始认识到

傅斯年主张，潜意识中长期被压抑的健康和正常的欲望，应如陈独秀所说，具有永恒的价值，现在已经到了以释放为补偿的时候了。昆曲《尼姑思凡》得到傅斯年的高度赞赏，因为正常人的渴望在其中得到了表达。〔1〕他表扬这出戏中的尼姑有意识地表达其性欲。〔2〕

采用口语是傅斯年接近普通人的一种工具。文类的转换至关重要。新文化运动期间白话文代替了文言文。而此前大多数学校中流行的是骈文。〔3〕甚至在非常正式的场合也运用口语，这标志着与过去的巨大不同。在清代，文人们常常用白话文写文章来教育普通人，但他们自己仍然用文言文表达。现在，新知识分子主张在任何场合、任何人都要使用白话文。以前，一些文人们欣赏宋元白话小说，但是直到现在，他们才用这种语言表达严肃的思想。多数新知识分子不能熟练地使用白话文，他们不得不学习写作白话文。〔4〕

然而，傅斯年在他的文章《白话文学与心理的改革》中写道，新知识分子仅仅使用白话文是不够的，在心理上他们也应如此，并将其作为心理改革的工具。他抱怨说，民国初年的政治混乱归因于

（接上页）甚至宋明儒学也没有完全洞察的无意识层次，因而能够深究人类那种有时近于兽性的、非理性的黑暗本性（《全集》，第1260—1261页）。傅斯年主张，"力比多"（本能）比理性更有力量，并声称"理性"与"本能"的关系就像奴隶与主人的关系（《全集》，第1263页）。他隐约提出，被压抑的"力比多"是人类心灵的本质，许多世俗的欲望（新文化运动努力注意的欲望）实际上是人类本性的组成部分。这个观点使傅斯年在1926年成为中国最早对行为主义感兴趣的人（《全集》，第1237页）。理性仅仅是冲动的"装饰和藏掖"（《全集》，第1263页）。因此，法律、宗教、道德和政治作为理性，总是在变动（《全集》，第1264、1266、1289页）。这样，古老的儒家箴言"天不变，道亦不变"就受到了质疑。人类现在被看作非常普通的——如果不是低下的生物（《全集》，第1261页）。这代表了一种与"天地之性人为贵"这一古老的儒家箴言相违背的激进观点。"天地之性人为贵"最早见于《白虎通》，后来成为儒家的一句普通的格言。参见余英时：《中国思想传统的现代诠释》（台北，1987年），第19页。

〔1〕《全集》，第1087页。
〔2〕 傅斯年当然知道无意识的阴暗面。他甚至相信"淫、杀"是中国人无意识的两种主要成分。《全集》，第1080页。
〔3〕 茅盾：《我走过的道路》，第107页。
〔4〕 顾潮：《顾颉刚年谱》（北京，1993年），第43页。

各种旧思潮在新政体中出现这一奇怪现象。政治革命没有结果,中国需要的是文化和精神的革命。傅斯年写道,"现在所谓中华民国者",不是"真正中华民国"。他声称,真正中华民国,还须借着文学革命的力量造成。[1]胡适指出,这是傅斯年在新文化运动中所写的最重要的一篇文章。[2]

也有人认为,傅斯年在1918到1919年写的文章助长了文学改革在学生群体中的普及。[3]他给学生们演示怎样写白话文,在这一点上他很特别,因为许多推进白话文运动的人并不实际教人怎样写白话文。在《怎样做白话文》一文中,他建议他的读者注重口语,并尽可能借鉴西方的作文经验。[4]

周作人呼吁中国文学描写人的真实情感的著名文章《人的文学》给傅斯年很大的影响。傅斯年走得更远,他断言所谓的"人的文学"实际就是"欧化"的文学,产生这种新的"人的文学"的最好方式是尽量按照西方的写作模式进行中文写作。[5]傅斯年声称,为了避免脱离现实社会,新的中国文学应当充分注意"人的感情"。虽然感情比思想更有力量,但中国作者往往忽视了人的感情,总是在规橅圣人。他相信"人的感情"是俄国文学和俄国革命成功的源泉,故当前中国文学革命运动的主要任务不仅要进行文学思想的革命(这一主题他在多篇文章中曾详细说明过),还要发展"人的感情"。[6]有了这些信念,傅斯年的美学观点发生了巨大的变化。他欣赏那些反映真情、自然、[7]庶民、倡优的情感艺术。精英的艺术

---

[1]《全集》,第1183—1184页。
[2]胡适:《傅孟真先生的思想》,《胡适讲演集》,第340页。
[3] Chow Tse-Tsung, *The May Fourth Movement*: *Intellectual Revolution in Modern China*, p. 276.(周策纵:《五四运动》,第276页)
[4]《全集》,第1127—1134页。
[5]《全集》,第1133页。
[6]《全集》,第1182—1183页。
[7]《全集》,第1430页。

品位必须让位于庶民的艺术品位，人造美必须让位于自然美。对于傅斯年而言，最接近于事物真实的就是美。[1]

傅斯年赞赏王国维的开山之作《宋元戏曲史》，因为这些戏剧真正反映了普通民众的情感。依照这一新的审美标准，他宣称整个中国文学史中，只有少数的诗歌作品和几部下层人民戏剧文学是有价值的，因为他们反映了平常人的情感。[2]总之，他的美学理念相当广泛，包括拯救文化形式、政治、伦理和道德，而代表文学品位的尺度不再是士人，而是普通人。

在这方面，傅斯年对中国戏剧的看法很有启发意义。他非常熟悉中国戏剧，常常以戏剧作为批评的特殊标靶。他对中国戏剧太失望了，以至于他常常赋予其自己喜欢的术语"一团矛盾"。[3]他认为中国戏剧采用了太多的象征手法，极少反映人的真实情感，[4]以至于发展到一个极端，将表演看得比人类现实更重要。[5]对表演的过分重视动作姿态、[6]舞台设施，[7]和必然的大团圆结局，[8]所有这些都是以牺牲对人的真实情感的表现为代价。它们合起来不过就是愚钝的把戏而已。[9]傅斯年以为，表演和玩把戏有着不同的目的：前者重在模仿人的情景，而后者重在无意义的虚构；前者以现实的相似性为理念，后者不模仿任何事情；前者看重情节，后者注重技巧。按照傅斯年的评价标准，虽然表演和戏法这些特点势如冰炭，但他们以矛盾的状态共存于中国戏剧中，而前此竟无人发觉。[10]

---

[1]《全集》，第1068页。
[2]《全集》，第1428页。
[3]《全集》，第1080页。
[4]《全集》，第1077页。
[5] 同上。
[6]《全集》，第1102页。
[7]《全集》，第1101页。
[8]《全集》，第1109页。
[9]《全集》，第1077—1078页。
[10]《全集》，第1078页。

相比之下，傅斯年重视宋元戏剧，因为它自然而真实，不是由有学问的学者写的，也不是为了"藏之名山，传之后世"。[1]故宋元戏剧语言风格自由，不考虑内容或观众的雅致。他相信，戏剧中的演员应以普通人的普通生活为原型。他进而主张，戏剧中不应该有善恶人物的显著区分。[2]

然而，改革文学的根本途径是改变中国的语言。傅斯年认为中国的象形文字产生于最原始的时代，现在通用的书写形式比古代篆文更难学习。[3]与许多同时代人一样，他主张在十年之内废除中国的表意文字。[4]他认为应该创造新的拼音文字取代表意文字系统，以拼音文字摧毁中国传统文学，然后建立新的文学。[5]像许多同时代人一样，他甚至梦想有一天会自然形成一种世界性语言。[6]但是，傅斯年、胡适和其他人也确实对在中国采用"世界语"（Esperanto）表示怀疑，他们认为，要学会一种新的人造语言几乎是不可能的。[7]然而傅斯年又确曾提议，把中国口语罗马化是值得进行的尝试。[8]

对中国国民性的批判

傅斯年对新文化运动的命运表示悲观。与作品中充满对中国人心态尖锐而讥讽的洞察的鲁迅相似，傅斯年也对中国的一切，包括

---

[1]《全集》，第1430页。

[2]《全集》，第1110页。

[3]《全集》，第1140页。例如，汉字"也"，最原初的意义被认为是"蛇"，后来被广泛地用作"也"的意义。《全集》，第1142页。

[4]《全集》，第1138页。

[5]《全集》，第1164页。

[6]《全集》，第1151页。

[7]《全集》，第1150—1151页。

[8]《全集》，第1155页。

白话文运动的命运抱消极态度。他常对中国人的心理状态以及对任何新事物"要来时挡不住,要去时留不住"那种他称之为"流行病"症候群的情况抱悲观态度。[1]他相信,即使白话文和新戏剧等所有新文化形式将来都能成功,但若中国人"心理结构"不发生巨大而根本的改变,这些新事物很快就会成为旧事物的庇护所。

傅斯年花了很大的精力讨论怎样培养启蒙运动的推行人这一问题。他意识到中国人性格中具有天生的弱点,断言只有在中国人的心理态度彻底改变之后,新文化运动才能真正成功。他认为几个因素促成了中国人心理态度的不健康,但影响中国人的思想和行动最主要的是中国的家族体系。傅斯年热爱他的家庭,并从他的早年家庭生活中受益颇丰。[2]然而,与许多同时代人一样,他感到中国的家庭束缚了家庭成员的个人发展。他认为这是一个致命的弱点,因为只有有责任感的个人才能发展成为健全的现代公民。

对傅斯年而言,中国的家庭是"万恶之源",[3]善是从个性发出来的,[4]而家庭阻碍了个性的发展。[5]在传统家庭中,人"一天一天向'不是人'做去";[6]换言之,儿童们受到的教育是遵守罔顾其个性的家庭尊卑秩序。傅斯年将《大学》中的"八目"看作"一团矛盾";譬如,修身必要"率性",而齐家必要"枉己"。他鼓励人们将父母、兄弟和妻子的意见置之不理,完全依照个人自己心志的命令行事。他甚至鼓励人们独身。[7]顾颉刚收藏了挂在傅斯年

---

[1] 傅斯年将上海列为最能表现这一心理的典型城市。
[2] 傅乐成:《傅孟真先生年谱》,《全集》第7卷,第2633页。
[3] 值得注意的是,晚清时期的无政府主义运动呼吁摧毁中国的家族体系,刘师培尤其支持这一思潮,见王汎森:《刘师培与清末的无政府主义运动》,《大陆杂志》,90:6(1995年),第6页。
[4] 《全集》,第1553页。
[5] 《全集》,第1555—1558页。
[6] 《全集》,第1557页。
[7] 同上。

宿舍墙上的一幅字，写着"四海无家，六亲不认"。[1]

同许多其他人一样，傅斯年认为专制延缓了个性的发展。在专制政治下，人民的责任意识不能健康地发展，这阻碍了中国人表达自己的思想和为自己信仰的事业而奋斗。因为中国人过于"心气薄弱"，以至于不能持久从事任何事业。他叹息到，他那个时代的保守派是如此脆弱、麻木、不负责任和道德上不一致，几乎没有人有能力站出来反对新文化运动。因此，他也担心新文化运动成功得太快，因为人们不过是随时代潮流而动，则运动本身会在它成功之后旋即挫败。

传统学术的再评估

按照傅斯年的观点，在清末民初，儒家传统已经失去了令人信服的力量。他断言儒家未能跟上社会的变化，对中国社会面临的众多困难没有提供帮助。考据学者不注意实际问题，而以道德培养和政治经世为标的的宋学复兴，又使历史倒退了。儒家经典不再对人们的生活有真正的影响。傅斯年同意钱玄同的观点，认为六经、三史（《史记》、《汉书》、《后汉书》）应当被烧掉，《尔雅》和《说文》应当用来糊窗户，[2]因为这些文本仅仅供士人阅读，与普通民众和日常生活无关。[3]傅斯年感到六经以外有对人们的实际生活影响更大的书。作为帝王教科书，《贞观政要》远比《尚书》更有用；作为乡绅教科书，《太上感应篇》比"三礼"更有用；作为道学教科书，《近思录》比《论语》更好懂；在教育人民忠诚方面，《春秋》远不如文天祥（1236—1282）的《正气歌》有效；若教人齐家，朱柏庐（1627—1699）的《治家格言》远比《大学》更实在。百分之九十

---

[1] 陈毓贤：《洪业忆故友》，《明报月刊》12期（1987年），第106页。
[2] 《全集》，第1143页。
[3] 《全集》，第1136—1137页。

的经典只能用来糊窗户，或为装点之用、文章之资。[1]

傅斯年认为，传统中国精神的文本资源，不论是儒家经典、道藏还是佛经，都无法提升人民的心智。即使宋明儒学在这方面也是失败的。他注意到普通民众非常需要精神及道德引导。对傅斯年而言，道德引导的缺乏能够解释为什么在中华帝国的晚期，下层百姓极易被各种各样的新兴宗教席卷而去，为什么一些宗教运动演化成了大规模的叛乱。

当所有传统道德资源因失效而被抛弃的时候，现代中国的公民究竟应该循守什么样的道德规范呢？同样受到穆勒（John S. Mill）的启发，傅斯年宣布了与胡适和丁文江（1887—1936）相类的人生观："为公众的福利自由发展个人。"[2]

但是傅斯年仍然珍视传统学术的一个分支。五四运动时期，他发表了题为《中国学术思想之基本谬误》的文章，激烈地批评传统中国学术在方法论上的缺陷。这些缺陷包括陈陈相因、处处存有一空洞间架，而过于浑沌浮泛。[3]但他仍固守着清代的小学。他认为清代考据是中国学术中唯一充满了科学精神和逻辑推理的一个分支。[4]他曾热心地将清代朴学的研究方法同西方科学方法相比较，但令他伤心的是，西方学者求的是真理，而清代学者却将孔孟的话当成真理，因此将他们的精力都投入到钻研无用的古事物之上。[5]他是首先运用清代朴学家的方法进行"整理国故"的人之一。[6]傅斯年提醒读者，他并不将清代学术本身理解为科学，而不过是建议将清代严谨的文字训诂方法运用到诸如中国语言学的研究

---

[1]《全集》，第2050页。
[2]《全集》，第2411页。
[3]《全集》，第1218—1219页。
[4]《全集》，第1456、1459页。
[5]《全集》，第1457页。
[6]《全集》，第1463。值得注意的是，"科学地整理国故"的观念首先是由毛子水（1893—1988）和傅斯年提出的。见《全集》，第1258—1259页。

上。[1]他不像胡适那样确信清代考据学已经完全体现了科学精神,而是认为清代学者的方法也有缺陷,故西方学术是值得借鉴和学习的。

创造一个"社会"

傅斯年从未像他的同侪那样热情地讨论过民主。在这一点上,他与同时代的许多人不同,他们大多是拥护和憧憬着由政治革命带来民主制度。[2]

或许傅斯年已经感觉到,中国政治的问题不是缺少民主,而是过多自由导致了无治状态。这一时期,傅斯年关注的焦点是社会建构。他将俄国社会主义革命挑选出来作为中国可以效仿的出路。但是他对所谓的俄国革命仅仅有一个模糊的概念。在他看来,这一革命的主要特点是其伟大的社会革命,旨在改革一个过时的、空虚的、充满罪恶的社会。傅斯年始终认为"群众"与"社会"截然不同,而他把俄国大革命视为一个将"群众"转变为"社会"的革命。因此,他把俄国大革命看作是动员和组织人民为一个"主义"奋斗的榜样。然而他从未提到过阶级斗争和共产主义理论中的其他要素。[3]

阅读傅斯年这一时期的作品,我们能感觉到他对文学革命的关注逐渐为对社会建构的关注所取代。傅斯年关于社会建构的讨论开始于专制制度破坏力的讨论。他指出传统的专制制度至少有四个不良后果:(1)它使中国人分散为无组织的群众,从未形成任何"社会"或有组织的共同体。此外,因为缺乏真正的凝聚力,一旦发生集体活动,就总是超过其分。[4](2)因为"社会"从未真正存在,

---

[1]《全集》,第1463页。
[2] 在讨论晚清革命派是否理解民主是什么时,傅斯年用了两次"民主"一词。见《全集》,第1184页。
[3] 傅斯年:《社会革命——俄国式的革命》,《新潮》1:1(1919年),第128—129页。
[4]《全集》,第1207页。

人们就倾向于依靠政治来解决社会问题。（3）因为是专制政治，中国所谓的政府实际上是"无治"。政府一方面不能将统治扩大到社会，另一方面，它也妨碍了社会主宰自己的命运。（4）在专制政治下，人民的责任感没有得到正常的发展。

傅斯年也将科举考试制度视为中国缺乏社会的原因：

> 但是中国今日何以竟成没有社会的状态？难道中国这个民族就是一个没有组织力的民族吗？我们就历史上看起，这也有个缘故。当年中国政治的组织，中心于专制的朝廷，而文化的组织，中心于科举，一切社会都受这两件事的支配。在这两件事下面，组织力只能发展到这个地步，专制是和社会力不能并存的，所以专制存在一天，必尽力破坏社会力。科举更可使人在思想上不为组织力的要求，也不能为组织力的要求，所以造成现在这个一团散沙的状态。[1]

专制政治不能容忍社会权力，科举考试的成功也不需要任何社会组织性的努力。

傅斯年谴责中国"政治"是不治。他认为中国政府充满了独夫、宦官、官妾、权臣、奸雄、谋士、佞幸。中国政治史充满了篡位、争国，在互相竞争的军阀之间形成了割据、吞并、谋反、荒诞享乐。此外，中国的所谓社会，仅仅是由鱼肉乡里的豪贵、骚扰民间的盗贼组合而成，崇拜的是金钱、权力、官爵；信仰的是鬼魅、妖精、恶魔、怪物、道士、灾祥。[2]傅斯年指出，在这样的社会中生活，中国人实际上一点真正的"生活"都没有。[3]

---

[1]　傅斯年：《青年的两件事业》，《晨报》，1920年7月3日。
[2]　《全集》，第1105页。
[3]　《全集》，第1084—1085页。

傅斯年对建立一个"社会"的急切关注致使他去研究西方"社会"的形成。他相信在西方封建社会，中产阶级是以组织形式存在的。一旦这种组织存在，就会有"生活"和"责任心"——换言之，就有了一个真正的"社会"。[1]他希望五四运动能够唤起同胞们的责任感和社会意识。[2]他认为，心理的转变和"创造一个社会"是他们这一代人的主要任务。

至于创造一个"社会"的定义，傅斯年受孔德（Auguste Comte）的社会有机论的影响，这种理论由严复介绍到中国来，并由梁启超的《新民说》做了进一步的阐述。[3]社会有机论认为社会的各种元素要像健康器官一样互相有效地合作，在那里，原子像钻石的结晶体一样紧密结合在一起。一个良好的"社会"是由健全的自发的组织构成的。傅斯年认为，相比西方意义上的社会而言，中国的社会更像一群乌合之众。中国的所有组织——无论是政界的团体、工商会，还是同业行会——都是松散薄弱的；都是社会其名，群众其实。至于中国农民，也全没有自治的能力，只有群众生活。甚至连当时最有活力的学生组织在他看来也是一样的：也是群众的，不是社会的。[4]傅氏随时把"群众"与"社会"对举，前者像一袋马铃薯，而后者是一有机体。他确信，中国人喜欢"群众"的生活，而不喜欢"社会"的生活。[5]

傅斯年也希望人们分清"社会上之秩序"和"社会内之秩序"。前者能够通过任何一个独裁政治体系获得，而后者只有通过社会自身确立其信条和规则才能获得；前者指涉政府维持稳定局势，而后者指内

---

[1] 《全集》，第1597页。
[2] 同上。
[3] 傅斯年没有提到这一联系，见严复：《译余赘语》，《群学肄言》（上海，无出版年），第2页；并见梁启超：《新民说》（台北，1978年），第61、131、152页。
[4] 《全集》，第1578—1579页。
[5] 《全集》，第1579页。

在的社会秩序。由于中国缺乏一个真正的"社会",故而缺乏活动力,个人的能力也无从发展。这样,中国人的任务就是在建立"社会内之秩序"。[1]

傅斯年反思了他所处的时代,得出的结论是,因为中国没有"社会",所以无法监督制衡政府;人们只有接受握有权势者的欺凌。[2]因此,在中国能够解决其政治问题之前,必须首先创建一个"社会",即以社会的培养促进政治的解决。[3]

傅斯年主张通过养成社会责任心和"个人间的粘合"来创造社会。新的团结必须由零碎分散的因素组成。在这新团结中,试验新的社会的伦理;就以这社会的伦理,去粘结这散了板的中华民国。[4]

在一篇未发表的文章中,傅斯年指出,自中国进入现代世界以来,其历史可以分为四个阶段:第一个阶段是国力的觉悟;第二个阶段是政治改革的觉悟;第三个阶段是文化的觉醒;第四个阶段是社会的觉悟,即怎样创造一个社会。他相信,在过去几十年里,西方政治历史的特性是社会改革,在不久的将来,这股潮流也会涌入中国。他坚持认为,创造社会的第一步是以社会手段进行社会改革,然后从无到有地缔造一个"社会"。在这一进程中,中国不能从一个阶段跳跃到另一个阶段。他进而坦承,在五四运动期间,因为目睹学生有组织地与北洋政府抗争,他曾天真地觉得,隔着墙跳过去的追取方式是可能的。[5]

傅斯年认为,中国人只是在五四运动后才开始认识到解决社会问题的方法。五四运动是中国青年社会责任心的新发明。这一源于

---

[1] 《全集》,第 1579—1580 页。
[2] 傅斯年:《青年的两件事业》,《晨报》1920 年 7 月 3 日。
[3] 同上。
[4] 傅斯年:《青年的两件事业(续)》,《晨报》1920 年 7 月 5 日。
[5] 我发现这篇题为《时代与曙光与危机》的草稿,同史语所的行政档案混在一起,没有任何序号标识。后来,我在与杜正胜先生合编的《傅斯年文物资料选辑》(台北,1995 年)第 34 页中公布了其中的一部分。

人民责任感的社会运动在独裁政体下是罕见的,就像那灰色年月里的一线光明。

为了创造一个"社会",傅斯年反复谈到将"主义"引进中国。他相信,有主义比没主义好;因为只有拥护一种主义,中国人才能发展成为训练有素的公民。他相信,若没有对任何主义的真正信仰,他的同胞会继续按照前面所提到过的"流行病症候群"的模式处理他们的事:来时抵挡不住,去时不留痕迹。[1]没有对任何主义的真正信仰,新潮流很快会获得一定程度的流行,但却从未真正站稳脚跟。同样,傅斯年描述并批评了他称为"速成"的症候群(在短时间内能够娴熟某一主题,足以担任政府官员的训练班),他认为这种学习方式把中国人的精力浪费在大量无益的事务之中。

傅斯年强调,中国人应当在一定"主义"指导下接受某种"国民训练"。他以为,如果公民的品质没有改变,无论怎样广泛地介绍新文化,都不会产生显著切实的效果。他甚至在一篇叫做《中国狗和中国人》的煽动性文章中将中国人和中国狗同样看待,在该文中他宣称中国人和中国狗受到同样拙劣的训练,很容易脱离其原本之所学。[2]他反复地采用不同的形式追问相同的问题:中国的政治有"主义"吗? 中国的政党是有"主义"的吗? 中国人有"主义"的有多少? 中国人一切的新组织、新结合,有"主义"的有多少?[3]

然而,傅斯年对建立一个"社会"的事业持悲观态度。他对中国经历过封建时代后仍不能建立一个"小而好"的政治感到惋惜。这同章炳麟的观点并不矛盾,章炳麟将封建时期看作中国唯一能够发展代议制的时期,而中国错过了这一时机。尽管傅斯年鼓励他的同胞在几十年内超过西方世界,[4]但他仍然悲观地宣称,如果

---

[1]《全集》,第2438页。
[2]《全集》,第1595—1598页。
[3]《全集》,第1574页。
[4]《全集》,第1166页。

不深入到表面政治之下进行彻底的变革，中国的政治前途将是没有希望的，[1]因为社会的建构需要在心态转变和社会组织方面进行细致的工作和长期的努力。

但是，1920年之后，"创造一个新社会"的讨论在傅斯年的文章中销声匿迹。他面临着一个两难困境。显然，新潮社的成员既是胡适的追随者，也是李大钊的追随者。在李大钊和俄国革命胜利的消息的影响下，学生们自然而然地对革命怀有如玫瑰般的憧憬，认为大规模的社会革命是可能的。这样一来，俄国革命就应该代替（在他们看来）强调个人主义和自由主义的法国革命。[2]

然而，胡适的影响也不容忽视。他代表着一点一滴改革的理念，强调社会进步是一个渐进的发展，其中个人的努力是最重要的。这两种理念或取向共存于像傅斯年这样的青年的头脑中，互相激烈地拉扯，并成为思想紧张的主要来源。他感觉到他那个时代的问题是如此严重，以至于需要全盘解决，当然，这就要求大规模的变革。然而，他又是现实而悲观的。他憎恶一切没有实际转变的肤浅改革，这带有"流行病"症候群的味道。因此，他主张一点一滴地改革。

这样，我们看到，傅斯年一方面强调中国应当从头开始创造一个新社会，另一方面又主张这个社会必须由个人创造——每个人的内心就是一个小社会，所以改造社会的第一步是要改造自己。[3]我们也看到，他坚持认为，在创造社会的过程中，中国不应该从一个阶段跳跃到另一个阶段。

很明显地，傅斯年在欧洲学习之后，后一种取向战胜了前一种。在欧洲学习后，他没有写任何关于改造社会的文章。他成为胡

---

[1]《全集》，第1207页。
[2] 傅斯年：《社会革命——俄国式的革命》，第128—129页。
[3] 一篇题为《欧游途中随感录》的文稿也与史语所的档案混在一起，没有任何标志。在我与杜正胜先生合编的《傅斯年文物资料选辑》中公布了其中的一部分。

适而不是李大钊或陈独秀的追随者。1919年7月,傅斯年还在中国时,胡适的点滴改良取向同李大钊的全盘改造取向两者之间的紧张关系终于达到沸点。爆发了"问题与主义"的论争,但是傅斯年没有参加这一场论战。

傅斯年在欧洲时,社会主义在中国十分流行。在他回到中国前,关于这些主题的文章大量涌现。有人用下列的词语描绘那时中国知识界的气氛:"现在风气发生了变化,我们生活中的社会面被突现出来,主导了学生的整个视野。现在学生们关心的不是他们过去曾经极感兴趣的社会问题,如家庭、两性关系、文盲、鸦片和某种陈旧风俗的改革,而是从根本重建社会的问题。"[1]但是傅斯年再也没有涉入这一问题,他的后半生投身于中国的点滴渐进变革事业之中。

"一团矛盾"

虽然傅斯年强烈诋毁中国传统,但他的内心世界从来都不是如此泾渭分明的。一方面,新知识分子主张解决旧中国问题的唯一方法是亦步亦趋地模仿西方文明。因此,大量而浮泛的西方知识输入到中国。但是,旧的自我仍然与传统情感紧密结合。《圣经》中"旧瓶新酒"的比喻可以倒转为"新瓶旧酒"。对于思想敏锐的士人而言,他们的整个自我是装着旧酒的新瓶子。傅斯年自然也体现了这种思想上的分裂。吴宓(1894—1978)简明地称之为"二马裂尸"。[2]

启蒙运动的事业非常复杂。它不仅发生在公众领域,而且也发

---

[1] W. T. 吴:《中国的学生运动》,第259页,转引自 Arif Dirik, *Revolution and History: the Origins of Marxist Historiography in China, 1919 – 1937*(Berkeley, 1978), p.42(德里克:《革命与历史:中国马克思主义史学之起源,1919—1937》,伯克利,1978年,第42页)。

[2] 吴学昭:《吴宓与陈寅恪》(北京,1992年),第47页。

生在个人私密的思想世界。一个人的头脑里可能有着种种矛盾：既可以是其所鼓动的与其所实行的之间的矛盾，也可以是私人和公共领域之间的矛盾。在傅斯年这一时期的行为中也可以看到这样一些矛盾。

傅斯年用文言文写成了《新潮》发刊旨趣书，而这种文体是他和他的朋友们所发誓要消灭的。这种选择令他的许多同仁感到惊奇，但他声称他自有策略上的考虑。值得注意的是，在批评者眼中，新文化运动的目的只是逃避困难、走捷径的借口。譬如，伦理革命的目的是为了避免遵循道德规范；而提倡以白话文为书写语言的文学革命，则被批评为是为了提升引车卖浆者流的不雅写作。这种焦虑甚至在蔡元培回答林纾（1852—1924）的攻击时也反映出来：

> "'总之，非读破万卷，不能为古文，亦并不能为白话。'诚然，诚然。北京大学教员中，善作白话文者，为胡适之、钱玄同、周启孟（作人）诸君。公何以证知为非博极群书，非能作古文，而反以白话文藏拙者？"[1]

其实，这些发起新运动的教授，皆文笔古雅、旧学通达之士。证明了胡适也能写很好的古文，使某些批评者沉默下来。但是另一艰巨的任务，是要证明像胡适这样的人鼓吹新文化运动是为了推进社会安康，而不是为了掩饰自己对中国传统缺乏了解。这种紧张一直困扰着运动的推动者。有时，他们会炫耀对古老文化的熟悉，以证明他们发起这一启蒙运动不是为了藏拙。在《新青年》中，陈独秀告诉钱玄同，"以先生之声韵训诂学大家，而提倡通俗的新文学，何忧全国之不景从也？"[2]陈独秀的思路是，人们会认为像钱玄同这样

---

[1] 蔡元培：《为说明办学方针答林琴南君函》，孙德中编：《蔡元培先生遗文类钞》（台北，1961年），第35页。
[2] 陈独秀：《答钱玄同》，《陈独秀著作选》，第1卷，第268页。

的小学专家都鼓吹白话文运动,这一定有其理由在。这一思路也能够解释为什么傅斯年用古文形式写《新潮》发刊旨趣书。

对五四青年而言,各种内心斗争一直是明显的,包括新旧自我之间的斗争,一个人怎样成长与他希望事物会成为什么样之间的斗争,以及其熟悉的与其想望的之间的斗争。

第一个矛盾是人们并未像他们所宣扬的那样去生活。上一代人中,影响傅斯年相当大的鲁迅告诫人们不要读线装书,然而他自己即使不是每天都读,也是经常读这些书。同傅斯年关系密切的吴稚晖宣称要把所有的古书扔进茅厕,他自己却仍然用篆体字写信,穿着中国士人的长袍。他们过着矛盾的生活。1890年代的一代人也是如此。罗家伦呼吁妇女解放和婚姻自由,但他自己却在连未婚妻都未曾谋面的情况下让蔡元培为他安排婚姻。[1]在《我不要了》这篇文章中,毛泽东写道"《昭明文选》我不要了",他也同样抨击了其他一些书;[2]但是终其一生,《昭明文选》是他最喜欢的文学著作。[3]傅斯年的北大同学,后来的中国古典教授毛子水(1893—1988)思想中也存在着这样的分裂状态。他告诉他的学生,他几十年教授《论语》就是为了对它进行彻底的质疑。[4]傅斯年的同学沈雁冰(1896—1981),也表现出同样的感情,他的笔名是"茅盾",就是矛盾的意思。同样的内心冲突感也在傅斯年常用的"一团矛盾"一词中表现出来。[5]这种心态是两方面的冲突:一方面是他们自己的过去、他们最为熟悉的、内心深处最亲切的自我的感受,另一方

---

[1] 舒芜:《蔡元培的两次说媒》,《中国时报》1992年2月5日。
[2] 李锐:《湘江评论与文化书社》,张静庐辑注:《中国现代出版史料》(北京,1954—1959年,5卷本),甲编,第33—34页。
[3] 赵科:《毛泽东读书逸闻》,《立报》14(1981年),第71、73页。同时,也参见龚育之、逄先知、石仲泉:《毛泽东的读书生活》(北京,1986年),第218页。
[4] 这是由徐复观在他的《考据与义理之争之插曲》中披露的,《学术与政治之间》(台中,1963年),第2卷,第263页。
[5] 《全集》,第2365页。

面是他们觉得自己和国家的未来将会如何。他们担心传统的价值体系会损害国家的强大，所以应该清除他们感到其最熟悉的旧的自我；但是从旧我向理想的跳跃比大多数这些人所想象的还要困难得多。

傅斯年也经历过同样的困境。在他的内心，他珍视传统的家庭关系，[1]但也真诚地相信传统的家族体系对社会的未来有害。为了民族的共同利益，他强迫自己压制他最本真的倾向。他甚至在书房悬挂条幅，表明他应该"四海无家"。他那分裂心态尤其真实地表现在他被西方和中国事物所撕扯开来之时。他在等待去欧洲的轮船时所写的《自然》一诗，强烈地流露出他对启蒙运动的两难思绪。在那首诗中，西方事物以情绪化的方式表达为"恶意的"、"有力的"但"丑陋的"，而中国传统是"善意的"但却"软弱的"、"无用的"。这是艾里克森（Erik Erikson）所说的"为了达成目的的自我否定"和"真正的生命存在"之间的两难思绪。[2]为了自我和民族的未来，傅斯年一代的知识分子放弃他们最熟悉的知识而狂热追求西方学问。

但是考虑到西化成功的困难，许多人自然发现，作为其同胞的教育者，他们首先需要教育自己。他们发现消除旧的自我极其困难。王国维的悲恸可能集中体现了他们的心态："偶开天眼觑红尘，可怜身是眼中人。"[3]作为致力于改变其同胞的启蒙运动的推行者，他们发现自己也是需要被启蒙的"同胞"之一。傅斯年带着一丝痛苦感觉谈到了这一点："我们生理上、心理上，驮着两三千年的历史……所以就境界上和习惯上讲去，我们只可说是知道新思想可贵的人，并不是彻底的把新思想代替了旧思想的人。"[4]1919 年 10

---

[1] 见《全集》，第 2550—2552 页，1919 年写的一首诗。
[2] Erik Erikson, *Young Man Luther* (New York, 1962), pp. 52 – 53.（艾里克森：《青年路德》，纽约，1962 年，第 52—53 页）
[3] 王国维：《浣溪纱》，《王观堂先生全集》（台北，1968 年，16 卷本），第 4 卷，第 1517 页。
[4] 《全集》，第 1598 页。

月,他敏锐地感觉到新旧自我之间的斗争。在编辑《新潮》和参加五四运动忙乱了十个月后,曾经反复主张中国应当全盘西化的傅斯年,在上海等船赴欧时发现他自己也在矛盾状态中摇摆不定。这个难得的时刻提供了机会,让他反思过去几年内他的思想世界所发生的激烈变化。此刻,他的旧的自我重新浮现,使他回想起他皈依新文化运动之前的经历。过去六百天的经历并不能将他生命中最初八千天的残留一笔勾销。傅斯年后来承认,"下意识"比"意识"更有力量,"情感"比"理智"更有力量。他开始分析自我,暂时平息了内心深处的斗争。

傅斯年用新诗而不是用散文书写他的情感。"新诗"和"随感录"是几种能够让当时的中国作者更自由地表达感情的新文类。[1]多亏了这些新的文类,他在几首诗中表达出一些心灵最深处的情感。[2]在上海的一家小旅馆中写的一首诗是他一生写过的最后一首新诗,给俞平伯和顾颉刚的一封信被附在诗上作为序言。诗中,傅斯年讨论了他的过去、现在和他的希望之间的冲突,他写道:

> 你见到我这首没有技术的歪诗,或者惊讶和我平日的论调不同,所以我不得不说个明白。
>
> 我向来胸中的问题多,答案少,这是你知道的。近二三年来,更蕴积和激出了许多问题。最近四五个月中,胸中的问题更大大加多,同时以前的一切囫囵吞枣答案一齐推翻。所以使得我求学的饥,饥得要死,恨不得在这一秒钟内,飞出中国去。我现在仿佛是个才会说话的小孩子,逢事向人问;又像我八九岁的时

---

[1] 几种新体裁使作者们能够更自由地表达他们的感情。如胡适感到"短评"是一种有力量的新体裁,见《胡适的日记》(台北,1989年,18卷本),1921年9月4日条(无页码)。

[2] 五四时期过后,傅斯年再也没有写过新诗,只发表了几首旧体诗,纪念一位在中日战争中牺牲的抗日英雄,见《全集》,第2573—2574页。

候,天天向长者问道,某人比某人谁好,某件事和某件事那个应该。又我原来有许多不假思索的直觉,每每被我的理论压下去了;我现在也使他们自由,和我的理论享一样权力,列在问题单上。

我现在自然在一个极危险麻乱的境地;仿佛像一个草枝飘在大海上,又像一个动物在千万重的迷阵里。

这首诗是这样的:

…………
我在现在的世界里,睁着眼睛,窥这世界,
窥不分析什么,只依稀见得一团团的趣味,纠在一块。
"趣味!""趣味!"你真果和我最亲切吗?
你为什么不能说明你自己来?
你果不是和我最亲切的吗?
你为什么能有力量,叫我背叛了我的知识,和你要好去?
你的颜色是悲凄的,终日流泪。
真有阿西娜的姿态(注:雅典女神名 Athena)
从我几千年前的远祖,直到了我,无数的被你摄魂去了。
明明白白知道和你要演一出悲剧,
然而多少年代的艺术家,为你呕了无数心血,
亿万万的"有趣味者",遭了亿万万场大劫,
结果还是一场大失败。[1]
…………

在这首随意写成的诗中,傅斯年表现了他对"理论"和"直觉"、

---

[1]《全集》,第2569—2572页。

"人生"与"自然"之间的两难思绪。"理论"和"人生"代表他和他的国家所努力争取的目标；而"直觉"和"自然"代表他和他的同胞内心最深处的体验。[1]这种紧张在他《新潮》时期所写的散文中从未出现过。那时候，作为一个启蒙教育家，他宣称他所提倡的是无懈可击的。[2]但是在这首诗中，他表达出这样的感情，就是他发现：他所爱的他无法坚守，而他能够坚守的他却不爱。

同样的斗争在傅斯年到达伦敦后的几个月又出现了。他的忧虑几乎又同以前一样了：如何进行新旧自我表现的和解。他坦言：

> 我上个月恍然大悟，觉得我近中求学的心境，乃远不如在大学预科时之"国故时代"。我在"国故时代"，念书只为爱他……后来"国故"的见识牢笼不着我，于是旧信仰心根本坠落。后来所学不如以前之不切今世，……但因此总很难和学问生深切的交情。[3]

这种内在的紧张在一段时间里继续困扰着傅斯年。他在1929年告诉胡适说："我们思想新信仰新；我们在思想方面完全是西洋化了；但在安身立命之处，我们仍旧是传统的中国人。"胡适完全同意傅斯年的观点，他在日记中说，"孟真此论甚中肯"。[4]

总之，当时的傅斯年对于中国曾经是什么和中国不应该成为什么，有明确的看法，但是对中国应该成为什么的见解却很模糊。他感到他没有充分地理解西方社会、文学、学问的真正含义。因此，

---

[1] 这首诗中，"生命"是中国人应该追求的目标，与西方事物是相同的。傅斯年认为，中国人从来不懂得生命的真正内涵，此外，中国人只满足于现状，安之若素，因此，"本性"是他们应该努力抛弃的。见《全集》，第1084、1136、1180页。
[2] 《全集》，第1189页。
[3] 傅斯年：《留英纪行（续）》，《晨报》1920年8月7日。
[4] 《胡适的日记》，1929年4月27日，无页码。

他对在海外追求"真学问"、解决"大问题"——民族危机的心理和社会根源——抱有很大的期望。[1]因为傅斯年对宋明儒学、道家、佛教都很失望,所以他在理解中国人精神世界时从不诉诸传统道德哲学。在章士钊的影响下,他转向心理学寻求解释。学习心理学的并不只是傅斯年一个人,而是新潮社的一项主要兴趣。[2]1919到1920年间,新潮社的成员到国外寻求新知识,其中很多人如傅斯年、杨振声(1890—1956)、汪敬熙,受"革心"任务的激发,都致力于心理学的学习。[3]吴康(1895—1976)等人则投身于对中国人的精神世界作科学解释的事业中。吴康走得很远,他甚至在一篇文章中呼吁建立"一个数学公式来解释为什么孝道在生命和道德的等式中是过时的、无理的变数"。[4]傅斯年也乐观地认为,心理学能够提供解决"大问题"的方法。他心里正是带着这些希望去英国学习心理学的。

---

[1] 傅斯年:《留英纪行(续)》,《晨报》1920年8月7日。
[2] Vera Schwarcz, *The Chinese Enlightenment: Intellectuals and the Legacy of the May Fourth Movement of 1919*, p.104(舒衡哲:《中国的启蒙:知识分子与1919年五四运动的遗产》,第104页);也见于林基成:《弗洛伊德学说在中国的传播,1914—1925》,《二十一世纪》4(1991年),第20—31页。
[3] Ibid., p.118.(舒衡哲书,第118页)
[4] Ibid., p.116.(舒衡哲书,第116页)

第二章　新历史学派的形塑

不论傅斯年自己感到如何无所适从，在一个年轻人相信"道"已经由儒家经典转变到西书的时代，同时代人都非常羡慕他。在给傅斯年的信中，顾颉刚坦言对于自己没有能力掌握"什么是学问"的挫折感；他不能阅读外国书籍也就等于他不能掌握获得新"道"之途径。顾颉刚轻蔑地宣称中国文章没有整篇可读的。[1]同样，对傅斯年而言，只有西方的学问才能叫做真学问。他形容自己求"学"的饥，饥得要死。[2]在这样的背景之下，当傅斯年和其他五个新潮社的成员出国留学时，人们抱着很大的期待，他们被戏称为"五大臣出洋"，令人回想到晚清出国学习西方立宪制度的五位大臣。[3]

在伦敦和柏林的学习

傅斯年将他在伦敦的时光概括为游学，而不是为了拿学位。但是

---

[1] 《全集》，第 2417 页。
[2] 《全集》，第 2568 页。
[3] 这一戏称尚有另一个原因：1919 年下半年，一位名为穆藕初（1876—1943）的成功实业家，给五四运动的学生领袖（大多数是新潮社的成员）提供一笔赞助，到外国学习。这些学生领袖从穆藕初处得到了比国民政府资助高得多的津贴。当时原本选出五个人：段锡朋、罗家伦、周炳琳、康白情、汪敬熙，被人戏称为"五大臣"，后来又增加孟寿椿，故实际上共有六个人。见冯友兰：《三松堂自序》，《三松堂全集》（河南，1985 年），卷 1，第 53 页。一般认为，新潮社的领导成员出国留学后，他们留下的领导人的空缺，导致了北大左派学生社团的兴起，见傅乐成：《傅孟真先生与五四运动》，《时代的追忆论文集》，第 137 页。

在1919年冬他离开中国时的计划是，如果可能的话，取得一个西方国家的学位。他先在伦敦大学的心理学系注册，起初想注册硕士学位，但是在系主任、实验心理学的先锋史皮尔曼（Charles E. Spearman，1863—1945）建议下，他决定攻读大学本科的课程。他也花了相当多的时间选读医学院的课程，并为自己曾花费太多时间学习中国学问而感到懊悔。在伦敦时，傅斯年的学习很快地被他的好朋友俞平伯的突然失踪打断了。俞平伯一直陪伴他从中国到英国，因为感觉伦敦生活艰难而悄然隐遁。傅斯年追到法国，企图将俞平伯带回英国，但是最终没有成功。他就这样耗费了那一学期的部分时间，不得不在1920年10月的新学年中从头学起。这标志着他留学生涯中一系列挫折和失败的开端。〔1〕

因为傅斯年到达伦敦时，已经定下一个全面地学习"西方学问"的大计划，他决定从基础科学入手以寻找对"根源问题"的"真正"解决办法。〔2〕除了几篇简短的备忘录式的笔记，关于这一时期几乎没有其他资料。

我们只知道傅斯年居住在伦敦南部的西斯特巷。在他房间的墙壁上，悬挂着他最崇拜的学者和作家的画像：萧伯纳（Bernard Shaw）、达尔文（Charles Darwin）和穆勒（John Stuart Mill）。〔3〕在北大三年学习期间，他几乎没有修过自然科学的课程。这使他在伦敦大学的一些课程，如化学、数学，有些困难。我们可以归纳出，在伦敦大学的这些年，他的主要目标是一方面摒弃代表着中国思维方式的模棱两可、过于笼统和形而上学的思维方式，同时运用一些实验的、观察的和数理分析的方法探求人类思想的深层。他之所以被实验心理学所深深吸引，其基本原因也在于此。

---

〔1〕 见《胡适来往书信选》，上册，第103—108页。
〔2〕 傅斯年：《留英纪行（续）》，《晨报》1920年8月7日。
〔3〕 "傅档"，II—3，傅斯年的家庭相册。

1921年摄于伦敦,"时正醉心心理学"

与他对中国人特性的关注相关，傅斯年希望运用实验心理学探索集体心理。这可以解释为什么他在欧洲时进行了一项未完成的翻译项目，即翻译麦克杜高（William Mcdougall）的《群体心理》。麦克杜高将这本书的副标题定为"群体心理原则论稿，并试用于解释国民的生活和性格"，这正好体现了傅斯年的关注所在。[1]他也特别注意精神分析，希望用其深入探究传统的禁忌领域，以便将中国人从传统的束缚中解放出来，重新确定他们对待这些隐藏潜能的态度。[2]

　　傅斯年在伦敦大学用了三年时间，打算攻读心理学硕士学位，[3]但他最终没有得到学位。[4]尽管如此，这三年是他的思想发展中十分重要的一个时期。

　　根据傅斯年在北大及在法国的同学毛以亨（1895—1968）的记载，在对实验心理学，尤其是集体心理学的幻想破灭之后，傅斯年放弃了他要成为心理学家的梦想，[5]从动物行为的研究来推断人类行为这一概念是他对这一学科的主要反感所在。[6]

---

[1]《群体心理》，剑桥大学出版社1920年出版。傅斯年的译文手稿同史语所的行政文件混杂在一起，因此没有被发现，手稿没有标明最初的题目，然而我最终找到了它的出处，并在傅斯年的个人藏书中找到了这本书。

[2] 毛以亨：《关于傅斯年的一封信》，《天文台》1951年1月4日。傅氏有关性心理学方面的书相当多，见"傅档"，没有序号的藏书单。

[3] 傅斯年从未提及他拥有何种学位。1946年傅斯年接受了挪威奥斯陆大学的荣誉博士学位，见"傅档"，III—1322，致外交部的一封信。

[4] 在伦敦大学评议会的硕士学位记录中，我没有看见他的名字。在伦敦大学，我发现了与傅斯年有关的三项纪录。第一项（275598号）记载："傅斯年从1920年10月起注册为实习生，并同意其攻读心理学硕士学位，必须遵守113条下的所有款项"，列的出处是"伦敦大学1921年10月至1922年9月期间评议会备忘录"，学校档案3877050号；第二项（433492号）是"经过考虑，根据113条规章注册为心理学硕士学位候选人的傅斯年，申请（1922年4月22日）免除学士头衔资格考试的一部分"，高学位分委会同意傅斯年免交哲学论文，但仍须缴交两篇普通心理学论文；第三项文件（433593号）："傅斯年免除学士考试现代哲学史的论文（从笛卡尔到康德）"，其标题是："63：免试部分心理学硕士学位资格考试"。

[5] 毛以亨：《关于傅斯年的一封信》，《天文台》1951年1月4日。

[6] 同上。

在伦敦，傅斯年同小说家、社会批评家威尔斯（H. G. Wells）很熟悉。他帮威尔斯撰写《世界史纲》中中国中古史的部分。[1]傅斯年也积极地参加各种文化活动，包括公共演讲（如罗素的演讲）和歌剧，他尤其喜爱萧伯纳。傅斯年对歌剧的兴趣，很可能是北大学生时代的延续，那时他曾是新剧运动的积极倡导者。[2]北大那几年中，西方的歌剧曾经是他改革中国戏剧的典范。他也读了很多小说。1923年新年那一天，他在随身携带的笔记本中向自己承诺，不再"沉溺于歌剧"、不再"受哈代的毒害"。[3]遗憾的是，由于资料极端缺乏，不可能完全重现他在伦敦的社交活动。[4]

傅斯年在伦敦的学习情况是困难的。可以猜测，十多年前曾经困扰过胡适的问题——英文能力不足——可能也困扰着他。[5]这种困难可能也使傅斯年意识到，他在《新潮》时期所提倡的"西化"，并不像他想象的那么容易。

1923年6月，傅斯年离开伦敦去柏林。[6]1923到1924年间，德国高度的通货膨胀有助于中国学生留在德国，[7]因为汇率对中国货币有利。这或许也可以解释为什么当时大约有一千名中国学生居住在柏林。德国优越的经济条件可能是促使傅斯年放弃在英国的学

---

[1] 参见 H. G. Wells, *The Outline of History*（New York, 1971）, vol. 6, pp. 481 – 489（威尔斯：《世界史纲》，纽约，1971年，第6卷，第481—489页），这本书于1920年首次出版，并在十二年中售出一百五十万册。

[2] "傅档"，III—431，手稿和自画像。在北大，傅斯年是新戏剧运动的积极推动者。见《全集》，第1075—1111页。

[3] "傅档"，V—28，1923年的一个笔记本。这些句子是用英文写的。

[4] 傅斯年的笔记本上几乎没有列出英文名字或地址，见"傅档"，V—28。

[5] 胡适：《胡适家书手迹》（安徽，1989年），第36页。胡适承认学习英语的困难让他很痛苦。

[6] 整理傅斯年的文件书信时，我发现当傅斯年去柏林时，他丢掉了大量的物品。这使重建他在伦敦的生活情况极其困难。

[7] 参见 Jerome Grider, *Intellectuals and the State in Modern China: a Narrative History*（New York, 1971）, p. 211（贾祖麟：《现代中国的知识分子与国家》，纽约，1981年，第211页）。

习去柏林的主要原因之一。那时柏林是德国的首都，有三百万人定居于此，是一个非常丰富的文化中心。那里的社会民主运动较为活跃。当傅斯年到达德国时，他的许多老朋友，毛子水、姚士鳌（从吾，1894—1970）及何思源（1896—1982）都在柏林。

傅斯年又一次作为本科生在柏林大学人文学院注册。根据规定，为了能够毕业，他需要学习四年并写毕业论文。但他看上去从未打算取得学士学位。他劝告他的朋友说，与其用他们的大部分时间写学位论文，还不如利用这珍贵的机会尽可能多学知识。[1]他喜欢旁听几门物理课，尤其是那些与爱因斯坦的相对论有关的课；他也喜欢比较历史语言学的课程，这两类课程都是当时柏林大学的主流科目。[2]他也在数学和其他几门学科上花费了时间。其中，统计学，更明确地说，或然率是他的主要兴趣所在。[3]1925年的一本笔记本表明，他相信或然率能够帮他获得解决一些社会问题的方法。[4]

在这时候，柏林的中国学生普遍忽视西洋学问中的分科问题。傅斯年、俞大维、陈寅恪（1890—1969）和毛子水都倾向于非常广泛地学习各个学科。[5]然而，他们选择的学习对象也有着明显的特点。他们喜欢学习能够给多种社会现象以科学解释的学科。傅斯年的理想是将科学的解释扩大到社会现象上去。可以确认有四个方面对他在欧洲的发展有重要影响，即在人文研究中运用统计学、实证主义、兰克（Leopold von Ranke，1795—1886）实证学派和比

---

[1]　毛以亨：《关于傅斯年的一封信》，《天文台》1951年1月4日。
[2]　据说傅斯年是爱因斯坦（Albert Einstein）的学生，《傅斯年先生二三事》，《傅故校长哀挽录》（台北，1951年），第7页。但是俞大维在1990年11月10日我在台北对他的采访中驳斥了这一传言。然而，傅斯年确实旁听过爱因斯坦的一些讨论课。
[3]　"傅档"，V—49，1925—1926年笔记，关于大学程度的或然率课程笔记。
[4]　《全集》，第2365—2366页。
[5]　《傅故校长哀挽录》，第7页。

较语言学。

在欧洲，在人文学研究中运用统计学方法首先吸引了傅斯年。伴随着19世纪后半期自然科学的迅速进步，像瓦尔特·白兰浩（Walter Bagehot）的《物理学、政治学和思想在自然选择原则和政治社会遗产中的运用》那样的历史著作十分流行。[1]虽然他没有阅读过白兰浩的书，但他对这一潮流印象深刻。他1925到1926年冬季学期在柏林的笔记中，我们发现这样的标题：皮尔森（Karl Pearson，1857—1936）的《对进化数学论的贡献》，[2]皮尔森的著作对近代统计学理论奠基的工作贡献很大，其思想在一段时间里吸引了傅斯年。他曾经计划将巴克（T. Buckle）的《英国文明史》译成中文，并认为书中展示的统计学方法对于理解中国历史非常有用。[3]

傅斯年在一篇离开中国时未发表的文章中写道，他希望去欧洲澄清思想中的纠缠，炼成一个可以自己"信赖"的我。[4]在《新潮》时，他已经暗示过他将如何获得这种"信赖"的思考。1919年3月他

[1] James Thompson and Bernard Holm, *A History of Historical Writing*（New York, 1942）, vol. 2, pp. 439 – 460, especially 457 – 458.（汤普森和霍姆：《历史著作史》，纽约，1942年，2卷本，第1卷，第439—460页，尤其见第457—458页）
[2] "傅档"，IV—49，1925—1926年冬季学期开始的数学笔记本。
[3] "傅档"，610，傅斯年致丁文江的一封信。除了皮尔森和巴克的著作外，傅斯年非常熟悉的其他著作也是关于统计学和概率的。史皮尔曼是20世纪前期建立心理统计学的一位重要学者（参见 Paul Edwards, *The Encyclopedia of Philosophy*〔New York, 1967〕, vol. 7, p. 23.〔爱德华兹编：《哲学百科全书》，纽约，1967年，8卷本，第7卷，第23页〕），他的名声将傅斯年吸引到伦敦大学学习实验心理学。经济学家凯因斯（John M. Keynes，1883—1946）是傅斯年最喜欢的作者之一，他的《或然率研究》恰在傅斯年到达伦敦后不久出版（《哲学百科全书》〔*The Encyclopedia of Philosophy*〕，第4卷，第333—334页）。巴克的著作给人印象最深的部分——至少对东亚学者如此——是它的科学精神。以下的陈述很好地概括了这种精神："支配人类行为的规则同其它在科学研究领域起作用的规则一样严谨……"作为他论文的一个总结性说明，巴克引用了大量关于结婚、谋杀、自杀等统计调查提供的证据（《哲学百科全书》〔*The Encyclopedia of Philosophy*〕，第1卷，第414页）。
[4] 王汎森与杜正胜合编：《傅斯年文物资料选辑》，第35页。

写道，实证主义是西方知识世界最好、最先进的产物，应该将它介绍进中国，以纠正中国人一切不着边际的、浑沌浮泛的混乱思想。[1]今天，实证主义已经过时并被抛弃了。然而，它却为丁文江、王星拱（1889—1951）等一群中国学者所信仰，他们相信实证主义能够救治中国那相信鬼神的心态。[2]这样，在欧洲的傅斯年自然被一群欧洲实证主义者所吸引。这一学派的特点不仅与傅斯年的早期训练——即清代考据学——相似，也能够实现他追求客观地、科学地理解世界的渴望。

傅斯年承认对他影响最大的是马赫（Ernest Mach，1838—1916）和皮尔森这样的实证主义者。当他第一次被他们的著作吸引时，他决未想成为历史学家。但是他相信学术的任何一个分支都可以从自然科学的方法论中受益。[3]

19世纪晚期到20世纪早期，实证主义者的主要特点是相对狭窄地解释人的思维。科拉柯夫斯基（Leszek Kolakowski）将这种知识潮流的特点总结为：主体性的哲学毁坏；对人的认知功能采取生物学的及实用的态度，将心智活动降低到纯粹的感官需要，摒弃先验意义上的"真理"；渴望回到最具体的资料，回到没有形而上学介入的"自然"世界观。

使傅斯年受益最多的马赫，相信一切科学知识的基础和起源是感性经验，因而反对"任何一个先在的人为条件"；[4]他声称，"所谓的原则、法律、理论"，"都受经验的支配"。[5] "科学不是为了

---

[1] 《全集》，第 1447 页。
[2] 陈元晖：《中国的马赫主义者》，《陈元晖文集》（福州，1993 年，3 卷本），中卷，第 79—96 页。
[3] 《全集》，第 2365—2366 页。
[4] Leszek Kolakowski, *The Alienation of Reason: A History of Positivist Thought*, trans. Norbert Guterman（New York, 1968），p. 119.（科拉柯夫斯基：《理性的异化：实证主义思想史》，古德曼，纽约，1968 年，第 119 页）
[5] 同上书，第 121 页。

概括而收集堆积在一起的个别事实的集合体。"[1]当傅斯年后来在中国建立新历史学派时,他也反对任何历史哲学、"系统哲学"或者普遍概括。[2]

马赫的杰作《感觉的分析》(1886)同傅斯年的历史方法论之间的相似性是显而易见的。他最著名的格言,"证而不疏";"两件事实之间,隔着一大段",没有充分的依据,不能靠假设和推论"把他们联络起来"[3],可能都移植自马赫。在《感觉的分析》的第1页,马赫详细论述了这本书的主要观点"充足规定原理",他说:

> 通过适应,探索性的理智一经获得了把 A 和 B 两种事物在思想中联系起来的习惯,此后就会始终保持这种习惯,甚至在环境已经轻微改变了的地方也是这样。凡是在 A 出现的地方,就在思想中加上 B。这里表述的原理以力求经济为其根源,并且在伟大的研究者的工作中表现得特别显著。这个原理可以叫做连续性原理。[4]

他进一步论述道:

> 我们已经习惯于看到光通过空气到玻璃就会偏转,或者相反。但是,这些偏转在不同实例中有显著的不同,由一些实例

---

[1] 同上书,第123页。
[2] 《全集》,第1310—1311、1303页。
[3] 《全集》,第1310。人们普遍相信傅斯年的历史观来自于兰克,例如,张致远:《兰克的生平与著作》,《自由中国》7:12(1952年),第382—387页。这是张致远为纪念傅斯年而写的文章,他在这篇文章的开头写到,他写这篇文章是因为傅斯年是中国的兰克。也见李文平:《傅斯年的史学观点与治史方法》,《傅斯年》,第121页。
[4] Ernst Mach, *Analysis of the Sensations*, trans. C. M. Williams (Chicago, 1897), p. 27.(马赫:《感觉的分析》,威廉姆斯译,芝加哥,1897年,第27页)

获得的习惯,不能够原封不动地移用于新的实例。[1]

马赫所倡导的方法论可能同傅斯年对清代考据学的兴趣相契合。清代考据学那严谨、扎实、精细的风格,如章炳麟观察到的,体现在重佐证、汰华辞和戒妄牵之上。[2]总之,傅斯年受到通过排除主观性来捍卫客观性那一思潮的感染。"主体"或"自我"被看成"不合理地加入或纯粹为了方便而加入到经验意义中的东西"。[3]随着他越来越投入于实证主义,他早年宽泛的知识探索让位于更严谨收敛的计划。

在柏林,傅斯年从未修过历史课。他广泛地听课,包括逻辑、医学心理学、人类学、梵文和语音学等。[4]从1924年下半年起,傅斯年的兴趣转向德国史学传统,尤其是兰克学派。但当他在柏林的时候,历史相对论等主题正处于激辩之中,而兰克学派在德国已经不再处于主导地位。傅斯年选择兰克而不是别的历史学家作为主要榜样,映照出他倾向于追求一种客观、科学、严密的史学。这种新的兴趣很容易让人联想到清代考据学。

虽然傅斯年和史语所长期被看作中国兰克学派的化身,但是在任何傅斯年的藏书中都没有发现兰克的著作。[5]傅斯年在柏林时兰克学派的低潮状态可能帮助我们理解这一现象。尽管如此,既然兰

---

[1] 同上书,第27—28页。
[2] 章炳麟:《说林》,《太炎文录初编》卷1,引自王汎森:《章太炎的思想》,第25页。
[3] Leszek Kolakowski, *The Alienation of Reason: A History of Positivist Thought*, p. 104.(科拉柯夫斯基:《理性的异化:实证主义思想史》,第104页)
[4] 参见王汎森与杜正胜合编:《傅斯年文物资料选辑》,第53页。
[5] 很奇怪,傅斯年的藏书中没有兰克的任何著作。终其一生,傅斯年只有一次提到过兰克的名字(《全集》,第1404页)。1947—1948年间傅斯年在美国时,曾计划买一套兰克著作,但是没有实现。参见"傅档",I—817,有一张纸上写了关于兰克著作版本的事。但一个作者的图书室中少了一些书不一定说明什么,譬如说,这些书可能被借走而没有归还。

克的历史理念已经在德国的专业历史研究领域中广为传播,并已成为大多数德国历史学家的一个共识,傅斯年很可能已接触到兰克的著作。

正如美国的许多兰克学派的学者从未广泛阅读过他的著作一样,[1]傅斯年也可能没有对他任何一本书进行深入研究,就接受了兰克学派的观念。当然,兰克和傅斯年之间主要的思想分歧也很明显。[2]然而,傅斯年的确读过班汉姆(Ernst Bernheim)的著作,而他的著作混合实证主义和兰克学派的要旨。这种阅读能够解释傅斯年史学观念的一些渊源。[3]

就我们所知,傅斯年对于收集原始资料,开发并出版档案,热情追求历史客观性的一贯兴趣,可能来源于兰克的影响。史语所的建立和出版其研究刊物《中央研究院历史语言研究所集刊》,主要是以兰克思想和兰克学派的主要刊物《史学杂志》(1859)为楷模

---

[1] Peter Novick, *That Noble Dream* (Cambridge, 1988), p. 29. (诺威克:《那个高贵的梦想》,剑桥,1988年,第29页)

[2] 这两个学者之间的几点区别是显而易见的,首先,傅斯年试图建立一种像生物学或地质学那样的科学历史学,但兰克理论从未表现出这种意图。后来有许多西方历史学家想建立科学的史学,但不是兰克。最能代表兰克史学的是他在历史研究,特别是外交史研究中运用档案资料,而傅斯年从未研究过外交史。虽然兰克强调第一手资料,但他从未极端地认为"史学即史料学"。兰克确曾说过"应该按照实际发生的样子"来写历史,但这仅意味着史家应忠实于事实,并未像傅斯年提倡的那样反对诠释和疏通。兰克也没有完全排除形而上的思考,他将基督教抬升得甚高,以至于宣称宗教是历史学家的主要动力。而傅斯年却排斥形而上学。兰克最先接受历史语言学训练,后来在研究中广泛运用历史语言学方法。但是他从没将"语言和历史"熔铸出一个新词。历史和语言的结合是兰克学派和德国史学的一个重要特征,但是这个口号却是傅斯年提出的。参见 Theodore H. von Laue, *Leopold Ranke: the Formative Years* (Princeton, 1950), pp. 42-54, 137 (西奥多尔:《兰克:形成期》,普林斯顿,1950年,尤其是第42—54、137页)。

[3] 傅斯年藏书中有一本班汉姆的《史学方法论》,据我检查,这本书显然被仔细阅读过,书的封皮已经破损,傅斯年注明1937年曾重新装订过。但如果我们过多地纠缠于史语所赞同哪一派西方史学的问题,我们就陷入"本质主义"(elementalism),而不能更好地理解这一学派。

的。[1]

在柏林大学时，受一个北大同学之兄陈寅恪的影响，傅斯年逐渐向柏林大学的一群东方学者靠拢。在那里，他和陈寅恪参加了弗兰克（Herman Franke, 1870—1930）[2]讲授的几门关于西藏的课程。他甚至对梵文和缅甸语产生了兴趣。[3]在1925年和1926年间，傅斯年的学术研究逐渐转向东方学和历史语言学的取向。[4]这样，在七年的游学生涯之后，傅斯年逐渐回归到他最熟悉的领域之中。[5]

---

[1] 《史学杂志》的编辑工作都是由兰克的学生完成，他本人从不参与。在第一期上，兰克呼吁建立德国历史学家的全国组织，并提及创办刊物的需要；傅斯年在中国开展了同样的工作。但是作为编辑的绪柏尔（Heinnirich von Sybel）声称，《史学杂志》只发表"与现实生活有关"的作品（绪柏尔：《史学杂志》〔Historische Zeitschrift〕第一期"序言"，慕尼黑，1859年；兰克的"贺词"，同上书，第28—35页）。并参见James Thompson and Bernard Holm, *A History of Historical Writing*, vol. 1, p. 213（汤普森和霍姆：《历史著作史》，第1卷，第213页）。傅斯年对史语所及其集刊的看法与这一取向完全相反，他确立的原则是史语所及其集刊必须绝对脱离政治。

[2] 弗兰克是藏文教授，见 Bearbeitet von Johannes Asen ed., *Gesamtverzeichnis des Lehrkörpers des Universität Berlin. Bd. I, 1810–1945*（Leipzig, 1995），p. 50（阿森编：《柏林大学全体教师总名册1810—1945》，莱比锡，1955年，第50页）。"傅档"，V—96，有傅斯年的藏文笔记。陈寅恪修这一课程的笔记尚存，参见季羡林：《从笔记本看陈寅恪先生的治学范围和途径》，《纪念陈寅恪教授国际学术讨论会论文集》（广东，1989年），第76页。

[3] 王汎森和杜正胜合编：《傅斯年文物资料选辑》，第52页。

[4] 然而，1926年在巴黎与胡适的谈话中，傅斯年对过去七年中没能忘掉早年记住的所有中国书而感到遗憾。见"傅档"，I—1678，胡适致傅斯年的一封信。

[5] 傅斯年从科学向历史语言学的迅速转变，并最终转向历史学，与1926年末他给顾颉刚的一封长信的写作大致同时。根据傅斯年这封信的附言，他1924年1月开始写信，然而，直至1926年10月这封信终于寄出时，仍然没有终篇。任何人用三年时间来写一封信都是不寻常的。先是顾颉刚寄来他发表的几篇文章请傅斯年指正，那些文章掀起了疑古运动，傅斯年这封信便为此而写。讨论顾颉刚这些文章使傅斯年有机会进入中国古代史的研究，这是他此前四年中（从1920年初到1924年初）所竭力回避的一个领域。但直到他回国，傅斯年似乎并未决定史学会是他未来的专业。这可以解释为何在给顾颉刚的信中，傅说自己不是历史学家。但在写信的过程中，经过对中国古代史长达三年的深思熟虑，他可能对历史重新发生了兴趣。而且，他可能发现，也只有在这一领域他才能做出不平凡的成就，这一领域与他最熟悉的儒家经典关联至为密切。见《全集》，第1499—1542页。

傅斯年在长达七年的学习生涯中竟然没有获得学位,使许多人感到失望。1926年他和胡适在法国相遇时,胡适在日记中写道:在欧洲的几年间,"孟真颇颓放,远不如颉刚之勤"。[1]胡适一定非常失望,这位他在北大最有希望的学生,曾经让他不能不提心吊胆加倍用功的学生,竟然没有成为任何一门西方学问的专家。[2]这七年的时间虽然杂乱、颓放,但仍然对傅斯年的思想发展产生了相当大的影响。他不专门的散漫治学方式也使他能够成为一个中国现代学术界的设计师。作为史语所的所长,后来的台大校长,他对各种学术广泛地涉猎使他能够高瞻远瞩。今天,任何人走进傅斯年的私人图书馆,[3]都会设想傅斯年曾经试图将他的精力投入到西学的许多领域中去。他对西方书籍的收藏如此广泛,以至于无法形成意义明确的分类序列。我们很难知道他究竟读了其中的多少本书,但是他对于这些书的选择和购买,也为我们提供了一些反映他当时兴趣和关怀的线索。

傅斯年的西方书籍主要集中于心理学、语言学、数学、化学、物理学、生物学、达尔文主义和历史学。也包括古希腊和罗马作品的选集,以及英国、法国和德国的文学著作。[4]关于政治学、经济学、社会学(甚至没有那些在20世纪20年代非常流行的学者的著作)、神学或者宗教学的书籍非常少。有趣的是,甚至发现很少马克

---

[1] 见《胡适的日记》,1925年9月5日,胡适删掉了接下去的九行文字,完全有理由相信胡适对傅斯年的批评更严厉。我们从鲁迅的一封信中得知,胡适对傅斯年毫无目的地用了七年时间在欧洲学习深感失望。鲁迅观察到,胡适的评价令傅斯年难过。见《鲁迅全集》(北京,1981年,16卷本),第11卷,第550页。

[2] 胡适曾经承认,当他开始在北大任教时,发现像傅斯年这样的一些学生旧学比他强,常常提心吊胆,加倍用功。见傅乐成:《傅孟真先生年谱》,《全集》,第2607页。

[3] 现存中研院傅斯年图书馆。

[4] 这一考察基于1938年制作的傅斯年的非中文藏书书目。然而,从1927年到1936年,傅斯年几乎没有机会买任何西方语言的书籍。因此,我相信几乎所有这些外文书都是在欧洲时买的,这些书反映了傅斯年那些年的兴趣所在。这份书目收藏于"傅档",无编号。

思或列宁的著作，或研究俄国革命的著作。考虑到这次革命曾一度如此吸引这个热血青年，这一点尤其值得注意。在此前一些场合中，他曾预言俄国革命是整个世界发展的楷模。[1]这方面书籍相对缺乏的一个原因，可能是经过七年与德国和英国政治体系的接触，傅斯年以前对俄国革命的热情已经渐渐冷却了。

在柏林时，傅斯年成为广州国民政府的坚定支持者。[2]一得知北伐成功，他便回到中国，并被任命为广州中山大学文科学长。这时，傅斯年三十一岁。他信守了七年以前他和新潮社的同事们订下的誓言——三十岁之前不从事社会工作。[3]傅斯年到达广州之前，包括郭沫若（1892—1978）、郁达夫（1896—1945）和鲁迅在内的一大批知识分子已效忠于广州政府。顾颉刚也觉得国民党政权是最适合拯救中国的，并劝告胡适说，如果他想参与政治，他就应该加入国民党。[4]

在巴黎，傅斯年和胡适进行了几天密集的谈话，胡适后来回忆说，傅斯年晚年从事的历史工作那时已经成形了。胡适是正确的，傅斯年1926年的笔记中有几个简短的句子，勾勒出他未来的计划。[5]此后十年中，关于中国古代历史的大多数论战性文章在这里初露端倪。一些记载如下：

1．"六经与儒家地理上之关系"

2．"五等爵"

3．"子一称之evolution"（译按：这里的"子"为"诸子"之"子"）

---

[1] 傅斯年：《社会革命——俄国式的革命》，《新潮》1：1（1919年），第128—129页。

[2] 《全集》，第2371页。

[3] 《全集》，第1209页。

[4] 同上。

[5] 顾颉刚那两篇质疑了中国古代史可靠性的文章曾寄给在柏林的傅斯年，应该影响到傅斯年重新思考中国古代史。

4. "殷周之际"

5. "渤海"[1]

6. "海外有截"

7. "专向 traditional 说挑战，一反殷、周间观念"

在历史方法论方面，傅斯年仓促写下了："我们现在必须把欧洲的历史作我们的历史，欧洲的遗传作我们的遗传，欧洲（解释历史）的心术作我们的心术。"[2]虽然这些题目是关于历史的，而不是历史语言学，但当傅斯年在中山大学创办《语言历史研究所周刊》时，他将历史语言学放在标题的前面，表明他仍然认为历史语言高于历史。在编辑发刊词中，傅斯年宣称，语言学和历史学是中国传统学问成绩最丰富的领域，意谓中山大学语言历史研究所将继承这一传统。[3]一年后，傅斯年在新建的中央研究院成立历史语言研究所。[4]这是中国现代历史上第一个专业的历史研究机构。将历史放在语言之前，傅斯年似乎表示他认为历史优于语言。值得注意的是，陈寅恪也是从历史语言学转向历史学。傅斯年和陈寅恪的生涯都与兰克相似，兰克也是由历史语言学家变成了历史学家。[5]

傅斯年离开中国的七年时间中，中国知识界发生了翻天覆地的变化，他对这些变化并不完全了解。首先是马克思主义逐渐兴起，在五四运动期间吸引了大批知识分子的注意，五四事件后，其流行程度更迅速飞升。俄国革命鼓舞了许多中国知识分子，使他们感到他

---

[1] 傅斯年认为渤海是中国文明的摇篮，他后来在一些历史著作中阐述了这一观点。

[2] "傅档"，I—433，1926 年的一则笔记。

[3] 傅斯年：《发刊词》，《中山大学语言历史研究所周刊》1：1（1927 年），第 3 页。

[4] 蔡元培在中央研究院的最初计划中没有包括史语所，然而傅斯年成功地说服了蔡元培加上这一机构。蔡元培最初任命傅斯年筹建心理研究所。见苏同炳：《史语所发展史》（这是一本为史语所而写的、未完成也未出版的手稿），第二章，第 19 页（这部手稿的页码是不连贯的）。

[5] 参见 George P. Gooch, *History and Historians in the Nineteenth Century*（Boston, 1965），ch. 6（古奇：《十九世纪的历史与历史学家》，波士顿，1965 年，第六章）。

们对社会的关注应形成有组织的活动。傅斯年曾预言的思想界的社会大变动也发生了。对个人主义取向的社会和政治改革的不满日益增强，逐渐转向对社会共有和整体性取向的广泛热情。新文化运动中流行的概念，如个人主义、民主、自由，现在让位给强调社会、经济、阶级诠释的整体性取向。人们希望创建一个与其思想力相应的社会，出现了各种各样的乌托邦组织。大多数组织不到一年就散掉了，这些失败总是使其成员走向激进，尤其是在建立一个理想社会方面。[1]此外，出现了许多以"社会"为名或以"社会"为关怀的活动，皆倾向于更密切地与普通民众发生关系。换言之，建立更好社会的理想风行一时，不同的是怎样达到这一目标。

考虑到这里所描述的后五四发展，各种新文化团体之间的分裂似乎是无法回避的。大多数团体分裂为自由派和左派，他们中的一些人甚至预言在战场上相见。[2]首先分裂的是《新青年》同仁。陈独秀在1920年转向马克思主义，而胡适等人仍忠于自由主义。至于新潮社，多数成员仍是自由派的学者、作家、教育家，一些人后来加入了国民党。在湖南，毛泽东领导的新民学会也分裂为左翼和右翼两派。少年中国学会也发生了同样的分裂：一些成员转入中共，但是更多的人后来成立了中国青年党，呼吁民主，倡导国家主义，还有一些人加入了国民党或进步党。[3]傅斯年游离了他早年的社会主义倾向，与五四一代的左翼分离。

傅斯年与史语所

傅斯年回国时，怀着建立一个新学术界的雄心。在《新潮》的

---

[1] 彭明：《五四运动史》，第500—565页。
[2] Chow Tse-Tsung, *The May Fourth Movement*: *Intellectual Revolution in Modern China*, p. 253.（周策纵：《五四运动》，第253页）
[3] 同上书，第248—253页。

《发刊旨趣书》(1919)中,他甚至没有提到政治。然而,他确实谈到如何将中国学术从枯槁状态中拯救出来。他坚信中国学界不能同国际学术世界相脱离。他认为,之所以有人敢宣称中国学术可以离国际学术社会而独立,是因为他们没有真正认识到西方学术之美隆和中国学术之枯槁。他抱怨说,中国人对学术没有真正的爱好心。他在《发刊旨趣书》中揭示了他的最终目的:有一天北大能以与西方大学相媲美的学术成就而列于世界大学之林。[1]在20世纪20年代,胡适和顾颉刚也主张其时代的任务是学术业绩的卓越。如顾颉刚所说"建设一个学术社会"。[2]

在欧洲逗留七年后,傅斯年沮丧地发现,世界上最重要的东方学中心在巴黎和柏林。[3]他渴望将东方学的中心带回北京的愿望,反映了尼采称为"爱恨"的复杂心态,[4]或混杂着羡慕与怨恨的情结。如前面提到的,他的愿望是,"将欧洲的历史作我们的历史,欧洲的遗传作我们的遗传,欧洲的心术作我们的心术",然后有一天能够凌驾于西方学者之上。顾颉刚的观察也证明了这一点,他在日记中提到:

> 傅(斯年)在欧久,甚欲步法国汉学之后尘,且与之角胜,故其旨在提高(研究质量)。我意不同……故首须注意普及。普及者,非将学术浅化也,乃以作(将来)提高之基础也。[5]

傅斯年相信,学术文化的建立和专业化是推进中国学术发展的途径,以使其最终能与西方学者相抗衡。这一想法得到许多优秀中国

---

[1]《全集》,第1397—1401页。
[2] 顾潮:《顾颉刚年谱》,第169页。
[3]《全集》,第1314页。
[4] Max Scheler, *Ressentiment*, trans. William Holdheim (New York, 1961), p. 68.(舍勒:《怨恨》,霍尔德海姆译,纽约,1961年,第68页)
[5] 顾潮:《顾颉刚年谱》,第152页。

学者的响应，也促成了史语所的成立。傅斯年的一个主要贡献就是将他那个时代第一流的新学者集合在一起组成史语所。这些人物中最优秀的有：杰出的中国中古史专家陈寅恪、中国现代语言学之父赵元任（1892—1982）、中国现代考古学之父李济（1896—1976）。

中国第一个研究机构——中央研究院是北伐战争成功之后随即建立的。蔡元培因为支持蒋介石而获得了建立这个研究院的财政资源。从1926年到1928年，蔡元培支持蒋介石实现了成为国民党领袖的目标，蔡元培也和吴稚晖一道赞同蒋介石清除国民党内中共的活动。蔡元培、吴稚晖、李石曾和张静江（1877—1950）希望按照法国模式建立一个不受政治干预的教育体系，但具有讽刺意味的是，他们只有通过政治手段才能实现这一理想。清党运动三个月后，国民政府批准了中央研究院的建立。

北伐战争之后，国民党实行"党化教育"，这一政策同蔡元培的理想发生激烈冲突。1928年后，蔡元培的人权活动和他对国民党法西斯倾向的批判，使他与蒋介石的关系持续恶化。[1]当政府的财政资源有限时，中央研究院的预算几乎达到最低点，有时只拿到原初配额的20%。另一个国民党元老李石曾领导的北平研究院（1929），则顽强地同中央研究院竞争政府资金，尽管李和蔡个人私交甚笃。此外，一旦蔡元培批评蒋介石，研究院的前景就更加恶劣。按照研究院第一任总干事杨杏佛（1893—1933）的说法，"我辈于乱世求研究，本为逆流之妄举。"[2]显然，出现经济和政治的困难是不足为奇的。每当国民党党务人员施加压力时，蔡元培或者杨杏佛就会请傅斯年疾速向吴稚晖求救，吴是唯一一个既与蒋介石亲近而仍然支持中央研究院的人。[3]

在这些动荡的年月里，几乎不存在可以资助学术研究的私人财

---

[1]　林登（Allen Linden）:《蔡元培与中国国民党，1926—1940》，收入蔡元培研究会编：《论蔡元培》（北京，1989年），第281—303页。
[2]　"傅档"，I—278。这个文件号码包括所有杨杏佛致傅斯年的信。
[3]　"傅档"，I—278。

力。向政治人物求救证明是研究机构支撑下去的唯一方法。随着蔡元培与蒋介石的关系紧张到濒临破裂的关头，国民党领导层任何一个对中央研究院抱有成见的成员，如桂崇基（1901—1990）或叶楚伧（1887—1946），都可能制造大麻烦。[1]尽管有这些困难，但是在蔡元培的领导下，傅斯年和一批五四学生还是成功地在研究院建立了十三个研究所。[2]从1928年到1937年，史语所逐渐被一致认为是十三个所中最有成绩的一个。[3]

对傅斯年的个人生活而言，1927年到1937年这十年也是一个剧烈变动的时期。1927年初，当傅斯年到达广州时，郭沫若在他到来之前刚刚离开了中山大学，鲁迅仍然在中大任教。在新文化运动时，傅斯年和鲁迅都表现出对彼此作品的欣赏。鲁迅高度赞扬傅斯年主编的《新潮》，当张东荪（1886—1973）攻击《新青年》时，两人都予以还击。他们形成了相当友善的朋友关系。他们在中山大学再次相遇时，一开始关系也很和谐。然而，清党运动后，对国民党的不同态度（傅斯年赞同，而鲁迅反对）使他们逐渐疏远。当傅斯年决定聘请顾颉刚到中山大学任教时，他们的关系进一步恶化。憎恶顾颉刚的鲁迅[4]（主要因为顾颉刚指控他在《中国小说史略》中剽窃日本学者的著作）最终离开广州去了上海，这标志着傅斯年和鲁迅关系的终止。傅斯年在国民党政府的基地广州只工作了三年。此间，在顾颉刚和其他人的帮助下，他建立了中山大学的文学院。差不多与

---

[1] 胡适曾论说在西方历史上一个"宪章"（charter）足够支持一个研究机构的独立性。因为中研院的预算由财政部控制，蔡元培关于研究机构独立的梦想一直处于危机中，见《胡适的日记》，1930年2月1日，无页码。
[2] 见 Sun E-tu Zen, "The Growth of the Academic Community, 1912 – 1949," in John K. Fairbank and Albert Feuerwerker, eds., *The Cambridge History of China*（Cambridge, 1986）, vol. 13.2, pp. 402 – 403（孙任以都：《中国学术界的成长，1912—1949》，费正清和费维恺编：《剑桥中国史》，剑桥，1986年，第13卷下，第402—403页）。
[3] 同上书，第398、403页。
[4] 傅乐成：《梦里的典型》，《时代的追忆论文集》，第203—204页。

此同时，他加入了国民党。[1]作为中山大学副校长朱家骅（1893—1963）的密切伙伴，又是国民党积极分子，傅斯年在1927年12月共产党员张太雷（1898—1927）领导的政变中，险遭灭顶之灾。在这场血腥的政变中，他被共产党人划入逮捕的范围内。幸亏有人告密，他逃到陈受颐（1899—1977）家中并藏在那里。他后来回忆这一事件时写到，自那以后，他再也不像以前那样珍惜自己的生命了。这一事件也导致了他对中共的终生厌恶。[2]1929年，傅斯年决定将史语所迁到国家的文化中心北平。这几年中，除了担任史语所的所长以外，他也不时在北大讲授历史方法论和中国古代史。

在北京，傅斯年的生活分配在史学和政治之间。这是他一生仅有的平静时期，此间他写作并出版了一些他最有价值的中国古代史论文。另一方面，当日本军国主义势力上升时，他是一个狂热的爱国者，正如莫勒所称的，一个"好战的民族主义者"。[3]

在强烈的爱国主义情感的驱动下，傅斯年在1932年创办《独立评论》一事中甚为活跃。这是九一八事变后中国思想界最重要的刊物。它持续到1937年7月卢沟桥事变之后。胡适、丁文江和傅斯年是刊物的核心编辑人员。

在北京，傅斯年挑起了两次争论。第一次关于教育（1932），第二次涉及到中医（1934）。傅斯年相信，现代社会的中坚分子是技术阶级，而不是传统的士人。[4]现代社会的学生必须以动手动脚为训练。这些思想同他建立新史学的思想一脉相承——做一个动手动脚找东西的专业历史学家。傅斯年坚持认为，若想中国成一个近

---

[1]《国立中山大学日报》（广州）1927年6月21日。
[2] 同上。
[3] Alan Moller, "Bellicose Nationalist of Republican China: An Intellectual Biography of Fu Ssu-nien," pp. 151-191.（莫勒：《中国好战的民族主义者：傅斯年学术评传》，第151—191页）
[4]《全集》，第2002页。

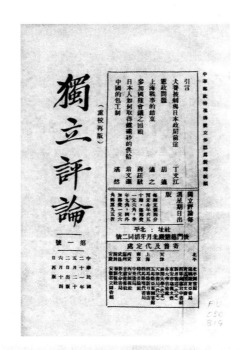

《独立评论》第一号；1937年4月，胡适为《独立评论》向傅斯年催稿的信。信后抄了自作诗，题清儒程瑶田（易田）题程子陶画的《雪塑弥勒》

代国家，就应该"焚书坑儒"（秦始皇所说）。

傅斯年抱怨说，中国的学校教育仍不脱士大夫——一群没有用处的人——教育的状态，因为大多数学生没有被训练成专业人士。在现代，他们只能成为政府官员、党派官员等等。这样一来，受教育的人越多，产生的寄生虫就越多；他们并成为无数学生运动和紊乱社会的根源。基于此，傅斯年甚至宣称，中国现代教育体系正处于全面崩溃的边缘。[1]

他将各种各样的缺点归咎于哥伦比亚大学师范学院的影响。1917—1918年之后，这一学校的毕业生在中国教育体系中处于主导地位。首先，把教育学作为培养教师的主科是不正确的。教育学应该是一个补充的副科。教育测验、教授方式、教育心理学等等不应该是教师考察的主项。相反，一个好教师应该对他所教的专业非常精通，然后辅以一定的教育学训练。[2]他抱怨说，学校开设了太多像人生哲学一类"不关痛痒的人文科目"，但是，像历史、体育、化学、物理和数学这样最根本的课程，却并未完全覆盖到。[3]不难设想，傅斯年招致了许多批评。

在现代中国，傅斯年是第一个以现代医学的训练为根基来非难和反驳中国传统医学的人。[4]这场论争中，他在伦敦所受的医学训练起了重要作用。

然而，傅斯年在北平时最重要的一件事是1934年遇到了他未来的新妻子——俞大绹（1907—1990）。此前，当他尚在北大时，已在母亲的安排下按传统习俗与家乡一个名门望族丁氏家族的女儿丁馥萃结婚。对傅斯年一代人来说，这种婚姻是很普通的。傅斯年在国外的七年中，他的年轻妻子陪侍在他母亲身边。但是，

---

[1]《全集》，第1999页。
[2]《全集》，第2015、2026页。
[3]《全集》，第2008页。
[4]《全集》，第2633页。

1934年与夫人俞大绂合影于北平寓所书房

关于这位丁夫人，我们无法获得更多信息。这场悲剧性的婚姻持续到 1934 年，直到傅斯年通过胡适和丁文江的斡旋，获得一笔贷款来处理离婚事件。[1]与结发妻子离婚而同熟悉"新式教育"的女人再婚在五四青年中是相当普遍的。这反映出剧烈的转变不仅发生在他们思想中，而且也发生在他们的私人生活之中。

九一八事变打破了大多数中国知识分子的平静生活。许多人都记得中国北方名义上的领袖宋哲元（1885—1940）属下的高官萧振瀛（1886—1947）召集的一次集会。宋非常害怕激怒日本人，萧在会中威胁说，如果任何人进行任何反日活动，肇事者就要以生命做代价。大多数教授保持沉默，而胡适和傅斯年勇敢地站了出来谴责萧并劝导人们保持镇定。这次集会很快变得混乱，并被解散。后来人们回顾这次事件时，将其看作在几年内稳定了北京民众情绪的一次重要行动。人们也认为这次事件最终促成了所谓的"一二·九"学生运动——一场抗议国民政府对日本侵略所持软弱政策的大规模的运动，结果导致大批学生被捕。[2]

史语所的眼界和目标

1928 年 10 月，傅斯年在《历史语言研究所集刊》第一期上发表了《历史语言研究所工作之旨趣》，阐述建立史语所必要性，及历史研究与自然科学同等重要的原因。后来证明，这篇旨趣书中的观点对史语所的发展有着深远影响。

---

[1] 然而，这笔借款几乎像幽灵萦绕着傅斯年此后的生活，见"傅档"，610，傅斯年致丁文江的一封信。

[2] 陶希圣：《傅孟真先生》，《傅故校长哀挽录》，第 51 页。傅斯年对学生示威游行的态度，见 John Isreal, *Student Nationalism in China*, *1927 – 1937*（Stanford, 1966），pp. 104 – 105（易社强：《中国的学生民族主义，1927—1937》，斯坦福，1966 年，第 104—105 页）。

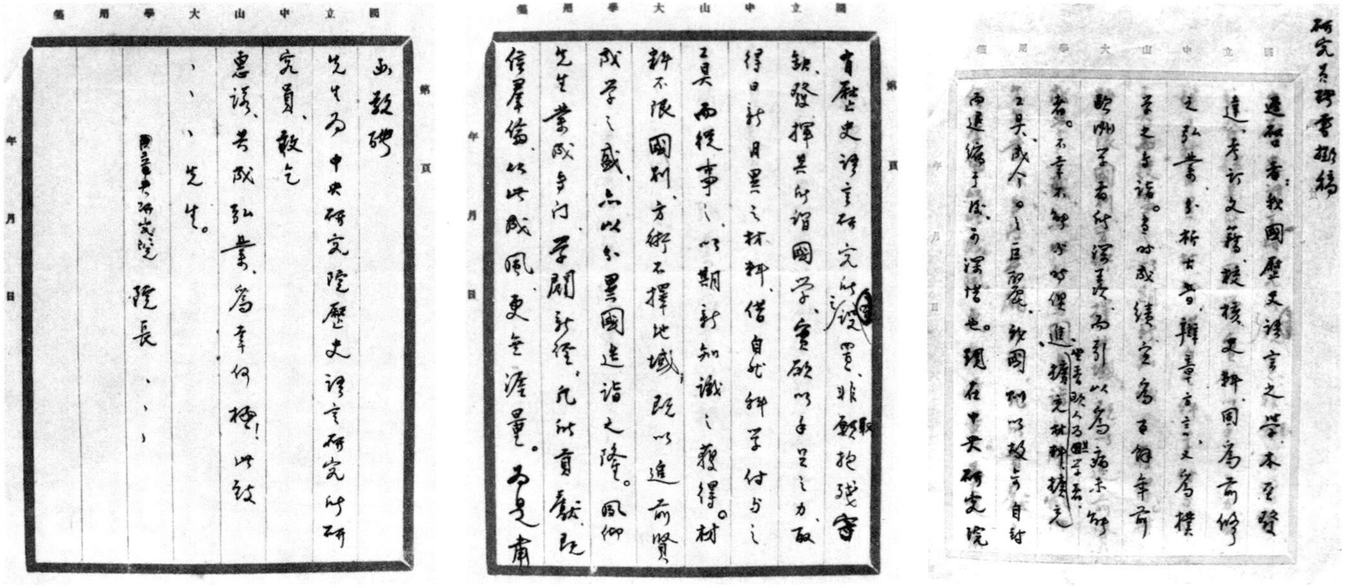

史语所筹备时，傅斯年手拟研究员聘书草稿，述史语所创办之目的，颇有号召同志之意味

继梁启超的《新史学》(1902)、《中国历史研究法》(1922)和《中国历史研究法补编》(1926)以及胡适的《国学季刊发刊词》(1923)后，傅斯年的《旨趣》是一份最具系统的蓝图，设计了即将出现的历史研究。然而，它立即受到了一些学者的反对。这一蓝图的中心是追求客观的历史研究和训练专业的历史学家。傅斯年将原始资料凸显到史无前例的程度，并强调拓宽历史资料范围的必要性。

在20世纪20年代，包括胡适、傅斯年、顾颉刚和李济等一批学者，对迷恋书面材料，将其作为历史研究唯一重要资源的现状表示不满。胡适抱怨说，虽然清代学者运用了科学的方法，但他们的材料一直是书面材料，就像一个封闭的循环系统。因此，过去三百年的学术是关于文字的学术，是故纸堆的学问，是纸上功夫。总而言之，过去三百年唯一的成就是大量的经典注解。[1]

他们一致认为，不仅书面材料是有价值的，而且所有的资料，不论多么分散，都具有同样的历史价值。[2] 1927年，顾颉刚为中山大学的图书馆收集资料时，发现连书商都受学者影响，他们过度迷恋六经和三史(《史记》、《汉书》、《后汉书》)，书商们提供给他挑选的书总是与这一类书相关。除此之外的材料，在书商看来是没有价值的，书商也不肯为他去搜集。[3]

傅斯年凸显原始资料的重要程度和他获得资料的方法，引起了许多同时代人的关注。[4]传统历史学家经常讨论原始资料的重要

---

[1] 胡适：《治学的方法与材料》，《胡适文存》(台北，1968年，4卷本)，第3卷，第111、115页。
[2] 顾潮：《顾颉刚年谱》，第119页；李济：《中国最近发现之新史料》，《中山大学语言历史研究所周刊》，5；57、58 (1928年)，第3页。
[3] 顾潮：《顾颉刚年谱》，第165页。
[4] 钱穆：《八十忆双亲·师友杂忆》，第146页。

性，但是将它们挑选出来作为历史研究最重要因素、并组织人力来寻找原始资料却是新的发展。傅斯年主张，学者必须改变他们把从书本到书本、纯然只是阅读等同于研究学问的态度。[1]他以下面这种方式表现其对原始资料的关注：

> 近代的历史学只是史料学，利用自然科学供给我们的一切工具，整理一切可逢着的史料……我们最注意新资料的获得……我们最要注意的是求新材料。……总而言之，我们不是读书人，我们只是上穷碧落下黄泉，动手动脚找东西。[2]

傅斯年主张历史学只有不断运用新的原始资料才能取得进步。他认为自汉迄唐的历史研究，所竞胜者只在文学、文法与剪裁，很少注重扩展史料的范围和使用。按照傅斯年的看法，刘知幾（661—721）的《史通》即批评各史之史法，但美中不足的是未能注重研究原始资料的重要性。宋代欧阳修（1007—1072）的《集古录》利用新发现之材料以考订古事，脱去历来之窠臼，转而关注于史料之搜集。在傅斯年看来，这种对新材料的注意导致了宋代为中国史学最发达时代，至元、明两朝则史学已"生息奄奄"，而"有清一代始终未出一真史家"。

傅斯年认为，近代西方史料来源的丰富，使新史学大放异彩。他主张，只有丰富史料之供给，历史学家才可能在新史料的基础上发展新的历史批评方式。[3]

傅斯年并非眼界狭隘地主张"史学只是史料学"。然而，他的策略是稍稍夸大其主张以吸引他人之关注。傅斯年也谈到"客观性"

---

[1]《全集》，第1311页。
[2]《全集》，第1301、1312页。
[3]"傅档"，II—945，题为《中西史学观点之变迁》的手稿。

这一史家的古老话题,他强调,追求客观性须建立在第一手新资料的基础上,而不是在二手叙述的基础之上。

傅斯年对原始资料的强调也可以从他对传统正史的失望之上看出。《旨趣》写作数年后,傅斯年和以前的老师朱希祖(1879—1944)之间发生了争论,因为他们对明代正史权威性的态度不同。在那场争论中,一群年轻的历史学者支持傅斯年,他们从非官方的记载中收集资料来反驳捍卫《明史》权威性的朱希祖。[1]

对于原始资料重要性的强调,在傅斯年关于历史语言学的讨论中也十分显著。他激烈批评章炳麟的《新方言》,因为后者只依靠文本材料。傅斯年断言,不论章炳麟对文本材料掌握得如何充分,没有田野调查,他就难以取得多大成就。他相信,超越清代学术的方法是发动大规模的田野调查和语音实验。史语所建立了语言学组后,傅斯年聘任了赵元任等受过西方语言学训练的学者,而没有聘任传统的小学家。当然,传统的文本材料如韵图,并没有被完全抛弃,而是作为田野研究的补充加以应用。[2]

傅斯年意识到中国现代学术研究需要具有新思维方式的新式学

---

[1] 关于正史和其他官方记载的权威性的论争,开始于1934年,结束于1936年,但是没有形成结论。在这场论争中,傅斯年并不主张私人材料更值得信赖,只是以为正史决不总是最终的权威,应该同其他记载相对照(《全集》,第818页)。但是,在给蔡元培的一封信中,他走得太远,以致声称明清官方历史全靠不住(《全集》,第2441页)。傅斯年始终认为应该比较各种不同的史料。他列出了16种应该进行仔细比较的历史材料,不论其多么正统或权威。他举的例子包括直接史料与间接史料、官家记载与民间记载、本国记载与外国记载、近人的记载与远人的记载、不经意的记载与经意的记载、口说的史料与著文的史料。争论开始于李晋华发表的一篇基于各类笔记材料的文章,认为《明史》和《明实录》掩盖了一个事实,即明成祖不是明太祖的皇后所生,而是他的妃子碽妃与元朝最后一个皇帝所生(《全集》,第807—821页)。这篇文章引起朱希祖的批评,他维护传统的《明史》和《明实录》的权威性,坚持认为明成祖是太祖的儿子。傅斯年认为不应将这两种官方的文本作为最终的凭据,不应轻易否认民间记载(《全集》,第1008页)。陈寅恪、李晋华、吴晗(1909—1969)都站在傅斯年这一边,吴晗更提供了大量非官方的证据。傅斯年在这场论争中未分胜负,但是它标志着他对官方正史的不满与挑战。
[2] 赵元任:《台山语料序论》,《傅所长纪念特刊》(台北,1951年),第62页。

者。因此他对"读书人"极其反感。正如前面提到的,在《新潮》时期的文章中,他严厉批判中国文人的生活方式。甚至说,一旦一个人成了文人,他就不再是一个人。[1]在《旨趣》中,他列举了对传统读书人各种各样的指责。傅斯年认为,对传统的读书人而言,知识的来源仅限于书写文本,读书就是研究学问,而且是一个人坐在书斋中做孤立的研究。他提出,很多知识可以从书本以外获取,故学者不仅要用眼睛看,还要动手动脚去找材料。

傅斯年挑战传统研究的读书方式,主张应当给予田野工作同样的注意。"我们不是读书的人,"他宣称,"我们只是上穷碧落下黄泉,动手动脚找东西。"这几乎肯定是从屈维廉(G. M. Trevelyan)的名言改编而来:"收集法国革命的事实! 你必须上达天堂、下入地狱来获取它们。"[2]如果说傅斯年飞跃性地脱离了传统书生型知识分子,也毫不夸张。他认为书籍的数量是有限的,而像碑文、画像、民谣这类未开发的材料实际可以说是无限量的。对傅斯年的许多同时代人而言,非文本史料的重要性还是一个相当新颖的观念。为了得到材料,史语所向全国派出大批调查组,这些工作向史语所的同行们表明,书面记载之外也存在着学问。在他们的研究工作中,学者除了在书斋中读书,还应该拿着工具挖掘和四处搜寻。史语所将其范围扩大到遥远的山区和乡村去寻找各种各样的实物,其中许多是前人所未曾接触的。这样的研究方式,连史语所的许多同事以前都无法想象。

根据傅斯年的观点,仅仅掌握书写材料只能成为过时的历史学家;严谨的科学历史研究涉及调查和探索各种材料,运用各式学术工具,包括自然科学方面的工具。譬如,就古代史研究而言,那些

---

[1]《全集》,第1192页。
[2] 许冠三找到了这一格言的出处,见许冠三:《新史学九十年》(香港,1986、1988年,2卷本),上册,第221页。

局限于书写记录的就是老式的"读书人",但若意识到土壤样本或者某种古代文明遗留的人造器物同一段经典文本一样有价值,那么他就是一个科学的历史学家。

傅斯年相信,研究应该是集众的事业。曾经有同事批评他是"资本家",这是他厌恶的标签。[1]但事实上"资本家"在当时对他而言是一个恰当的术语,因为他正领导一项事业,或如他所称"集众的工作"。傅斯年认识到,在中国几乎没有可以与西方国家相媲美的持久的私人学术组织。公元4世纪初,当晋代永嘉、靖康两次南渡,许多学问多成绝学,主要原因是没有继续性之学术组织,由是专家之学,先生不得以传学生。但是在西方,史料经教会与贵族之保存,于是学问得以有继续性之进展。[2]

他关于集众工作的思想,是受了培根(Francis Bacon,1561—1626)的影响。[3]培根相信科学必须是集体的事业,故个人不能对科学做出重大贡献。培根去世几年后英国建立了皇家学会(一个研究学会),部分即是受到培根的影响。[4]因此,傅斯年鼓吹研究工作应像近代西方那样以合作的方式进行。他认为,个人做孤立研究的时代已经过去,现在的学者要靠图书馆或学会供给他们材料,并且须得在一个团体研究的环境中,才能大家互相引会,互相订正,互相补其所不能。[5]

的确,傅斯年厌恶中国传统的历史编撰方式,因为其中包含太

---

[1] 引自《史语所发展史》,第七章,第453页。
[2] "傅档",II—945。几年后,李约瑟(Joseph Needham)向傅斯年指出,如果中国已经有学术组织的话,斯坦因(A. Stein)和伯希和(Paul Pelliot)就不会从中国带走珍贵的资料而不引起中国人的注意。见"傅档",I—952,李约瑟交给蒋介石的一系列打印稿件。李约瑟将这些稿件给了傅斯年一份。
[3] 胡适:《傅孟真先生的思想》,《胡适讲演集》,中册,第346页。
[4] 参见 Paul Edwards, *The Encyclopedia of Philosophy*, vol. 1, p. 239(爱德华兹编:《哲学百科全书》,第1卷,第239页)。傅斯年不认为编纂历代正史的修史馆或编纂地方志的方志局一类机构具有同样的性质。
[5] 《全集》,第1313页。

多道德判断和政治偏见。[1]因此,他呼吁史学同道德和政治相分离。对于正史的失望使他主张理想的历史写作是专题的,而不是综合的或总体的通论。他再一次夸张地表述他的立场:

> 我们只是要把材料整理好,则事实自然显明了。……两件事实之间,隔着一大段,把他们联络起来的一切涉想,自然有些也是多多少少可以容许的。但推论是危险的事,以假设可能为当然是不诚信的事。所以我们存而不补,这是我们对于材料的态度;我们证而不疏,这是我们处置材料的手段。材料之内使他发见无遗,材料之外我们一点也不越过去说。[2]

这一论断使他的同时代人颇为震惊,后来成为大量批评的靶子。[3]这种对推论和疏通的极端谨慎态度,同马赫对推论和疏通的怀疑十分相似。[4]这一指导原则形塑了史语所大多数成员的撰述风格,既是其力量所在,也是其弱点所在。这一原则影响了许多学者的研究风格,不论他们是否欣赏。

傅斯年一代的学生,相信能够利用自然科学的方法进行人类事务的研究,任何学问都不应该有国界。虽然他们处理的材料都是中国独有的,但用以开发这些材料的方法则是普世通行的。譬如,傅斯年坚持认为,天文学、地质学和经济学对处理历史问题很有帮助。这样,现代历史研究就聚合了各种不同的科学学科。[5]他相信,只有采用这样的方法,史语所才能成为提倡科学研究的中央研

---

[1]《全集》,第 1302—1303 页。
[2]《全集》,第 1310 页。
[3] 例如,曾繁康:《中国现代史学界的检讨》,《责善半月刊》1: 5 (1940年),第13—15页。
[4] 关于马赫观点的讨论,见 John Losee, *A Historical Introduction to the Philosophy of Science* (Oxford, 1980), pp. 168 - 170 (罗西:《科学哲学史导论》,牛津,1980年,第168—170页)。
[5]《全集》,第 1307 页。

究院的一个正当分支。譬如，他设想统计学能够成为思想史研究的工具。傅斯年题为《性命古训辨证》的名著，就是一个运用统计方法来分析思潮的典范。

为了确保客观，傅斯年急于将实验方法引进语言学研究。虽然他未曾建立"一个可以与化学实验室的运作相当的历史实验室"，[1]但他的确在史语所创建了一所现代的语音实验室，以解决许多曾经困扰了像钱大昕（1728—1804）[2]那样杰出的小学家的问题。史语所多年拥有着亚洲最好的语音实验室。[3]考虑到傅斯年面临的财政困难，这个实验室的建立反映了他希望借助科学方法以超越清代学者的热切程度。

如前所述，傅斯年呼吁历史编撰的专业化，这标志着与传统历史写作的决裂。在传统中国，历史写作是文人的事情。甚至在民国时期，像王国维这样第一流的历史学家，尽管其研究一直被认为是新史学的代表，也从未将自己仅看作一个专业史家。傅斯年想改变这一状态。在现代中国，历史编撰的专业化由几个方面组成：它通过制度性机构为其研究人员提供稳定的收入，使历史研究成为一个全职的工作，并须严格遵守学术规范。随之而来的是对史学作品读者的重新界定。新史家只将他们的同行，而不是普通民众，作为预设的读者。他们也尽量使自己与道德和政治事务保持距离。

专业历史学家拒绝任何宏大概括的观念。大厦和砖块可以有效地喻解他们之间的区别：专业历史学家倾向于制造砖块而不是建造大厦。[4]傅斯年反复强调，希望史语所的成员用制造砖块的方式来进行研究。砖块可以持续很长时间，中才之人就可以完成这项工作。

---

[1] Peter Novick, *That Noble Dream*, p. 33.（诺威克：《那个高贵的梦想》，第 33 页）在美国，是亨利·亚当斯（Henry Adams）帮助建立了这类图书馆。
[2] 《全集》，第 1307 页。
[3] 《全集》，第 337 页。
[4] Peter Novick, *That Noble Dream*, p. 56.（诺威克：《那个高贵的梦想》，第 56 页）

傅斯年对专题研究的提倡和他在北大讲授怎样处理这一研究的课程，极大地影响了他的学生。[1]他们认为历史研究绝非撰写通史，史家应该专注于一个朝代的历史。[2]他们坚持采取严谨的治学程序，每一个结论都必须有实在的证据支持，含糊的通论和高谈阔论是不允许的。傅斯年劝告他们不要被"先入之见"所诱惑。因此，不允许任何"主观的理论"。据说，在他看来，钱穆那些闪光的著作，只称得上是一个好教书匠的著作。[3]

史语所及其学术风格与时代潮流不合。在史语所之前，各种历史学派，尤其是梁启超鼓吹的"新史学"，试图使他们的关怀以某种方式与现实世界相联系。宣传唯物史观的左派史家热切地争辩中国社会性质问题，实际上是在争论中国是否应采纳马克思主义。他们也将历史研究应用于政治的需要。与这些学派相反，同一时期的史语所的成员正在积极收购明清档案和发掘殷墟。傅斯年宣称，有意识地使历史研究有用不是史语所的目的。[4]后来的事实证明，确实没有一个史语所成员参与政治事务。这个研究所的总体氛围是相当严谨节制的。

史语所的工作

在这一部分，我将详细说明傅斯年怎样实现他的理想：首先，他怎样吸纳一群年轻的历史学家在他指导下工作；第二，他的新史料观和他的"集众工作"的思想怎样影响了史语所的各项工作。傅斯年当时在这两方面的工作主要可以通过三个项目来说明。

---

[1] 李尚英：《杨向奎先生学术研究及著作编年》，《清史论丛》（1994年），第1—13页。
[2] 钱穆：《八十忆双亲·师友杂忆》，第146—147页。
[3] 毛以亨：《关于傅斯年的一封信》，《天文台》1951年1月4日。
[4] 林登：《蔡元培与中国国民党，1926—1940》，收入蔡元培研究会编：《论蔡元培》，第281—303页。

國立中央研究院歷史語言研究所研究員外國通信員編輯員表

研究員分專任兼任特約三類

蔡元培 先生 特約
胡適 先生 特約
陳垣 先生 特約
徐炳昶 先生 特約
趙元任 先生 兼任
陳寅恪 先生 兼任
俞大維 先生 兼任
劉復 先生 兼任
林語堂 先生 兼任
馬衡 先生 兼任 夏間四月大後專任
李濟 先生 專任
朱希祖 先生 特約
沈兼士 先生 特約
徐炳昶 先生 特約
容肇祖 先生 特約
袁復禮 先生 特約
許地山 先生 特約 二月份起
馮友蘭 先生 特約
羅家倫 先生 專任
顧頡剛 先生 專任
楊振聲 先生 專任 官份起
傅斯年 先生 專任 官份起次專任
史祿國 先生 粵任
寇䇩培 先生 粵約
丁山 先生 特約

辛樹幟 先生 特約

外國通信員
米勒 先生
伯希和 先生
珂羅倔倫 先生

編輯員
董作賓 先生 專任
商承祚 先生 特約
容肇祖 先生 特約
余永梁 先生 專任
黃仲琴 先生 特約
羅常培 先生 特約

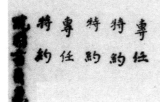

1928年史語所油印研究人員名錄。當時全所共分八組：史料學、漢語、文籍校訂、民間文藝、漢字、考古學、人類學民物、敦煌材料研究

在1928年的《旨趣》中，傅斯年宣称他要集合一群能运用新工具、新观念的年轻学人写作新历史。实现这一目标不仅是通过招募史语所的成员，也通过他的"学霸"地位，即他有权向大学推荐教师，批准研究项目等等。譬如，傅斯年拒绝了罗文干（1888—1941）和汪精卫推荐的严谨的历史学家吴廷燮（1865—1947），因为傅斯年意识到，尽管吴廷燮的学问值得称道，对历史掌故也很熟悉，但他却不具备"新工具"和"新观念"。[1]

傅斯年终身任职史语所所长，在此期间，他采用铁腕手段来管理这个研究所，坚决地将他的思想灌输给年轻的学者，只对李济、陈寅恪、赵元任和其他一些早期创立者采取宽容方式。当时他的绰号是"胖猫"，因为无论什么时候，只要这只"胖猫"在史语所出现，"老鼠们"就会勤奋工作。[2]他也严格监督他们的研究方式。[3]实际上，大约在傅斯年去世二十年后，受西方社会科学发展的影响，傅斯年观念的影响力才开始慢慢减弱。[4]

虽然他在中山大学和北大任教只有五年，他却直接从他的学生或其他大学里招募到了顶尖的毕业生。他没有像兰克在柏林那样召开讨论班。然而，在他的指导下，史语所产生了一大批专业历史学家、历史语言学家、人类学家和考古学家，他们中的许多人取得了杰出的成就。[5]到20世纪30年代晚期，傅斯年所招募并以新思想

---

[1] 见"傅档"，III—74，汪精卫给蔡元培的一封信；"傅档"，III—77，罗文干为推荐吴廷燮到史语所给蔡元培的一封信。史语所初期，傅斯年招募了一大批王国维的学生，这表明傅斯年学派与王国维学派之间一定的传承关系。
[2] 董作宾：《历史语言研究所在学术上的贡献》，《傅故校长哀挽录》，第67页。
[3] 钱穆：《八十忆双亲·师友杂忆》，第147页。
[4] 1970年代，社会经济史的研究在台湾是禁区，因为它似乎与共产主义的信条有联系。
[5] 根据史语所的四张人事名单，一百多名在史语所工作过的学者中，许多人取得了辉煌的成就。见《史语所发展史》，第76、364、504、507—509页。然而，这些名单远非全面。名单上的一些人没有从事学术工作。例如哈佛的博士俞大维，后来在台湾成为著名的政治家和国防部长。

和新工具培训的"年轻学人"在学术上日臻成熟，几乎可以同史语所当年的建立者们分庭抗礼了。[1]

中日战争并没有减少史语所的活动。作为中国西南人文研究的最佳场所，尤其是在博士计划还没有设立的时候，史语所是唯一为获得硕士学位的学生提供研究场所的地方。[2]因此，在那些战争岁月，史语所吸引了一大批有前途的学生，这些人或与史语所有关系，或最终留在史语所工作，后来大都成为最优秀的学者。

在《旨趣》中，傅斯年提出了几项调查计划。第一项是在河南东部的古代封建王朝遗址安阳进行发掘。第二项是派遣考古队从洛阳出发，渐向亚洲腹地前进，以追溯西方对中国影响的源头。第三项是在广州建立基地，并从西南省区收集人类学和语言学资料，然后再将这个项目扩大到南洋一带。[3]因为史语所以广州为基地，傅斯年首先向广东邻近省份派遣调查团。遗憾的是，没有一个调查团在他们工作的最初阶段产生重要的成果。他继而获得了另外三项计划的财政保证：梁光明领导的川边（四川和西康）人种学调查团；史禄国（Sergei Mikhailovich Shirokogoroff）和容肇祖（1897—1995）领导的云南人类学调查团；以及对泉州伊斯兰碑铭的调查团。但最后没有一个项目产生明显成果。只有安阳发掘的成功，才使傅斯年和他的赞助者获得信任，证明了计划和资助这些项目的决定是合适的。[4]

傅斯年在1928年派董作宾（1895—1963）到安阳考察甲骨遗存时，疑古运动仍处于高潮。或许他一直记得李宗侗的话："想要解决古史，唯一的方法就是考古学。"[5]他也可能认为，已经到了建立

---

[1] 见《史语所发展史》，第288页，此书对于这些年轻学者的兴起与重要性提供了统计调查。
[2] 严耕望：《我对傅孟真先生的感念》，《仙人掌》1（1977年），第25—29页。
[3] 《全集》，第1311—1312页。
[4] 关于这些调查团队的失败，见《史语所发展史》，第49—82页。
[5] 李宗侗：《古史问题的唯一解决方法》，顾颉刚编：《古史辨》（北京和上海，1926—1941年，7卷本），第1卷，第268—270页。

一个"最高法庭"来解决类似商朝是否如安特生（J. G. Anderson）、胡适和顾颉刚所主张的那样仍属于石器时代这类无休止争论的时候了。[1]董作宾被派到安阳考察商代甲骨遗址，他立即告知傅斯年，那里仍可获得一些残片。但不久董作宾就感到沮丧，经过对三十六个地方十三天的挖掘，只发现少数甲骨片。当此史语所正面临着巨大的财政困境之时，董作宾很愿意劝说傅斯年放弃这一项目。但傅斯年坚持认为求得刻在甲骨上的文字尚是次要，更有价值的是求得地下情形的知识。他曾经失望地慨叹道：在罗振玉（1866—1940）几年前挖掘甲骨时，未曾记录地下器物和地层，致使这些情形不为人所知。"当时不知注意及此，损失大矣！"[2]罗振玉是他那个时代眼界最开阔的历史学家之一，对史料性质有着当时最先进的观点，曾推行几项颇有远见的事业，保存和出版珍贵史料。[3]但罗振玉却未能先进到足以意识到无文字器物的价值。甚至年轻的董作宾也没有认识到这类信息的重要性，当发现的甲骨很少时，就试图劝说傅斯年放弃发掘工作。[4]董作宾仍然习惯于将"地下史料"等同于铭文，这也是王国维据以研究的观念。对于王国维而言，"地下史料"大体上局限于甲骨和铭器，他从来没有讨论过地层问题。

然而，与甲骨被作为"龙骨"入药的三十年前相比，已经取得了很大的进步。在李济写给傅斯年的一封信中，李济抱怨"彦堂（董作宾）此次发掘，虽较罗振玉略高一筹，而对于地层一无记载，除甲骨文外，概视为副品。其所谓副品者……观之令人眼忙"。[5]到那时为

---

[1] 《全集》，第1317页，新的挖掘并不总是能解决争端，它们有时使人更加困惑。
[2] 傅斯年：《历史语言研究所报告书第一期》，转引自《史语所发展史》，第85页。
[3] 金毓黻：《中国史学史》（上海，1944年；台北，1960年重印），第281—288页。
[4] 李济给傅斯年的一封信，现存于史语所档案（保存于历史语言研究所，台北），元25号文件。
[5] 这封信转引自《史语所发展史》，第98页。

止,西方学者在中国人的帮助下进行着几项发掘工作。但对大多数人来说,考古学仍然被习惯性地认为是"掘宝";对学者来说或多或少是"金石学",甚或"掘古董"。所以并不奇怪,当董作宾进行发掘工作时,他的几个朋友建议,为什么你不雇几个人来把东西挖出来,然后你买下来呢? 何必给自己找麻烦?〔1〕

可以看出,对于考古学的观点,清代学者尚逊于宋代学者。把吕大临(1042—1092)的《宣和考古图》(1902)和端方(1861—1911)的《陶斋吉金录》(1908)这两部金石学的里程碑著作进行比较,发现就铜器出土地点的记录而言,前者就远比后者详细。过去八百年的士人似乎从未明白,精确地记录器物发现地点对于研究青铜器具有根本性意义。〔2〕吕大临在宋代制定的青铜器研究的基本规则后来被抛弃了,只有根据文本记载校对铭文这类最学究气的事业继续下来。〔3〕"'题跋'代替了'考订','欣赏'掩蔽了'了解'。"〔4〕但是细心考察过西方考古学发展的傅斯年和李济都充分注意到,精深的考古学研究需要对发掘工作的详细记录。不仅甲骨文和青铜器具有价值,而且土壤、石头、贝壳和陶片对现代调查者也有价值,但对古董家却毫无意义。一幅关于地下现场的照片可能会比一万字的金文更有价值。傅斯年很快派李济代替了董作宾。〔5〕这种微妙的变化标志着对考古发掘两种不同观点的转换。从1928年开始,史语所的考古学家在这个遗址上花费了七年时间,尽管他们

---

〔1〕 董作宾,《民国十七年十月试掘安阳小屯村报告书》,转引自 Chang Kwang-chih, *Shang Civilization* (New Haven, 1980), pp. 43-45(张光直:《商代文明》,新港,1980年,第43—45页)。
〔2〕 李济:《中国古器物学的新基础》,《李济考古学论文选集》(台北,1977年,2卷本),下册,第867—872页。
〔3〕 同上。
〔4〕 同上书,第869页。
〔5〕 傅斯年派李济作为挖掘的领导人,见石璋如:《考古年表》(台北,1952年),第11页。

直到1934年才取得显著成就。

安阳发掘的成功也牵扯到了政治。当安阳发掘还在进行时，国民政府名义上已经控制了河南省。但是中央政府的权力实际上仅限于长江以南的地区，河南省长官韩复榘（1890—1938）仍然是军阀冯玉祥（1882—1948）手下的一名将领。中央研究院的发展与北伐军的推进息息相关。傅斯年在《旨趣》中婉转表示，北伐战争成功后史语所就能在北方开展一系列项目。[1]但尽管中央研究院期望能从北伐的成功中受益，事实上却不尽如人意。当史语所的发掘队在河南安阳工作时，与河南博物馆馆长、罗振玉的一个学生何日章（1895—？）发生冲突，后者坚持安阳遗址的发掘应该由河南人进行。这次冲突也涉及了对考古学的不同观点。何日章和当地学者最关心的是古物，而国家研究所更关注遗址对于学术的重要性。省政府默许了何日章的反对意见。这样，何日章与史语所之间的冲突就成为地方政权与新建立的中央政府之间冲突的缩影。考古发现是整个民族的财富这一思想还没有在刚刚统一的国家里形成。虽然这时候国民政府希望将教育置于自己的直接监控之下，蒋介石与蔡元培之间日益恶化的关系，使傅斯年仅从国民政府处得到了微不足道的帮助，尤其是当斗争不是为了领土而是为了"学术"的时候。在斗争的白热化阶段，傅斯年请蒋介石的密友吴稚晖让蒋给何日章下达一道命令。但是因为国民政府的实权尚未充分扩展到这一地区，河南政府对强迫何日章退出这场纠纷方面态度暧昧。直到蒋介石在中原大战（1930）中把冯玉祥打败后，史语所同当地学者之间的冲突才得以解决。[2]

---

[1]《全集》，第1311页。
[2]《全集》，第1317—1318页，中原大战（1930）期间，阎锡山（1883—1960）宣布他本人掌握着整个国家的陆军、海军和空军，将史语所置于他的管辖之下。后经北伐战争的几名宿将对阎锡山与史语所之间的关系进行调解，后者才摆脱了阎锡山政权的干涉。见《史语所发展史》，第200—202页。

1935年前往安阳视察第11次发掘情形。右一为梁思永,右二为法国汉学家伯希和

李济的《安阳》详细阐述了安阳发掘的田野工作、实验室分析和对发掘结果的科学研究。[1]这次发掘对于中国古代史研究的意义和重要性至少可以分为三个方面：

第一，发掘证实了甲骨文的可靠，而此前章炳麟对此表示怀疑。据说在科学发掘之后，章炳麟私下也悄悄阅读甲骨上的文字。章炳麟态度的转变，标志着古典学派最重要的小学家也被说服而承认了这种新史料的可靠性。[2]

第二，在疑古派的全盛时期，对中国古代史的传统信任被完全抛弃，商朝仍被广泛地认为是石器时代的一部分。而在小屯发现了几百种青铜器，包括祭祀品、武器和日常生活用品，所有这些有力地证明了商朝已完全进入了充分发展的铜器时代。[3]安阳发现公布后，疑古派立刻放弃了一些他们较激进的假设。

大陆中国考古学带头人苏秉琦后来指出，只有在安阳发掘之后，历史学家们才敢于将商朝作为一个真正被证实了的朝代，放在他们著作的开篇。[4]胡适和顾颉刚曾经坚持认为商朝属于石器时代，但是见证了青铜器的发现后，胡适改变了他的立场，并在1929年告诉顾颉刚："现在我的思想变了，我不疑古了，要信古了！"顾颉刚听后大为震惊。[5]胡适甚至在一次公开会议上向史语所成员承认，他对商朝的错误观念已经被安阳发掘纠正过来了。[6]傅斯年本人也被考古结论征服了。一个曾经赞扬过顾颉刚对中国古代史的摧

---

[1] Li Chi, Anyang: A Chronicle of the Discovery, Excavation, and Reconstruction of the Ancient Capital of Shang Dynasty, Seattle, 1977.（李济：《安阳：商代古都的发现、挖掘与重建年表》，西雅图，1977年）

[2] 李济：《安阳发掘对于揭开中国历史新篇章的重要性》，《李济考古学论文集》，下册，第964页。

[3] 同上。

[4] 苏秉琦：《建国以来中国考古学的发展》，《苏秉琦考古学论述选集》（北京，1984年），第300页。

[5] 刘起釪：《顾颉刚先生学述》（北京，1986年），第262页。

[6] 《胡适的日记》，1930年12月6日，无页码。

毁,并戏称他"在史学上称王"的激进五四青年,〔1〕现在改变了态度,转而开始将顾颉刚先前打散的碎片连缀起来。

第三,安阳发掘也反驳了中国文明西来的理论。在晚清时期,由于周代文明的突然出现,似不知从何而来,连最博学的中国学者都接受了这一理论。安阳发掘提供了丰富的证据表明,中国文明在商代"已具备了东方文明一些最根本的特点,而早期中国的历史文化基本是北方中国的创造"。〔2〕考古学家们还发现,安阳挖掘出的青铜器皿与新石器时代的陶器、木器和石器在器形上有连续性。器形的连续表明商文化与发展同新石器时代的文化或文化群存在紧密联系。〔3〕

这次发掘取得的最重要成就是连接了历史分期中间断的缺口。在1937年,伯希和(Paul Pelliot)将这次发掘描述为"近年来亚洲研究领域最惊人的发现"。〔4〕通过安阳发掘,学者们获得了基督纪元前一千多年以前中国人生活的证据;如果不是安阳王陵的发现,对这一时期的认识仍旧很模糊。"中国的考古学这一跃就赢得了一千年。"〔5〕按顾颉刚的说法,这也是学者第一次注意到史料可以通过挖掘获得。〔6〕更重要的是,安阳遗址的发掘训练了一代中国

---

〔1〕 1924年到1926年,傅斯年告诉顾颉刚,他已经"在史学上称王",《全集》,第1505页。

〔2〕 李济:《安阳发掘对于揭开中国历史新篇章的重要性》,《李济考古学论文集》,下册,第962页。

〔3〕 同上书,第2卷,第969页,他们也主张,鉴于古代美索不达米亚人、希伯来人、埃及人、希腊人、伊特拉斯坎人和罗马人都没有运用甲骨或卜骨的活动,商人不可能是从这些地方迁移而来的。

〔4〕 Paul Pelliot, "The Royal Tombs of An-yang," in *Independence, Convergence, and Borrowing in Institutions, Thought, and Art* (Cambridge, Mass., 1937), p.272.(伯希和:《安阳皇陵》,收入《制度、思想和艺术的独立、分歧与借鉴》〔剑桥,马萨诸塞,1937年〕,第272页)

〔5〕 同上书,第266页。

〔6〕 顾颉刚:《战国秦汉间人的造伪与辨伪》,《古史辨》(北京和上海,1926—1941年,7卷本),第7卷,第64页。

第二章 新历史学派的形塑

考古学者，从而为这一学科留下一笔宝贵的体制性遗产。的确，中华人民共和国过去四十年考古学的繁荣，在很大程度上应归功于安阳发掘者的工作和领导力。[1]在中华人民共和国的今天，傅斯年在《旨趣》中制定的准则对考古队的田野工作仍然适用。[2]

我要提出来展示傅斯年理想实现的第二个例子，是明清内阁档案的开放。正如兰克和他的学生在欧洲四处游历寻找新的文件资料，傅斯年也同样积极进行开放档案和推动对档案资料的研究。傅斯年和他的研究所率先进行了大规模的档案收集、分类和研究。推进这一项目需要一种新观念。对这些档案的处理可以说明老一代与新一代学者史料眼光之不同。

运用档案作为历史研究的基础对中国人并不完全陌生。但是，自宋代以来，档案的意义和价值在很大程度上被忽略了。[3]在清代，至少有三个机构固定负责在档案材料基础上编纂书籍的工作。[4]但是，整体上，学者们仍旧看重书籍胜于档案。

从明代到清初，内阁一直是中央政府的权力中心。雍正朝（1723—1735）后，制定政策的实权大部分转移到军机处，内阁成为主要处理移交文档的机构。数百年来，无数的明清内阁档案储存在这个大库里。[5]1909年，这部分档案从大库移出到走廊上。最后，大学士张之洞（1833—1909）决定将他们从大库转移到学部，同时建议将书籍搬出保存，并将剩余的档案材料烧毁。这道命令因张之洞的属下的学部

---

[1] 许冠三：《新史学九十年》，下册，第231页。
[2] 这就解释了为什么前史语所研究员、中华人民共和国考古界的杰出领袖夏鼐，在关于夏朝存在的争论中，坚持主张除非获得大量的直接证据，夏朝的存在就不能作为事实被接受。许冠三：《新史学九十年》，下册，第231—232页。
[3] 沈兼士：《故宫博物院文献馆整理档案报告》，《沈兼士学术论文集》（北京，1986年），第345页。
[4] 徐中舒：《再述内阁大库档案之由来及其整理》，《中央研究院历史语言研究所集刊》，3：4（1933年），第563页。
[5] 同上书，第543、546页。其中，史语所获得的这些档案没有其他机构获得的档案保存完好。

官员罗振玉的意见而取消，罗提出这些档案中有一些珍贵的历史资料。张之洞因而建议将这些材料转移到更安全的地方。

1911年的革命迫使这些档案的储藏地点改变，它们在1912年被搬到历史博物馆。1918年教育部长傅增湘（1872—1949）派当时的教育部中等官员鲁迅去视察这座"小山"式的纸堆。虽然鲁迅对这些文件的悲惨处境发表了意见，但是并没有建议采取相应措施。从那时起，各种官员常常光顾"小山"，其中许多人非常出名。但是大多数官员沉溺于寻找珍贵罕见的宋版书。傅增湘本人就是一个有名的藏书家，他视察了这座"小山"后，认为除了一些混在其中的宋版书外，这些材料毫无价值。只有出现具有新史料观的学者，这些文件资料才可能得到挽救。

1921年，主管这些档案资料的北京历史博物馆因为预算赤字，决定出卖这些资料。150吨的纸张竟然作为废纸被卖给了造纸厂！罗振玉得知这一消息后，出了三倍的价格买下了这批资料。随后，他挑选并出版了其中的一些档案。但因罗振玉本人的财政困难，这些档案又被卖给了李盛铎（1858—1937），他随后发现维持一个档案仓库是个沉重的负担，就打算将它们卖给日本人或者哈佛燕京学社。[1]这引起许多中国人的民族义愤，并刺激他们采取行动。最终，傅斯年获得资金购买了这批档案。在购买这些档案的谈判期间，李盛铎特别希望保留散落在档案中的宋版书。然而，傅斯年更关心档案资料本身。显然，李盛铎是古物收藏家，而傅斯年却是具有现代眼光的历史学者。[2]故傅斯年告诉经纪人，宋版书对史语所毫无价值。[3]陈寅恪说："我辈史语所人重在档案中之史料，与彼辈

---

[1] 陈寅恪说这样做就是"国耻"，见陈寅恪致傅斯年的一封信，转引自《史语所发展史》，第186页。
[2] 关于傅增湘和李盛铎的态度，见《史语所发展史》，第117—118页。在史语所，陈寅恪也持有同样的第一手材料观，并在这一事业中起了关键作用。见上文。
[3] 同上书，第187—188页。

异趣。我以为宝,彼以为无用之物也。"[1]傅斯年的想法同1928年劝说董作宾有些东西比甲骨更重要时的想法类似。张之洞、傅增湘和李盛铎,与傅斯年和陈寅恪之间的差距,就在于看史料的眼光。

当傅斯年决定从回收站抢救这些废纸的时候,[2]他心中一定有着德国史学。德国史学鼓吹开放档案、利用并出版第一手文献。傅斯年在柏林时,编辑档案以多卷本形式出版的工作始终大量进行着。[3]虽然他没有像兰克那样特别购买外交文件,但他的确从兰克那里学到了档案的重要性。在傅斯年的指导下,发动了大批人力来整理这些档案。傅斯年敲响了钟声,收集工作的计划得以形成。在编者中,李光涛(1902—1984)挑选、编辑并出版了一百卷档案。这项编辑和出版工作一直延续到今天,至今已出版了三百多卷。

在这些档案中发现了许多与官方记载有出入的地方,尤其是涉及明清鼎革时期。[4]在这些档案的整理中,还发现了一千多页原版的《熹宗实录》(1621—1627),几百年来人们都认为这书已经失踪了。这一发现促使傅斯年着手另一个庞大的计划,即校勘和整理《明实录》。这个计划持续了四十年,结果出版了一百五十四卷《明实录》。[5]在这些运用集体人力的组织性项目的工作中,傅斯年在旨趣中强调的那种计划得以实现。

在傅斯年的领导下,通过系统收集、认真审查所有相关资料的方式,史语所的工作得以推进。为了收集和研究新材料,史语所派

---

[1] 见《史语所发展史》,陈寅恪的信是在1929年3月10日寄给傅斯年的,保存于史语所档案,元4号文件。
[2] 值得注意的是罗振玉已经选择这些档案的部分整理出版为《史料丛刊初编》(北京,1924年)。
[3] 德国大规模的档案出版,例如《德国历史档案》及其他,参见 James Thompson and Bernard Holm, *A History of Historical Writing*, vol. 2, pp. 166-168(汤普森和霍姆:《历史著作史》,第2卷,第166—168页)。
[4] 见《史语所发展史》,第215页。
[5] 其中二十九卷的校勘记为黄彰健所写,名为《明实录校勘记》(台北,1968年)。

出了大量的田野工作团队，整理和编撰了许多与原始资料相关的项目。在史语所离开中国大陆前，除了大规模的文献校注，史语所的历史组还启动了许多涉及原始资料的大型项目，包括研究古代经典和后代文稿。这些项目还有整理和编撰斯文·赫定领导的中国—瑞典联合考察团发现的汉朝木简的内容；搜集和研究青铜器和石刻铭文；收集和研究俗文学材料；整理和研究敦煌写本。

语言组一方面从事传统的语音学研究，以厘清现代语言的历史源流，并划分出中国语言分布图。另一方面，也派遣团队调查中国的现代方言。他们考察，并以语音记号纪录了包含十四个省份的数百种方言（其中一部分甚至用铝盘录音）。此外，他们也进行了汉藏语系里各种非中国语言的比较研究。

考古组正式发掘了广布于八省区的五十五处遗址。探测和试发掘的遗址数量超过四百个。其中安阳发掘持续了九年（1928—1937），直到中日战争爆发才中断。1932年发掘了八十八座周代陵墓，出土了不少带有可靠日期的周代铜器。1934年和1937年在河南发掘了仰韶文化的史前遗址；在山东城子崖，1930年和1931年发掘了史前龙山黑陶文化的一个遗址。1936年，在山东两城镇黑陶文化遗址的发掘也出土了很多物品。

人类学组在中国的东北和西南地区进行了田野研究。由于受到战争阻挠，民族调查集中在没有被入侵日军占领的广大西南省区。他们也进行了四川人和南京陵墓中人骨的人类学研究。二十年间，人类学组经常派出人类学和民族学调查团，调查了中国西南省区的许多部落。这些不过是史语所当时开展的主要项目的一些例子。[1]

---

〔1〕 以上是关于傅斯年对史语所发展贡献的七篇纪念性文章的概要。见《傅所长纪念特刊》（台北，1951年），第11—60页。直到傅斯年去世前，除了七项搜集和出版史料的计划外，还出版了七十多本专刊，史语所的《集刊》出了八十多本、发表了四百四十八篇论文。史语所的图书从零起步，已藏书十三万多册，多为史学和历史语言学方面的，以及二百套完整的期刊和大量的第一手资料。

如果没有傅斯年的私人关系网，就不会有这样的事业。在傅斯年短暂的一生中，他被同时代人戏称为"学霸"。他能够确保获得资金及开展史语所诸多项目所需要的各类帮助，对此他的许多同事感到惊讶。在一个动荡不安的国家里，学术界确实很难获得资源；作为一个组织者，傅斯年不得不建构各种旧式的私人关系网，以确保其新生事业的经费。当史语所的许多计划扩展到遍布全国的多个地区，并需要地方政府的特别支持时，情形尤其如此。

20世纪20年代后期，蔡元培和吴稚晖是中央研究院与中央政府之间的主要媒介。蔡元培与蒋介石此时的紧张关系使中研院的处境更加艰难。傅斯年经常痛苦地回忆起杨杏佛和丁文江怎样通过与国民党高官建立社会关系来争取资金。[1]后来，当他的密友朱家骅升任国民党组织部长时，他和史语所才更容易接近政府的核心层。随着国民党官员权力的日益增长，中央委员会组织部的文件对傅斯年顺利处理事务就显得很重要。每当需要时，国民党机关高层就会发出电报，尤其是向地方政府，为史语所的工作铺平道路。1937年后，傅斯年本人也逐渐获得接近最高决策层的途径。[2]通过广泛的私人关系网，他成为许多项目幕后的操作者和许多学者的赞助者。[3]傅斯年与中华文化教育基金会和中英庚款基金会的关系密切，这两

---

[1] "傅档"，I—92，傅斯年致任鸿隽（1886—1961）。
[2] 1941年傅斯年母亲的葬礼的邀请名单能够作为他人际关系网的有效索引。这个名单表明，除了中央研究院，与傅斯年有着良好私人关系的包括最高层的政府官员、北大、清华、中山和武汉大学等著名大学，另外还有一些记者、基金会管理者和其他重要人物。
[3] 例如，傅斯年竭力为梁思永（1904—1954）和梁思成（1901—1972）——两个优秀的学者——从蒋介石处获得经费的支持，见"傅档"，III—1233，傅斯年致朱家骅、杭立武；"傅档"，III—1236，林徽音致傅斯年；"傅档"，I—1250，一流的科学家饶毓泰（1891—1968）给傅斯年的一封信，请他敦促政府挑选两名青年科学家出国学习；"傅档"，II—392，杰出的古生物学家杨钟健（1897—1979）的一封信，请傅斯年帮助他获得政府资金建立新生代实验室。

个基金会资助了史语所的许多项目和他主持的其他事务。

然而,历史学家总是受到来自两方面要求的挑战——第一方面来自于社会,第二方面来自于学术同仁。如果一个史家紧密地回应社会的需求,他会从整体的观点来讨论历史,并且与当代问题相结合,普通民众就成为他的主要读者;如果一个史家参与和同仁的对话,他就应避免现实眼光,严守学术界的准则。

然而在20世纪20年代到20世纪40年代的混乱中,社会要求历史学家更关注民众而不是他的同仁。读者是关键的。具有传统眼光的史家与左派史家一样,要求历史作品应该由民众来阅读。他们的著作诉之于普通民众,他们的目的是影响历史发展的进程。另一方面,研究所只对于重新建构已发生的往昔感兴趣。研究所成员针对的读者是中国和西方的学术界。[1]傅斯年和他的同事反复强调提高中国的学术水准,以自豪而可喜地面对国际学界。[2]这样,在史学领域,史语所当时已居于世界学术的中心;然而以世俗的眼光看,它却是失败的,并被贬逐到边缘。专业化是进入现代学术世界发展的一个跨越,但是它确实没有对社会和政治问题做出重大贡献。

至于来自于历史学界内部的挑战,最主要的是新史家与旧史家之间的几种紧张冲突。譬如,在南京的中央大学,柳诒徵(1880—1956)和缪凤林(1898—1959)捍卫传统史学。像钱穆这样的学者呼吁撰写通史,并强调历史著作不能与道德伦理分开。对具有传统眼光的史家而言,知识的性质不仅仅只是知识本身那样狭窄。他们无法接受这样的思想,即学问只是满足自身的目的,而与世俗利害无关。无论是作为民族身份认同的镜子,还是作为社

---

[1] 例如,傅斯年1932年12月26日写给蔡元培的一封信说,史语所取得的成就已经证明超越了西方的成果。见王汎森和杜正胜合编:《傅斯年文物资料选辑》,第79页。
[2] 参见《傅斯年文物资料选辑》,第79页。

会的向导，历史研究都应与现实用处相关。他们对史语所缺乏对民族历史的全面综合观点表示蔑视。在他们的预设中，研究应是整体和全面的，从宏观走向微观——而不是相反。这样，虽然他们可能采用新式学者的研究方式（即对细小问题进行全面考察），但仍强调他们的研究不会停留在细节上。史家的研究不应从偶然发现的新材料开始，而应从具有重大意义的材料着手。有时他们甚至对新材料抱有敌意。[1]

新旧史家的区别也体现在他们对心性在一切事物中的价值和作用方面。像傅斯年这样的知识分子，虽然从未表述过应该把心性从史学研究中去除，事实上他们正是以这种方式进行研究的。他们确认，内省的传统在各方面都是中国发展的障碍。这是那一代人的主要潮流。现代"新儒家"的开山人物熊十力（1885—1968）后来反思到，那时广泛流传的观点"将反己一路堵塞尽"，并使"高深理解断绝其路"。他抱怨说，这一方面是清世考据家的传承，又受到实证主义的外来影响；两者交汇于这一代的新式知识分子身上。[2]

像柳诒徵这样的史家坚决主张，心性，尤其是内自省的道德源泉，应该在历史写作中表现出来，使读者能够从中吸取道德教训。换言之，学问不应与道德教训分离。他们不满足于作为专业人士，仍希望扮演传统士人相类的角色，具有广泛的关怀和通识。[3]

新旧史家之间的第三个分歧，就是胡适和傅斯年领导的新史家相信，如果没有新的材料，尤其是没有新的考古发现，就不能重构古代史。钱穆等历史学家反对这种观点。在北大，钱穆公开宣称不参考任何新的考古发现，他也能够追溯上古史。[4]他反复强调，零

---

[1] 例如，柳诒徵：《论文化事业之争执》，《史学杂志》2∶1，1930年，第7页。
[2] 熊十力：《读经示要》（台北，1973年），第142、282页。
[3] 柳诒徵：《国史要义》（台北，1957年），第137页。
[4] 钱穆：《八十忆双亲·师友杂忆》，第142页。

散的考古发现与重建上古史本无多大关系。[1]柳诒徵认为,对新考古发现研究的进步,与群众普通历史知识的退步成直接的反比关系。[2]他们相信,如果寻求对古代史的整体把握,过去的记载已足够了。如果历史学家过多依赖考古发现,他们只能提出一些古代史上的小论点,而不能从中汲取有益的经验。[3]

当然,左派史家构成了对史语所的主要挑战。他们号召史家特别关注历史中的两种因素——社会经济和阶级;无论是诠释思想史、文学史,还是政治意识形态史,他们都运用这两种思想工具。

上海和延安的左派历史学家轻蔑地把傅斯年这一团体称为"饱学的奴才",因为他们不顾现实社会的问题,只关心细小、繁琐和无用的研究。[4]左派史家也赞成以整体观念解释历史,"长期社会经济进程应该受到历史学家的首要的关注"。[5]

阶级是左派史家最着力强调的要素。对他们而言,忽视或超越阶级分析都会受到强烈谴责。最初曾追随胡适和傅斯年研究方式的吴晗（1909—1969）后来声明,对自己曾经"超阶级"而忏悔,并付出了巨大努力以克服这一缺点。[6]当然,在中国历史的研究中运用阶级分类的方法是为了站在无产阶级一边。很多史家转向了这一新的信条。这种研究方式的变化也带来了研究者人生观的一些转变——即从一种冷漠、沮丧和无望的人生观变成有信心的、热情的和充满希望的人生

---

[1] 在晚年,甚至在大量考古发现被证明硕果累累之后,钱穆仍然以最不友好的语气固执地批判史语所发起的考古事业。他甚至讥讽史语所在十六个省进行的语言学考察。见钱穆:《现代中国学术论衡》(台北,1984年),第147—148、154页。
[2] 柳诒徵:《中国文化史》(台北,1954年),第3卷,第287页。
[3] 见钱穆"引论",《国史大纲》(台北,1954年),第1卷,第3—4页。
[4] 我将在第五章进一步讨论,甚至在20世纪50年代,傅斯年的"证而不疏"的信条仍然受到攻击。参见周一良:《西洋汉学与胡适》,《胡适思想批判》(北京,1955年,7卷本),第7辑,第210页。
[5] Arif Dirik, *Revolution and History: the Origins of Marxist Historiography in China, 1919 – 1937*, p.9. (德里克:《革命与历史》,第9页)
[6] 吴晗:《我克服了"超阶级"观点》,《吴晗文集》(北京,1988年,4卷本),第4卷,第106—107页。

观。罗尔纲（1907—1997）一篇文章的题目即是《两个人生》,[1]虽然有些夸张，但却表明了这种变化。作为专业史学家，学者们通常被期望为价值中立、不轻下判断而态度超然。但是在一个动荡不安的时代，大多数学者都遭遇到两方面的困境，即学术对现实的指导和学术的意义。

  一些在西方受教育的学者认为，历史研究总是主观的，是为实际应用而进行的，诸如历史"事实"这样的事是不存在的；曾在普林斯顿大学学习，受到鲁滨逊（James Harvey Robinson, 1863—1936）的史学极大影响的何炳松（1890—1946）就持有这样的观点。[2]何炳松也主张历史学家们应集中注意普遍的潮流，而不是具体的事件。在许多人眼中，像胡适、傅斯年和史语所倡导的史学风格，其所关注的恰恰是沉溺于与现实没有丝毫联系的具体事件。然而，傅斯年对这些人不予理睬，对他们的批评毫不在意。[3]他遗留的文件证实了他与批评者之间的冷漠关系。在数千封信件中，只有一封信与何炳松有关,[4]只有两封与钱穆有关,[5]几乎没有一封来自于左派历

---

[1] 罗尔纲：《两个人生》,《胡适思想批判》（北京，1955年，7卷本），第2辑，第183—188页。

[2] 见周朝民：《何炳松史学理论初探》，刘寅生编：《何炳松纪念文集》（上海，1990年），第87、92页；邱永明：《何炳松历史教学法述论》，同上书，第203页；方新良：《何炳松评传》，同上书，第417页；胡逢祥：《何炳松与鲁滨逊的新史学》,《史学史研究》1987年第3期，第31—37页。

[3] 傅斯年一派与左派历史学家之间一直关系紧张。一个例证就是葛毅卿与李何林（1904—1988）之间的冲突。见"傅档", II—502，傅斯年对社会史论战可以说是冷漠。1990年冬我对已故史语所资深研究员高去寻（1910—1991）的访谈表明，傅斯年几乎不曾提及这一事件。

[4] "傅档", III—1215, 何炳松给朱家骅的一封信，何炳松请朱家骅向傅斯年推荐他的一个学生。

[5] 一封是钱穆和姚从吾写的，为他们的学生寻求资助，见"傅档", IV—793；另一封是陈源（西滢, 1896—1970）写的，他批评钱穆的人格，见"傅档", II—570。钱穆的名字甚至没有出现在中央研究院院士的候选人名单上。胡适、傅斯年和史语所的成员对准备这一名单起了很大作用。钱穆对傅斯年的明显不满可从他的回忆录中看出。见钱穆：《八十忆双亲·师友杂忆》，第202页。

史学家。[1]不同的历史观也影响到私人关系。在历史研究中，中心和边缘的区分逐渐形成。作为"新汉学"的领袖——至少在学术界的眼中是如此，胡适和傅斯年成为学术中心的领袖，而他们的对手被放逐到了边缘。[2]但在1950年后，边缘成了中心，中心却被贬谪到了边缘。

---

[1] 有一封尹达（刘燿，1906—1983）给傅斯年的信。见王汎森和杜正胜编：《傅斯年文物资料选辑》，第222页。然而胡适和傅斯年却提名郭沫若为院士，因为郭沫若对金文研究作出了贡献。

[2] 我定义中心与边缘是根据：(1)对于政府财政资助的接近程度；(2)在学术职位任命上的权力；(3)在学术界的地位。至于对青年学生的影响，边缘比中心要大。郭沫若曾计划用八份报纸的文学副刊来批判胡适，很能体现边缘对中心的敌意。见"傅档"，I—1306，胡适致傅斯年。至于傅斯年对左派学者的敌意，见陈翰笙：《陈翰笙回忆录》（北京，1988年），第56—58页。

第三章　走向中国文明多元起源论：
中国古史的学说

　　五四一代学者，受到多元论和发生学方法的强烈影响，开始接受一种超越道德、伦理的治学取向，用变动不居和进化的眼光看待一切。传统中正统或非正统的写作在他们眼里都从根本上发生动摇，取而代之的是对中国往昔进行完全不同的诠释。一旦打开这个缺口，各种各样不同的观点就涌现出来。这一代学者所开创的新诠释传统，在今天仍保持着影响。傅斯年对中国古代史的解释就是这一大诠释转变的一个例证。

　　1927年到1937年间，是傅斯年研究中国古代史最多产的年代。在这一时期，他提出了几个这一领域中非常富有挑战性的学说。其中明显可见两个特点：第一，他拆散了一系相传的中国古代史架构，代之以不同族系并进的多元过程；第二，他把被疑古运动击成碎片的中国古代史重新缀合在一起。当然，他对中国古代史的重建并非向旧有主题的回归，而是尝试建立一种以新材料为基础的新说。

　　顾颉刚是第一个开始怀疑三代间垂直线性关系的人。1923年疑古运动开始时，顾颉刚的激烈怀疑倾向遭到两位对手的批评，在他那篇著名的回应文章中，顾表示他已决定"打破民族出于一元的观念"，"打破地域向来一统的观念"，"打破古代为黄金世界的观念"，摧毁三代直系传递的观念。[1]他把这些文章寄给在柏林的傅斯年，

---

[1]　王汎森：《古史辨运动的兴起》，第237页。

傅在此影响下摒弃了自己过去的信念。[1]因此，是顾颉刚摧毁了旧的大厦；而傅斯年的贡献在于用这些破碎的砖块重建起他的多元起源论。

傅斯年提出的第一个学说是中国文明的多元起源论，挑战了传统习惯上的"华夏"观。如徐旭生（1888—1976）关于"我们中国古代自称华夏，相沿几千年没有再作分别"这一观察可知，这个多元起源论对他同时代人的影响是显而易见的。[2]傅斯年的理论使当时人感到震撼，因为过去习见的中国文明起源观是华夏历史一脉相承。[3]

按照传统的观点，中国古史围绕着华夏与苗之间的战争展开。华夏被看作是一个民族，苗是另一个。[4]在华夏一系，三个朝代的权力是线性直系传递的。譬如，清末陈独秀的《中国历代的大事》就始于陈述汉人和苗人的斗争，接下来是三代间的权力转移。[5]在吕思勉（1884—1957）1920年的《白话本国史》中，商和周被认为是起源于中国西部的汉民族，他们从现在的陕西地区出发，一路争战，穿越河南，向东进发到山东、安徽北部和江苏。[6]汉民族就这样逐渐从西部发展到东部。

---

[1] 根据傅斯年的回忆，《全集》，第1504—1505页。日本学者上原淳道注意到在这次通信中，傅斯年像对待学生那样对待顾颉刚。《傅斯年の古代史研究について》(《傅斯年的古代史研究》)，《古代学》，1：2（1952年），第125页。
[2] 徐旭生（徐炳昶）：《中国古史的传说时代》（北京，1960年），第28页。
[3] 例如，王国维认为夏、商和周的祖先可能追溯到黄帝，见《殷周制度论》，《观堂集林》（北京，1959年），第454页。
[4] 这是古代中国文献中普遍存在的一个观念。见徐旭生在《中国古史的传说时代》（第101—109页）中的摘要。
[5] 《安徽俗话报》，第三期（1904年，下同），第11—14页；第四期，第9—12页；第五期，第9—12页；第六期，第9—12页；第七期，第11—16页（影印本，北京，1983年）。传统的历史编写几乎不触及这一问题。例如，《二十二史纂略》(1803年)、《御批历代通鉴辑览》(1874年)。
[6] 吕思勉：《白话本国史》（上海，1920年），第109页。吕思勉后来修正了他的观点，见吕思勉：《先秦史》（台北，1967年重印），第103页。

传统观点认为，周文化如果不是中国传统的渊源，也是它的第一个高潮。在晚清，夏曾佑（1863—1924）宣称"中国若无周人，恐今日尚居草昧。盖中国一切宗教、典礼、政治、文艺，皆周人所创也。中国之有周人，犹泰西之有希腊"。[1]

这些观念代表了一种无意识的"西方"偏见。在《史记》中，司马迁（公元前145—前86）认为起源于西方的王朝总是兴盛，而那些起源于东方的总是衰落。[2]唐代一位《史记》校注者张守节也婉转表示三代起源于西方。[3]

还有另一种关于三代之间关系的传统观点。如张光直描述的：

> 我们对三代历史的理解，奠基于两项因素。其一是强调三代之间的水平关系；其二是将三代的发展看作是处于蛮族四列的环境中所创造出来的文明孤岛。[4]

经典文献支持这种夏、商、周三代基本为一系的旧观点。

傅斯年向这些传统观念发起质疑。他认为，三代之间的关系是平行互动的关系；实际上，两个竞争的种族之间战争频仍。这一学说与过去关于尧、舜、禹之间和谐关系的叙述相矛盾，质疑了儒家传统并拆解了"十六字心传"的传说故事。这个故事说，舜传给禹十六个字："道心惟微，人心惟危，惟精惟一，允执厥中。"[5]"十

---

[1] 夏曾佑：《中国古代史》（北京，1955年），第29页。这种观点普遍存在。例如，王国维：《殷周制度论》，《观堂集林》，第453—480页。
[2] 《史记》（北京，1973年），第686页。
[3] 参见唐代史家张守节对商朝汤王的都城所在地亳的注释，《史记》（北京，1982年，10卷本），第2卷，第686页。
[4] Chang Kwang-chih, "Sandai Archaeology and the Formation of States," in David Keightley ed., *The Origins of Chinese Civilization* (Berkeley, 1983), p. 496.（张光直：《三代考古与国家形成》，吉德炜编：《中国文明之起源》，伯克利，1983年，第496页）
[5] 这一段见于《尚书》。

六字心传"成为宋明儒学一个主要的学理基础。如果按照傅斯年的学说，其推论舜属于东部集团，禹属于西部集团，既然这两个集团处于冲突之中，舜怎么能将这十六个字传给禹呢？

傅斯年也质疑了传统的周文化中心论，他认为，中国文明中心恰如希腊之于西方文明者，是东部沿海的夷和商，而不是周。他并指出，中国文化传播的方向是由东部沿海向西部发展。

中国古史起源多元论

有三位历史学家首先提出了中国古史起源的多元论——蒙文通（1894—1968）在1927年，傅斯年在1934年，徐旭生在1943年。蒙文通著作的影响最小。当傅斯年在1924年到1934年间逐渐形成他的理论时，他还没有注意到蒙文通的书，故从未提到过蒙的研究。徐旭生也有同样的发现，但在得知蒙文通和傅斯年对此已先于他进行了研究后，他吸收了他们的理论并将其融入自己书中。

蒙文通的著作缺乏影响的原因需要进一步讨论。在疑古运动的影响下，由于其工作完全建立在文献证据的基础上，蒙文通的研究被认为缺乏实证而没有得到认真关注。徐旭生的三集团理论是基于他对古代神话的敏锐研究建立起来的，但是它的重心不在三代本身，而是分析古代神话。由于傅斯年不只批判性地运用文献，论证相当细密，而且随处以新出土之甲骨作为证据，后者非常令人信服，他的假说成为三者中最具影响力的一说。

清末民初的几脉思潮使得这些学者意识到中国古代可能存在多个种族和文化群落。下面我要讨论这些潮流：第一，对非儒家的先秦文献价值及其历史含义的发现；第二，顾颉刚对中国古代记载可靠性的挑战；第三，对中国人种西来说的挑战。

清嘉庆（1796—1820）、道光（1821—1850）年间，古代非儒家文献地位逐渐上升。到清末时，像章炳麟这样的学者竟然说"录在彼书（案：指庄、韩）者，转可信为胜义"。[1]王国维是利用非儒家文献进行甲骨文研究并取得丰硕成果的第一人。这样，他使用甲骨文中所提到的帝王名和《山海经》、《楚辞》中的同类记载来证明殷商王室谱系可靠，而这两本在过去并不认为是正统文献的史料价值从未被儒家学者所认可。[2]傅斯年承续王国维，他宣称，以商代历史而言，《史记·殷本纪》的记载有不少错误，而《左传》、《国语》的记载又过度伦理化，它们的史料价值都低于几种带有神秘不经色彩的古籍，譬如《山海经》和《楚辞·天问》。[3]他告诉北大的学生说，儒家为了创成新的道德理论系统，而倾向于将传说中的神和故事人格化、理智化，其结果，上古文献史料"大概与儒家相隔愈远、与乎未如何理想化之史料，其真确性愈大；如《孟子》不如《楚辞》，《楚辞》不如《山海经》"。[4]

蒙文通也追随他的导师廖平（1852—1932），认真对待非正统的古代文献，并指出这些文献与正统文献之间的差异。[5]在一定程度上，廖平已经觉察到不同古代文献中历史记载的差异。他对经今文学和经古文学之区别的独特见解很大程度上基于两者对一些特定礼制的歧异表述。[6]受这种观念的影响，蒙文通仔细地比较了各种古代文献，寻找他们之间的歧异，尝试用地域差异来诠释这些歧异。他进一步得出结论："孟子所称述者若可疑，而孟子所斥责者翻若可

---

[1] 关于晚清非儒家经典的兴起，参见王汎森：《章太炎的思想》，第26—33页。关于章炳麟的观点，见他的《大乘起信论缘起》，转引自王汎森：《章太炎的思想》，第184页。胡适富有洞察力地将新发展总结为正统的崩溃与异端的兴起，见耿云志：《胡适年谱》（香港，1986年），第126页。
[2] 见王国维：《殷卜辞中所见先公先王考》，《观堂集林》，第409—437页，以及《殷卜辞中所见先公先王续考》，第437—450页。
[3] "傅档"，I—807，题为《中国上古史与考古学》的一份草稿。
[4] "傅档"，II—945，题为《中西史学观点之辨证》的一份草稿。
[5] 廖平在处理这些文献时，正处于他自称的学问之第"四变"，这一阶段的主要特点是尊信非正统文献。按廖平宣称在他一生中经历了六次思想方向的转变，他称为"六变"。参见冯友兰：《中国哲学史》（英译本），第2卷，第715—717页。
[6] 梁启超：《清代学术概论》。

信。"[1]蒙文通也觉察到儒家经典中的伦理化倾向,这使他得出激进的结论——譬如,武王和周公在伯夷的叙述中其实是恶人,而不是《论语》中的典范。在这一点上,只有魏、赵、韩(三晋)三国保留了可靠的记录,而邹、鲁两国(孔子和孟子的出生地)的记载就不太可靠。[2]这些论断与传统如此相悖,以至于后来蒙文通自责说,他的表述是"非毁尧舜,讥短汤武,狂悖之论哉"。[3]

蒙文通不满于顾颉刚对中国古代史的激烈怀疑倾向。顾颉刚对中国历史的缩短,伤害了蒙文通和他导师廖平的民族主义情感。民族主义情绪在廖平对《周礼》诠释的急剧变化方面起了关键作用。廖平早年因对《周礼》的毁灭性敌意而著名。但在见证了清末反传统主义之后,他完全改变了自己的观点,称赞这本书忠于孔子的理念。根据廖平对《周礼》的独特诠释,古代中国的疆域极其广阔,而其历史也难以置信地悠久。[4]根据各种伪书这类几乎从未被史家严肃对待之材料的证明,他主张在史前时期,"帝各为代,各传十数世,各数百千年。"在廖平的鼓励下,蒙文通在1915年开始探索这个题目。廖平可能想通过论证华夏开化的久远、立国的本土性和多元并立的学说,来抵挡清末盛传一时的"中国文明西来说"。[5]据此,廖平相信,中国立国之早,非东西各民族所能及,"凡我国人,皆足以自荣而自勉也。"[6]直到1927年,顾颉刚出版了(震惊思想界)

---

[1] 蒙文通:《古史甄微》(上海,1933年),前言,第6页。
[2] 同上书,第15页。
[3] 同上书,第2页。
[4] 从贬低《周礼》向信奉它的转变,见王汎森:《古史辨运动的兴起》,第166—170页。
[5] 清末国粹派学者们曾鼓吹中国文明起源于西亚,上古中国拥有多种与希腊、罗马、撒克逊、法兰西和斯拉夫相同的文化特性,这一理论当时盛极一时。见 Yü Ying-shih, "The Changing Conceptions of National History in Twentieth Century China," in Erik Lönnroth, Karl Molin, and Ragnar Björk, eds., *Conceptions of National History*, Proceedings of Nobel Symposium 78 (New York, 1994), pp. 155 – 174. (余英时:《二十世纪中国民族史观的变化》,收入龙诺斯、莫林、薄若克编:《民族史观念》,"诺贝尔研讨会论集"78,纽约,1994年,第155—174页)
[6] 蒙文通:《古史甄微》,第1页。

的《古史辨》第一卷一年之后，蒙文通才感到完成廖平所提计划的紧迫性。我们可以肯定，蒙文通对反驳顾颉刚的激进立场的关切更甚于他对文明西来说的注意。在其研究中，蒙文通也将他的工作建立在被清代今文学派复活的伪经文献的基础上。他认为伪经的"奇说"已经足以说明正统儒家文献之外有大量可信的史料。[1]

从正统文献的有限观念中解放出来后，蒙文通自由地比较了各种正统的和非正统的文献所记载的历史事件，他发现，对于同一历史事件的不同记载，可以辨别出三种不同的叙述方式。由此，蒙文通得出结论，在古代中国古代民族分为三系，他们同时存在，共同形成了古代中国文明。

徐旭生的结论与傅斯年和蒙文通的相似：含有混乱纠结的神话和传说的文献更接近于古代史实，而那些面目整齐有序的文献几乎肯定被"人化"过，即经历了西方学者称为"神话入于历史"（euhemeriation）的过程。[2]徐旭生的学说是在对各种不同类型的古代文献精心比较后得出的。他发现对于同一历史事件有大量的"不逗头"之处，这使他重新考察传统的一元起源论的可靠性。[3]他认为一元论起源于春秋战国时代的学者，这些学者不了解多元起源的实际史事，将各种"不逗头"的人事编织在一起，形成一个一脉相承的系统。这不是故意伪造，而是因为古代知识的不完备。[4]徐旭生指出，古人不像许多人臆想的那样全知全能。

徐旭生也回应了顾颉刚的著作。使徐旭生失望的是顾颉刚用以推翻古史可靠性的方法，即将所有的神话传说作为蓄意伪造的而不予考虑。虽然徐旭生在法国受的是哲学训练，但他熟悉当代法国神

---

[1] 蒙文通：《古史甄微》，第3页。晚清今文经学派学者的典型观念是，儒家经典记载的历史如果不是古代圣人伪造的，也已经被古代圣人大幅度地删改过。
[2] 徐旭生：《中国古史的传说时代》，第303—304页。
[3] 同上书，第31页。
[4] 同上书，第37、304页。

话研究，并充分意识到古人是通过神话思维的。他认为，神话传说比非神话的史著更接近于历史的真实性。[1]比较和分析了各种轶闻传说和神话后，他的结论是，各种"不逗头"的现象根源于古代中国华夏、东夷[2]和苗蛮三个族群之间的差异。

蒙文通、徐旭生和傅斯年之间有意思的共同之处是，他们都回应了"古史辨"运动，并且他们都认为非儒家的非正统文献比正统文献具有更高的史料价值。对史料价值评估的翻案有助于打破古代史研究的僵化体系。

但傅斯年得出古代中国多元起源论的学说却不是采用同样的文献比较方法。傅斯年区别于他人之处在于，他深信在中国有一个东方本土文化传统。此外，这里还要论及他思想的两个来源：欧洲历史学和中国文明西来说的影响，前者使傅斯年认识到欧洲的许多国家由多种族群落构成，后者使他想到在古代中国西部可能存在着一个异文化族群。

与蒙文通和徐旭生相对比，傅斯年在解释中国古代史时特别关注种族差异。他的等式是：历史不过"种族与地理相乘之积"。[3]他申论说，种族性"具有主宰一切之能力；种族一经变化，历史必顿然改观"。[4]种族构成说是德国历史学派的一个主题。他们编辑了大量的著作来追溯德国族性的起源，详细论述为什么历史的趋势

---

[1] 徐旭生：《中国古史的传说时代》，第303页。顾颉刚认为对神话的关注不利于理解古代历史，而徐旭生则主张神话对于理解中国古代是必要的。
[2] 张光直在《三代考古与国家形成》中说，"商朝和西周以前，现在的山东、河南东部、江苏北部和安徽东北部地区，可能还包括河北沿渤海湾一带，穿越渤海湾、辽东半岛和朝鲜的周围，在这些地区居住着不只一个种族。在文献记载中，我们可以发现，如太皞、少昊、有济、徐方等氏族单位，嬴、风、偃诸姓等都被列为夷。……夏朝的主要事件是这些夷部落之间的冲突。"见 Chang Kwang-chih, "Sandai Archaeology and the Formation of States," in David Keightley ed., *The Origins of Chinese Civilization*, p. 498（张光直：《三代考古与国家形成》，吉德炜编：《中国文明之起源》，第498页）。
[3] 《全集》，第1230页。
[4] 同上。

使许多欧洲国家成为民族国家,而德国却是个例外。[1]

在欧洲,傅斯年了解到印度、南部希腊和法国都存在有多族群,征服族群通常在文化上较落后,它们接受被征服人民的文化并成为它的保护人。他把这一论题向前推进了一步,进而认为不同的社会阶级实际上是由不同的族群组成的。[2]

从柏林回国后,傅斯年写到他未来的计划是研究"中国人的形成"。[3]对种族差异的注意引导他思考文明西来说的不连贯处,因为他注意到古代中国西部的种族差异。

在20世纪20年代,傅斯年认为中国人最初来自于新疆塔里木盆地。[4]待其学术成熟以后,他从未提出任何支持这一理论的结论,但他也意识到不能完全否定此说。虽然他很少公开讨论中国文明西来说,但私下里也的确表现出对很多印欧人可能卷入古代中国史的关注。他相信,在西周时期,中国和西方的交流比我们想象的要广泛得多。[5]在手稿中,他经常推测中国的象形文字可能不是本土的产物。步西方学者后尘,他进一步推断,四轮马车可能是从西亚引进中国的。[6]

---

[1] 关于种族史是德国历史研究的一个主题,可参见 Friedrich Meinecke, *Cosmopolitanism and the National State* (Princeton, 1963), pp. 12 – 13, n. 8 (梅内克:《世界大同主义与民族国家》〔普林斯顿,1963 年〕,第12—13 页,注8)。

[2] 傅斯年的《周东封与殷移民》就是建立在这样的理论基础之上,他认为:尽管商人文化上更先进,在被周人征服后,便受压制成为低一等的社群。傅斯年也相信,部落名称变为阶级名称,后来阶级名称又变成泛指某类人群的名称。例如,夷和蛮最初是部落名称,但是因为他们被其他的族群统治,夷和蛮最后演变为野蛮族群的名称。这些观点在傅斯年的许多著作中都出现过,例如,《全集》,第643—644 页。

[3] "傅档",II—627,傅斯年的一则笔记。

[4] 傅斯年:《留英纪行》,《晨报》1920 年8 月6 日。

[5] "傅档",I—807,题为《中国上古史与考古学》的手稿。在这篇手稿中,傅斯年认为彩陶是从中亚传入的。他也相信所谓的胡人是印欧人。傅斯年去世之后,胡适在一次纪念仪式上说,傅斯年的一个野心是派遣一支探险队沿着去西亚的路线,寻找可能与中国和西方的交流史有关的遗迹。见"傅档",I—1695,题为《关于傅孟真先生平的报告》的单行本。

[6] "傅档",I—807. 史语所倾向于驳倒西方起源论。可参见傅斯年等:《城子崖》(南京,1934 年),第4 页;尹达:《新石器时代》(北京,1955 年),第83—142 页。

在一则笔记中，他甚至简短地论述到白狄实际上可能是欧洲白人种群，其中的一些人中古时期在敦煌一带仍十分活跃。[1]在另一部未出版的草稿中，他承认中国西部的彩陶文化必与新石器时代的印欧人有关；这在安特生发现的彩陶中尤其明显。[2]但傅斯年仅仅提到中国和西方交流颇多，并不赞同西来说。

所有这些都让傅斯年想到，在上古时代，除了本地人而外，可能也有许多"外来人"迁移到中国西部并定居在那里。当然，这些见解无一发表，说明傅斯年对它们是否准确可靠采取谨慎态度，可能也还有些犹疑。傅斯年对中国和西方关系的持续兴趣和他在发表任何有关这一题目的著述上表现出的踌躇表明，他在思想深处其实相信有几个不同的族群可能相继占领过中国西部。长久以来，他相信古代中国东部沿海地区也居住着一个民族，于是产生出"西土"之人和"东土"之人二分的观念。这是他提出中国古代多元种族起源论的一个重要契机。

"土著"对"外人"的提法对中国人并不陌生。第一本中国通史的作者夏曾佑首先意识到"苗"不像过去习以为是的那样是一个民族（nation）之名，而是某一族群之名；他辩称，苗人是土著，而汉人则来自于西亚。[3]傅斯年质疑了土著对峙外人的观念，提请大家注意这样一个事实，即东部沿海地带存在着另一个本土族群，这个族群才是中国文化的渊源。他的结论是，中国东部与西部之间一定处于二分的对峙状态。

关于东西二分的模糊观点是一个方面，还有另外一道难解之谜：哪一个族群生活在东部，哪一个又生活在西部？ 既然传统中国观念认为夏、商、周都起源于西部，那么，这些朝代之前就极难区分了。

---

[1]"傅档"，II—910，傅斯年的一则笔记。
[2]"傅档"，II—637，题为《禹贡九州岛释名》的草稿。
[3] 参见徐旭生：《中国古史的传说时代》，第53页。

与此同时，王国维和他的学生对古代中国提出了新的诠释，在一定程度上与傅斯年的观点相似。王国维是区分商周间制度差异的一个拓荒者。我们不能肯定傅斯年在出国前是否阅读过王国维的《殷周制度论》(1917)。然而，直到 1927 年，他才带着惊喜读到王国维的历史研究文集《观堂集林》。[1]王国维研究古代历史的地理和种族取向使他兴奋，这一取向恰好与他本人的关怀相合。他被王国维的开创性论文《殷周制度论》所吸引，尤其因为它质疑了过去"周沿殷礼"的主张，并宣称殷、周制度是两个不同的系统。傅斯年在王国维著作的书眉上批道，殷、周制度的各种不同"盖民族代兴之故"。[2]

通过追溯都邑的地理位置，王国维发现，殷以前帝都皆在东方，唯周起于西土。[3]这一观察引起王国维才华横溢的学生徐中舒（1898—1991）的进一步考察。徐中舒在 1924 年发表了题为《从古书推测之殷周民族》的短篇论文。这篇文章把殷周的不同诠释为因族群不同所造成。他反驳其师关于殷周皆出于同一祖先（帝喾）之说，[4]而认为殷周非但不是同一种族，两者间且在殷周转型期有大规模的种族冲突。王国维描述的制度区别实际上反映了种族冲突，但后来周人将这个事实掩盖起来，而儒家又以"吊民伐罪"为之解释，于是东西两民族盛衰变迁之迹遂无闻焉。[5]

王国维和徐中舒的观点印证了傅斯年数年来的疑惑。他在 1924 年写道："或者殷周之际中国的大启文化，也有点种族关系，正未可知。要之中国历史与中国人种之关系是很可研究的。"[6]在给顾颉

---

[1]《全集》，第 998 页。
[2] 见傅斯年私人收藏的《观堂集林》，现存于史语所。
[3] 王国维：《殷周制度论》，《观堂集林》(北京，1959 年)，第 451—453 页。在这篇文章中，王国维主张夏、商同源。
[4] 同上书，第 454 页。
[5] 徐中舒：《从古书中推测之殷周民族》，《清华国学论丛》1：1（1927 年），第 109—113 页。
[6]《全集》，第 1550 页。

刚那封始于1924年1月、直到1926年10月尚未完成的回信中，傅斯年讲到周人的祖先可能是非土著的戎或狄：

> 我疑及中国文化本来自东而西［而不是相反］：九河济淮之中，山东辽东两个半岛之间，西及河南东部，是古文化之渊源。以商兴而［此文化］西了一步，以周兴而更西了一步。不然，此地域中何古国之多也。齐容或也是一个外来的强民族，遂先于其间成大国。[1]

令傅斯年感到困惑的是："究竟谁是诸夏，谁是戎狄？"[2]他总结说，史家当认清中国不是由一种族一文化所构成。[3]

1927年，傅斯年读到了徐中舒的文章，了解到后者也坚信殷和周是两种不同的族群。[4]徐的文章坚定了他对自己学说的信心。1928年他在广州讲学时，在一个印刷的大纲中断言："殷周非同一的民族。"[5]下一年傅斯年着手写他的长篇论文《夷夏东西说》。

在他从事这项计划其间，他也写出一篇题为《大东小东说》的重要论文，这篇论文强化了傅斯年关于殷、周属于不同族群的信念。在这篇论文中，他认为周人用了几百年的时间才彻底控制了殷

---

[1]《全集》，第1534页，古代九河是渤海附近的沿海地区。
[2]《全集》，第1535页。
[3] 同上。
[4]《全集》，第998—999页。傅斯年与徐中舒几乎同时产生了相似的观念，但傅斯年仅以假设的方式提出他的观点，而徐中舒则更自信地表达了他的观点。令人惊讶的是，远在四川的蒙文通在1927年也进行着相类的考察。见蒙文通：《古史甄微》，前言，第1页。
[5]《全集》，第27页。这一点仍有疑问。傅斯年认为商、周是两个不同族群的一个理由是他发现周初文献中的一些语法问题，故推断这是因为周人刚刚接受了商的语言，还没有完全掌握。见"傅档"，Ⅰ—244，20世纪30年代的一则笔记。我认为这是《夷夏东西说》的准备性提纲。根据这些笔记来看，这篇论文最初的标题是《禹夏两西说》。

地;这是一个征服和运用谨慎策略来巩固所有新获土地的痛苦历程。一些封国因此而一步一步地由西向东移动,就是这一艰辛过程的明证。[1]傅斯年甚至主张,洛阳以东地区直到西周末期才被完全地"周化"。[2]这项研究计划使傅斯年相信,周肯定一直在与不同的族群打交道。[3]

虽然傅斯年与徐中舒同时得出了相同的结论,但后者仅有一篇短论文,而前者用精心雕琢的论证和丰富的材料提出了他的观点。然而,傅斯年一直等到考古发现可以证实其学说时才将其论点公布于众。证实他学说的考古学发现是山东城子崖的发掘。

傅斯年在山东的成长经历使他耳濡目染了当地的传统、风俗和崇拜形式,所有这些都在他的脑海里留下了生动的印象,即古代山东地区一定是一个异于西部的中国本土文化中心,虽然西部文化的因素已经长期附着在原初的本地文化上了。[4]他派遣一个考古团队到山东东部沿海地区寻找这种本土文化的痕迹。这个调查组主要在平陵和临淄地区工作。[5]他假定这一带当有不同于陕甘及河南西部之文化系,因为在那里曾发现了怀疑源于西亚的仰韶彩陶文化。

令人鼓舞的时刻在1930年到来,在山东龙山城子崖的大发掘,大大有助于支持他的梦想。大量的黑陶器皿第一次被发现,产生这种陶器的文化证明与中国西部的彩陶文化不同,被命名为龙山文

---

[1] 王毓铨受傅斯年理论的启发,提出鲁、齐和燕等国最初的封邑在河南,只是在后来才迁往山东和河北,从而确定出齐刀形币的年代是公元前9世纪初叶。见 Wang Yu-Ch'uan, *Early Chinese Coinage*(New York, 1951), pp. 150 – 153(王毓铨:《中国早期货币制度》,纽约,1951年,第150—153页)。他们之间关于这一话题的通信,见"傅档",III—976、977、978,三封王毓铨写给傅斯年的信。
[2] "傅档",I—224,20世纪30年代的一则笔记。
[3] 《全集》,第754—755页。
[4] 傅斯年的家乡聊城与空桑的中心曲阜非常近。当地的崇拜激发傅斯年区别殷、周之间的不同。傅斯年发现,据说被周人军队在山东地区逐杀的纣将黄飞虎(飞廉)得到山东普通民众的广泛祭祀,而当地对周文王的祭祀不过偶然有之,并且是由文士所提倡。见《全集》,第902页。
[5] 《全集》,第944页。

化。[1]傅斯年1924年提出的在山东和辽东半岛一带必有本土文化的推断最终得到了证实。

城子崖的发现包括版筑与夯土的垒墙、甲骨和黑陶。[2]前两者与殷墟的发现是相同的,在仰韶的其他任何一个遗址中都没有发现过[3]。傅斯年的脑海里浮出一个念头,即甲骨占卜一定是个中国东部长期存在的传统。在城子崖的发掘中还发现,商文化层恰在黑陶地层之上。傅斯年由此得出结论:商文化和黑陶文化如果不是同一的,也有着非常密切的关系。[4]这个发现一定令傅斯年惊喜万分,因为他曾经推测商人来自于中国东北地区,后来征服了夷人;这些文化层似乎也提示出类似的故事。

1935年,傅斯年发表了《夷夏东西说》。他提出,晋代(266—316)以前只有东西之分,此后才有南北之分。这种区分与地理的变动大致吻合,可以沿着平汉铁路画一条线。平汉线以东是广大的平原,而以西是广阔的山区。地理被视为理解形成文化差异的关键。

这样,东部与西部的对峙成为三代历史背后的推动力。在夏之夷夏之争,夷东而夏西。在商之夏商之争,商东而夏西。后来,周兴起于西方并征服商,仍是东西对峙之局。[5]在这些对抗中,东西方各有胜败,但是总体上东胜西之事较少,而西胜东之事甚多。其中原因很多,综而言之,东方经济好,所以文化优,而西方的武力更强。战争

---

[1] 这次产生了丰硕成果的调查有些偶然,吴金鼎(1901—1948)参观龙山时在城墙顶端偶遇一些遗物。吴金鼎、傅斯年和史语所的其他成员立刻感觉到了这些碎陶片的意义和价值。

[2] 傅斯年等:《城子崖》,第26—89页。根据夏鼐的看法,这一考古报告的出版是中国现代考古学历史上最重要的事件。见夏鼐:《梁思永传略》,《中国现代社会科学家传略》(陕西,1985年),第7卷,第377页。

[3] 这一假设被证实是错误的。20世纪50年代,在几个仰韶文化遗址都发现了黑陶。见张光直:《殷商文明起源研究上的一个关键问题》,杜正胜编:《中国上古史论文选集》(台北,1979年,2卷本),上册,第273页。

[4] 《史语所发展史》,第332、334页。

[5] 《全集》,第887页。

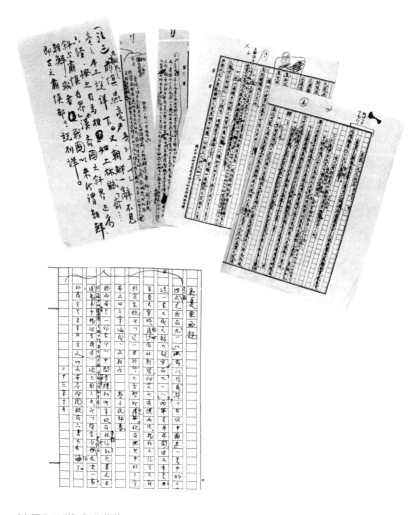

《夷夏东西说》部分草稿

平息后，周成为东方文化的保护人。傅斯年提醒他的读者，尽管东方和西方各有胜败，但文化中心一直在东方的齐鲁之地（山东）。[1]

但是，按照傅斯年的看法，殷商文化也是接受了被征服的本地人——东夷人的文化。他反复强调夷人对中国文化的巨大贡献。他指出，空桑或现代的曲阜在远古是一个极重要的地方，这里是古夷人的大本营，少昊、后羿的都城。周公派遣他的远征军东进时，他所追逐的敌人奄国就在那里。此地土著之伊尹，巧妙地运用其文化所赋之智谋以事商汤，助其成功地征服了夏。几百年后，另一位此地土著之孔子娴熟地以当地传统造就了儒家思想。[2]

傅斯年反复强调，甚至到秦汉时，主流文化因素仍源于这一地区。齐鲁文化以五行和儒家这样的思想体系主宰了汉代全国。[3]他相信，周人征服中国东部后，将夷人排除在儒家经典记载之外。周朝之正统史观，只有虞、夏、商、周四代。历史若为东方人所造，其正统或者以夷代夏。[4]

傅斯年不解的是，何以过去两千多年来学者们忽视了东西方之间的二分和对峙。他相信，战国时期的思想家喜欢将历史伦理化。他们像希腊人那样将不同地域和时代的神祇聚集进一个"全神堂"，这就泯除了两地的差异。傅斯年则运用不同族群的观念将这个全神堂拆解为碎片。三代是一个平安和谐世界的想象及其与之相联的道德垂训被一举击碎；三代本是一个充满纷争、阴谋和对抗的时代。[5]

傅斯年还提出了其他几个有争议的学术推论。一个是商人的起源。傅斯年认为他们"虽非夷，然曾抚有夷方之人，并用其文化，

---

[1]《全集》，第889页。
[2]《全集》，第882、890、892页。
[3]《全集》，第902—903页。傅斯年似乎力图通过将文化起源追溯到夷来回答几个困扰着人们的难题，例如，为什么没有任何可考证的源头而突然出现了先秦时期的文化繁盛？
[4]《全集》，第883页。
[5]《全集》，第883、887、902页。

凭此人民以伐夏而灭之，实际上亦可说夷人胜夏"。[1]如前所述，他甚至将商的起源追溯到中国东北地区。因为缺乏材料，商人起源的问题至为模糊难解；王国维曾主张商人起于东方，却遭到胡适的诟病。[2]傅斯年进一步发展了王国维的假设，主张商最初来自东北地区，后来征服了居住在东部沿海地区具有先进文化的夷人。[3]

第三个推论是夷——商是中国文明的渊源。在这一点上，傅斯年与王国维的看法不同。王国维在比较了商、周之文化后，断言周文化远比商更高——周自身已形成"道德之团体"。按照王国维的看法，周公的主要成就，即封建和道德之典礼制度，是中国历史上最具深远意义的成就——这也是贯穿中国历史的一个传统观念。但是傅斯年不赞同这一传统论断，并贬低周文化；这无疑是在攻击构成周文化主体的儒家。他宣称："一切疑殷商文化不及周初之见解，应一扫而空。"[4]他认为寒浞、后羿、商纣王等历史人物在传统儒家观念中被看作是残暴凶恶的，实际上他们是英雄人物。

重建中国古代史

傅斯年与史语所同仁相信有贯穿于三代的持续力量在起作用，他们努力把疑古运动遗留的碎片收拾起来。[5]

五四运动时期，傅斯年是怀疑古代历史传统记载可靠性的前驱

---

[1]《全集》，第864页。
[2] 许冠三:《新史学九十年》，上册，第163页。
[3]《全集》，第823—839页。傅斯年的设想得到考古发现的支持。见干志耿、李殿福、陈连开:《商先起源于幽燕说》，《历史研究》1985年第5期，第21—34页。在文献证据的基础上，金景芳等学者也坚持商人来自于东北地区。见金景芳:《商文化起源于我国北方说》，《中华文史论丛》7（1978年），第65—70页。
[4]《全集》，第621页。
[5] 徐旭生描述了疑古运动的巨大影响。他写道，在20世纪20年代，中国大部分历史系掌握在这一派的支持者手中。徐旭生，《中国古史的传说时代》，第26—27页。

之一。1918年,他鼓励人们"疑所不当疑"。姚际恒(1647—?)的《古今伪书考》这样的激进书籍得到凸显,吸引着人们的注意,后来顾颉刚于1923年呼应了这种情绪。[1]傅斯年在1918年甚至主张只有在东周平王后才有可信的历史。[2]这一观点与他的大学室友顾颉刚在20世纪20年代的观点相似。但是他逐渐发展出与顾颉刚大相径庭的观念和方法。首先,傅斯年发展了他关于古代文献形成的发生学观点。其次,他主张古代史中的分歧很大程度上应归咎于自然原因,例如种族或地理的异变。后一观念显然与顾颉刚的信念不合,顾颉刚认为古代记载中的分歧是因为春秋战国时诸子为顺应自己的目的对历史记载进行了根本的篡改。[3]

---

[1]《全集》,第1417—1419页。
[2]《全集》,第1231页。
[3] 傅斯年在他的《古史辨》第一卷(1925年)的手写批注中,批评了顾颉刚。在他看来,顾颉刚太看重古代神话,为证实这些神话而勤勉工作;如果它们不可能被证实,顾乃转而相信它们是由战国时期学者伪造的。此书现存于中研院史语所。随着傅斯年与顾颉刚的观点之间日益增长的分歧,他们的友谊也日益恶化。1927年,顾颉刚的老友傅斯年聘任他执教于中山大学。主要因为傅斯年专横的个性,他们对行政与学术事务的不同意见升级为私人冲突。傅斯年那明显的竞争感也严重损坏了他们的友谊。刘起釪认为,1926年末傅斯年致顾颉刚信的发表是他们之间争端的导火线。在那封信中,傅斯年对顾颉刚的文章做了一番评价,赞扬了顾颉刚的成就,宣称顾颉刚关于中国古代史的层累造成说使他"在(中国)史学上称王"。使傅斯年恼怒的是,顾颉刚未经他的同意就在1928年1月发表了这封信。见刘起釪:《顾颉刚先生学述》(北京,1986年),第271页。在《古史辨》的第二卷我们发现只收录了这封信的节略版,即傅斯年:《谈两件努力周报上的物事》,《古史辨》(北京和上海,1926—1941年,7卷本),第2卷,第288—301页。值得注意的是,在赞扬顾颉刚"在(中国)史学上称王"的句子之后,傅斯年说他本人以不弄史学而幸免此危,可以不臣于他。但后来当傅斯年决定将历史研究作为他的职业时,竞争意识可能令他不愿意为顾颉刚的臣下。这种敏感的竞争意识在恒慕义(Arthur Hummel)的"What Chinese Historians Are Doing in Their Own History"(《中国历史学家对于他们自己的历史正在做什么》)发表之后可能更加强烈,这篇文章甚至在西方学者中给顾颉刚带来了巨大的声望。关于傅斯年与顾颉刚的这场争端的更多内容,可参见1928年6月15日、1929年8月20日顾颉刚致胡适的两封信,收于《胡适来往书信选》,上册,第482—483、532—540页。恒慕义的文章首次发表于 American Historical Review(《美国历史评论》)34:4(1929年7月),第715—724页,并被收入《古史辨》第二卷,第421—443页。

1928年，在中山大学的讲坛上，傅斯年告诉他的学生，"伪造"一词对于解决历史分歧并不总是合适的。如果将古代文献从一个静态系统化解为一个过程，大多数的分歧都可以解释。这一观念需要将文献视为有历史过程的实体，而不是固定不变的物体。在演进的过程中，学者有时会加入新的段落。因此，人们自然会在被认为较早的文献中发现后来的事件。傅斯年抱怨说，疑古者没有考虑到在文献转换过程中的篡入和讹误。他说，先秦的文献是由汉代学者转手传递下来，因为汉人去古已甚远，他们在整理编订工作中不可能一直保持客观。[1]傅斯年指出，虽然汉代的学者确实犯过错误，但他们很少处心积虑地伪造。

　　傅斯年强调，伪造出一大批疑古者认定是伪造品的东西是不可能的。譬如，应将文体看作随时间演变的结果。那些相信某人创造了某种文体的人，实际忽视了这些文体的发展演变进程。[2]地名也是自然而然形成，很难是创造出来的。因此，在先秦文献《禹贡》中出现了一些汉代的地名，也不能肯定说《禹贡》是汉代学者伪造的书，因为仅见于汉代书的地名不必即始于汉代，可能是从一个很早的年代流传下来的。"九州"（传说中大禹统治下的中国的九个分区）一语的真实性长期以来颇有争议，因为它出现在一个较晚近的文献《禹贡》中。但傅斯年认为，《禹贡》成书可能甚晚，九州之说却可能起源甚早。傅斯年相信，九州之说纵不（如许多人认为的）一定归之于夏、殷，亦决不后于西周，[3]肯定不是任何汉代学者伪造的。他相信，五行说是经过一段很长的时间自然演变而来，不是由刘歆（？—公元23年）和王莽（公元前45—公元23年）伪造出来的。[4]

---

[1]《全集》，第62—64页。
[2]《全集》，第178页。
[3]《全集》，第84页。
[4]《全集》，第142页。

傅斯年也发展出一些方法以处理复杂的文献问题，多数方法与顾颉刚的方法论相对立。譬如，真书中可能有伪材料，而伪书中也可能有真史料。[1] 即使是较早的文献掺入了后来的记载，它仍旧可能包含真正的史实。[2] 他的一个最重要的观点是，一项文献的真伪这一问题本身不是一个合理的问题，因为古代并未产生"书"和"著作者"的观念。因此，傅斯年认为，追问一项古文献是否某人在某一特定时间所撰写，本身就是荒谬的。他论证说，质疑一本书的真实性就是假定先秦时已经出现了严格的著作权观念。在他看来，中国哲学史上合理的问题是探询《管子》中记载了什么思想，而不是管仲的思想是什么。傅斯年指出，尽管从现代的观点来看，《论语》、《孟子》、《墨子》和《管子》这样的书都可以被理解为赝品，但古人从来不以这种方式提问。[3] 他在1928年已提出了这些观念中的大部分，对顾颉刚决定重新调整疑古运动方向，即从讨论古代文献的作者转向讨论文献本身，起了明显作用。[4]

傅斯年相信，为适合儒家的典训，儒者通过弥合歧异与矛盾、伦理化一些"不道德"的叙述等方式修改了古代文献。[5] 不雅驯和神秘的文籍因此被"扫荡"，以适合儒家的典训。[6] 原初的历史真相被扭曲、重新安排和系统化。[7] 掩饰古史歧异的主要成果产生于后来政治大一统的年代，夷、夏[8]、周各族群之间的血腥斗争被淡化隐去了。[9]

---

[1]《全集》，第189页。
[2]《全集》，第153页。王国维和陈寅恪也持有相同的观点。见王国维的《古史新证》（北平，1935年），1—2章，陈寅恪：《重刻元西域人华化考序》，《陈寅恪先生论文集》（台北，1977年，2卷本），上册，第683—684页。
[3]《全集》，第739—740页。
[4] 许冠三：《新史学九十年》，上册，第183页注43。
[5]"傅档"，I—807，关于《汲冢周书》的一份无标题手稿。傅斯年辩称，《汲冢周书》被排斥于儒家文献之外，是因为它的某些章节表达了儒家不赞成的内容。
[6]"傅档"，II—630，关于《楚辞》中《天问》一章的文本顺序的一份草稿。
[7]《全集》，第860、863、875页。
[8]《全集》，第865页。
[9]《全集》，第883页。

造成古代文献歧异的另一个原因，就在史家本身的局限性之中。譬如，傅斯年提出，司马迁无疑是个杰出的当代史学者，但他所犯的许多错误表明他未能理解古代史。[1]故必须考虑到史家的局限，而王莽集团作伪论也应重新检讨。[2]当汉代学者写定儒家经典和先秦诸子载籍时，在编辑中犯了许多错误，造成了古史记载中许多歧异、讹误和矛盾。[3]在傅斯年看来，刘向（公元前77—前6年）和刘歆是这一过程中的两个主要人物，因为他们扭曲并排除了许多材料。尽管如此，他并不认为他们是造伪者。

傅斯年企图恢复古史的另一努力是寻找先秦诸子的社会根源。部分可能是受康有为的影响，胡适在他的开创性著作《中国哲学史大纲》中，摒弃了传统的诸子出于王官论。这一见解从根本上促成了激进怀疑论的兴起，即认为先秦诸子文献大部分是为政治目的而伪造出来的。傅斯年不同意这个见解，并主张是各种"职业"的差异构成了诸子的社会根源。

清末民初尚无足够的考古证据支持这样的观点，即东周以前中国已经有一个悠久的文化传统，足以产生哲学的大突破。因此，当民族自信心处于低谷时，人们宁愿相信中国的高度文化是从另一种文化借鉴过来的。傅斯年反驳这种观念说，在东周时期，中国之四邻没有可资借鉴的更高级文化。他警告说，"以不知为不有，是谈史学者极大的罪恶"；故不能将史家的"不知"转为不存在。[4]在他提出这个论断一年后，安阳发掘的发现使他相信确实有过一种悠久的本土文化传统，由此可以解释先秦诸子的兴起。

傅斯年其他的古代史研究也体现了将统一的体系化解为复线发

---

[1]《全集》，第856页。
[2] 同上。
[3] 例如，《全集》，第64页。
[4]《全集》，第435页。冯友兰（1895—1990）在他的回忆录中承认这一观点对他影响极大。见冯友兰：《三松堂自序》，第217—218页。

展过程的特性。[1]他的最著名的作品之一追溯了五等爵的起源。由于傅斯年觉察到，夏、商、周有着不同的起源，他对这一体系的建构提出质疑，并将其化解为具有不同起源的过程。在追溯五等爵的源头及其原初功能的过程中，他反驳了过去认为五等爵体系始于商代的推断。在这一点上，他显然受到其关于欧洲国家贵族爵制知识的启发。[2]在中国语言的起源方面，傅斯年也揭示出古代表意文字的运用因不同的时间、地点和阶级而有所不同。[3]

傅斯年的另两篇著名文章《周东封与殷遗民》和《大东小东说》展现了相似的特性。它们讨论了周将殷本土殖民化的过程。他不同意既存观点，即周因有德而在很短时间内成功征服了失德的商。他的推测是，周平王以前的东周前期，周人尚未完全控制淮河流域。他指出，周人的政治封建制基本上就是军事殖民政策，周需要几代人的时间才能巩固其在中国东部和中部的权力。因此，同样的政治性地名不一定指同样的地理区域。譬如，鲁、齐、燕的封地就是先在河南，后来又迁徙到了山东和河北。这个论断在处理周代一些微妙复杂问题时证明是有效的。[4]这样一种关于周人殖民化的长期演变观，是从傅斯年对发生学思想的爱好自然发展出来的。

---

[1]《全集》，第959页，胡适将发生学方法引入中国知识界，在新文化运动中很快就成为受欢迎的武器。见冯友兰：《三松堂自序》，第201页，也可见 Chow Tse-Tsung, *The May Fourth Movement: Intellectual Revolution in Modern China*, pp. 297 – 298（周策纵：《五四运动》，第297—298页）。参见 William James, *Pragmatism*（Cambridge, Mass., 1979），p. 37（詹姆斯：《实用主义》，剑桥，马萨诸塞，1979年，第37页）。
[2] 傅斯年在德国时仔细考察了欧洲国家爵位系统的历史形成过程。见《全集》，第799页。
[3]《全集》，第634页。
[4] 关于这一理论的影响，见杨联陞：《评〈傅孟真先生集〉》，《哈佛亚洲研究学刊》16：3—4（1953年），第488页。

这种发生学的方法或视角也有助于傅斯年处理一些文献问题。其中的一点就是在中国古代，文献的基本单位不是我们所说的"书"，而是"篇"。经过长时期的发展，各种不同来源的散篇文献被一些职业人编辑成"书"。[1]在文献演变期间，篡改、删节或改写是很平常的，甚至在编成之后文献仍然是可以改变的。这里，发生学的观点显然是傅斯年方法论的一个内在特性。他甚至曾经计划写一本书专论先秦诸子文献的演化。[2]

傅斯年将体系化解为过程的策略不像顾颉刚的历史怀疑主义那样质疑经典时代以前上古的史实性。然而，他的取向也正以自己的方式同样削弱了儒家古代史观的根基。在儒家的诠释中，商朝最后岁月的统治精英被描述为沉溺于多种罪恶，包括放荡、酗酒、沉溺于巫术，从事异教活动等；另一方面，周王朝的建立者在早期儒家文献中被处理成中华文明的创造者或守护者。譬如，宗法体系、仁政和礼仪秩序被认为是周人的重要贡献。现代重要学者王国维仍认同这一传统观点。[3]但傅斯年通过给商文化更高的地位推翻了这一传统。如他称赞中国历史上臭名昭著的"最坏的一个统治者"纣王是一个"能爱"、"多力"和"多好"的人——总之是"一大英雄"，[4]但"爱"、"力"和"好"并非正面的传统价值，这种重新评价只有在新文化运动后才能出现。傅斯年在完成商周对抗史的研究后写道："周之方面，毫无良德，父子不兼容，然狠而有计算；一群的北虏，自有北虏的品德。"[5]

---

[1] 傅斯年可能在这一方面受章学诚（1738—1801）的《文史通义》的影响，见《章学诚遗书》（1920年；北京，1985年重印），第6、29页。

[2] 《先秦文籍的演化》作为一个题目出现在"傅档"中，I—433，1926年末的一则笔记。

[3] 王国维：《殷周制度论》，《观堂集林》，尤见于第477—478页。在这篇论文中，王国维将商人描述为报复心重、放荡和背信弃义的，同上书，第479页。

[4] 《全集》，第1532页。

[5] 《全集》，第1532—1533页。

傅斯年对史学的取向同他的政治倾向相吻合。譬如，作为一个强调古代中国的东西二分和对峙的人，他一直偏爱东方传统（东夷和商）胜过西方（周）。与此一脉相承，他质疑那种长期存在的乡愁，即希望通过复兴中国西北来复兴民族；在中日战争结束之初，政治家如蒋介石，学者如钱穆和向达（1900—1966）都对此甚为热心。[1]傅斯年以为，连西安周围十数里的地区都"有沙漠之感"，西北自不适合作为国家的中心。[2]他强调说，中国应该以东北为中心，[3]甚至还宣称如果中国不能发展东北地区，就永不能成为一等国。[4]稍令人惊讶的是，这些论断与他在历史研究中提出的反西北的思想吻合。同样，傅斯年的著名尝试，即将中国独特文化的起源定于山东，部分似也源于对自己出生地那爱屋及乌的浪漫情感。尽管如此，傅斯年方法论的严整及其对广搜依据以证成其假说的坚持，使他的理论牢固而认真，超越了他隐伏在著作之后那带有个人特质的感情动机。

傅斯年学说的影响

虽然傅斯年对中国古史的研究为这一领域带来了新的生机，但其中一些观点现在已经受到质疑。[5]在他的学说中，多元起源论在历史研究中影响最大。[6]《夷夏东西说》出版后，文中的见解在

---

[1] "傅档"，IV—1246，傅斯年给朱家骅的一封信。关于钱穆的观点，见钱穆：《战后新首都问题》，《政学私言》（重庆，1945 年），第 137—152 页。
[2] 在一场关于中日战争之后中国建都问题的争论中，傅斯年坚决反对任何主张新都城应该建立在西安或西北部任何地方的人。见《全集》，第 1809—1920 页。
[3] 《全集》，第 1859 页。
[4] 《全集》，第 1857 页。
[5] 杨联陞在他为《哈佛亚洲研究学刊》所写的《傅孟真先生集》的评论中对傅斯年理论的影响作了初步的评估，第 487—490 页。
[6] 李零：《出土发现与古书年代的再认识》，《九州学刊》，3：1（1988 年），第 105—136 页。

国内外都受到好评,这在徐旭生、王献唐(1896—1960)和拉铁摩尔(Owen Lattimore)的著作中清晰可见。[1]徐旭生后来沿着同样的道路进行了进一步的探索。

但是在 20 世纪 50 年代中期,尤其是河南的庙底沟遗址发掘后,发现了龙山文化遗迹的地层在仰韶文化地层之上,并存在一个中间层。这一现象致使张光直等学者重拾一元起源论,但是此前与傅斯年一起工作过的三位考古学家李济、夏鼐和高去寻(1909—1992)则坚持认为东部的龙山文化有自己独立的起源。在过去的二十年中,浩如烟海的考古新发现重新支持了多元起源论。这些新发展促使张光直放弃了他已经坚守大约二十年的龙山扩张理论——这一理论由张光直在 1959 年首先提出,并贯穿在他的《中国古代考古学》三个版本(1963—1986)之中,但是在该书的第四版(1986)中显然被抛弃了。[2]

傅斯年的多元起源论还受到来自另一方面的冲击。譬如,赞同傅斯年多元起源论的杨向奎,却不同意他将夏置于西部的主张。杨向奎认为夏与东方的夷人有关。[3]由于夏遗址仍未确

---

[1]《全集》,第 2644 页,也可见 Owen Lattimore, *Inner Asian Frontiers of China*(New York, 1940), pp. 308 – 312, 318 – 321, 324 – 325(拉铁摩尔:《中国亚洲腹地之边疆》,纽约,1940 年,第 308—312、318—321、324—325 页)。1941 年张荫麟(1905—1942)在他的《中国史纲》(1941 年;台北,1963 年重印)第 21 页,采用了多元起源论。历史学家杨宽——他的"神话分化说"理论主导了《古史辨》后期的发展——认为中国古代史的不同说法实际为东部和西部族群神话的差异所造成。杨宽这一理论的形成显然受到了傅斯年的影响。见杨宽:《中国上古史讨论》,《古史辨》,第 7 卷,第 148—156 页。
[2] 张光直认为"重新思考过去和现在的考古学材料使我总结出,龙山扩张论构成了正确理解中国古代历史的主要障碍。我相信三代之间横向的交错关系是理解中国古代国家形成的关键"。请见 Chang Kwang-chih, "Sandai Archaeology and the Formation of States," in David Keightley ed., *The Origins of Chinese Civilization*, p. 496(张光直:《三代考古与国家形成》,吉德炜编:《中国文明之起源》,第 496 页)。
[3] 见杨向奎:《大一统与儒家思想》(吉林,1989 年),第 3—5 页,及他的《评傅孟真的〈夷夏东西说〉》,《夏史论丛》(山东,1985 年),第 151—158 页。

定,未来考古调查将在解决傅和杨之间的分歧上起决定性的作用。[1]然而,到目前为止仍然没有在山东地区发现任何夏文化。

傅斯年对夷人研究的贡献也相当大。西周之后,夷在文化上被贬至非常低的层次。在《论语》、《左传》、《穀梁传》、《公羊传》和《史记》等书中,夷几乎是野蛮人的同义词。[2]傅斯年可能是第一个提升夷人地位的现代史家,并对研究这一模糊而神秘的文化提出了新见。这些努力继续为当代史学家的工作所呼应。[3]著名考古学家邹衡表示,最近的考古发现证实山东基本上属于夷文化,这印证了傅斯年的夷夏东西说。[4]

傅斯年关于古代文献形成的理论也被广泛接受。譬如,冯友兰仅在其回忆录中,就表明他有几本著作是基于傅斯年关于古代著作权和文献形式的理论。[5]这一理论的正确已经被过去二十年中的考古发现所证实了。[6]

傅斯年的《周东封与殷遗民》启发了胡适的著名文章"儒的起源及其与老子和孔子的关系"(《说儒》)。[7]虽然他们的主张已被反

---

[1] 徐旭生与傅斯年看法一致。他坚持认为夏遗址不应该在东部。他寻找偃师遗址(河南西部)的努力也与他的这一理论相呼应。
[2] 如逄振镐:《东夷古国史论》(成都,1989年),第32—33页。
[3] 例如,最近一本名为《东夷古国史论》的著作,其主要论点完全与傅斯年的观点相近。见唐嘉弘给逄振镐的《东夷古国史论》写的前言,第13、15页。
[4] 见邹衡给王迅《东夷文化与淮夷文化研究》(北京,1994年)写的前言。
[5] 冯友兰在他的自传中承认的,见《三松堂自序》,第207页。
[6] 李零:《出土发现与古书年代的再认识》,第108—113页。
[7] 胡适:《说儒》,《中央研究院历史语言研究所集刊》,4:3(1934年),第233—290页。胡适在这篇文章中感谢了傅斯年的启发。他给傅斯年的信证明了这一点,见"傅档",II—644。陈荣捷概述了胡适和傅斯年的研究,但似乎以为傅斯年的工作基本上是继续胡适的《说儒》。见 Chan Wing-tsit, *Religious Trends in Modern China* (New York, 1953), pp. 27 - 30(陈荣捷:《现代中国宗教思潮》,纽约,1953年)。这一假说已经被许多书广泛采纳,例如,萧公权:《中国政治思想史》(台北,1954年,6卷本),第1卷,第56—57页。

驳,其假设本身仍继续吸引着历史学家的注意。[1]要精确地论述傅斯年著作的影响是不可能的,[2]但有意思的是,应该说连他的对手都经常为自己的目的有意无意地转用他的见解。[3]

但傅斯年最重要的贡献,在于他将古代史复原为一个研究领域。这当然不是一个人的使命,而是一批学者完成的任务。从疑古运动一开始,包括东南大学(后来的中央大学)的柳诒徵和缪凤林等大学教师,就从各种角度批判这一运动。王国维和陈寅恪也在他们的著作中表达了不满。[4]由于反对意见大部分建立在有争议的文献证据上,这些批评皆未能真正成功地使极端怀疑派的史家沉默下来。然而,傅斯年和他的研究所,以其周到的新考古调查提供了强大的反击势力。傅斯年作为一个以前《古史辨》的支持者,改变了立场并最终

---

[1] 学者如郭沫若、钱穆、饶宗颐和范文澜(1893—1969)都反对胡适的《说儒》。例如,郭沫若:《驳说儒》,《青铜时代》(北京,1954年),第127—156页;钱穆:《驳胡适之〈说儒〉》,《中国学术思想史论丛》(台北,1976—1980年,8卷本),第2卷,第373—382页。

[2] 例如,董作宾、陈槃及其他人的一系列出版物都是紧接着《论所谓五等爵》(《全集》,第770—806页)这篇文章。见例如,董作宾:《五等爵在殷商》,《中央研究院历史语言研究所集刊》,6:3(1936年),第413—430页。陈槃:《侯与射侯》,同上书,22(1950年),第121—128页。

[3] 傅斯年主张,感觉到已经掌握自己命运的人越多,他们信仰天威的需要就越少。傅斯年的目标是通过追溯先秦诸子中"天"和"人"对应关系的变化,来确定"人文的黎明"是何时降临于古代中国的。他所谓"人文的黎明"意味着这样的时期,即人们对什么只能靠天力获取、什么可以通过人的努力而决定这一点已产生健康而均衡的看法。在原始时代,人们认为人的命运完全控制在不可知的天数手中,这基本是一种宿命论。但傅斯年认为,到了周初,人之努力的有效性已被感知,这标志着中国文明的黎明。在傅斯年看来,在天人关系的光谱中,孔子居于中途,即孔子鼓励人们尽其所能以待天命之至。傅斯年称之为"俟命说"。在孔子的教义中,天是强大的,但是人的主动能力也得到了承认。见《全集》,第636—640页。

徐复观是个新儒家的倡导者,也是一个经常批判傅斯年的人,但他也遵循傅斯年关于人文主义精神在周初已露端倪的见解。可是应该注意的是,他在同一本书中又向傅斯年发起猛烈攻击。见徐复观:《中国人性论史》(台中,1963年),第15—35页。

[4] 见王国维的《古史新证》,尤其见第一章《总论》、第二章以及唐兰(1901—1979)为此书作的序言。有关陈寅恪的观点,见《大乘起信论伪智恺序的真史料》,《陈寅恪先生论文集》,下册,第1343—1347页。

成为比他以前的同仁更有影响力的人,这本身就是一个吊诡。傅斯年在1938年宣布,不仅商的历史,就是夏的历史也是可信的。他提出,如果没有安阳的发掘:

> 则十年前流行之说,如"殷文化甚低"、"尚在游牧时代"、"或不脱石器时代"、"《殷本纪》世系为虚造"等等见解,在今日犹在畅行中;持论者虽无以自明,反对者亦无术在正面指示其非是。差幸今日可略知"周因于殷礼"者如何,则"殷因于夏礼"者,不特不能断其必无,……夏代之政治社会已演进至如何阶段,非本文所能试论,然夏后氏一代之必然存在,其文化必颇高,而为殷人所承之诸系文化最要一脉,则可就殷商文化之高度而推知之。[1]

傅斯年也试图恢复《左传》、《国语》和《周礼》的可信性,这三种书长期以来一直有争议,被看作是伪书。他宣称:"《左传》、《国语》者实为东周第一宝书。其书虽在战国,其取材则渊源甚早,所举宪典话言或有沿自西周者矣。"[2]傅斯年还写了一篇短小的讽刺小说,表现他对《古史辨》的憎恶,嘲弄《古史辨》的两个主要宣传者顾颉刚和钱玄同,他们在五四期间曾是他的亲密思想盟友。[3]

然而,经过疑古运动后,古代史已不再是原先的样貌。尽管傅斯年和史语所试图让中国史家对一批早期文献的可信性恢复信心,但他决不是要修复对中国古代的传统观点。在古代史的旧画面被拆散之后,傅斯年缀合起来的新画面已非常不同于传统画面。傅斯年是传统观点的反对者,并试图重建中国古代的真相。尽管他不像顾颉刚那样对中国古代持不可知论的态度,但其见解的反传统性质却与顾颉刚相同。

---

[1]《全集》,第632—633页。
[2]《全集》,第561页。
[3] 这份草稿从未出版过,难以确定时间。这一草稿的部分译文,见附录一。

第四章 反内省的道德哲学

《夷夏东西说》出版两年后，傅斯年于1937年着手研究"中国人文的黎明"和儒家道德哲学的起源。"性命古训辨证"（1937）这一研究计划被认为是将历史、语言两种研究取向完美结合的样本，而这种研究方法的理想已经融入到他创立的研究所的名字之中。[1]但是在他严谨治学态度的外表下，隐藏着现实的关注。新文化运动之后，人们已经对中国传统的价值体系，特别是其道德哲学失去了信心。五四一代的许多人都相信，民族的积弱深深植根于它的主观思想、内省、消极、笼统、道德化和玄远神秘的思维。基于这一原因，他们对传统的内省式道德哲学观怀有深刻的憎恶感，认为这是民族痼疾的根源。他们提倡一种实证主义的心性作为这些问题的根本解决。

时人采取了几项措施以革新内省的、道德化的传统，这一事业中起作用的包括整理国故运动。在一则著名的标语中，胡适宣称要以"捉妖打鬼"的方式全面系统地重新估定中国传统的价值。运动的中心目是通过充分揭露中国传统最腐败的状态以驱散人们对中国传统的浪漫幻想。他们相信，只有通过这一方式才可能有效地斩

---

[1] 这项研究一出版就受到了许多学者的欢迎。陈垣（1880—1971）在给他儿子的一封信中表达了他的景慕，他说读了此书，深知自己的学术已经落伍。见陈智超编：《陈垣来往书信集》（上海，1990年），第661—662页。甚至左派历史学家赵纪彬也发表了一篇极端赞赏的评论，《读〈性命古训辨证〉》，《赵纪彬文集》（河南，1985年，2卷本），第1卷，第7—14页。

断现代中国与传统的任何联系。用傅斯年的话说,经过这样的努力,像梁漱溟这样的保守派也不能维持孔子与现代的联系了。[1]

新一代的工作不仅是从中国传统中驱逐恶魔,从积极的一面言,他们希望通过重新诠释中国传统而使它恢复活力。胡适特意标举一批清代"新哲学"思想家在这方面的特别价值。[2]与此一脉相承,傅斯年重新诠释了儒家哲学史,一方面强调荀子传统的重要性,另一方面则抨击孟子的内省式道德哲学。傅斯年之所以赞扬荀子,是因为他"绝不取内心论者任何一端以为说"。[3]

1928年前,傅斯年认为仁、义不是人心性中固有的,而是人为的。[4]人的心性不应被看作真和善的储藏所,也不是道德意识的源泉。他宁愿用生理自我、心理自我和认知的自我,而不是用道德自我,来说明人性。[5]为了解释这种道德哲学,他将"历史"和"语言"两学科结合在一起来说明在儒家学说的发端处,像性和命这样的道德术语并没有内省的含义。

反内省传统的出现

在道德哲学上,傅斯年和清代考据学传统之间的传承性是显而易见的。在18世纪,一批清朝考据学者开始发展新的诠释理路来反驳内在而自明的中国传统道德观。这一潮流是由戴震(1724—1777)发起,由洪榜、段玉裁(1735—1815)、凌廷堪(1755—

---

[1] "傅档",I—433,傅斯年的一则笔记。
[2] 胡适:《戴东原的哲学》(台北,1975年),第121页。
[3] 《全集》,第697页。
[4] 《全集》,第1314页。
[5] 这里我采用张灏的定义。见 Chang Hao, "New Confucianism and the Intellectual Crisis of Contemporary China," in Charlotte Furth ed., *The Limits of Change*: *Essays on Conservative Alternatives in Republican China* (Cambridge, Mass., 1976), pp. 276 – 302(张灏:《新儒家与当代中国知识危机》,费侠莉编:《转变的局限:民国保守思潮论集》,剑桥,马萨诸塞,1976年,第276—302页)。

1809）、焦循（1763—1820）和阮元（1764—1849）接续下来的。阮元的注疏复兴了汉儒的经义，仁作为"相人偶"仅仅意味着两个人之间的社会交往；其中涉及的内在道德情感则弃置不论。[1]因其官高至总督，阮元成为这一新运动最有力的鼓动者，并将它推向顶峰。这种新思潮的目的是根除宋、明新儒家鼓吹的主要观念，找回这些词语的原初含义。汉代的经学得到援引，以系统说明一种新道德观。

当戴震刚刚出版他的杰作《孟子字义疏证》时，他的朋友和学生中，只有洪榜能真正理解欣赏它。但是到阮元的时代，戴震的学术风格已经广为流行，第一流的学者争相效法。这种新浪潮发展得如此迅猛有力，使许多同情宋明儒学的学者感到震惊。方东树（1772—1851）、曾国藩（1811—1872）、朱一新（1846—1894）和其他许多人批判这种新哲学，因为它用自己的体系取代朱熹定义的心、性、仁和义的含义，又不能容忍任何心性道德方面宋明儒学话语的辩护者。[2]

新文化运动不仅延续，而且强化了清代对内省式道德哲学的敌意。人们反抗圣人的观念，主张人心在种类上与猴子没什么区别。[3]

1923年的科学与人生观论战，是两个敌对集团之间的最后摊牌。"科学派"用实证主义，尤其是带马赫标签的实证主义武装自己；[4]而另一个集团坚持需要以宋明儒学的形而上学作为人生之道德诠释的基础。随着论战的蔓延，"科学派"很快取得了压倒性的

---

[1] 阮元：《论语论仁论》，《揅经室集》（台北，1964年，3卷本），第1卷，第173页。
[2] 朱一新说戴震从来不禁止人们提及"心"，但是他确实承认任何涉及"心"这一主题的人很快就会受到诟病。钱穆总结了朱一新的观点，见钱穆的《中国近三百年学术史》，第四版（台北，1968年，2卷本），下册，第624—625页。
[3] 例如，吴敬恒：《一个新信仰的宇宙观及人生观》，《吴敬恒选集·哲学卷》（台北，1967年，10卷本），第11—128页，尤其见第22—34页。正如在第一章所提到的，傅斯年也认为人类心智的品质与任何生物一样低下。
[4] D. W. Y. Kwok, *Scientism in Chinese Thought, 1900 - 1950* (New Haven, 1965), especially ch. 6.（郭颖颐：《中国思想中的科学主义，1900—1950》，新港，1965年，尤其参见第六章）

胜利。尽管如此，内省的道德传统在20世纪20年代仍十分繁盛。胡适在1924年观察到，传统的内省道德哲学正在复兴。他发现这种哲学的信徒拥护"内心生活"、"良知哲学"、"唯识论"或以"直觉"说仁。倭铿（Rudolf Eucken，1846—1926）和柏格森（Henry Bergeson，1859—1941）的哲学被介绍进来，以做陆象山—王阳明哲学的援兵。胡适将这看作是对民族未来的破坏，现在已是那些关心中国思想前途的人作出抉择的时刻了：是用"精神文明"和"内心生活"的观念来"自欺欺人"，还是决心不怕艰难，选择纯粹理智之路，继续九百年来致知穷埋的遗风，用科学的方法来修正考证学派的方法，用科学的知识来修正戴震和阮元的哲学。[1]

在清末民初，章炳麟和国粹派赞同戴震和其他的考据学者提出的新哲学。傅斯年接受的主要是清代学术的教育，在北大又受到了章派教授的影响，他对这一个主题非常熟悉。他特别继承了阮元在《性命古训》一文中处理问题的方法。[2]阮元与傅斯年之间的延续性，尤其在他们对内省式哲学的敌意方面，表现得非常明显。[3]

---

[1] 胡适：《戴东原的哲学》，第196—197页。
[2] 见阮元：《揅经室集》，第191—214页。
[3] 关于傅斯年对宋明儒学的负面态度，见《全集》，第1215页。在"傅档"，I—433，1926年的一则笔记中，傅斯年也贬低了王阳明（1472—1528）的学说。"傅档"，III—1112，贺昌群（1903—1973）给傅斯年的一封信，贺昌群引用了劳榦的话，说傅斯年从来不让任何与宋明儒学有关的文章在《史语所集刊》上发表。"傅档"，III—911、914，傅斯年的一个学生孙次舟给他的两封信，表明有一股"理学救国"的新潮流。将傅斯年与阮元所使用的材料相比较，可见阮元没有使用铭文或考古发现等材料，而仅仅用古代文献来支持他的见解；这一取向反映了他"史料"观的局限性。阮元写《性命古训》的目的是了解古人在写下字符"性"或"命"时候的想法；而傅斯年的目的是以从发生学的角度描述这些观念的发展。正如在第三章中提到的，这种发生学的取向对胡适、冯友兰和其他一些实用主义知识分子而言是一种有力的思想工具，对傅斯年而言也是处理各种问题的锐利武器。傅斯年也利用它来挑战清代学者的方法论。他发现戴震和阮元的取向是"了解古代圣人究竟在想什么"（求其是），因此他们坚持要知道圣人在创造专门术语时心之所思。在傅斯年看来，通常被认为成就不如戴震的惠栋（1697—1759）与钱大昕，已注意到了历史发展观，并按时代先后搜集资料。因为沉溺于追寻古代圣哲的真正想法，戴震和阮元混淆了不同时期的文献和观念。见《全集》，第501—502页。

第四章　反内省的道德哲学

在欧洲，傅斯年对于道德哲学的反内省态度进一步强化。沃森（John Watson，1878—1958）对内省心理学主观主义的反感增强了傅斯年对中国传统心性哲学的憎恶。[1]

此外，傅斯年还相信野蛮主义能成为中国未来可供选择的道路。在五四运动期间，陈独秀曾提倡兽性主义，[2]这在年轻的傅斯年的心中留下深刻印象。他后来常常回忆陈独秀对于现代中国的伟大贡献在于其鼓吹中国的伦理革命。然而，这是建立在野蛮主义的基础之上的。傅斯年引用了陈独秀关于兽性的评论："兽性之特长谓何？曰：意志顽狠，善斗不屈也；曰：体魄强健，力抗自然也；曰：信赖本能，不依他为生活也；曰：顺性率真，不饰伪自文也。"[3]陈独秀相信，过度强调人性主义已经使中国成为一个堕落衰弱的民族。[4]兽性主义者呼吁消除中华民族的内省道德传统，因为它滋生了民族的软弱。

傅斯年在德国学习期间，尼采（Friedrich Nietzsche，1844—1900）理论的复兴显然增强了他对兽性主义的信仰。因此，1926年末在巴黎，傅斯年甚至告诉胡适，兽性主义可能是医治民族疾病的良方。他们都一致同意人类历史是一个反讽——当人们生活在野蛮社会时，需要发展一个规则体系来限制和规范自己的行为，这种限制和规范又有助于创造一个文明社会。[5]在第二年写的一封信中，傅斯年反复对吴稚晖和戴季陶（1891—1949）说，他的最终目的，

---

[1] 参见 Paul Edwards, *The Encyclopedia of Philosophy*, vol. 1, p. 268（爱德华兹编：《哲学百科全书》，第1卷，第268页）。关于傅斯年对沃森著作的接触，见傅斯年给赵元任的一封信，"傅档"，III—195。

[2] 陈独秀：《今日之教育方针》，《陈独秀著作选》，第1卷，第145—146页。

[3] 《全集》，第1647页。

[4] 陈独秀：《陈独秀著作选》，第1卷，第146页。在他们1926年的谈话中，胡适完全同意傅斯年的"兽性主义"。见"傅档"，I—1678，胡适给傅斯年的信。值得注意的是，1924年约翰·杜威也告诉中国学生"中国文化过度了"，见萧公权：《问学谏往录》（台北，1972年），第68页。

[5] "傅档"，I—1678，胡适给傅斯年的信。

是教育中山大学文科的学生"存野化",以解救过于斯文的中国。他作为文科学长的唯一目标,如他自己所坦承,并非大兴国学,只是培养几个教中国话的教员而已。[1]

古代道德哲学的去伦理化

傅斯年首先试图去除中国古代史的伦理化。他和他的学派被认为是整理国故运动的主要支持者,[2]这一运动强调去除中国传统的神秘化和伦理化,[3]反映了那个时代一种普遍存在的态度。

傅斯年敏锐地注意到,客观的历史研究是一种有力武器,可以帮助他从伦理化的历史束缚中解放出来。[4]考古发现强化了对古代圣王世界的去伦理化。在仔细研究考古新发现,特别是甲骨文之后,安阳发掘的两个主要领导者李济和董作宾宣称,许多道德观念在现存商代材料中从未出现,心和性只是在周朝中叶之后才出现。[5]徐中舒对金文叚词的研究表明类似的趋势。[6]通过词源学的研究来追溯古代圣

---

[1]《全集》,第 2445 页。
[2] 见徐复观:《三十年来中国的文化思想问题》,《学术与政治之间》,乙集,第 143 页。
[3] 见《全集》,第 1301 页。许多清代考据学著作已经开启了对古代道德术语去伦理化的先河。章炳麟的著作在这方面最具代表性。譬如,庄严的古代官方头衔被追溯到它们最世俗的起源;例如,按照章的看法,宰相最初的意思即是仆人。参见王汎森:《章太炎的思想》,第 189—198 页。
[4] 经过了清代小学的训练,在德国又进而接受了比较语言学的训练,傅斯年在知识上为这场运动做了充分准备。例如,基于他有限的缅甸语、藏语和泰国语,傅斯年指出,接受汉晋时王逸对《天问》的注疏是有问题的。王逸注意到《天问》的题目将宾语放在动词之前,与中国语法相悖。傅斯年认为这一想法很荒谬,认为将宾语放在动词之前是藏缅语系(而不是汉藏语系)的一个语法规则。因此,傅斯年提出,作为南方文学的《楚辞》,可能包含一定的缅甸语因素。见"傅档",II—630,一份关于《楚辞·天问》一章的文本顺序的草稿。
[5] 李济:《安阳发掘与中国古史问题》,《李济考古学论文集》,下册,第 836 页。
[6] 徐中舒:《金文叚辞释例》,《中央研究院历史语言研究所集刊》,6:1(1936年),第 1—44 页。

人的"心性"是阮元的梦想，[1]然而新的考古发现证明对一些已确立的道德观念十分不利，因为通过这些考古发现，人们发现古代圣人并非生活在一个道德的时代。

文献分析也导致了去神秘化。譬如，傅斯年最亲密的同事陈槃（1905—1999）在处理《左传》的义例问题上步其后尘。义例问题已经成为从汉末到晚清广泛争论的焦点，经过综合研究，陈槃宣称，义例仅仅是春秋时期鲁人的语法规则而已。[2]

傅斯年的几种未出版的手稿也证明了他欲将古代传统去伦理化的意图。譬如，在一篇稿件中，他认为许多古代礼仪起源于原始部落的图腾遗迹，后来在春秋战国时期被理智化了。[3]在傅斯年看来，汉以后神秘化的五行论，一溯其源，实在无甚高论。[4]他关于《诗经》"天生蒸民，有物有则"的讨论，也包含类似的世俗化解释；他认为"物"的原初含义并不深奥，有可能是一个具性含义的图腾。因此，对其进行抽象诠释是荒谬的。[5]去神秘化的工作需要返回无遮蔽的赤裸事实，这一取向在将古代传统去神圣化的进程中起到很大的作用。

终结内省的道德传统

傅斯年开始写作《性命古训辨证》的时候，去伦理化也是他的主要目的之一。他的意图在张政烺（1912—2005）给他的一封信中明确地表达出来。张政烺是史语所的成员，曾协助傅斯年进行金文

---

[1] 钱穆：《中国近三百年学术史》，下册，第482—484页。
[2] 陈槃：《左氏春秋义例辨》（上海，1947年），前言，第1—2页，这篇前言写于1935年。
[3] "傅档"，II—641，题为《图腾遗迹》的一则草稿。
[4] 同上。
[5] 同上。

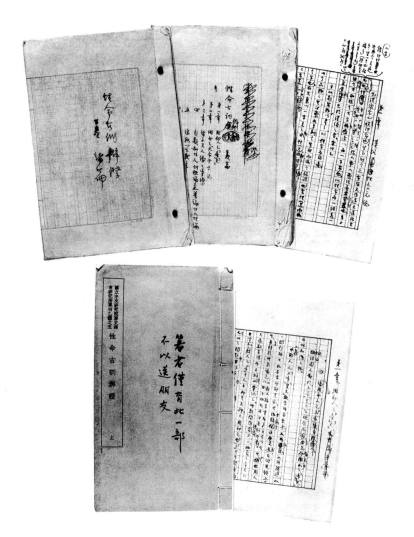

《性命古训辨证》稿本

研究；在这封信中，他经过充分研究相关材料得出的判断支持傅斯年的结论，傅斯年可以确信金文中的"令"字的原始形体构造中并无什么神秘的"微言奥义"。[1]张政烺也感觉到他们工作的意义是帮助解除或减少古代中国思想之哲学含义的神秘性。[2]

与此相应，傅斯年追溯了中国内省道德哲学的起源，表明"生之谓性"这一观念起初是儒家的一个信条，尽管在整个历史中儒家一直在实践上反对它。

傅斯年认为"性"这个字在古代文献和金文中，几乎总是以"生"字的形式出现，由此他得出结论说，在原始儒学中只是自然的概念，并无内在的道德含义。"命"字起源于"令"，意指由上天指定之事物；它并未承载着任何"命运"之义。他也提醒读者，"古者本无'人'之一个普遍概念"，而"'人'、'黎'、'民'在初皆为部落之类名，非人类之达名也。"[3]

在一定程度上，傅斯年比阮元更为激进。在《性命古训》中，阮元意识到，"性"和"命"这两个汉字尽管包含着相当世俗的内涵，却都已成为儒家经典中至关重要的成分。傅斯年则论证说，性和命两字未曾在西周文献中出现过。虽然这两个字表现的观念和它们现在的形式很可能追溯到东周，但直到汉代"命"和"性"才完全替代了原始的书写形式"令"和"生"。傅斯年认为，只有在战国时期获得书写材料（特别是丝绸和竹简）的可能性扩大后，人们才能够较容易地迁移，以积聚大量的用以整理和复制古代文献的书写材料。他相信，复制者改变了以前的文字，换成适应当代思维方式的文字。五经的现行版本或先秦文献不能代表这些文献的原始形式。

---

[1] "傅档"，IV—295，张政烺致傅斯年。
[2] "傅档"，IV—291，张政烺致傅斯年。
[3] 《全集》，第641—644页。

以"性"字为例,傅斯年主张,中国象形文字的书写形式经历了巨大的演变,给许多字加上了各种表意的偏旁。他认为,这种倾向或流行方式导致把偏旁"心"添加在原字"生"之上,因而产生了"性"字。[1]这一切都表明人性化的道德哲学不是从六经时代开始的,而是更晚,在战国时期。

通过这些词源的考察,傅斯年提出,东周以前,后来的"性"字以"生"的形式出现,意谓自然性的人生,全无任何必然的道德内涵;"命"以"令"的形式出现,意思就是自天而来的任意指令,或者其他某种威权,给人的命运留下的空间微乎其微。

傅斯年追寻语言发展的轨迹时,他的目的是追溯相应时代的思想。他头脑中存在德国比较语言学的理论,尤其是洪堡(Wilhelm von Humboldt, 1767—1835)的理论。[2]傅斯年在《性命古训辨证》的前言中勾勒出他的研究赖以建立的几个基本观念:一种语言表达的是使用此语言之民族的特性;语言是人的能力的标志;语言是内在的形式;思想和语言形成了一个紧密的联合体。在其他一些时候,[3]他也反复陈述了这些可能来自洪堡的观念。[4]

"性"和"命"的历史语言学的再发现,使傅斯年能够重新诠释儒家典训。他说孔子为成长中的人本思想奠定了基础,但由于《论语》中只使用了"生"字,孔子并没有把人性定义为道德良善的意识。他因而断言,孔子从未产生过人生而性善这种思想。他甚至提出,考虑到孔子关于"性相近,习相远"和人应"克己复礼"的观念,说荀子主张的人性论才是真正的儒家典训也并不显得牵强附

---

[1]《全集》,第 507—596 页。
[2] 参见罗家伦:《元气淋漓的傅孟真》,《傅故校长哀挽录》,第 43 页。
[3]《全集》,第 417—421、499—502 页。
[4] 这些观念见于《全集》,第 499—501 页。也见于傅斯年的《战国子家绪论》的开始几页,《全集》,第 417—420 页。至于洪堡的观点,见阿斯勒夫(Hans Aarsleff)为洪堡《语言论》的英文版撰写的序言。Wihelm von Humboldt, *On Language* (Cambridge, 1988), trans. Peter Heath, p. 14, 16, 18, 15, 34.

会。他进而提出,真正儒家政治理论的核心不是"王道",而是"霸道"。[1]

对孔子思想进行了重新评价后,傅斯年转向孟子,指出"孟子之全神论的、半自然的人本主义,复以人道解天道,而谓其为一物一则一体,儒家之思想进至此一步,人本之论成矣"。[2]孟子的宗教成分比孔子更少。[3]虽然(带有偏旁"心")的"性"字最先在《论语》中出现,它的内涵却接近于(自然性的)"生"字。"性"字那具有内省道德意义的内涵是孟子后来发展出来的,[4]并未表达出儒家典训的真正含义。这样,傅斯年认为孟子对儒家典训的再诠释是靠不住的。这里重要的并不在于是孟子还是荀子代表了正统的儒学;当时的关注点在于如何定位中国文化。是中国应结束她内省的道德传统? 还是中国应进一步发展宋明儒学?

傅斯年要扭转将孟子树立为孔子典训衣钵传人的观念。韩愈(768—824)热切主张孔子死后是孟子继承了他的遗产,[5]这代表了后来几个世纪的典型观念。理学取得正统地位后,孟子作为孔子薪火传人的地位和作用几乎从没有受到过质疑。[6]然而傅斯年却使许多人感到震惊,他指责孟子背离了真正的孔子遗教。他追究这一背离的原因说,由于孟子和墨子信徒之间的尖锐论争,前者最终迫于其对手的论证逻辑,发展出一个绝对自由意志的极端变体。[7]因此,从性质、修辞或逻辑各方面看,孟子并不代表真正的孔子遗

---

[1]《全集》,第660—667页。
[2]《全集》,第688页。
[3]《全集》,第678页。
[4]《全集》,第506页。
[5] 韩愈在他的文章《原道》中表达了这一点。相关的讨论,见陈寅恪:《论韩愈》,《陈寅恪先生论文集》,下册,第1281页。
[6] 仍然有一些例外;参见陈登原:《国史旧闻》(北京,1958年,2卷本),第一分册,第273—276页。
[7]《全集》,第679—680、686—687页。

教，有时甚至与《论语》中的典训截然相反。傅斯年论证说，在其人性论中，"孟子全与孔子不同"。他认为宋儒对此明知之，而非其所敢明言也。孔子的人性观反映了普通人的现状，并强调只有在学习之后人们才能拥有美德。人生而性善的论调对孔子是陌生的；而荀子的学说与孔子的血缘关系要接近得多。傅斯年指责孟子是一个极其缺乏逻辑功夫的人，总是"放而不肆"。[1]虽然孟子宣称他希望遵循孔子的遗教，但傅斯年认为他实际上是战国时期的产物，是对墨子的反动。[2]

傅斯年认为荀子是正统的思想家。他认为荀子学说的力量是多方面的。他相信荀子的礼论是"外学而非内也"，是"节目之学而非笼统之义"。[3]他也认为，孟子荒谬地讲授什么"反身而诚，乐莫大焉"，而荀子却持相反的观点，提倡"逐物而一一求其情理平直，成为一贯"。在这一方面，程、朱之格物说继承了荀子学说的衣钵。

至于道德的转换，傅斯年认为荀子的理论更切实际。[4]这就解释了他为什么欣赏荀子对"约律主义"的强调，这正是傅斯年在五四时期所呼吁的。他说，荀子"论学问之用于身也，无处不见约律主义，无处不是'克己复礼'之气象，与孟子诚如冰炭矣"。[5]在教育理论上，他也同荀子不谋而合，因为荀子是外物主义的鼓吹者，"绝不取内心论者任何一端以为说"。[6]

对荀子和孟子学说的赞同或反对，反映了傅斯年自己的信仰。他主张人心只包括生理性事物，而不存在善的内在源头。生理性因素是自然界的事实，"善恶者，人伦中之取舍也。……自然在先，人伦

---

[1]《全集》，第675、680页。
[2]《全集》，第680—681页。
[3]《全集》，第698页。
[4] 同上。
[5] 同上。
[6]《全集》，第697页。

在后。"故傅斯年认为,用人为的道德法规来描述自然本性是荒谬的。[1]因此,"善"、"恶"不是说明人性的恰当语辞。"自自然人变为文化人,需要累世之积业,无限之努力。"因为这种从生理自我向道德自我的转化需要巨大而多方面的努力,所以寻求"放心"(即心灵安定)的内省道德哲学并非达到道德目的之正当确径;相反,正是通过自我控制和外在纪律的约束,道德目的才能达到。他的这一论证与他在新文化时期提倡"国民训练"的理念是相关的。

几个世纪以来,荀子的学说一直是与孟子传统竞争的另一选择。无论何时,一旦对正统的失望日益增长,作为代替品的荀子就获得了地位和魅力。与将许多功绩归于荀子的章炳麟一样,[2]傅斯年在荀子处找到了自己的理想。在荀子的所有学说中,他感到最需要传播这样的概念:既然学问总是"外物之学",特别强调征服自然就能走向"物学",即建立在事物基础上的学问。

在这一计划开始时,傅斯年计划仅用一篇论文来讨论涉及先秦时期的这一论点,[3]那是他唯一能够用语言学和统计学方法解决思想史问题的时期。[4]但是他很快意识到,对早期儒学进行诠释之后,有必要接着对汉代以后中国思想史进行再诠释。很明显,到这一写作计划的晚期(1937),他已经开始重新认识宋代理学。

在《性命古训辨证》的结论部分,傅斯年讨论了董仲舒(公元前176—前104年)、扬雄(公元前53—公元18年)、王充(公元27—91年)、韩愈、李翱(772—841)、程颐(1033—1107)和朱熹的学说。他提出,汉儒所持的人性二元说,不论其思想是"善恶混"还是"善恶二元论",实际上都与孔子和荀子的学说相吻

---

[1]《全集》,第695页。
[2] 关于章炳麟与荀子思想的复兴,见王汎森:《章太炎的思想》,第31—32、185页。
[3]《全集》,第493页。
[4] 傅斯年在《性命古训辨证》中利用了统计学方法。见《全集》,第516—534、539—547页。

合。这是中国本土的传统，为李翱所重新发现。李氏发展了二元论的观点，即人之本性皆能成为圣贤，然而由于情的存在，对这种能力的背叛也与生俱来地植根于本性。这种本性观后来经宋明理学的发挥，成为"气质之性"和"义理之性"。傅斯年说，"气质之性"这一见解首先是由程氏兄弟提出来以补充"义理之性"的，这是孔子之后哲学上最伟大的建树。他进一步说，通过这种人性二元论，程氏兄弟和朱熹已经直接与孔子思想的正统遗教联系起来。傅斯年认为，这种新的二元论集先秦诸子之大成，而又避免了他们的内在矛盾。[1]他不赞成说李翱采纳了禅宗教旨来建立其人性二元论的传统观点，强调禅宗思想中从未出现过这种二元论。[2]

但是傅斯年认为，长期以来存在着一种误解，就是将韩愈和朱熹的人性论归入孟子学派。他指出，韩愈和朱熹都最不愿意接受人生而性善的理论。[3]他发现，朱子注《孟子》，遇性善论时，便多所发挥。其对《孟子》的大多数注解皆似推阐而实修正，内违异而外迁就。[4]

傅斯年追随胡适，强调朱熹将格物解释为"即物而穷其理"，代表了一种思想史上具有突破性的绝大之贡献，阐明了区别于心学的"物学"，即由外在事物得来的学问。在他看来，这种方法极大地影响了清代学术。

傅斯年在该文中坚称，长久以来的汉学和宋学之争是荒谬可笑的；实际上，汉之道德哲学正是程朱理学的先声。[5]在他之前，清

---

[1]《全集》，第731、727页。
[2] 宋代理学的人性二元观来自于佛教教义的说法相当普遍，例如，冯友兰：《中国哲学史》，第414页。
[3]《全集》，第731—732页。
[4]《全集》，第732页。
[5]《全集》，第722页。

代学者如陈澧（1810—1882）在道德观念方面就主张汉宋调和，或为傅斯年观点之滥觞。[1]陈澧的立场是他那个时代的许多知识分子的典型代表，并且在晚清成为时尚。傅斯年或可以说顺应了这一潮流。然而，他批评了戴震和阮元未能认识到人性二元论渊源于汉代，正是这一失败引发了清代的汉学宋学之争。[2]

作为一个五四青年，傅斯年早年在宋明理学中一直看到"鬼"的存在。二十年后，当他意识到程朱理学的价值时，他经历了一个知识转型期。这时他似乎又回到了程氏兄弟和朱熹的道德哲学，尽管经过了他自己的再诠释。

胡适的《清代学者的治学方法》、《说儒》和《中古中国的印度化》等著作，是历史学家试图通过历史研究来调整思想界未来发展方向所做努力的显例。[3]胡适将中国的内省和神秘化倾向归因于印度思想的大规模输入及其同化作用。他著作的论调表明，他自己主动承担起将中国知识分子从非中国思想体系中解放出来的使命，并激励他们继承不甚强调神秘化和内省道德哲学的本土传统。[4]傅斯年的《性命古训辨证》也试图揭示中国道德哲学偏离的历史，并试图厘正其方向。他不可避免地将其自身的人性观投射入他对中国道德哲学的诠释之中。他希望转变传统的中国道德哲学及其寂静、内省、消极和养心的倾向。在《性命古训辨证》中，傅斯年想要动摇"内本

---

[1] 融合汉宋的观念在晚清知识界非常流行，陈澧是这一思潮的主要代表。参见钱穆：《中国近三百年学术史》，下册，第620页。

[2] 《全集》，第736页。

[3] 胡适：《清代学者的治学方法》，《胡适文存》，第1卷，第383—391页。并参见他的"The Indianization of China: A Case Study in Cultural Borrowing," in *Independence, Convergence, and Borrowing in Institutions, Thought, and Art* (Cambridge, Mass., 1937), pp. 219-247（《中国的印度化：一个文化借鉴的个案研究》，收入《制度、思想与艺术之独立、分歧与借鉴》，剑桥，马萨诸塞，1937年，第219—247页）。

[4] Hu Shih, "The Indianization of China: A Case Study in Cultural Borrowing," pp. 225, 238, 242-243, 247（胡适：《中国的印度化：一个文化借鉴的个案研究》，第225、238、242—243、247页）。

论"的历史根基,确认一个比较健康的、侧重即物穷理、积极努力和纪律约束的传统。[1]这样,当务之急是这一代知识分子如何诠释儒家,而不是孟子还是荀子该得到"正统"的标签。争论谁更有资格获得"正统"标签无助于加深我们对中国历史的认识,重要的是理解中国知识分子的过去和现在。[2]

然而有意思的是,曾是新文化运动前驱的傅斯年,后来在某些方面竟然变得不如阮元激进。阮元至少在著作中摒弃了宋明儒学的所有传统,以为"心"字只是偶尔出现在儒家经籍之中,故与儒学毫无关系。傅斯年则完全没有赞同这一激进态度。[3]相反,至少到20世纪40年代,他还认为程朱道德哲学值得尊重。与全然拒绝宋明儒学传统的五四青年的态度相比,傅斯年对程朱道德哲学的尊重表现出对此前立场的重要修正,并与他后期生活中的思想转向有所关联。[4]

---

[1]《全集》,第721页。
[2]《全集》,第224页。
[3] 阮元:《性命古训》,《揅经室集》,第1卷,第191—196页。
[4]《性命古训辨证》表明了傅斯年对程氏兄弟和朱熹哲学评价的转变。见《全集》,第720—736页。

第五章　五四精神的负担

前面各章讨论了傅斯年在建立新历史学派过程中的作用，他所传播的富有挑战性的中国古代史理论，以及他所鼓吹的道德哲学。这三项事业代表着从 1927 年到 1937 年间的主要学术工作，大体相当于从他回国到抗日战争爆发的时期。

在这相对和平的十年里，傅斯年身不由己地参与了多项非学术的社会和政治事务。除了中国社会史论战外，1931 年日本入侵东北后，他面临着三个重大的发展变化：民族主义思潮的兴起，政治专制主义的兴起和关于独裁与民主的论争，[1]以及文化本土主义的兴起，尤其是 1935 年《中国本位的文化建设宣言》的公布。这些事件使五四精神变成许多有思想的知识分子的一种负担。

中国社会性质的论争大约开始于 1928 年，其出发点是历史学家如何将他们的研究与现实社会和政治相结合起来。民族主义思潮的勃兴和 1931 年九一八事变后动员中国人民抵抗日本侵略者的急迫任务，要求一种集体的荣誉意识，这就向五四青年的反传统主义发起了挑战。

历史与政治

对具有线性历史发展观的现代中国史家来说，想将落后的过去

---

[1] 关于这次论争，见 Charlotte Furth, *Ting Wen-chiang*: *Science and China's New Culture* (Cambridge, Mass., 1970), pp. 215 – 219（费侠莉：《丁文江：科学与中国的新文化》，剑桥，马萨诸塞，1970 年，第 215—219 页）。

与充满希望的未来联系起来是很困难的。考虑到中国的落后现状，如果这个国家以正常的速度发展，那么在短期内不会有光明的未来；这就需要一个深刻的剧变，以抛弃陈腐的过去，为一个光明的未来铺平道路。通过解释消除这些阻碍或至少绕过它们，对一个如此在乎历史延续性的民族来说，将是一个严峻的考验。对中国人而言，历史真是如影随形，挥之不去，不可能弃而不顾。

雷海宗（1902—1962）和朱谦之（1899—1972）等人提出了一种解释过去的方式，主张中国历史实际上是以一种循环的或圆周的形式发展的，并且几乎已经到达了周期的最低点；因此，在不久的将来，一个令人愉快的新开端就会来临。[1]

辩证法是解释过去的另一种方式。20世纪30年代，发生了辩证法与形式逻辑之间的论争，大多数辩证法的支持者倾向于通过提供一种可能的突变以创造历史推力，确保中国在一次大跃进中超越困境，正如从正论到反论的突变一样。辩证法的反对者基本上是进化论者，他们认为中国的发展进程是直线的。辩证历史观的力量在为中国人提供希望的同时也导致了辩证法的胜利，因为它满足了渴求历史推力来超越悲惨现状的需要。[2]

傅斯年的同时代人对他和史语所在回答当代紧迫现实问题的冷漠态度感到惊讶。事实上，傅斯年是有意保持疏离态度。他禁止通过编写历史或制造任何历史哲学来回答当下的政治问题；他只鼓励专题性的研究。[3]

他规定，史语所的目标不是刻意给人民以光明的希望，而是客观

---

[1] 参见许冠三：《新史学九十年》，下册，第21—74页。至于雷海宗的观点，见Lei Hai-tsung, "Periodization: Chinese History and World History," *Chinese Social and Political Science Review*, 20: 4 (1937), pp. 461–491, especially 489–491（雷海宗：《周期性：中国历史与世界历史》，《中国社会与政治科学评论》，20: 4〔1937年〕，第461—491页，尤其是第489—491页）。

[2] 参见郭湛波：《近代中国思想史》（出版年、出版者不详），第478—479、499—500页。

[3] 《全集》，第1301、1303页。

地揭示民族的过去；并且不对政治施加影响。他的神圣使命是推动绝对客观的历史研究和建立自主的研究领域。傅斯年和他的同事们相信应用性是重要的，但那必须是学术研究的自然结果，而不是有意歪曲历史事实以为现实目的服务。他感到为实际应用而治学总是有损于学问的自主性。[1]因此，傅斯年的目的同兰克一样，"像其实际发生的那样叙述往昔的事件"——绝对忠实于历史的客观性，并有意回避纠缠于任何现实问题。他也反对梁启超鼓吹的"文明史"取向，后者试图找到西方历史发展背后的规律，然后要求中国走同样的道路。[2]

但与此同时，另一派历史学家坚决相信史学自身应与大革命相关联。左派史家是这方面最突出的。他们的社会背景和对历史写作的态度明显不同于傅斯年和他的学派。

北伐战争期间服务于国民党宣传机构，清党后逃亡日本的左派学者郭沫若观察到，他那个时代的学者可以分为三派："镀金"派（曾在西方国家学习的人）、"镀银"派（在日本学习过的人），当然还有"不镀"派。学术界的领导权主要掌握在"镀金"派手中，[3]他们由胡适和傅斯年领导，以中央研究院、北大和清华为基地。[4]北京是他们的权力中心，这一派有时被其反对者称为"新汉学"派，其隐义是说它的成员赞同客观的、专题式的甚至是琐碎的研究，并在主要的学术期刊上发表文章。[5]

---

[1] 《全集》，第1311页。
[2] 参见 Yü Ying-shih, "The Changing Conceptions of National History in Twentieth Century China," pp. 155 – 174（余英时：《二十世纪中国民族史观的变化》，第155—174页）。许冠三：《新史学九十年》，上册，第14—20页。
[3] 陶希圣也有相同的论述，见《潮流与点滴》（台北，1964年），第64页。
[4] 曹聚仁（1900—1976）观察到插手教育界的四个国民党人物，吴稚晖、李石曾、蔡元培、朱家骅与蒋介石达成了谅解，即北大、中央研究院和教育部的任命要由这四老安排，并主要操纵在北大毕业生手中。见曹聚仁：《我与我的世界》（北京，1983年），第485页。
[5] 一项调查显示，通过中华教育文化基金会，胡适对遍布中国的三十七个学术研究机构有重要影响。见许冠三：《新史学九十年》，上册，第169页。

许多激进的教师、记者和青年学生形成了挑战主流的边缘团体：他们大多数居住在上海，工作在大众传媒领域、书店或者是二三流的大学。虽然他们的许多著作是敏锐而精细的，但大体上他们的研究都发表在报纸、杂志和一些没有名气的出版公司的出版物上。[1]他们直截了当地揭示自己的著作有当下的关怀，更多考虑变动着的现实。他们倾向于提出宏观理论，而不是细微专题的详尽研究；并吸引了一批渴望对国家过去和现在的问题进行全面解答的热血知识青年。[2]

总之1927年后，逐渐形成对历史的两种不同态度：左派瞄准了非专业领域的听众，更倾向于通过历史写作改变现状，而主流史家将他们的听众限制于学术界，避免卷入政治。[3]左派如翦伯赞（1898—1968）指责胡适和傅斯年提倡的取向，主张历史研究应该从"饱学的奴才"肮脏的手中解脱出来，回归"大众"，以作为革命斗争的有力武器。[4]在唤起民众革命情绪的过程中，他们没有足够的时间精力以学术方式进行研究。他们需要担当起先知的角色，为将来的行动提供锐利、明确的指导。这就是为什么翦伯赞公开承认他的历史书是"战斗指南"，[5]并说历史研究的目的"不是为了说明历史而研究历史，反之，是为了改变历史而研究历史"。[6]左派直接反对史语所的考据式研究风格，1927年后，许多人出版了标题中带有"批判"一词的书。[7]这一词汇意味着这些著作不仅仅是要描述发

---

[1] 这是我阅读《中国现代社会科学家传略》（北京，1982—1990年至今，11卷本）和《中国社会科学家联盟成立五十五周年纪念专辑》（上海，1986年）之后的印象。
[2] 参见李泽厚：《中国现代思想史论》（北京，1987年），第73页。
[3] 《全集》，第1311页。傅斯年清楚地感觉到学术期刊与通俗杂志读者之间的区别。见《全集》，第2452页。
[4] 翦伯赞：《历史哲学教程》（1938年；第二版，长春，1949年），第4页。
[5] 同上。
[6] 同上。
[7] "批判"当时在许多书的标题中出现。参见许冠三：《新史学九十年》，下册，第119页注21。

生了什么,还要批判那些错误的,指明应该做什么。[1]

在关于中国社会性质的论争中,"新汉学"派和左派历史学家扮演的不同角色展示出对史学功能的两种不同取向。

当傅斯年建立史语所并发表他的治学宣言时,国民党已经开始实行清党。经过这场血腥的悲剧,中国共产党分裂为两派。部分受到莫斯科的启迪,人们发起了关于中国社会性质的大规模讨论,以决定中国属于何种社会,以及中共应该与哪个阶级结盟。[2]亲国民党的新生命派历史学家,也加入了这场众声喧哗的论争。很明显,三个派别在论争中都在一定程度上将他们对中国社会史的解释建立在马克思主义理论基础之上。而对大多数观察者来说,看起来似乎只有一个马克思主义的框架才能为分析中国历史提供一个宏观理论。以傅斯年为代表的历史学派始终远离这场论战。[3]

在中国社会史的纷争中,多数人认为宏观史学优于微观史学,主观研究优于客观研究,旨在改变社会的史学优于客观描述社会的

---

[1] 对于那些想通过历史学改变历史,或利用历史来完成"迫切政治任务"的史家,扭曲历史证据是常见的。蔡尚思回忆道,在20世纪30年代,嵇文甫(1895—1963)——当时一个重要的左派历史学家,私下告诉他,为了革命,有时扭曲历史不算错误。郭沫若的著作可以说明这一点。为了证明商代是一个奴隶社会(将马克思的五阶段理论应用于中国历史发展的一个关键),郭沫若绕过《尚书》的《盘庚》三章,仅仅因为这些章节中反映出的商代社会与摩尔根(Lewis Morgan)的"氏族社会"相悖。郭沫若也绕过了可能表现商代是一个非常先进的农业社会,而不是一个奴隶社会的甲骨文。见翦伯赞:《历史哲学教程》,第24页;蔡尚思:《中国近现代学术思想史论》(广东,1986年),第586—589页;许冠三:《新史学九十年》,下册,第75页。

[2] 参见 Arif Dirik, *Revolution and History*: *the Origins of Marxist Historiography in China*, 1919–1937, pp. 57–94(德里克:《革命与历史》,第57—94页)。

[3] 胡适在这次论争期间只发表了少数评论。他感到许多参与者没有理解他们所运用的术语。例如,他不接受周谷城(1898—1996)的看法,认为他误解了"封建主义"。见胡适:《我们走哪条路》,《新月》2∶10(1939年),第11—12页,至于胡适与周谷城之间的交锋,见《胡适的日记》,1940年7月30日,无页码。傅斯年从未公开提及这场论争。然而他并非唯一这样做的人;譬如,杰出的经济史家梁方仲(1908—1970),也认为这场论争毫无价值。见《中国现代社会科学家传略》,第4辑,第261页。

历史。在发动群众方面，左派史家明显击败了主流史家。到 20 世纪 30 年代，梁启超、胡适、傅斯年代表的，曾经占主导作用的历史典范已经过时。历史唯物主义很快成为流行理论。[1]这一过程与兰克学派在德国的遭遇十分相似；当政治危机四伏时，煽动性的史家特赖奇克（Heinrich Treitschke，1834—1896）比兰克学派的信徒远为有力和受到大众欢迎。[2]敢于用简洁、明了、全面的方式大胆回答迫切政治问题的史家享受到了普遍的欢迎和掌声。

当时中国迫切的政治问题包括革命的性质、革命背后的动力和革命的前途。这些问题互为关联。一旦认清了中国的社会性质，最后的问题也就得到了解决。许多知识青年被左派那有体系的计划所吸引，决定追随他们的共产主义革命纲领。

左派历史学家之所以能成功地动员青年，不完全归结于他们在历史与政治之间架起了桥梁。马克思主义的历史发展五阶段论——从原始共产主义，到奴隶社会、封建社会、资本主义社会，最终到社会主义社会——也就是将对中国过去的绝望转变为希望的有力而系统的陈述。[3]在这一蓝图中，落后的过去对未来毫无损害；相反，一个黑暗的封建社会是产生一个充满希望的资本主义社会和最终的社会主义社会的前提保障。历史学家的任务是辨清每一个阶段何时开始何时结束以及中国当时处在哪一阶段。根据中国托洛茨基

---

[1] Arif Dirik, *Revolution and History: the Origins of Marxist Historiography in China, 1919 – 1937*, pp. 41 – 43, 90. （德里克：《革命与历史》，第 41—43 页，第 90 页）

[2] Georg Iggers, *The German Conception of History* (Middletown, Conn. , 1968), pp. 197 – 200（伊格尔斯：《德国历史之观念》，康涅狄格州中城，1969 年，第 197—200 页），与他的 "The Crisis of the Rankean Paradigm in the Nineteenth Century," in Georg G. Iggers and Konrad von Moltke eds. , *The Theory and Practice of History: Leopold von Ranke* (Indianapolis, 1973), pp. 170 – 179（《十九世纪兰克范式的危机》，伊格尔斯与莫尔特克合编：《历史理论与实践：兰克》，印第安纳和纽约，1973 年，第 170—179 页）。

[3] Arif Dirik, *Revolution and History: the Origins of Marxist Historiography in China, 1919 – 1937*, p. 224. （德里克：《革命与历史》，第 224 页）

派的看法,中国已经进入了资本主义时期,封建残余并不重要。这样,他们目前的事务就是为实现议会制度而奋斗,并等到中国完全资本主义化再发起社会主义革命。而在斯大林派看来,中国仍然处在半殖民地半封建阶段,最迫切的任务是发动农民展开反帝反封建的农村起义。[1]

但是五阶段论的吸引力超过了托洛茨基派和斯大林派;它表明无论中国的过去有多么黑暗落后,下一阶段最坏也是资本主义社会,最好则是社会主义社会。总之,一个落后的过去注定会有一个光明的未来。当然,为了取得更灿烂的未来,过去的落后应该根除。在现代中国,没有一种历史哲学能为这样一个绝望的民族提供如此乐观的前景。这一理论也促使资本主义本土成长理论的出现,以十分独特的方式挽回了中国人的民族自尊。按照五阶段论,在封建社会衰败后,资本主义社会就会发展起来。一些左派的经济史家,非常自豪地向世界宣布,在没有与外界进行任何接触的情况下,中国也见证了资本主义发展的最初萌芽。[2]

但采纳五阶段论的部分代价是牺牲了中国历史的独特性,这在左派历史学家中引起了强烈的论争。反对五阶段论的左派历史学家争论说,用起源于欧洲经验的历史分类法来解释中国历史上发生的事情,[3]等于是背叛了民族。[4]但是对其他人,这种理论代表了

---

[1] 高军编:《中国社会性质问题论战》(北京,1984年,2卷本),上册,第1—26页;周子东等编:《三十年代中国社会性质论战》(上海,1987年),第18—20页。

[2] 例如,傅衣凌(1911—1988)承认民族情绪与他关于中国资本主义萌芽的重要论题相互纠结。他回忆说,通过这一理论,他能说服他的同胞,即使没有西方帝国主义的影响,中国也能发展资本主义。傅衣凌的工作开始于1940年。见傅衣凌:《我是怎样研究明清资本主义萌芽的》,《傅衣凌治史五十年文编》(福建,1989年),第47页。

[3] Arif Dirik, *Revolution and History: the Origins of Marxist Historiography in China, 1919 – 1937*, p. 81.(德里克:《革命与历史》,第81页)

[4] 关于五阶段论,尤其是商代是否属于奴隶社会的论争,在中国的史家之中继续延续。民族感情也深入地牵扯进来。例如,主要的左派史家范文澜就因为关乎民族自尊而反对这一阶段论公式。参见许冠三:《新史学九十年》,上册,第81—159页。

民族未来的唯一希望。

在确定五阶段论在中国历史中的适用性时，最棘手的问题之一，就是商代是否真是奴隶社会。由于最近殷墟考古发掘的成功，许多人都期待着傅斯年和史语所加入这场与政治相关的争论。但令很多人惊讶的是，他们却保持沉默。傅斯年坚持历史学家的天职是"要把材料整理好，则事实自然显明了"。

政府也希望作为殷商研究主要权威的傅斯年和他的同事能够反驳左派史学。这样，好些年后，当有人因为这场论争对国民党构成了潜在危害而呼吁国民政府将其制止时，政府官员将这些信件转给了傅斯年。[1]傅斯年的一些同事的确站出来反驳"左派的胡言"，[2]但是傅本人并没有表态。在他看来，关于殷商历史可用材料的数量仍不足以解决问题，他坚持史语所永远不会讨论"史观"或"历史哲学"；[3]它只在资料允许的情况下描述历史。当有人问马克思主义理论是否可行时，他回答说，盲目地追随或拒绝历史唯物论都是不恰当的；需要做的是等待更多的材料和研究，来辨清它是否适用于中国历史。[4]

傅斯年曾被邀请替一本驳斥马克思主义史观的书写序，他对此相当踌躇，[5]因为写了这样的序言就表明他对于历史研究应当独立于政治和道德之外的信条已经退让了。在这一点上，他与现代日本史学的先驱久米邦武（1839—1931）的观点相似："让我

---

[1] 当人们问政府中国社会是什么时，信件被转给了傅斯年，见"傅档"，I—509，陶百川（1903—2002）给傅斯年的信；"傅档"，I—590，刘一河致陶百川的信。
[2] 胡厚宣：《殷非奴隶社会论》，收在胡厚宣的《甲骨学商史论丛初集》（成都，1944年，2卷本），上册，第183—210页。傅斯年也保留了这篇文章的单行本，见"傅档"，I—1699。关于胡厚宣的文章在这场论争中的重要性，见林甘泉等：《中国古代史分期讨论五十年》（上海，1982年），第108—112页。
[3] 《全集》，第337、1338、1404页。
[4] "傅档"，IV—8，傅斯年致周枚荪（1892—1963）。
[5] "傅档"，IV—14，吴卫平给傅斯年的一封信，请傅为他的书写序。

们看到清除了旧式劝诫应用的历史。"[1]

关于中国社会性质的论争要求总体理论和观点,这对傅斯年是一个挑战,因为他的目标是建立客观的历史学,强调一步一个脚印的研究,避免跳跃到任何宏观的概括。他建议割断史学与政治之间的任何联系,而在面对"历史有什么用"这样经常出现的问题时,这一建议显得不切实际。

虽然傅斯年从未加入有关殷商史的论争,但他对商代社会性质的关注仍隐约可见。从1931年起,他多次像是顺便地提到商代有过高度发达的文化,这是对左派关于商代是一个具有原始农业的奴隶社会这一理论的间接反驳,[2]但是这太含蓄了,很少有人注意。审慎的历史研究总是远远地落在紧迫的政治事件之后。只是到20世纪40年代,像董作宾(1895—1963)和胡福林(厚宣)这些傅斯年的同事才感到有足够的信心驳斥左派历史学家。董作宾的论证基础与郭沫若用以证明商代是奴隶社会时所用的甲骨文相同。[3]胡福林在其《殷非奴隶社会论》中评论说,郭沫若的主张虽然荒谬而不值一驳,但是却甚嚣尘上。他对傅斯年抱怨说,郭沫若也研究甲骨文,但扭曲了他眼前的证据。[4]然而,这些著作到20世纪40年代才出版——已经太晚了,不能阻止蒸蒸日上的中共党人聚集的推力。

如果历史研究的价值是根据它发动人民改造当代社会的能力来判断的话,可以毫不牵强地说,傅斯年和主流历史学家从1928年

---

[1] Jiro Numata, "Shigeno Yasutsugu and the Modern Tokyo Tradition of Historical Writing," in W. G. Beasley and E. G. Pulleyblank eds., *Historians of China and Japan* (London, 1971), pp. 271-272. (沼田次郎:《久米邦武与现代东京历史写作传统》,比斯利和普雷布兰克合编:《中国和日本的历史学家》,伦敦,1971年,第271—272页)。久米邦武被称为"抹杀博士"。
[2] 《全集》,第632—634页。
[3] 董作宾:《殷墟文字甲编》(上海,1948年),前言,第11—12页。
[4] "傅档",IV—833,胡福林给傅斯年的信。

起都是失败的。如果历史的功能是动员青年学生成为革命的工具，左派历史学家显然胜利了。这也是胡适的尴尬处境。胡适的理想是"集合全国的人才智力，充分采用世界的科学知识与方法，一步一步的作自觉改革。在自觉的指导之下，一点一滴的收不断的改革之全功"。[1]但是"一步一步"和"一点一滴"都不是人民所向往的。梁漱溟对胡适说道：

> 先生的主张恰与三数年来的"革命潮流"相反，……先生凭什么推翻许多聪明有见识人所共持的"大革命论"？先生凭什么建立"一步一步自觉的改革论"？如果你不能结结实实指证出革命论的错误所在，如果你不能确确明明指点出改革论的更有效而可行，你便不配否认人家，而别提新议。然而我们试就先生文章检看，果何如呢？
>
> 先生……全不提出自己对中国社会的观察论断来……中国社会是什么社会？封建制度或封建势力还存在不存在？……先生是喜欢作历史研究的人，对于这问题当有所指示，我们非请教不可。革命家的错误，就在于对中国社会的误认；所以我们非指证说明中国社会怎样一种结构，不足袪革命家之惑。我向不知学问，尤其不会作历史考证功夫，对此题非常感到棘困；如何能一扫群疑，昭见事实，实大有望于先生！[2]

梁漱溟的质疑同样适用于傅斯年和史语所。同样的诘难经常被提出来，结果总是当下社会和现实政治的需求不可避免地凌驾于追

---

[1] 胡适：《我们走哪条路》，第15页。
[2] 梁漱溟的文章《敬以请教胡适先生》收入《胡适论学近著》（上海，1935年），附录1，第456页。

求历史研究客观性的抽象使命之上。[1]

《东北史纲》

九一八事变紧随中国社会史争论的高潮之后发生,表明日本对中国的征服已经临近。就在事变之后,傅斯年向他在北京的知识分子同事发问:"书生何以报国?"稍后,一些史家与傅斯年决定共同编撰一部中国通史。但紧迫的时局要求历史著作必须有直接的实际用途。陶希圣(1899—1988)致傅斯年的一封信透露出这种危急感。陶希圣提出,中日战争是一场"文化战争",当日本军队推销诸如《大东亚民族史》一类书时,中国人也应该有类似相同主题的书。[2]傅斯年的确在筹组一批优秀的历史学家打算写一部中国通史,一项与他在史语所《旨趣》中宣称的历史原则相抵牾的计划。无论如何,这项计划没有任何结果。[3]然而,民族危机促使傅斯年写一本简短的《东北史纲》,以便向李顿为首的国联调查团委员会证明东北地区自古以来就是中国不可分割的一部分。由于傅斯年拒绝用"满洲"一词,这本书命名为东北史。姚从吾、方壮猷(1902—1970)、徐中舒、萧一山(1902—1978)和蒋廷黻(1895—1965),最初都打算与傅斯年一起参与这个项目。因为傅斯年写的《东北史纲》第一卷受到了缪凤林等学者的尖锐批评,其他学者写的其余几卷始终没有出版。[4]

---

[1] 关于这一点的精彩论述,见余英时:《中国思想传统的现代诠释》,第566—571页。值得注意的是,大约四十年后,新儒家之一的唐君毅(1909—1978)仍然认为新汉学的学风对学术界很有贡献,但是未能因应总体的文化和思想挑战。见唐君毅:《说中华民族之花果飘零》(台北,1974年),第79页。
[2] "傅档",I—1552,陶希圣致傅斯年,我无法确定陶提到的是哪一本书。
[3] 陶希圣:《傅孟真先生》,《傅故校长哀挽录》,第51页。
[4] 由于傅斯年是一个不受中共政府欢迎的人,所以《东北史纲》的作者多次被有意地安在余逊、徐中舒、方壮猷等其他学者身上。见《中国现代社会科学家传略》,第5辑,第14页。这一"错误"激发胡厚宣写了《〈东北史纲〉第一卷的作者是傅斯年》,《史学史研究》1991年第3期,第48—49页。

東北史綱 初稿

傅斯年 方壯猷 徐中舒
蕭一山 蔣廷黻 共編

第一卷 古代之東北

MANCHURIA IN HISTORY

A SUMMARY

BY

LI CHI, PH. D. (HARVARD)
Research Fellow, Academia Sinica.

PEKING UNION BOOKSTORE
7th Postal District
PEIPING, 1932

《东北史纲》中文、英文本

傅斯年写的这一卷范围是从远古到中古的历史，实际上是中国学者关于这一区域的第一部现代史作。[1]李济翻译的英文摘要送到国联调查团，引起轩然大波。[2]这一计划的主要目的是想驳斥日本学者中流行的满洲、蒙古、西藏最初并非中国领土的观点。[3]面对这种对中国领土完整的挑战，傅斯年想要证明三件事情：第一，从神话学、人种学和考古学的发现判定古代东北地区的居民与中国北方其他居民是同一的，并分享着早期的中华文明。他因而得出结论，东北地区实际上是中华文明最初的渊源之一。第二，在整个有记载的历史中，东北一直被中国官僚体系所统治。第三，在史前时代和大部分有史时代，东北、朝鲜与日本仅仅保持最低限度的交往。[4]

九一八事变前夕，傅斯年对东北前途命运的忧虑促使他在历史著作中表达自己的思想。虽然他的论著后来招致许多攻击，[5]该书的结构和观点仍然有很高的学术价值。[6]批评这本书的人几乎都与中央大学这一批评新文化运动的总部有联系。因此，并不奇怪，缪凤林和郑鹤声这两位批评者都是中央大学德高望重的保守派柳诒徵的弟子。缪凤林的批评如此尖锐，以至于五十年后傅斯年的同事编辑他的全集时，《东北史纲》仍被排除在外，理由是它并非由傅斯年一人所写。这显然是错误的。[7]缪凤林嘲讽地写道，虽然傅斯年的

---

[1] 郑鹤声：《傅斯年等编著东北史纲初稿》，《图书评论》1：11（1933年），第18页。
[2] 傅乐成：《傅孟真先生年谱》，《全集》，第2631页，李济的译本名为《历史上的满洲：一个总结》。
[3] 这一观念在日本很流行，但系统提出这一观点的是矢野仁一1931年的《满蒙藏非支那领土论》，《外交时报》35：412（1931年），第56—71页。
[4] 傅斯年：《东北史纲》（北平，1932年），第31—32页。
[5] 缪凤林：《评傅斯年君东北史纲卷首》，《文艺丛刊》2：2（1934年），第131—163页。傅斯年在《傅斯年档案》II—604中，保存有单行本，郑鹤声：《傅斯年等编著东北史纲初稿》，第7—18页。
[6] 陈槃：《怀故恩师傅孟真先生有述》，《新时代》3：3（1963年），第13—14页。
[7] 《全集》，《编辑凡例》，第1页。编者们可能被"客观历史主持人"有如此多的错误和歪曲所震撼，因此，他们宁愿相信傅斯年不是作者。

著作只有几十页,其中包含的错误几乎能打破任何史书的错误纪录。[1]他发现,傅斯年只采用了正史中的《东夷传》,而忽略了许多贯穿正史其他部分的分散记载。[2]为什么鼓吹细致研究的傅斯年如此匆忙地完成了这篇论文,以至于没有注意到其他可以获得的资料?为什么他为了支持其论点而有意忽略了公认的历史事实? 为什么以暴躁脾气著称的学者傅斯年从来不回击缪凤林的批判?[3]虽然这些谜团可以有多种解释,但是最简单的一点就是,他在这一领域里是个新手,在没有充分准备的情况下实施了这项耗时甚久的任务。但是,为什么傅斯年这样一个向往科学的学者如此匆忙地接受这项艰巨工作?

其实东北史的计划最初是由国立编译馆发起的。这一计划的目的是驳斥日本人关于满洲和内蒙古从来不是中国本土一部分的立场。但是由于官僚主义的惰性和繁文缛节,这本书一直没有出版。[4]可能是对拖延感到沮丧,傅斯年决定亲自著文对日本军国主义者的主张进行当下反驳。

傅斯年可能已经充分意识到对于这一计划准备不足,但这一次,民族情感压倒了学术规范。书中的错误和曲解当然可以归因于他对这一领域知识的缺乏,但也应考虑历史客观性与急切的政治需要之间的紧张。傅斯年不可能不知道中国历代王朝并没有完全统治东北,以及东北一直与朝鲜和日本保持着广泛的联系这些事实。但在日本已经吞并了朝鲜并进而觊觎东北之时,他决定对有利于日方宣传资料的证据不予重视。[5]如果他的读者仅限于国联调查团的成

---

[1] 缪凤林:《评傅斯年君东北史纲卷首》,第1页。
[2] 同上书,第28页,也见于郑鹤声:《傅斯年等编著东北史纲初稿》,第13页。
[3] 傅斯年曾提请陆懋德注意,他的一个观点是错误的,不应该被引用。见傅斯年对陆懋德的一封信的回答,见"傅档",无编号,时间可定为1941年。
[4] 郑鹤声:《傅斯年等编著东北史纲初稿》,第7页。
[5] 傅斯年作品的英文版一发表,福开森(J. Ferguson)就在1932年3月28日写信给袁同礼(1895—1965)评论说,"十分有趣的是,即使此时,它嘲弄的更多是政治,而不是学术。一个人读了这个小册子可能会认为在更早的朝代,中央政权即对这样偏僻的地区实施了有组织的控制,但是我们都知道这不是事实。"这封信由傅斯年保存,见"傅档",II—890。

员,傅斯年关于中国在历史上始终对东北行使了政治控制的论点也会有说服力。但是他的读者中也有持批评态度的中国史学家。的确,若说傅斯年著作的尖锐批评者缪凤林是为了帮助日本人才发起对他的攻击,是不公平的。除了对傅斯年的敌意外,[1]缪凤林坚持,由于日本学者已经认真地考察过东北历史并获得了大量知识,中国史家有义务与日本学者处于同一水平上。[2]是缪凤林的民族主义感情促使他批评另一个爱国者的著作。

傅斯年既要处理当下的政治危机这一看来不可能的任务,同时又要忠于他曾经支持的客观研究和科学精确的学术原则,这或许使他感到不知所措。这个匆匆出版《东北史纲》的傅斯年,也是审慎面对其他研究计划的同一个傅斯年。例如,在完成《民族与古代中国史》中的几个篇章后,他选择暂不发表,以待其得到更彻底的确证。[3]

文化认同的需求

对现代中国知识分子而言,九一八事变是最令人震惊的事件。 面临外国的入侵,被侵略者开始寻找他们的民族精神。在一个反传统和西化盛极一时的时代,从民族危机中生发出的第一个问题就是:我们是谁,我们的民族是什么? 许多保守学者抱怨新文化运动后兴盛的反传统造成了中国社会的失序。而从长远看这又招致日本的入侵。[4]与

---

[1] 这种敌意主要起源于中央大学的一些教员对新文化运动及傅斯年所鼓吹的新历史学派的反感。
[2] 缪凤林:《评傅斯年君东北史纲卷首》,第35—36页。郑鹤声也知道傅斯年写此作品的目的是服务于迫切的政治需要,以宣称东北与日本完全没有来往。但是他感到,作为一个历史学家,应该尽可能客观。见郑鹤声:《傅斯年等编著东北史纲初稿》,第17页。
[3] 《全集》,第822页。
[4] 例如,余嘉锡在他的各种著作中表达了他的这种批评。参见牟润孙:《学兼汉宋的余季豫(余嘉锡)先生》,《海遗杂著》(香港,1990年),第133页。

这些问题相伴随的是对传统学术兴趣的复兴。九一八事变后，可以看到一些人开始思考"读经救国"的问题。[1]许多知识分子觉得，在声称自己爱国的同时又诋毁祖国传统，显然是有问题的。1934年，国民政府宣布祭祀孔子。1935年1月，十位大学教授发表了《中国本位的文化建设宣言》，提出了"我们是谁"的尖锐问题。他们的矛头明显指向了五四反传统精神。这些教授希望加强民族主义与中国文化遗产之间的联系，同时含蓄地呼吁进一步的中央集权。这一宣言很快得到了广泛的注意，[2]紧随其后，在1935年3月爆发了关于读经的争论。

对民族认同感的诉求也引发了像"国术"、"国医"和"国画"一类以"国"字开头的术语的风潮。[3]这些术语当然不是新生事物，但是它们现在因其与日益增长的西化相对抗而迅速繁荣起来。几种呼吁文化本土化的运动也出现了，如读经运动（1935）和中小学文言运动（1934）。同时，国学馆在一些地方破土而出。在20世纪20年代被新式学者贬斥的许多旧式学者，作为国学的传承人与庇护者而重新受到全国的青睐。[4]

国学复兴活动中出现了许多有讽刺意义的事。整理国故运动最先是由胡适主办的《国学季刊发刊宣言》正式提出的，许多青年知识分子加入进来。而不少胡适的同时代人认为发起这场运动不够明智。吴稚晖、郑振铎（1898—1958）、何炳松预言这会导致预想不到

---

[1] 《叶青先生的意见》，《读经问题》（上海，1935年），第130页。
[2] 关于起草这一宣言的过程，参见王新命：《新闻圈里四十年》（台北，1957年），第419—420页。据说此宣言是由国民党的一个主要领导人陈立夫（1900—2002）发起的。见冯友兰：《三松堂自序》，第237—238页。
[3] 这些术语的起源可以在中国历史中追根溯源。然而，他们主要是在民国初年繁荣起来的，尤其是在20世纪30年代前后。参见史全生编：《中华民国文化史》（吉林，1990年，3卷本），中册，第630、820—823、856—858页。
[4] 参见《中国现代社会科学家传略》第1辑，第275页；第2卷，第310—311页。具有讽刺意义的是，国学是晚清时从日本转借过来的词语，然而，在20世纪30年代，大多数人并不知道这一起源。

的流弊：传统学术的复兴。吴稚晖批评这场运动是"洋八股"，并说它以西方形式传递旧式学问。他劝告其反传统同仁，抛弃传统的最佳策略就是对它完全冷漠。他辩称，只要有人仍然注目于传统，腐朽的旧魂就会立刻卷土重来。他们对这一运动感到震惊，因其以"国学"这一新术语走私中国的旧魂。胡适与其他一些人费尽心力想解释"国故"与"国学"的区别，但没什么效果。[1]实际上，一旦新青年们开始致力于驱逐国故中的旧鬼，他们就会发现完成这一任务的前提条件是必须具备良好的国学训练。一个呼吁读经的保守派察觉了这一需要，并提醒人们只有那些具有良好经学训练的人才能整理国故。[2]预想不到的流弊在20世纪30年代来临，新文化运动后几乎被遗忘的旧籍，在国学的名号下再次泛滥于市场。[3]

此外，另一个具有讽刺意义的现象也促成了传统学术的复兴。清末民初之人多愿意相信，如果接受了西学或科学研究，就会自动取代旧学。但事实并非都如此。譬如，虽然史语所开展的许多考古事业之出发点是为了否认诸多神话，但却得到了相反的结果。这些大规模发掘的主要领导者李济，在多种场合中注意到，很多以前被推翻的历史为考古发现所证实；金文和甲骨文甚至含有《尚书》中很多章节的记载。[4]当象骨在

---

[1] 胡适：《国学季刊发刊宣言》，《国学季刊》1：1（1923年），第1—26页。如何区分国故、国粹和国学使许多青年人感到困惑。例如，曹聚仁曾努力想区分这些术语的几个混淆的定义，见曹聚仁：《国故学之意义与价值》，许啸天编：《国故学讨论集》（上海，1927年，3卷本），第1卷，第50—93页。

[2] 郑师许：《郑师许先生的意见》，《读经问题》（香港，1966年），第31—34页。

[3] 把商务印书馆的出版活动作为检验的案例有助于说明问题。借整理国故运动的推力，几项大规模重印中国古籍的计划在20世纪30年代启动，这是新文化运动之后的第一次。见王云五：《十年来的中国出版事业》，收入张静庐辑注：《中国现代出版史料》（北京，1954—1959年，5卷本），乙编，第343—344页。王云五的文章勾勒了从1927年到1936年之间的中国出版潮流。关于旧学的复兴，参见郑振铎：《且慢谈所谓国学》，《小说月报》20：1（1929年），第8—13页；何炳松：《论所谓国学》，《小说月报》20：1（1929年），第1—7页。

[4] 李济：《华北新石器时代的文化类别、分布与编年》，《李济考古学论文集》下册，第945页。

安阳遗址被发现时,见于各种古籍的殷人服象传说第一次被证实了。[1]

考古调查也证明:中国历史远比人们想象的要长远得多,而三代则相对晚一些。这些新发现鼓励中国人为他们民族历史的悠久而骄傲,也使国人对传统记载的可靠性恢复了信心。[2]

对传统兴趣的复兴甚至影响了一些五四一代人。譬如,曾任《新潮》编辑的俞平伯就宣称旧体诗有望复兴。[3]一些新式知识分子赞扬了政府支持国学院的政策,傅斯年的亲密伙伴朱家骅也被说服在一定程度上赞助这一运动。[4]

傅斯年对这一切的反应是独特的。他继续谴责"国学"、"国医"以及任何带有"国"字的事物。[5]他的反对恰好出现在《中国本位的文化建设宣言》发表和关于读经的争论爆发不久。他提醒他的同胞注意,六经中的社会大不同于现代中国的社会,因此,读经并没有通常设想的那样重大的意义。他甚至列举了一系列历史事实来显示,在过去的朝代中,一经提倡经术之后,国力每每衰落,甚至出现灾难。他提出,中国历史上的伟大朝代都不是靠读经治国平天下。[6]

当国民政府在1935年发起一场道德教化运动的时候,傅斯年迅速发表了一篇题为《政府与提倡道德》的文章,公开反对政府。他相信,社会结构转型之后,自会产生一致的道德系统。他认为,政府提倡的道德总是已经过时的,故基本上对社会没什么用。在这篇著名的文章中,他继续强调宋明理学鼓吹"抽象道德"从未产生任何积极的结果。他相信,以法律和政治手段进行"国民训练",仍然

---

[1] 李济:《安阳最近发掘报告及六次工作之总估计》,《李济考古学论文集》,上册,第138页。《吕氏春秋》与《孟子》都曾提及殷人服象。
[2] 李济:《中国古器物学的新基础》,同上书,下册,第870页。
[3] "傅档",I—438,俞平伯给傅斯年。
[4] "傅档",III—1253,朱家骅给傅斯年。
[5] "傅档",III—1251,傅斯年给朱家骅的答复;III—1252,朱家骅答复傅斯年。
[6] 《全集》,第2047—2053页。

是阻止道德品质衰退的最终解决途径。[1]

总之,当"我是谁"这一问题困扰着许多人的时候,傅斯年坚定地反对任何"国"的事物,执拗地呼吁抛弃国学。他在北京曾冒着生命危险与日本人对抗,故以狂热的爱国者而著称,但是他的反传统立场仍然使很多人感到迷惑不解。[2]尽管如此,在他自己看来,他的民族主义热情和他要抛弃传统学术的愿望之间并不矛盾。

爱国主义与反传统

作为一名学者,傅斯年感到来自西方学者的挑战。他亲眼目睹了欧洲汉学的成就和发展,并主张中国学者应该将他们的学问变成国际学术界的一部分,以这种方式将汉学的中心从巴黎迁回北京。[3]

此时,爱国主义的源泉已经发生了非常微妙的变化。当西方人用机关枪入侵时,中国必须用机关枪同他们对打;否则,中国同西方国家之间就不会有任何正义或公理可言。[4]当中国学者不得不与国际学术界竞争时,他们赢得国际尊重的方式是按照通行的规则参加国际游戏。萨义德(Edward Said)严厉地批评了西方的东方学者用带有偏见的歪

---

[1]《全集》,第1694—1698页,傅斯年在多种场合反复强调"国民训练"。见《全集》,第1665、2057页。
[2] 见徐复观:《三十年来中国的文化思想问题》,《学术与政治之间》乙集,第145页。
[3] 傅斯年1928年给陈垣的一封信中遗憾地表达了这一点。见《史语所档案》,元109号,"陈垣"文件,也见于《全集》,第1314页。以下的事件可以反映出傅斯年渴望获得国际社会对中国研究工作的承认。安阳发掘起初是由中央研究院与史密森尼博物院联合资助的。当报告要出版时,史密森尼方面要求成为合著者。但傅斯年坚持由中国学者独立完成这一工作,他提出,如果共同享有著作权,西方的汉学家不会相信中国学者自己完成了这一任务。见"傅档",IV—378。这一争议导致了一些激烈的辩论,但是傅斯年没有让步,因为他相信史语所的考古工作"必可以为中国学术争得一地位",并"在世界上直起腰杆来"。见《史语所发展史》,第313页。
[4] 吴敬恒:《科学周报编辑话》,《吴敬恒选集·科学卷》,第95页。

曲视野来诠释东方。[1]傅斯年反复强调,在现代,中国研究必须按照外国人的眼光进行。中国学者要从国学的束缚中解脱出来,以世界通行的方式同西方学者竞争。因此,自责和反传统是必需的。但对于其他爱国学者而言,傅斯年的团体用西方的标准衡量中国文明的价值,用西方汉学家的诠释来探察中国的过去,[2]是一项危险而叛逆的事业。

傅斯年认为科学是衡量学术价值的唯一标准,这一标准是普世性的而不是国别性的:有科学,而没有中国科学;有生物学,而没有中国生物学;有哲学,而没有中国哲学;有医学,而没有中国医学;有语言学,而没有中国语言学。中国的原始材料应该重新整理并科学地研究。[3]但是,按照傅斯年的观点,这样做并不会损害中国的尊严;相反,因为中国人对他们自己的本土材料很熟悉,如果他们勤勉地运用西方的方法论,会取得相当大的成就。

傅斯年拒绝国别性事物最著名的例子是他批判国医。1934年,他发表了批判中国传统医学的两篇著名的文章。[4]傅斯年写到他宁愿死也不愿意就诊于中医;他说,否则会"对不住我所受的教育"。[5]他甚至声称,中医的繁荣是教育失败的象征。[6]

胡适和陶希圣之间的私人通信也表明了爱国主义与自我谴责间的联系。1935年,当文化本位主义处于高潮时,胡适正提倡自责,胡适在北大时的学生陶希圣忍不住写信给胡适,问他为什么仍然贬低中国传统文化。他建议胡适应该将他的态度由"国际主义"的转变为重视"国界"的。后者回答:

---

[1] Edward Said, *Orientalism*, New York, 1978.(萨义德:《东方学》,纽约,1978年)
[2] 关于利用西方的观点考察中国历史,见《全集》,第1311页。关于将胡适与傅斯年看作叛徒,见周一良:《西洋汉学与胡适》,《胡适思想批判》第7辑,第210页。
[3] 《全集》,第1301、1307、1310页。
[4] 《全集》,第2299—2310页。这些文章遭到了讽刺,见《全集》,第2322—2329页。
[5] 《全集》,第2303页。
[6] 《全集》,第2309页。

> 我深信救国之法在于深自谴责，……请你注意，我们提倡自责的人并非不爱国，也并非反民族主义者。……我们正因为爱国太深，故决心为她作诤臣，作诤友，而不敢也不忍为她讳疾忌医，作她的佞臣损友。[1]

胡适这里表现的态度是许多五四青年胸怀的典型代表。新文化运动中狂热的反传统主义者钱玄同的评论也可说明这一点，他竟然宣称：

> 欲使中国不亡，欲使中国民族为二十世纪文明之民族，必以废孔学、灭道教为根本之解决；而废记载孔门学说及道教妖言之汉文，尤为根本解决之根本解决。[2]

许多人持有相同的态度，前此康有为已开先河，竭力想让中国人都变成白种人。[3]戊戌变法的积极分子唐才常（1867—1900）也曾呼吁"通种"。[4]驻法国外交官赵颂南也主张，中国未来的唯一出路是中国语言罗马化，使所有的中国人变成"假洋人"。他号召将孩子送到国外留学并与外国人通婚。令他感到骄傲的是，他的孩子都不懂汉语。1927年胡适遇到赵颂南时，他仍然赞赏这个狂人；他相信，赵颂南以自己的方式成为一个热心的爱国者。[5]

回溯起来，五四时期的傅斯年既是反传统主义者，也是爱国者。一方面，他说"家是万恶之源"；"儒家的伦理和名教是要杀人"，"哪里有不杀人的伦理和名教"。[6]他甚至拥护"全盘西化"

---

[1]《胡适的日记》，1935年6月12日，无页码。
[2] 钱玄同：《中国今后之文字问题》，《新青年》4：4（1918年），第354页。
[3] 康有为：《大同书》（北京，1959年），第121—122页。
[4]《通种说》，《唐才常集》（北京，1980年），第100—104页。
[5]《胡适的日记》，1926年9月1日，无页码。
[6]《全集》，第1553—1558页。

的目标,宣称"极端的崇外,却未尝不可。……中西的问题,常常变成是非的问题了"。[1]他强调,因为进化论适用于全世界,东方应该完全遵循西方的革命道路。[2]中国正在攀登这样的台阶,但是中国尚处于低阶。这样,当傅斯年等待上船前往欧洲时,他恨不能"在这一秒钟内,飞出中国去"获取西方知识。[3]

但是,1925年傅斯年在外国留学时,却刻了这样一枚印章"天汉之后"。[4]后来一次醉酒后,他终于说出了他的愿望:把洋人从中国驱逐出去并将其消灭,让中国的领土扩大到苏伊士运河。[5]他对洋人的敌意与他家乡村中的拳民十分相似。但是,他打败西方人的计划又需要他向西方学习;爱国主义和反传统其实是同一枚硬币的两面。

政 治 选 择

政治上,知识分子在北洋军阀体系崩溃前比在北伐后选择机会更多。1927年以前存在着许多政治权威,譬如可以在北洋军阀和广州的国民政府之间做选择。

傅斯年回国后决定站在广州国民政府一边。[6]他之所以为国民政府所吸引,起因于1924年国民党一大宣言,宣言里呼吁反对帝国主义、反对买办,提倡社会主义和民主改革。[7]但是随着

---

[1] 《全集》,第2412页。
[2] 《全集》,第1457页。
[3] 《全集》,第2568页。欧化中国语言是傅斯年的另一项事业。他辩护说中国语法和结构应该被英语的对应部分所代替。
[4] 傅斯年将这一印章钤在 The Philosophy of Grammar (Otto Jespersen, London, 1924)(《语法哲学》,伦敦,1924年)一书上,傅斯年注明这本书购于1925年。
[5] 《全集》,第2376页。
[6] 傅斯年也得到了其他两项就业机会。一项来自于浙江大学,见鲁迅《两地书》,《鲁迅全集》第11卷,第550页;另一项来自于清华大学,见吴学昭《吴宓与陈寅恪》,第39页。
[7] 《中国国民党第一次全国代表大会第二次全会宣言》,《中国国民党第一次全国代表大会史料专辑》(台北,1984年),第113—124页。

1927—1928年间国家的统一，国民党高层的政治、教育和文化政策严重地偏离了声明。这使傅斯年感到绝望，因为他失去了二中选一的唯一可能。他拥护国民党的决定由二者中选择更好的变成了选择相对不那么坏的。

1929年，傅斯年将史语所迁到北平，在那里，他将全部精力投入到学术研究中。虽然他居住在前北洋军阀的中心北平，他从不承认北洋军阀的残余势力可能成为领导中国的候选人。尽管如此，他继续批评和谴责蒋介石及南京政府的腐败和独裁统治。[1] 傅斯年对蒋介石感到十分失望，批评他只派他在黄埔军校的学生管理新吞并的疆域。他说，年轻人感到非常不满，因为他们眼见黄埔系的"饭桶"和"废物"占据了几乎所有的高层职位。"除非人民是圣人，"傅斯年叹息道，"在这样一个腐败的时代，他们除了隐居之外，能做些什么呢？"

1931年中原战争爆发时，傅斯年十分沮丧地写到，这件事让"中年失望，自甘于颓废；青年失望，极端的左倾"。他承认自己也极端失望，以至于开始转向与现代社会几乎无关的学术领域寻求逃避和解脱。[2] 国民党在1928年开始了它的"训政"时期，傅斯年抱怨说，党的品质如此低下，何以担当训导人民的重任。

尤其令傅斯年感到失望的是蒋介石处理九一八事变的态度，及随后东北落入日本人的手中。他痛苦地写到，国民政府应该向全国道歉，军阀应当承担更多的责任。令他特别不满的是国民党对日本步步退让的外交政策。在1934年国民党政府抗议日本扶助的伪满傀儡政府成立时，由于害怕激怒这个侵略国，在官方文件中竟然不敢提及"日本"这个名字。[3]

---

[1]《全集》，第1616、1696、1723、1726页。
[2]《全集》，第1725—1726页。
[3]《全集》，第1681页。

但尽管如此，傅斯年仍然相信国民党是当时中国唯一可行的领导者。北洋系、安福系、研究系和政学系，没有一个能真正胜任领导中国的艰巨任务。对他而言，中国最大的悲剧就是国民党不能改善自身，又不存在其他可能的选择。[1]

但是政治选择的有限并不构成逃避所有政治选择的借口。民族危机使傅斯年感到寝食难安，他决定支持一个相对有效的政权以领导全国抵制外国入侵。他相信："虽有一个最好的政府，中国未必不亡；若根本没有了政府，必成亡种之亡。"[2]傅斯年把国家统一看成首务。他的逻辑是，如果国民党政府失败了，中国会没有政府，全国就会被征服。[3]在他的思考中，国民党中只有三个有势力的人：胡汉民（1879—1936）、汪精卫和蒋介石。但是胡和汪或不够资格，或没有权力，故只有蒋介石能担任领导。在这一推断的基础上，他寄希望于蒋介石，并反对任何形式的分裂主义。[4]

傅斯年在1936年曾坦言，他宁愿生活在独裁统治下，也不愿意看到中国被日本占领。[5]这解释了为什么在1934—1935年关于民主和独裁的争论期间，他既不支持主张独裁的好友蒋廷黻，也不支持主张民主的胡适。作为《独立评论》杂志的创建人之一，他没有发表一篇与这次论争相关的文章。这种反常的冷漠表明傅斯年对双方的立场都不满意。

但是为什么傅斯年不将中共作为选择之一呢？直到20世纪30年代，他才开始意识到中共有一天会成为不容忽视的政治力量。此外，在他一生中，傅斯年从未放弃他的想法，那就是中共是苏联宰制中国的工具。这主要根据他对鲍罗廷（1884—1951）在广州滥用

---

[1]《全集》，第1613页。
[2]《全集》，第1612页。
[3] 同上。
[4]《全集》，第1724—1728页。
[5]《全集》，第1752页。

权力的观察。作为一个强烈的民族主义者,他发誓反抗被任何外国所利用。傅斯年对中共的个人反感源于1927年下半年由共产党员张太雷发动的广州暴动。在这次骚乱中及其后,成千上万的人被杀,他自己也几乎被激进的共产主义者处决。[1]基于在广州血腥经历留下的印象,他甚至宣称他不能与中共生活在同一社会里。[2]在1930年下半年,傅斯年甚至对他的中共朋友说:"你们共产党人要杀我很容易,要我瞧得起你,则万万做不到。"[3]他还断言"阶级斗争"只是中共用来掩盖它对权力无止境贪欲的托词,这种对权力的贪欲利用了以下八种仇恨:

一、中国人恨外国人;

二、无钱的恨有钱的(傅斯年也恨富人,但是他反对中共解决财富分配不平等的残酷措施);

三、老百姓恨官吏委员;

四、一种职业中的不行者恨同职业的行者(傅斯年说这在学术界是普遍的,但是中共为那些在其他领域受挫的人提供了一条出路);

五、薪水少的恨薪水多的,不出名的恨出名的;

六、乡下人恨城里人;

七、儿子恨父亲;

八、青年人恨老年人。

傅斯年相信,中共善于利用人们潜意识中的情感,人们易于接受任何将他们的仇恨和报复愿望正当化的理论。在他看来,"阶级斗争"理论恰好提供了这样的出路。[4]

但是不论他对哪一方最少厌恶感,在知识分子边缘化之后,知识分子扮演的传统政治角色已经被降低了。

---

[1] 傅乐成:《梦里的典型》,《时代的追忆论文集》,第203页。

[2] 《全集》,第2160、2070页。

[3] 《全集》,第2073页。

[4] 《全集》,第1992—1995页。

在1925年国民党重新组建期间,特别是其北伐战争胜利后,党员形成了政治权力的核心梯队。"党"成为流行词汇,大多数党员,不论是非知识分子或半知识分子,很快地取代了传统士人成为政治权力的核心。这种现象发生到如此程度,以至于底层的地方党员都有足够的权力给当时最著名的知识分子胡适找麻烦。[1]

无论是否从政,知识分子都是政治世界中最无根基的群体。他们大部分都既不容于国民党也不容于共产党这两个集团性党派。他们几乎没有空间来发展他们的权力基础,故他们在现代中国的政治地位与中国传统一起瓦解。

不论毛泽东或蒋介石吸收了多少五四青年,他们中的大多数人都不受两党党员的欢迎。在国民党中,许多保守的党员认为新文化运动传播了中国共产主义的种子。甚至在1950年傅斯年任台大校长时,前共产党人任卓宣(叶青,1896—1990)还指控他包庇共产分子。[2]党员们相信只有一党独裁能动员必要的人力和物力资源以拯救国家,当此之时,五四青年们都反抗他们的政策。另一方面,中共后来攻击新文化运动为资产阶级运动,并对很多五四青年支持蒋介石一事感到失望。因此,20世纪20年代后,五四青年在政治上处境尴尬。

当民族危机恶化时,傅斯年对蒋介石的批评减少了。当南京政府要求史语所从北京迁到上海(1933)后来又迁到南京(1934)时,傅斯年留在北京达两年,并在北大上课。直到1936年他才迁往南京。那一年的12月,蒋介石被张学良(1901—2001)绑架,傅斯年写的一张传单标志着他对蒋介石的支持达到顶点。

西安事变的消息激发胡适和傅斯年写了两篇充满激情的文章谴责张学良。文章被印成传单由飞机散发到西安地区,傅斯年在传单

---

[1] 余英时:《中国知识分子的边缘化》,《二十一世纪》6(1991年),第15—25页。
[2] 《全集》,第2161—2162页。

1936年1月28日,移家南京,告别北平北海时所摄。北海静心斋原为史语所办公处所。左二稍上者为傅斯年,左三为陈寅恪

中强调蒋介石此时对全国有无可比拟的重要性,他的安全关系中国国运;所以,营救蒋介石是当前全国第一要务。[1]传单用第一人称复数的"我们"写成,张学良被称为"贼种"。[2]但是应该注意到,在同一传单里,他也批评了蒋介石建构军事封建主义并拖延政治改革。[3]

尽管南京政府连连失败,但日本的侵略迫使胡适和傅斯年对南京政府更加宽容。胡适曾经可能有些揶揄地评价道,蒋介石生平不曾梦想过民主,应该送入村塾去重新读书。但胡适在1937年"七七事变"之后承认,"时代已变,已无反对政府之余地"。[4]

---

[1]《全集》,第1754—1755页。
[2] 同上。
[3]《全集》,第1764页。
[4] 胡适:《人权论集》(上海,1930年),第30页,也见于耿云志:《胡适年谱》,第165页。

第六章　一个五四青年的晚年

卢沟桥事变之后,日本加速了侵华步伐,自由主义者失去了他们批判政府的高贵道德立场。傅斯年很快被邀请到南京向蒋介石提供处理对外事务的意见,后来又被蒋介石选为国民参政会参政员。[1]

正如我们所看到的,与政治保持一定距离是五四一代中国自由主义者的一个主要特征。这一代的自由主义者相信,为了确保中国有一个更光明的未来,应该赋予文化和学术工作更重要的地位。然而,随着民族危机的恶化,他们很快发现难以继续坚持以前的信仰。令胡适感到惋惜的是,随着亡国危机的日趋严峻,政治现实迅速淹没了五四运动的文化理想。尽管蔡元培坚持"学术救国之路",这种变化还是发生了。[2]许多知识分子对能否为处于危难中的祖国做些实质性的贡献而感到痛苦。[3]九一八事变给这些学者提出了严肃的问题,卢沟桥事变使这些问题和疑虑更加迫在眉睫。

长久以来,傅斯年和史语所因为不关心社会需求——如果不是政治现实——而受到批评。史语所成员的私人通信中频繁出现对其研究没有现实意义的忧虑。在一通信函中,李济说:九一八事

---

[1]　蒋介石让王世杰邀请傅斯年出席这些会议。见"傅档",Ⅲ—1439,王世杰给傅斯年的一封信。

[2]　《蔡元培先生纪念集》(北京,1984年),第2页。

[3]　关于学术与政治之间的紧张状态,参见余英时:《五四——一个未完成的文化事业》,《文化评论与中国情怀》(台北,1988年),第65—72页。传统学者钱基博(1887—1957),甚至开始研究中国传统的军事谋略。见吴忠匡:《吾师钱基博先生传略》,《中国文化》4(1991年),第190—198页。

变后，我们常常自省：当前，我们做的工作是枉费吗？[1]但是他可以确定："虽然民族正经受国难，我们应该继续我们原初的项目。我们认为这是为国家作贡献的最好的途径。"[2]不过，他又说，"如果需要，我们任何时候都能拿起武器同敌人战斗"。李济的坦言集中体现了许多知识分子的焦虑。参加安阳考古发掘的考古学家郭宝钧（1893—1971）坦承，在这样的时刻，学术研究只是"无用的装饰物"。[3]安阳发掘的另一个参加者尹达（刘燿）甚至秘密跑到延安直接参与政治活动。[4]

同许多知识分子一样，傅斯年也无法缓解因罪恶感而致的巨痛。他在一封给朋友的信中坦白说，在这样一个民族危难的时刻竟然坐在家里读古书，使他产生一种极端的罪恶感。但是他很快发现，除了读古书他不能做任何更有益的事情，因为他不能像年轻人那样拿起武器。[5]翁文灏（1889—1971）——一个杰出的地质学家和高官，也向傅斯年吐露心声，表达对地质研究的失望，因为这几乎不能对国家做任何贡献。这一让人绝望的战争迫使学者们向自己提出最根本的问题：他们工作的实际用处何在？[6]

在傅斯年生命的最后十五年中，源于思想的内在紧张成为一种主要的动力，几乎驱使他放弃学术工作而投身于各种各样的国家事务中。傅斯年稍后回忆道：

---

[1] 李济：《安阳最近发掘报告及六次工作之总估计》，《李济考古学论文集》上册，第139页。
[2] 同上书，第131页。
[3] "傅档"，Ⅲ—693，郭宝钧给傅斯年的一封信。
[4] 杨向奎和张政烺：《悼念尹达同志》，《历史研究》1983年第五期，第73—77页。
[5] "傅档"，Ⅰ—57。
[6] 史语所的一些成员甚至计划加入游击队。但是对民族危机也有其他一些反响。例如，史语所的一位优秀成员李方桂在一封信中说："我们的国家要被征服了；我们应该立刻将我们的全部精力投入到研究工作中去。"见"傅档"，Ⅰ—1656，傅斯年给胡适的一封信。

> （我）心地十分淡泊，欢喜田园舒服，在太平之世，必可以学问见长……我本以不满于政治社会，又看不出好路线来之故，而思遁入学问。偏又不能忘此生民，于是，在此门里门外跑去跑来，至于咆哮，出也出不远，进也住不久。[1]

在这之后，傅斯年再也没有出版过任何严肃的学术研究著作。

如前所述，抗日战争爆发后，南京政府立刻召集傅斯年参加国防参议会。战争迫使史语所将成千上万箱的书籍、实验器材、考古发现和人类学资料从南京转移到长沙。后来，为了躲避日军的空袭，史语所又极度艰难地取道越南迁到云南昆明。史语所在昆明停留了九个月之后，又不得不于1938年10月再次迁到昆明郊区。

1940年11月，傅斯年决定重新找寻一个地图上没有名字的地方，这样日军的飞机就不能向那里投弹。[2]他因而选择了一个偏远的村庄——四川省南溪县的李庄。李庄地处山中，在空中看不见。另外两个研究所也跟随他迁往这一地区。傅斯年用十分简陋的运输工具搬运研究所如此庞大的财产的才能，使他赢得了"搬家先生"的绰号。[3]他能够完成这些后勤工作，得益于他个人的毅力和私人关系，这使他能得到足够的运输工具。[4]

在战争年代，史语所的藏书是整个西南地区唯一的大型图书馆，这对许多人文学者而言是莫大的帮助。[5]故事在十年后重演，当同一批收藏成功地转移到台湾后，再次成为历史研究的主要资源。

---

[1] 给胡适的一封信，1942年，"傅档"，Ⅰ—1676，傅乐成：《傅孟真先生年谱》，《全集》第7卷，第2647—2648页。
[2] 邓广铭：《回忆我的老师傅斯年先生》，《傅斯年》，第5页。
[3] 见《史语所发展史》，第355—379、406—423页。
[4] 同上。
[5] 同上书，第434页。

1937年12月史语所同仁在长沙圣经学校的合照。前排右起吴相湘、傅斯年、岑仲勉、全汉升,后排右起姚家积、劳榦、陈述、王崇武

1938年10月，史语所迁至昆明郊外。此照摄于昆明龙泉镇龙头村。左二为傅斯年，右四为夫人俞大綵

1940年冬，史语所再迁至四川南溪县李庄，图为李庄板栗坳—牌坊头，史语所大餐厅所在地

李庄板栗坳—新房子，史语所历史组所在地

李庄板栗坳—田边上，史语所图书馆、语言组、民族学组所在地

李庄板栗坳—戏楼院，史语所考古组所在地

将北大、清华和南开这三所中国最有名望的大学合并为西南联大，也出于傅斯年的建议。[1]西南联大成为战争年代最重要的教育机构，成千上万的学生和教授从中国北方步行或乘坐交通工具到达昆明，继续他们的学习和研究。

政府不端行为的批判者

在这八年里，傅斯年既担任史语所所长，也是国民参政会参政员。在参政会上，他积极反对政府的腐败和不端行为，他也阻止任何与他的"现代科学精神"的理念背道而驰的动议，如复兴传统的中医学；[2]这些议案都肇始于民族危机，试图复兴国故的价值以确认中国性（Chineseness）。[3]他对政府不端行为充满火药味的批判使他赢得了"傅大炮"的绰号。

傅大炮尤其因他对两位行政院长的攻击而著名，并最终促使他们辞职。孔祥熙和蒋介石都娶了宋查理（宋嘉树，1864—1918）的女儿，两人因此成为亲戚，孔祥熙也成了蒋介石的亲信。虽然孔祥熙受的是彻底西化的教育，他仍旧十分成功地通过培植传统的私人关系而扩大其权力基础。他不通过正常程序就直接任命其党羽担任要职。1933年11月，孔祥熙接任妻弟宋子文（宋嘉树的儿子，1894—1971）的国民政府财政部长一职。宋子文从1928年开始几乎一直担任着这个职位。在任职期间，孔祥熙进行了几项主要的财政改革。1938年，他继蒋介石、王宠惠（代理）之后被任命为行政院长。几个月后，傅斯年开始与蒋介石私下联络，表示孔祥熙完全不能胜任他现

---

[1] "傅档"，I—1130，杨振声（1890—1956）给傅斯年的一封信。
[2] 一个著名例子是傅斯年反对孔庚（1871—1950）提倡中医的议案。傅斯年的反对激怒了孔庚，后者骂了许多粗话。这次事件险些以决斗告终。见傅乐成：《傅孟真先生年谱》，《全集》第7卷，第2652页。
[3] 例如，蒋介石在重庆宣讲宋明理学。见钱穆：《八十忆双亲·师友杂忆》，第218页。

抗战期间在重庆或李庄时拍摄

在的职位。并两次向蒋上书，指控孔祥熙犯下贪污、渎职、非法任命、擅权、自夸等各种错误。[1]孔祥熙很快得知了傅斯年的弹劾，导致他们之间的关系非常紧张；一度为了报复傅斯年，孔祥熙甚至试图缩减中央研究院的预算，并将中研院的地位从隶属于总统府的机构降低至隶属于孔祥熙领导的行政院的机构。[2]直到国民政府另一位实权人物朱家骅担任了中央研究院的总干事，中研院才免于这场灾难。

孔祥熙的文化政策也大大激怒了傅斯年。在即将接任行政院长时，孔祥熙开始努力将他的势力范围扩大到文化领域。他有一次在教授集会上演讲，认为知识分子的各种意见如果与政府的政策相抵触，是很不适当的。傅斯年认为这个演说毫无道理。[3]

尽管孔祥熙的腐败广为人知，引起全国的讨论，但并未遭到反对，因为没有人敢对此做什么。[4]但傅斯年是个例外，他连续向蒋介石上书，提醒他孔祥熙的行为危害了蒋介石的声誉和国家的力量。他告诉胡适，"为了保护蒋先生的（声誉），我敢于起来反抗他（孔祥熙）"。[5]傅斯年开始从内心感到国民政府像一个不能自己站起来的巨人，蒋介石和他的党没有潜力进行改革并恢复活力。傅斯年的私下上书没有能说服蒋介石和他的国民党除掉孔祥熙这个肿瘤。极度的沮丧使傅斯年决定公开攻击孔祥熙。

---

[1] 这两份上书的手稿收录于"傅档"，I—45、48，都写于1938年。傅斯年将这两份上书寄给了胡适，收入《胡适来往书信选》下册，第604—612页。

[2] 关于这一插曲的几封信见"傅档"，I—92、IV—219，王世杰给傅斯年的两封信；IV—169，蔡元培给傅斯年的信。

[3] 冯友兰：《三松堂自序》第1卷，第102—103页。

[4] 马寅初（1882—1982）曾经清楚地表达他对孔祥熙的失望，这使他陷入麻烦。见叶元龙：《重大校长叶元龙亲历马寅初事件》，《传记文学》第三期（1992年），第67—70页。

[5] "傅档"，I—48，傅斯年给胡适的一封信。

1943年，财政部决定向公众出售五亿美金美国贷款中的一亿美金。对于像中国这样贫穷的国家而言，这是一笔巨款。在极度通货膨胀时期，美金构成了稳定的保证，使人民得以保持其财产不贬值。但不久后，孔祥熙及其党羽向公众宣称这笔美金已经卖完。人们认为孔祥熙及其党羽已经秘密地买下了美金的一半，并以高出原价五倍的价钱将其卖出。许多人知道这件事，但是苦于缺乏证据。 最后，国库局负责出售这笔资金的几名下级官员，给傅斯年寄去了该局的几页账本，表明孔祥熙的一个亲信，中央银行国库局长吕咸，大肆贪污并参与了"侵吞"这笔美金。[1]这一难逢的机会令傅斯年欣喜若狂。在1945年7月的国民参政会上，他提出一个议案。 听到这个消息，蒋介石的参谋主任陈布雷（1890—1948）和国民参政会的秘书长王世杰（1891—1981），两人都是傅的好友，都极力阻挠这一动议。他们劝告傅斯年向蒋介石私人上书，而不是将这个丑闻公之于众，以招致美国和中共的攻击。[2]陈布雷和王世杰可能也试图让当时在美国的胡适说服傅斯年撤回议案。傅斯年很快就收到了胡适的电报，劝他停止攻击，但是这无济于事。[3]他敏锐地意识到蒋介石与孔祥熙的密切关系，并想起了前几年他私下里向蒋介石弹劾孔祥熙的失败经历。他在国民参政会开幕式上公开批判孔祥熙，并向吕咸发起挑战，表示愿意与他对簿公堂。由于害怕孔祥熙的党羽会偷窃他的证据，傅斯年将它放在一个小皮箱里，白天随身携带，晚上则当枕头。[4]傅斯年的发言使全国震惊，最高法院检察总长郑烈（1888—

---

[1] 证明吕咸腐败的几份账目现存于"傅档"，无编号。
[2] 岳玉玺：《国民参政会期间的两件事》，《傅斯年》，第164—165页。
[3] "傅档"，I—1655，胡适也在他的日记中记载了这一事件。见《胡适的日记》，1939年11月26日，无页码。
[4] 见傅乐成：《傅孟真先生年谱》，《全集》，第2653页。

1958）还请傅斯年把证据给他，以进一步调查。[1]许多有关孔氏集团腐败的有力证据潮水般涌进他的信箱，[2]使他能够提出几份进一步的议案。

得知孔祥熙的腐败已经招致美国政府的愤怒后，蒋介石终于决定罢免孔祥熙。他甚至告知傅斯年，对他的勇敢行为表示赞赏。[3]他给妻子的信中写道，"把老孔闹掉，我已为满意"；他自述："闹老孔闹了八年，不大生效，这次总算被我击中了，国家已如此了，可叹！可叹！"[4]

最后，孔祥熙辞去了三个职位：中央银行总裁（他已经担任了十二年）、财政部长（十一年）和行政院副院长、院长（十一年）。

1945年5月，国民政府宣布召集国民大会的单方面决定，导致国民党和共产党之间的关系非常紧张。傅斯年、黄炎培（1877—1965）和其他四名代表预见到战争很快就要结束了，于是建议蒋介石召集政治协商会议，蒋介石接受了这一建议。

为了确保中共同意参加这次会议，傅斯年和其他几名代表访问了中共的根据地延安。接到延安的邀请信后，傅斯年一行于1945年7月1日飞向这个小城进行为期五天的访问。在那里，他们与毛泽东达成了两个协议：第一是停止单方面的国民会议，第二是召集一个政治协商会议。这次出使成功地促成双方进行重庆谈判。日本

---

[1] "傅档"，Ⅰ—688，郑烈给傅斯年的一封信。
[2] 例如，"傅档"，Ⅰ—628，来自于国库局的一名雇员的信。"傅档"，Ⅰ—617，化名王隐名的人的一封信。"傅档"，Ⅰ—616，另一个匿名者的信。"傅档"，Ⅰ—614，一个自称是容芳的人的信。"傅档"，Ⅰ—626，朱自清（1898—1948）的一封信。
[3] 在给夫人俞大绛的一封信中，傅斯年说他后来遇见蒋介石的时候，蒋介石赞同他的行动。"傅档"，Ⅰ—1298。
[4] "傅档"，Ⅰ—1298。这次英勇的作为得到很多人的称赞，例如，一封来自吴名达的信赞扬傅斯年"为四亿五千万人请命"，"傅档"，Ⅰ—387；一位自称明心的人在来信中把傅斯年和明代著名的清官海瑞相比，"傅档"，Ⅰ—723。

投降后,国民党与共产党的首脑举行了十三天的会谈。[1]

傅斯年还在北大当学生时,就认识毛泽东。那时,傅斯年已经是学生运动的杰出领袖,而毛泽东仅仅是一个图书馆管理员,经常无缘参与傅斯年和罗家伦组织的讨论团体。但是当他们此次再度相遇时,可能是三十年来第一次相遇,毛泽东已经成为与国民政府对抗的主要势力的领导人。应毛泽东之邀,他们彻夜畅谈。傅斯年发现毛泽东对各种下层小说很熟悉,这使他能理解下层社会人民的心态并利用他们的情感。他觉得毛泽东像小说《水浒》里的主要人物宋江,是一个反叛者的领导。[2]在某方面,毛泽东和傅斯年都有叛逆的天性。五四运动期间,傅斯年是反抗军阀的领袖,但毛泽东已经成为反抗国民党的领袖。傅斯年承认自己只是一个像陈胜(?—公元前208年)或者吴广(?—公元前208年)一样的小造反者,而毛泽东是像刘邦(公元前206—前195年在位)或者项羽(公元前232—前202年)一样的大造反者。受到这一点的启发,在傅斯年离开延安的时候,毛泽东为傅斯年亲笔书写了唐代诗人章碣的一首诗,这首诗

---

[1] 对于这次会谈的一项简短描述,见郭廷以:《近代中国史纲》(香港,1986年,2卷本)下册,第720—726页;又见余湛邦:《毛泽东主席在重庆谈判期间》,《重庆文史资料选辑》24(1985年),第152—174页。访问之前,1945年6月2日,傅斯年同其他六名政治领袖一道敦促当时的美国驻中国大使赫尔利帮助中国人统一国家。见 "The Ambassador in China(Hurley)to the Secretary of State, June 28, 1945," *Foreign Relations of the United States*, *1945*, Vol. 7(Washington, D. C., 1969), pp. 424 – 425(《驻中国大使(赫尔利)致国务卿,1945年6月8日》,《美国对外关系,1945》,卷7,华盛顿,1969年,第424—425页)。傅斯年访问延安后,据赫尔利报告说,傅斯年告知美国人,形势"充满希望","但是他既不悲观也不乐观",见 "The Ambassador in China(Hurley)to the Secretary of State, July 7, 1945," in ibid., pp. 428 – 429(《驻中国大使(赫尔利)致国务卿,1945年7月7日》,同上书,第428—429页)。

[2] 傅斯年保留了一些这次访问的文件,见"傅档",I—156、158、164、165、175、627、633、IV—379。但是那些记载过于零碎。这次旅行的描述,见黄炎培:《延安归来》,《国民参政会资料》(四川,1984年),第463—506页。关于傅斯年在延安的其他活动,见左舜生:《近三十年见闻杂记》(香港,1954年),第87页。有关这次访问的其他资料,见《国民参政会资料》,第451—462页。

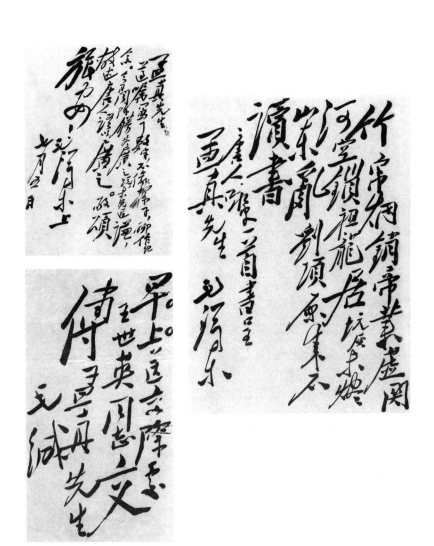

毛泽东书赠傅斯年

的最后一句是毛泽东本人的写照:"刘项原来不读书。"[1]

两个五四青年选择了不同的道路:一个成了学者,另一个选择了"不读书"而成为国民政府的政治对手。三年之后,当毛泽东谴责傅斯年是战犯之时,他们之间的分歧发展到了极致。[2]

对民族往昔的两难心理

傅斯年极不情愿放弃反传统的理想。抗日战争期间,一些五四青年推崇民族的过去,有人甚至以《我相信中国》为书的题目。[3]傅斯年则仍被爱国主义与反传统主义这对立的两极所撕扯。他似乎经常在这两极之间徘徊,不能将自己从随之而来的痛苦中解脱出来。他有时在公开演讲中坦承中国拥有光辉的往昔,然而他从不发表这些演讲的记录。[4]人们不时要求傅斯年开讲座,通过诉诸民族尊严感来唤起同胞的精神。我们发现,有几次傅斯年向公众表达了一些对中国往昔的信心,然而他极少提及被认为缺乏光辉的现代中国史。他总是以讨论一些有纪念意义的事件或英雄人物来结束他的讲座,以激励听众进行抗日的"圣战"。尽管傅斯年在理智上能说服自己,反传统主义最终仍服务于爱国主义,但他内心的紧张仍很强烈。当战场上充满了血与火时,民族认同感的需求得到凸显。"中国性"这一主题本是一个先于战争的学术问题,却被转化成为动员人民为民族生存而战斗的武器。

---

[1] "傅档",Ⅰ—38,这首诗与一封短信,写于1945年7月5日。章碣的诗见于《全唐诗》(北京,1960年,12卷本)第10卷,第2650页。
[2] 在《丢掉幻想,准备斗争》中,毛泽东宣称傅斯年与其他人是战争罪犯,见《毛泽东选集》(北京,1966年),第1374页。
[3] Vera Schwarcz, *The Chinese Enlightenment: Intellectuals and the Legacy of the May Fourth Movement of 1919*, p. 233.(舒衡哲:《中国的启蒙:知识分子和1919年五四运动的遗产》,第233页)
[4] "傅档",Ⅰ—708,一系列题为《中国近三百年来对外来文化之反应》的演讲记录。

国民政府的宣传机构曾委托傅斯年起草一部《中国民族革命史稿》（约写于1938—1939年间）。在这部书中他写道"中国民族，虽有时以政治紊乱故，顿呈虚弱之象……然其强而有力之潜伏性自在也"。[1]然而，他确实约束自己不要夸张。尽管要求不断，他还是从未完成这本书。[2]将这些评论与他在1927年的笔记本上匆匆记下的内容相比较，傅斯年显然已经发生了显著的变化。他在1927年的评论是："中国实非文明国。"[3]但在20世纪40年代中期，杰出的学者、反新文化运动杂志《学衡》的同情者汤用彤（1893—1964）给傅斯年写信，说他十分担心学识渊博的老学者弃世可能导致中国传统学术的断裂，傅斯年表示与汤有同感。[4]不到二十年前，他曾经尽一切努力想要终止传统学术，但是现在，他特别关心的正是传统学术命脉的延续。

　　但态度缓和并不意味着放弃，傅斯年仍然警醒地注目着伴随中日战争而兴起的"国粹"思潮。在各种各样的文章中，傅斯年提醒人民不要夸大民族往昔的光荣。他承认，面对这场战争，民族自信心是必需的。"但是"，他补充说，"与其自信过去，……何如自信将来，而一步一步的作我们建国的努力。"他警告人们不要"造些未曾有的历史奇迹，以掩护着夸大狂"。[5]他进而补充说，国粹确实能对民族感情起到积极作用，但是也不能无节制地发挥。[6]

　　战争期间，历史和政治间的紧张也时时浮现在傅斯年的脑海中。我以一件事情为例。当日本占领印度支那时，日本人试图劝说中国西南的少数民族，说他们实际上是泰国人，与汉人没什么民族

---

[1] "傅档"，Ⅰ—701。
[2] 傅斯年只完成了这本书的两个章节，包括大约两万字。他是在中日战争最黑暗的日子里写作这本书的。
[3] "傅档"，Ⅰ—433。
[4] "傅档"，Ⅲ—917，汤用彤给傅斯年的信。
[5] 《全集》，第1829—1830页。
[6] 《全集》，第1830页。

联系,并鼓励他们脱离中国政府。20世纪30年代后期,许多追随政府撤退到西南地区的知识分子发现那里的环境很适合做民族学研究,他们中的许多人第一次得以观察那里的少数民族,决定开发民族学研究的新领域。费孝通(1910—2005)组织了西南民族学会,顾颉刚对这些民族的历史进行了几项研究,费孝通和吴景超(1901—1968)开展了一些人类学普查。他们发表了不少文章,揭示这些少数民族之间的多样性及他们与汉族的区别。

傅斯年旋即发动一场与顾颉刚、费孝通及吴景超的争辩,就其研究进行商榷。在争论中,傅斯年批评他们是"无聊"学者,假学术之名来"巧立民族之名,以招分化之实"。他提出,当全国受到敌人严重威胁时,当西南部中国被怂恿脱离中国时,所有中国人民应团结一心与日本作战,而学者们不应该提供一丝证据来帮助敌人劝说西南少数民族在"大泰主义"旗帜下叛乱。[1]他想要知道,为什么正当日本人在暹罗宣传桂、滇为泰族故居,鼓动其收复失地;英国人又在缅甸拉拢国界内之土司走向分裂之时,一些中国学者羁旅在此,仍巧立各种民族之名目并追寻其族源。傅斯年因而给顾颉刚写信说,他此刻更当尽力发挥"中华民族是一个"之大义,证明胡、汉之为一家。[2]他说,把闭户研究的结果发表在不能流行之学术刊物之上,自无不可,但若将其发表在普及刊物上而使其民众化,便极为不妥。[3]

---

[1]《全集》,第2451—2452页。傅斯年给顾颉刚的一封信;这封信的原始手稿收入"傅档",Ⅱ—143,《全集》,第2449—2450页。傅斯年给朱家骅和杭立武(1904—1991)的一封信;这封信的原始手稿收入"傅档",Ⅲ—1197。

[2] 与此同时,熊十力正进行一项计划来证明汉族和维吾尔族原来属于同一个族群。见熊十力:《玄圃论学集》(北京,1990年),第39页。

[3] "傅档",Ⅱ—147。这带给我们一个有趣的话题:在民族危机的年代,史家是否应该掩盖不利的事实?陶希圣相信,鉴于现实的政治情势,学者应该审慎掩藏一些历史事实。譬如,即使学者们可能认为中国是最落后的国家,他们的使命仍然是向其同胞宣传民族的光辉过去,以唤起他们的民族感情。见《胡适的日记》,1935年6月12日,无页码。

平抑昆明学生运动

日本投降之后，蒋介石考虑任命傅斯年为北京大学的新校长。在傅斯年本人请求下，蒋介石改变了想法，改任胡适为北大校长。由于多种原因，当时已解除驻美大使职务的胡适仍滞留在美国，并没有马上宣誓就任。[1]傅斯年热情地劝说胡适接受北大校长一职，在此空位期，他被任命为北大代理校长。当时的北大仍然是昆明西南联合大学的一部分，正等待着回到北京的校园。没多久，傅斯年就为昆明的一场大规模学生运动所震惊。

昆明学生运动被认为是促成中共胜利的主要事件之一。这次事件标志着自由主义左派与政府的高压文化政策之间形成的长期对抗。[2]

在美国1941年加入太平洋战争后，国民党对知识分子的政策发生了急剧的变化。此前，知识分子全心全意地与政府合作反抗外国侵略。在民族生死存亡的紧要关头，政府也竭力团结每一个人抗击日本人。民主在这几年中风头甚健。中国人将美国加入太平洋战争看作是盟军最后胜利与中华民族生存的保证。有了这一保证，政府加强了文化控制，而知识分子重新开始对政府的批判。国民党的思想控制政策是一个疏远知识分子并因此促使他们转向左派的重要因素。蒋介石政府与知识分子之间的争执导致了大量骚乱。蒋觉得政府对知识分子的政策太宽松，而知识分子则认为政府过于严苛。虽然政府的文化政策并未有效落实，也从未成功地执行，但仍然激起了知识分子和青年学生的巨大敌意。[3]

---

[1] 胡适卸任大使后，对政府高层官员很不满，因此拒绝接受任何政府任命的职位。至于北大的校长，蒋介石首先希望委任傅斯年，但傅斯年认为胡适是最合适的人选，他承诺在胡适上任前担任代理校长。参见耿云志：《胡适年谱》，第181—184页。
[2] 参见冯友兰：《三松堂自序》，《三松堂全集》，第102—107页。
[3] 徐复观：《中国思想史论集》（台中，1968年），第230—231、247—249页。

由于有着美国空军基地，又远离重庆，昆明仍保留着民主的气氛。那里的知识分子可以相对自由地表达他们的不满。随着战争结束，学生们有了解脱的感觉，他们终于能够返回北京了。但是抗日战争结束后很快爆发了内战，西南联大的学生被迫在昆明再等待十八个月才能返回故里。在当地驻军将其控制延伸到校园时，他们对政治环境极端失望，冲突接踵而至。

　　1945年12月1日，左派学生举行公开集会谴责国民党的腐败和不当统治，同时他们也感觉国民党应该承担内战爆发的责任，悲剧就在此时发生。驻军司令邱清泉（1902—1949）派遣一队士兵冲进大厅，以手枪及手榴弹袭击，致使四名学生死亡，二十五人受伤。[1]学生与教授立即群情沸腾；他们决定联合罢课，呼吁惩治这次屠杀的罪魁祸首，并公布这场悲剧的真相。因为政府此后只做出微小让步，双方陷入僵局。作为北大的代理校长，傅斯年自然地成为西南联合大学的三个行政首长之一。故蒋介石邀请他来解决这一事件。这是一项十分棘手的任务，需要非常干练才行。[2]

　　在通过谈判劝学生返回课堂时，傅斯年对妻子坦承，这个任务是往火坑里跳。[3]作为五四游行的领袖，他的老朋友用这样的俗谚取笑他："请看剃头者，人亦剃其头。"[4]言下之意是，经过了三十年，当年的造反领袖如今已成压制学生运动的当局者。至少在左派分子眼里，傅斯年成为国民党的一个工具。左派分子中间滋生了大量对他的中伤。[5]

---

[1]　关于这次事件的起因与人员伤亡情况，见萧超然：《北京大学校史》，第364—378页。
[2]　蒋介石给傅斯年的一封信和傅斯年的回信的手稿收入"傅档"，无编号。蒋介石的信写于1945年12月7日。
[3]　"傅档"，Ⅰ—1297，傅斯年给他妻子的一封信。
[4]　傅斯年引用了冯友兰的话，见《全集》，第2061页，也见于冯友兰的《三松堂自序》，第328页。
[5]　见静翕：《为〈关于傅斯年〉补遗》，《文汇报》1946年11月10日。

最后通过许诺政府更多的让步,傅斯年劝服学生停止了罢课,他当年对孔祥熙的英雄式弹劾为他赢得了作为一个公平正直谈判者的信誉。他责怪了地方国民党部和军事领导,成功地呼吁蒋介石惩办几个罪魁祸首。结果,学生们答应恢复上课。但学生中间意见的分歧延缓了谈判的进行,而学生委员会的决定则随时变来变去。傅斯年向他的一个朋友透露说,他怀疑共产党学生可能在幕后操纵谈判。[1]在反复的僵持局面中,蒋介石曾经打算采用大规模逮捕学生的方法。[2]得知这一消息,傅斯年和清华大学校长梅贻琦(1889—1962)宣布,如果学生不接受解决方案,他们将马上辞职。傅斯年也设法召开了教师会议,决定所有的教师也都会辞职。[3]学生们同意结束抗议,恢复上课。美国领事给国务院的一份报告陈述说,傅斯年最终稳定了局面。在报告中,美国领事表达了他对傅斯年的介入感到安慰。因为,尽管傅斯年不是政府官员,但他具有处理这种局面所需的权力。[4]

这次事件让傅斯年十分痛苦。他悲伤地写道,五四运动期间,学生因民族主义而起来游行示威,而昆明的学生为中共所怂恿并受到苏联的资助。但是他也对国民党的罪魁祸首怀有一定的恐惧,宣称"李宗黄(1888—1978)该杀,邱清泉该杀……我对于李宗黄等之愤慨,不减他人"。[5]他为国家的命运哀叹,并预言一场熊熊的地狱之火将很快导致"玉石俱焚"。虽然他已经成功地挽救了一场政

---

[1] "傅档",Ⅰ—1332。傅斯年给朱家骅的一封密信表达了他的这种怀疑。其实从一开始到解决,中共党人都在插手这一事件。关于这一事件中来自共产党的指示,见萧超然:《北京大学校史》,第373、376页。
[2] 马亮宽:《请看剃头者,人亦剃其头》,《傅斯年》,第172页。
[3] 同上。
[4] 同上书,第174页。
[5] 同上书,第175—176页,傅斯年对李宗黄和邱清泉的愤怒也在他给朱家骅的两封密信中表达出来;见"傅档",Ⅰ—1326、1329。在前一封信中,傅斯年为警备司令关麟征(1905—1980)辩护,说他是无辜的。见"傅档",Ⅰ—1326。

治崩溃,但他仍感到无力无助,并对国家的前途深感悲观。

惩治汉奸

据说,得知日本投降的消息,傅斯年喝醉了,他游荡在重庆街头,亲吻他遇见的每一个人。短暂的庆祝时期之后是复仇时期,傅斯年很快进入行动,搜索曾在日本人手下服务的叛国者。他对汉奸的仇恨源自"忠"的传统观念,这是傅斯年内心世界的主导因素,尽管他在作品中几乎不曾提及。预见到战争即将结束,他在1945年的笔记中写了以"黑名单"为标题的如下评论:"谢国桢(1901—1982)是汉奸。"这是因为谢国桢曾经为一个日本人领导的编纂计划工作。[1]他似乎并不同情那些被迫在日本人控制下生活和工作的人,尽管国民政府已经撤退到西南地区去了。

在战争年代,日本军方在一些中国知识分子的帮助下改组了北大。傅斯年的政策是将所有在"伪北大"时期积极服务的教员驱逐出北大。曾担任伪北大校长的周作人立即给他以前的学生傅斯年写信,恳求让往事成为往事,但无济于事。[2]傅斯年也坚持认为,那些生活在日本占领区的师生应接受再教育,以便学习重做真正的中国人。然而,民族主义与政治现实之间存在着严重的冲突。国民政府和一些像傅斯年这样的知识领袖,感到有必要甄别出不忠诚者并再教育那些在大学和专科学校授课和读书的人,但是这一在战争结束时坚持推行的要求逐渐放松了。如果高等学校的教师都被停职,很难找到足够的教师来填补这些空缺。按照傅斯年的标准应该被再教育的学生数量也太多。在国民党和共产党互相斗争之时,得到学生的支持是重要的;反对国民党政府的学生运动已经太多,继续坚持推行忠诚或全民廉正活动显

---

[1] "傅档",V—8,1945年的一则笔记。
[2] 钱理群:《凡人的悲哀:周作人传》(台北,1991年),第210—211页。

然不切实际。因此,支持傅斯年的人越来越少,他变得相当孤立。

同样,当政府实施设立补习学校的政策以教育战争期间在日本人控制下的学校读书的学生时,因为缺乏教员,不得不聘请许多日本人管理的学校中的教授来这些学校任教。但傅斯年坚决认为他们全都应该离去。他的顽固不仅激怒了这些"汉奸",而且也激怒了掌握重新确立中国统治事宜的政府官员。

这种排斥政策也殃及他的朋友,如俞平伯和容庚(1894—1984)。在遭受傅斯年当面呵责后,容庚在报纸上发表了一个请愿书,呼吁对曾在日本人控制的北大服务过的教员实行宽大处理。傅斯年马上发表了两个声明捍卫他的政策,指出北大在1937年已经制定了一项政策,鼓励全体教员迁移到南方。而且,几乎所有的"伪北大"教员最初都不在北大教书,所以聘请他们是完全错误的。此外,傅斯年更相信,他的责任是坚定维护忠诚原则,以此为后代树立一个不折不扣的榜样。[1]这样做的同时,他心里可能想起他曾经说过的一些话:因为缺乏"国民训练",中国历史上不乏"各种各类的汉奸"。[2]曾供职于日本人控制下的数百名北大教员终被解雇。傅斯年相信,如胡适在战后立即担任北大校长,他不会如此坚定地驱逐这些不忠的教授。[3]

傅斯年的清洗运动也波及到有权势的政治人物。作为一个大学校长,出于对政治改革无效的愤慨,他以个人名义控告日本占领时期的北大校长鲍鉴清(1893—?)和支持傀儡政府的组织新民会副会长张燕卿(1898—?)。这些控告在华北引起了轰动。傅斯年惩治汉奸的声誉让人们相信,汉奸应该押送到他那里去拘禁。[4]

---

[1] 傅乐成:《傅孟真先生的民族思想》,《时代的追忆论文集》,第158页。
[2] 同上。
[3] 王云:《傅斯年与北京大学》,《傅斯年》,第99页。
[4] 例如,有一封实业家聂云台(1880—1953)给傅斯年的信,向傅斯年揭发他的服务于伪政府的一个亲戚,著名历史学家瞿宣颖(1892—?)就藏在他家里。见"傅档",Ⅲ—1123。后来傅斯年设法找到了一份瞿宣颖在日本人控制下工作的记载。见"傅档",Ⅲ—1265;呼吁起诉鲍鉴清的一份手稿仍然保留着,"傅档",Ⅳ—525。

1946年9月,傅斯年结束代理北大校长,欢迎胡适前来上任。右为胡适之子胡祖望

1946年夏季，胡适回国就任北大校长，同时傅斯年卸任。在他短暂的北大校长任期中，他在已有的文学院、理学院和法学院之外，增设了工学院、农学院和医学院。此后，到1945年冬，这位"搬家先生"又准备将史语所从四川搬到南京。

由于潮湿的气候和通货膨胀，战时史语所的成员在李庄的生活是悲惨的。然而李庄的生活消费比沿海地区低。经过了一年多的等待，史语所在1946年用两只船运送它的成员顺流而下抵达南京，成为中央研究院第一个回迁的研究所。[1]六年前，当史语所迁往四川安家时，是去一个生活相对便宜的地区。但这一次它却走向一个昂贵的城市南京。政府的"复员补助"尚且不够成员们购买基本的炊具和卧具。看到这一情形，傅斯年对史语所的前途感到极度悲观，并感觉到政治经济的完全崩溃已经逼近了。[2]

战争期间因为缺乏印刷的纸张，史语所成员的研究成果只有少数得以出版。史语所几乎被同行和世界普遍地遗忘了。1947年和1948年，尽管受到高度通货膨胀的影响，傅斯年仍弄到了大量的纸张，使史语所成员得以出版为数可观的研究成果。[3]

"清 流"

1947年，内战与物价的飞涨都达到了新的高潮。在1945年接替孔祥熙担任行政院长的宋子文被认为造成了经济衰退，由于他的错误政策及其小集团的惊人腐败。宋子文和孔祥熙既是亲戚又是对头，他们都是"皇亲国戚"。值得注意的是，在民国政府的历史上，除了蒋介石和汪精卫，1947年前，只有两个重要的行政院

---

[1]《史语所发展史》第八章，第1—24页。
[2] 同上。
[3] 包括十三期《集刊》、十三本专刊、四篇语言调查报告和两份考古报告。见同上书第八章，第39—46页。

长：孔祥熙和宋子文。他们都是大财阀，在北伐战争前后因资助蒋介石的军校生队伍而给他以极大的帮助。但是他们的不法行为和腐败的蔓延激怒了他们的同胞。中共出版了许多书籍谴责他们，事实证明这些宣传极为有效。[1]甚至在20世纪60年代，一位国民政府的支持者仍然相信，是孔祥熙和宋子文的集团摧毁了中国整个的中产阶级。[2]

傅斯年对孔祥熙和宋子文的攻击与左派的攻击不谋而合。国民政府的忠臣和蒋介石的敌人同气相求，当然对蒋介石的声誉造成了危害。

宋子文和他的前任孔祥熙一样，是一个受到彻底西化教育的银行家。傅斯年宣称，宋子文只有千分之一的血液是中国人。同孔祥熙和蒋介石的关系不同，宋子文与蒋介石从来就不和。[3]他从美国回来宣誓就任行政院长时引起极大的期待。人民期望他医治孔祥熙担任财政部长和行政院长期间遗留下来的经济痼疾。在宋子文宣布从人民的手里低价收购黄金的政策，因而招致众多非议的时候，傅斯年挺身而出，写了一篇有分量的文章来支持他的政策。[4]傅斯年相信，在民族危机时刻，人民应该对国家作出应有的贡献。然而不久以后，宋氏集团的腐败、渎职和擅权使许多人义愤填膺。1946年8月，宋子文决定从中央银行提出3.8亿美金公开出售，以稳定被通

---

[1] 如陈伯达的《中国四大家族》（香港，1947年）。康仲平的《论中国官僚资本主义》，《群众》38（1948年），第14—16页；39（1948年），第14—15页，以及经济资料社编《宋子文豪门资本内幕》（香港，1948年）。

[2] 徐复观：《是谁击溃了中国社会反共的力量》，《学术与政治之间》乙集，第1—14页。这是在台湾最广为人知的对于宋子文和孔祥熙的批评。

[3] 宋子文与蒋介石之间的紧张关系经常被论及。见 Parks M. Coble, *The Shanghai Capitalists and the Nationalist Government, 1927 - 1937*（Cambridge, Mass., 1980），pp. 109 - 115（科布尔：《上海资本家与国民政府，1927—1937》，剑桥，马萨诸塞，1980年，第109—115页）。

[4] 《全集》，第1848—1855页。参见程爱勤与李惠玲：《"倒宋运动"的主将》，《傅斯年》，第188—189页。

货膨胀控制的经济。有传言说宋氏集团购买了总数中的1.51亿，孔氏集团购买了大约1.8亿。人们相信这两个集团整整鲸吞了总额的整整百分之八十九。[1]

此外，宋子文实施一项新政策，进口重要物资必须申请许可证。由于宋、孔集团控制着许可证的颁发，他们垄断了物资的进口；其结果就像蒋介石1947年2月抱怨的那样，一磅烟草要花费一万元（中国货币）。这两项政策引起了经济灾难，上海和其他城市爆发了"黄金危机"，但是政府没有采取任何行动。傅斯年对此忍无可忍，"黄金危机"发生后，他立即发表了他的《这个样子的宋子文非走开不可》和其他两篇辛辣的文章。[2]报纸上出现了诸如"傅斯年要革命"一类的标题。[3]这三篇勇敢的文章受到普通民众的广泛欢迎，也使蒋介石立即改变了宋子文的政策。虽然蒋介石将通货膨胀归罪于中共，十五天后，宋子文还是下台了。[4]

支持傅斯年的信件渐渐堆积成山。"傅大炮"成为一个现代诤臣。许多国民党成员开始追随他的行动，一百个国民党核心党员被发动来呼吁惩罚宋氏集团。甚至连国民党的主要机关报《中央日报》也都呼吁消灭孔、宋集团。[5]

回溯过去，值得注意的是，在国民党的众多内部派系斗争中，至少有一种常态的对抗，即知识分子背景的人与买办阶级背景的人之间的争斗。[6]虽然将这两个集团的成员列举出来非常困难，

---

［1］　具体数目不能确定。这里我采用了当时人们普遍认同的数目，见《中央日报》（南京）1947年7月1日。

［2］　其他两篇文章是《宋子文的失败》，《世纪评论》1：8（1947年），第5—7页；《论豪门资本之必须铲除》，《观察》2：1（1947年），第6—9页。

［3］　这一标题见于《世界日报》1947年2月15日，见《胡适的日记》，1947年2月15日，无页码。

［4］　见《胡适的日记》，1947年2月17日，无页码。

［5］　参见程爱勤等：《"倒宋运动"的主将》，《傅斯年》，第192页。

［6］　这是一名高级官员程沧波观察到的，见程沧波的《再记傅孟真先生》，《傅故校长哀挽录》，第50页。

但一般都同意，宋子文和孔祥熙是买办阶级的首领，而朱家骅、胡适、傅斯年、蒋廷黻、王世杰、翁文灏、钱端升（1900—1990）、吴景超等人则属于知识分子集团。尽管知识分子集团的成员占据了一些高层职位，但他们时常被国民党内部各种派系所压倒。

譬如，在胡适担任驻美大使期间，国民政府在美国的真正代表实际是宋子文。他利用一切机会与胡适唱反调，总是在重庆与华盛顿的谈判中绕过胡适。孔祥熙、宋子文和王正廷（1882—1961）是抱怨胡适在美国"非外交"活动的三个主要阴谋人物，[1]这些抱怨最终导致了胡适的解职。[2]蒋廷黻也受到宋子文的骚扰，他给傅斯年写了许多发牢骚的信。[3]胡适告诉傅斯年，翁文灏担任行政院秘书长，却从未收到行政院长宋子文指派的任务。[4]傅斯年从他们的抱怨中得到的印象是，宋子文已将所有权力集中于他的派系而忽视了其他的内阁成员。[5]后来成为国民党组织部长的教育部长朱家骅，是傅斯年和中央研究院的主要庇护者，也被宋子文和孔祥熙所击败。[6]傅斯年并未实际在政府供职，因此不受任何官方制度的约束，然而他与所有被宋子文高压手腕刺痛的人有着密切关系，并且他敢于大胆地站出来抵抗宋子文这样居高位的人。傅斯年的这些攻击言行使他在中国人心目中成为一个"清流"代

---

[1] 傅斯年完全了解宋子文在解除胡适驻美大使一事中的关键作用。傅斯年也充分知道当时在美国的宋子文才是真正的驻美大使。譬如，时任胡适助手的钱端升在给傅斯年的一封信中抱怨说，胡适接收不到任何来自中央政府的消息。见"傅档"，Ⅳ—63。胡适在日记中也多次抱怨宋子文不尊重他的大使身份。见《胡适的日记》，1942年2月11日、1942年5月19日，无页码。
[2] 参见《胡适的日记》，1945年11月5日。
[3] 蒋廷黻有很多发牢骚的信。见"傅档"，Ⅰ—457、461、464。
[4] "傅档"，Ⅰ—1669，胡适给傅斯年的一封信。在这封信中，胡适强烈地谴责了宋子文。
[5] 同上。
[6] 关于宋子文与朱家骅之间的斗争，见傅斯年给他夫人的信。"傅档"，Ⅰ—1300。

表,[1]也就是公众生活中的清廉分子。

做一个"清流"成员决不意味着成为一个职业从政者。傅斯年说,他之所以介入政治,仅因他不能忘此生民之幸福,因此,他在学术之"门里门外跑去跑来"。但是他坦承,于此是出也出不远,进也住不久。[2]他知道他唯一真正合适的工作就是做谏臣,而不是高官。[3]吊诡的是,在一个政府逐渐失去正当性的时期,自由知识分子加入国民党政府很快便会失去青年的信任;而当他们在野时,反而得到更多的信任。这就是为什么他们中的许多人只是勉强地接受了政府的任命。胡适解除大使职务后,拒绝了任何政府职务的任命。[4]傅斯年也谢绝了国府委员、教育部长和考试院院长的职务。[5]对他们而言,帮助政府的最好位置是在政府之外。在20世纪40年代,他们注定只能占据一些不具实权的职位。

战争以及战后年代的活动令傅斯年筋疲力尽,他的慢性高血压更加恶化。1947年6月,在他对宋子文施以猛烈批评之后,傅斯年和家人赴美养疴。他大部分时间待在新港(New Heaven),也在哈佛大学的白利罕(Brigham)医院接受治疗。这是从他1926年

---

[1] 为了理解"清流",应该多从几个维度看问题。就傅斯年而言,"清流"不是没有个人偏爱。成为清流的一分子而不至于沦为一个烈士,需要强有力的庇护人。值得注意的是,第一个攻击宋子文的马寅初后来被逮捕了。但是傅斯年成功地避免了成为烈士的厄运。除了与蒋介石私交甚笃之外,傅斯年也很善于处理他的工作。譬如,他同时对蒋介石既赞扬又批判。
[2] 给胡适的一封信,1942年,"傅档",Ⅰ—1676。
[3] 傅斯年在给他妻子的一封信中,解释他为什么坚决拒绝官职的任命:"做个'一品大员'(国府委员),与那些下流同一起,实受拘束。……我不会没出息做官去。我不是说做官没出息,做官而不能办事,乃没出息,我如何能以做官'行其道'呢?""傅档",Ⅰ—1302。
[4] 胡适致傅斯年,"傅档",Ⅰ—1668,参见"傅档",Ⅱ—89,王世杰给傅斯年和钱端升的一封信。
[5] 当蒋介石希望任命傅斯年为国府委员时,他有些动摇。傅斯年坦率直言地拒绝任命导致他们长期以来的和谐友好关系趋向于紧张。但是他们不认为北大是政府的附属机构,部分是由于它处在北方,几乎超出了国民党的势力范围。见"傅档",Ⅰ—1681,胡适给傅斯年的一封信。

1946年春,蒋介石到北平,与傅斯年同游文丞相(天祥)祠,并在祠中正殿"万古纲常"匾额下合影

回国以来唯一的休闲年月。他制定了一个计划,阅读他这些年间没有时间阅读的所有书籍,常常读书到凌晨两三点钟。他的大部分注意力集中于马克思主义和列宁的革命策略,这是一个他曾经忽视的,然而在20世纪40年代已经至关重要的一个题目。他可能已经感觉到他疏于驳斥马克思主义在一定程度上致使年青一代受共产党的吸引。他决定回到中国后将其主要精力直接投入到把学术研究与现实世界的结合之中。1947年5月7日,傅斯年写道,他应该编一本社会学的刊物,写一部中国通史,并建立"傅斯年讲坛"。[1]

1948年春天,傅斯年在未列席的情况下被选为立法院委员。在没有通知他本人的情况下,提议傅斯年担任立法院副院长的议案得到三百多位立法委员的支持。[2]然而,这个提议没有成功。

傅斯年没有像预先计划的那样接受手术,他的健康评估报告相当乐观。[3]他不顾亲友们的反复劝告,选择了回国,而不是在美国做流亡者。1948年8月是国民政府处于极度危险的时候,在那时回国是一种少见的行为。[4]然而,他毕竟听从妻子的劝说,把他唯一的儿子留在了美国。[5]

傅斯年在美国的一年,是中共在内战中取得飞速发展的一年。到1948年中期,中共的军队在数量上已经几乎和国民党军相当。这一年

---

[1] "傅档",Ⅰ—1682。
[2] "傅档",Ⅰ—352,傅斯年收集的一份剪报。根据美国大使司徒雷登的观察,立法委员反对国民党的控制,他们想要击败另一个候选人、国民党中权力最大的派系领袖陈立夫(1900—2004)竞选副院长。然而,"陈立夫在第一轮投票中以343票对236票击败无党派候选人傅斯年。据说傅斯年所撰对蒙古人的攻击性文章是他失败的一个重要因素,致使大部分边地区人坚决地投他的反对票。"见"The Ambassador in China (Stuart) to the Secretary of State, May 18, 1948," *Foreign Relations of the United States*, 1948, Vol. 7 (Washington, D. C., 1973), pp. 239-240(《驻华大使(司徒)致国务卿,1948年5月18日》,《美国对外关系》1948年第7卷,华盛顿,1973年,第239—240页)。
[3] "傅档",Ⅰ—988,医生签名的医学报告摘要,然而,傅斯年被劝告不要再从事任何行政工作。
[4] 傅斯年唯一的兄弟傅孟博,写信给他建议他不要回中国。"傅档",Ⅳ—234。
[5] 俞大绛:《忆孟真》,《全集》,第2583页。

的岁暮，中共占领了东北和华北，西北地区也在中共控制之下。傅斯年回到南京时，政治形势的恶化使他感到极端痛苦。1948 年 12 月，当北京即将被中共军队占领时，傅斯年得到政府同意，派遣两架飞机营救北京那些想逃亡到南方去的杰出学者。然而，救援名单上的大多数学者对逃亡的邀请反应十分冷漠，他们中只有少数人实际登上了飞机。傅斯年在南京机场迎接飞机，据回忆，当他看到机舱里只有少得可怜的几位乘客时，失望地哭了。[1] 得知南京也很快将陷入中共之手，傅斯年携带了大量安眠药。听到他的两个老朋友陈布雷和段锡朋（1897—1948）自杀的消息后，傅斯年决定为"旧朝"献身。[2] 据说，多亏他妻子的干预，他才免于自杀。他把自己在一个小房间里锁了三天，反复背诵陶渊明（365—427）的一首诗。在亲眼目睹其所认同的国家覆亡之时，胡适和傅斯年同时想到了这首诗：

种桑长江边，三年望当采。
枝条始欲茂，忽值山河改。
柯叶自摧折，根株浮沧海。
春蚕既无食，寒衣欲谁待。
本不植高原，今日复何悔？[3]

除了对政权更迭的痛苦之外，有记载表明，胡适背诵这首诗来责备自己曾经忽视了引导青年人的工作。这一谴责表述在这两句诗中："本不植高原，今日复何悔？"胡适相信，如果在过去的几年中他没有过分沉溺于考证，而是更多地注意到普遍性的问题，青年人

---

[1] 李孝定：《逝者如斯》（台北，1996 年），第 65 页。
[2] 傅乐成：《傅孟真先生年谱》，《全集》，第 2667 页。
[3] 这是陶渊明的一首《拟古诗》，James Robert Hightower, *The Poetry of T'ao Ch'ien*（Oxford, 1970），p. 184（海陶玮：《陶潜的诗》，牛津，1970 年，第 184 页）。胡适也在他的日记里写下了这首诗。见《胡适的日记》，1949 年 1 月 2 日，无页码。

就不会被共产党的宣传所吸引。[1]

在这漫长的三天里，当傅斯年背诵这首诗时，他也感觉到仿佛他过去努力争取到的东西正在散去，这让他重新思考许多他曾经赞成的价值理念。但是，既然他"本不植高原，今日复何悔"?[2]

到1948年晚期，南京已岌岌可危，傅斯年宣布解散史语所。他感到悲伤的是，虽然他曾经希望将史语所转移到一个更安全的地方以延续国家民族的学术传统，但是他每况愈下的健康状况使他不能承担如此艰巨的任务。然而当史语所成员决定继续其工作时，傅斯年选择将史语所迁往台湾而不是其他被提议的地点。1948年末，史语所安全地转移到台湾。1949年1月，几乎在大批国民政府的军队被围困在徐州的同时，傅斯年被任命为台湾大学校长。后来，当国民政府的首都"摇摇欲坠"时，他已经身处台湾，并将全部精力献身于台大了。

在国民政府统治大陆的最后几年里，傅斯年被中共的宣传机构选为攻击的靶子。他对共产党的辛辣批判以及他在解决昆明学生运动中的角色激怒了中共，给他贴上了"反共反苏"的标签。他的反应是：我"受之无愧"。[3]傅斯年也成为中共报纸《文汇报》的主要靶子。[4]1949年8月毛泽东甚至斥责他是一名战犯。[5]

动荡年代的知识分子：在台湾和台大

在台湾，傅斯年以台大校长而著称，远胜于一位历史学家。直

---

[1] 胡颂平：《胡适年谱长编》（台北，1984年，10卷本）第6卷，第2065—2066页，几乎在他背诵这首诗的同时，胡适向美国驻华大使、燕京大学前校长司徒雷登承认，他疏忽了与共产党的斗争，并过分沉溺于研究工作。
[2] 傅斯年的失望在一篇文章中明显地流露出来，他埋怨左派学者故意迎合普通民众，从而拥有了非常广泛的学术之外的读者，而更客观的学术工作却没有吸引到广大的读者。见《全集》，第2089页。
[3] 《全集》，第2160页。
[4] 《全集》，第2072页。
[5] 马亮宽：《彷徨徘徊念故土》，《傅斯年》，第197页。

到今天，在台大的任何一个民意调查中，他仍然是最值得纪念的人物。[1]为纪念傅斯年而以其名字命名的傅园、傅斯年大厅，每小时都敲响的傅钟，全都令台大学生想起这里曾经有过一个傅斯年。其实傅斯年只在台大工作了不到两年。

傅斯年到台大的时候，国民党政权与台大都在艰难度日。当他就任校长时，南京正受到共产党军队的进攻。而台大也正经历着严重的困难时期。

在日本人占领时，建立台大是为了培养从事热带和亚热带（南太平洋地区）研究的专门学者。其另一个任务是教育子民孝忠大日本帝国。国民党政府接管台大之后，其目标由培养日本的台湾人转向中国化的台湾人。[2]

这所大学模仿德国体制，有114个讲座教授席位。大学是一个松散的联合组织，校长的权力不大。然而，1945年之后，校长成为权力中心。这种现象在中国大陆普遍存在，但对台湾而言是一个新的体系。所有这些都导致了一些混乱。但是，不稳定的主因是聚集于大学医学院的本地教员和政府派来接管这所大学的大陆人之间的紧张。这导致了在校园里过分地搜捕共产党学生。本地教员集团，特别是医学院的一些教员，在1947年2月28日的大屠杀中被逮捕或处死。[3]

当傅斯年来到台大时，他极力从大陆获得尽可能多的优秀教授，以填补原来占教员总数88%的日本教员遗留下来的空缺。傅斯年到达

---

[1] 李泉：《浮海说三千弟子》，《傅斯年》，第206页。傅斯年去世之后，纪念的文章堆积成山。见《傅故校长哀挽录》，第81—97页。1970年代晚期我在台大读书期间，傅斯年在大多数学生心目中仍然是这所大学的一个象征，是这所大学历史上最值得纪念的人物。

[2] 曾士荣：《战后台湾之文化重编与族群关系》（国立台湾大学历史研究所，硕士论文，1994年），第134—136页。

[3] 同上书，第138—142、150—152页。

时，教员只剩下不到百分之一。[1]他认为他在台大的使命是提高大学的学术品质，直到有一天能够与柏林、剑桥或牛津大学相媲美。

傅斯年欣赏德国大学的讲座教授制度，他强调，在日本占领期间，由于讲座教授体制，大学才能在学术品质上有所提高。他感到遗憾的是，1945年引进大陆的大学体制后，讲座教授体制被取代了。[2]

日本人离开后，傅斯年对恢复和补充台大的教员作出了相当大的贡献。此后，就教学品质而言，台大成为全中国最好的大学之一。国民政府撤退到台湾时，成千上万的大陆人跟随入台，大学的入学人数突然增加了几倍。入学率的激增使台大超负荷运转，超强度使用设备几乎接近崩溃边缘。如果所有的学生都去上课，他们就会没有足够的椅子坐。一些学生甚至住在台大医院的病房里。在这最初的危机时期，为了大学的利益，傅斯年利用他广泛的私人关系，从财政紧缩的国民政府那里"抢夺"资金。

人们纪念傅斯年，也因为他支持人权的坚定立场。当他预见到白色恐怖会在20世纪50年代蔓延整个台湾时，他尽力维护学术尊严，抵抗警察闯入台大校园。一旦有学生被捕，他保护学术界独立的努力就会受到欢迎。人们常常想起他的一句名言：我所办的是大学，而"不兼办警察"事务。[3]他抵制没有足够的证据就逮捕学生，并成功地使许多无辜的学生获得了自由。[4]但是因为他坚决地反对中共，傅斯年也协助国民政府驱逐被指控为共产主义分子的学

---

[1] 同上书，第143—147页。
[2] 《全集》，第2166、2196页。
[3] 《全集》，第2159页。
[4] 但在非常时期，只有那些有着强势人格的人才能成为英雄，而又不至于牺牲他们的生命。傅斯年刚好拥有英雄的个性、民主的态度以及私人关系网，以制止台大的白色恐怖，所有这一切都使他能够获得良好的声望。关于保护学生，见"傅档"，Ⅳ—264，一个密探赵公洽的一封信，他拒绝了傅斯年提出的释放一个台大学生的要求。傅斯年多次公开宣称他在办理一所大学，而不是秘密警察局，见《全集》，第2072、2159页。国民党成员也再三指责他"不反共"，并收留"共产"教授，见《全集》，第2159—2160页。

生,并将其中许多人遣返回大陆。[1]

另一方面,傅斯年也预想到台大可能最终会被本土化。他坚持给予台湾学生特别的关照,并送他们到国外学习。[2]

人们怀念傅斯年,不仅因为他从大陆争取来许多有名望的教员,而且也因为他不允许政府高官获得教授职位。这在政治权力干预学术事务的年代是非同寻常之举。1950年后,每当高级官员利用他们的政治影响来获得教授的职位时,傅斯年就会被当作抵抗的堡垒,而屡屡被引述。

在傅斯年生命的最后阶段,他再度关注教育问题,他最后几篇文章都与此相关。负笈欧洲时,他非常注意大学教育。他的理想就是建立一所以研究为主的大学。他保留了台大故有的研究导向政策,但是也对导论性的课程给予一定的注意。他要求最杰出的资深教授为一年级新生开课。

傅斯年在台湾的生活不到两年。在生命的最后阶段,他反思自己的一些观念及中共的胜利。可以看到,在他一生的这个时期发生了一些剧烈变化。

傅斯年一直被贴上自由主义者的标签,但是他的政论文章较少涉及民主思想,更多地集中于建立一种现代政治文化。直到20世纪40年代中期,他还经常热衷于阐述以下的观点:整个中国历史上只有中央政府没有地方政府;[3]中国有群众但是没有社会;[4]政治应该是人民的事情,指望政府做所有的事是荒唐的;[5]最后,中国

---

[1] 关于将共产学生遣返回大陆,见王世杰在《传记文学》傅斯年纪念专刊会议上的演讲。王世杰:《傅先生在政治上的二三事》,《传记文学》28:1(1976年),第13页。
[2] 彭明敏:《自由的滋味》(台北,1995年),第86页。
[3] 《全集》,第1720页。
[4] 《全集》,第1578页。
[5] 《全集》,第1655页。

人没有任何政治理念。[1]

对于五四青年而言，自由主义和平等原则是其政治理想——这也是傅斯年和其他知识分子心中怀抱的理想。傅斯年有时候很难在这两种价值观念之间保持平衡：很多时候，他强烈抱怨社会不平等的存在。他在1919年甚至写道，那些拥有汽车的人都该枪毙。[2]在将知天命之年，他时常抱怨说，因为严重的不平等，中国农民过着牲口一样的生活。他甚至感到遗憾，因为那些想启蒙农民的学生从未真正理解农民。

傅斯年一直相信经济平等和个人自由应该结合起来。由于敏锐地感觉到穷人的困境，他终其一生都将经济平等作为他首要的政治关怀。他经常反复强调，理想的国家应该是一个自由和经济平等并存的国家，因为只有两者之一而没有另一方的国家是无法接受的。一个拥有温和社会主义和自由主义的国家是傅斯年的乌托邦。罗斯福和英国的劳动党纲领是他崇尚的政治典范。傅斯年相信，罗斯福的社会主义政策为自由主义注入了一种新精神。他主张，资本主义一直在滥用自由主义来剥削人民，并已经造成了极端的经济不平等。帝国主义是它的自然产物。一个自由主义者必须深切关注经济平等，没有经济平等，自由主义就不是真正的自由主义。[3]

在现代中国，社会主义是最难有定义的术语之一。傅斯年和一群自由主义知识分子也怀有类似的社会主义理想，渴望一个没有资本主义的自由主义世界。他们相信通过政府权力能够纠正经济不平等，国有企业能够带来物质的进步。

然而有趣的是，随着中共在中国大陆的胜利，许多自由知识分子逃向台湾，接下来的政治危机使他们的梦想破灭。中共的成功标

---

[1]《全集》，第1572—1575页。
[2]《全集》，第1590页。
[3]《全集》，第1939—1953页。

志着以阶级斗争方式达到经济平等主义的胜利。结果，许多知识分子开始意识到他们不能同时要求自由和经济平等。许多人，包括胡适、傅斯年、雷震（1897—1979）、殷海光（1919—1969），逐渐放弃了社会主义理想而转向自由主义。[1] 傅斯年看法中这种转变是很明显的。他决定，如果没有自由，也就不会有平等。自由应该高于平等。到1949年，他进而转变立场写道：为了获得自由，暂时放弃经济平等也是理所应当的。[2]

逃离大陆而在白色恐怖时期居住在台湾的人当中，傅斯年和一群知识分子在捍卫自由主义方面是独特的。他们中的很多人成为坚定的自由主义拥护者，后来也因此在20世纪60年代国民党的镇压下历尽磨难。[3]

寻找道德之源

在傅斯年的晚年，可以明显地看到，对朴素唯物主义和实证主义的抛弃轻易可见，表明他回归了孟子的传统。在美国的一年时间里，傅斯年有时间反思许多问题。首先，他注意到在近二十年里，"西学"已经发生了相当大的变化，实证主义不再像他曾经想象的那样流行。他发现他对康德哲学的敌意及对实证主义和行为主义的欣赏都已经改变了。他在1948年写道：

> 在欧洲时，我本是一个生理学类型的粗浅唯物主义者（在哲学上，在他处不然），所以我欣赏巴甫洛夫、沃森、詹姆斯及他的情感语言论、卡纳普（R. Carnarp）、弗洛依德及其著作。

---

[1] 张忠栋：《胡适与殷海光》，《台大文史哲学报》37（1989年），第130—138页。
[2] 《全集》，第1970页。
[3] 这些磨难的典型事例就是雷震的被捕、《自由中国》的被封杀以及对殷海光的处理。

生病重的那几年（1941年后），常想人生究竟，有时竟像神秘主义，但又不是；最后想到宇宙是个大演绎，必须假定（或建立）某某，然后依据这些假定以为建立其他推断之基础。[1]

他没有详细说明这些假定是什么，然而，我们知道他"对于沃森那一套[行为主义]，近来（也十多年了）觉得憎恶"。他相信，"从行为主义论人文中物事，太粗。还是[更重]心性一点，可以免掉忽略重要事实"。[2]

傅斯年也意识到人类必须与其他生物区分开来，支配他们的并不是相同的行为原则，这一思想产生于20世纪20年代中期，到晚年更加强烈。他说，在比较人和动物的行为之后，我们应该记住"人是一种动物"，但"动物并非人类"。傅斯年认为，一些行为主义者和许多达尔文主义者经常不能有意识地将人和动物区分开来。[3]他在1947年说，信仰"粗浅唯物主义与实用主义只等于说'我永远撒谎'。……我以为以前是幼稚，用康德派说法是前批判时期。这次到美国来，未见行为学派有大进展。原来巴甫洛夫之试验，甚粗浅。而沃森之说，只有一个是真的贡献，即[思想是]隐涵的语言理论，其他也是翻译"。[4]

傅斯年不再像以前那样对于将科学方法应用于人文事物的可能性感到乐观，他赞同普恩加（Poincare）关于人类情感能够用自然科学模型处理的理论，但已感觉到我们应该认识到这一取向的局限。他承认他已经日渐赞同"心性的"观点，并为自己以前偏唯物主义的学识感到悔悟。[5]

---

[1] "傅档"，Ⅲ—195，傅斯年致赵元任，1948年。
[2] "傅档"，Ⅲ—195，傅斯年致赵元任，1948年。
[3] "傅档"，Ⅲ—196。
[4] "傅档"，Ⅲ—196。
[5] 同上注，"心性的"（mentalistic）是傅斯年自己的术语。

这一心性的转向使傅斯年对孟子的思想进行了重新评价。在他最后的几年里,他对孟子哲学的敌意态度改变了。这种改变最明显的标志出现在 1949 年,那时他要求台大一年级的新生读《孟子》。并设立了一个"孟子心得奖"来奖励关于《孟子》一书的优秀论文。[1] 传统的道德教化再次引起他的注意。何定生——傅斯年以前在中山大学的学生注意到,傅斯年在台大拜访他仅仅是为了和他讨论《孟子》中的道德教化观念。[2] 他的批评者徐复观也注意到这一显著变化。[3] 这种变化可与 1917 年他转向新文化运动相提并论,是一个五四心灵人生历程的另一个里程碑。这个变化是因为大陆陷于中共之手还是因为某种个人的原因?

傅斯年是最早面对健康状况严重衰退的五四青年之一。他的遗传性高血压几乎在 1941 年夺走了他的生命,那是极端繁忙的一年,他同时担任中央研究院的总干事、史语所所长、国民参政会参政员。他病倒了,在重庆一家医院的急诊室接受了一个非常优秀的医生的治疗。[4] 躺在病床上,傅斯年反思过去四十五年的生活。他重新评价了孟子哲学,尽管他在新文化运动中曾蔑视孟子,由于他祖父的教育,他对孟子哲学很熟悉。[5] 我们无法知道这是否促成了向长期被压抑的自我的回归。但我们的确知道,在他痊愈后,当时中国驻美大使胡适在一封信中劝傅斯年:归根结底,老子和庄子都不能带来心灵的平静。"我想老兄还是读读山东土产《论语》、《孟子》",胡适建议说,"想想那'发愤忘食,乐以忘忧,不知老之将至','不怨天,不尤人'的通达人情,近乎人情的风度……或更可以减低几十度血

---

[1] 《全集》,第 2290 页。
[2] 何定生:《损失太大了》,《傅故校长哀挽录》,第 76 页。
[3] 徐复观:《中国思想史论集》,第 232 页。
[4] 傅乐成:《傅孟真先生年谱》,《全集》,第 2644 页。
[5] "傅档",Ⅲ—195,傅斯年致赵元任。

压"。[1]胡适强调说:"这不是笑话,是我近年体念得来的一个感想。孔子的伟大处正在平平无奇,却又实在近情近理。近来读《孟子》,也觉得此公可爱。中国两千多年的士大夫风度,其中比较积极,比较有作为的,都是受《论语》、《孟子》的好影响。"[2]与早年拥护科学人生观的胡适相比,这是一个巨大的变化。

但是胡适和傅斯年都感到,在生命危机时,他们青年时代赞许的实证主义思维方式太枯燥了,与个人内心深处的情感漠不相关,再也不能作为支撑他们生命的源泉。傅斯年坦白说,在经历了1941年生与死的较量之后,他在一定程度上皈依了前近代的中国道德传统。[3]

傅斯年在美国时,最先的治疗方案是手术阻断交感神经通路。[4]据说傅斯年高血压恶化的原因是他敏感焦躁的脾气。他的确承认人们一直称他"傅大炮",但是"大炮"一词并不能准确地概括他的全部性格,因为他面对严重危机时其实很紧张。他承认自己经常从事物最复杂的方面思考,有时甚至达到使自己惊恐的程度。在他个人看来,这对他的高血压影响极大。后来,他发现孟子的道德哲学对应付压力很有效。

1946年,傅斯年在他的笔记中写道,"孟子,自由主义唯心论的祖师"。[5]这里的意思非常不明确。似乎表明他承认道德基础对自由主义也是不可或缺的。对制衡政府的自由主义关怀,《孟子》是有用的;在一个日益多元的社会里,当所有的个人都被允许发展政治权利,《孟子》的作用也是必要的。

中共的威胁逼近时,《孟子》对培养浩然之气也是有用的。当国

---

[1] 胡适致傅斯年,"傅档",Ⅰ—1649。
[2] 同上。
[3] "傅档",Ⅲ—195。
[4] 一份剪报的题目是这样描述他要接受的手术——"医学论坛",傅斯年将它保存下来,"傅档",Ⅰ—351。
[5] "傅档",Ⅴ—82。

家处于危机时刻，傅斯年诉诸《孟子》以培养学生的道德勇气。对一个坚定的新文化运动支持者而言，把阅读《孟子》列为所有台大一年级学生的必读书是非比寻常的。[1]这一必读书要求标志了傅斯年对儒家心性哲学的评价已急剧转变。

在史语所，研究宋明儒学不仅未受到禁止，而且还得到鼓励。[2]据说傅斯年本人也投入了相当多的时间解析朱熹哲学。[3]在台北，他甚至提出"新文化运动"这一术语不通。[4]其实，早在1943年五四运动的纪念会上，他已在为"文化积累"说话了。[5]至于学生运动，他则强烈反对。他在1932年说，"在这样情形之下，青年学生自然不能得安定——身体的，心理的，意志的。于是乎最基本的冲动，向最薄弱的抵抗处发动，于是乎青年学生的事不是风潮便是恋爱。共产党大开方便之门，故大有力量"。[6]傅斯年似乎想根除他青年时代播下的种子。

在他的晚年，傅斯年也开始承认客观性有时是不可能的，尤其是在社会科学和历史研究领域。[7]他对获得客观性知识可能性的乐观发生了巨大的变化。早在1931年九一八事变之后，在一篇名为《闲谈历史教科书》的文章中，傅斯年写道，他不再相信历史学同自然科学具有相同的本质属性。[8]在台大，傅斯年对历史客观性的信心降得更低，他认为，绝对的客观，只"是个理想的境界"。[9]

---

[1] 见傅乐成：《傅孟真先生年谱》，《全集》，第2643—2644页，徐复观注意到傅斯年本人在1947年和1948年经历着巨大的变化，他很遗憾，傅斯年没有足够的时间去充分欣赏传统的中国道德价值观。
[2] 这是根据作者1990年11月20日对史语所资深成员黄彰健的访谈。
[3] 劳榦：《傅孟真先生与近二十年来中国历史学的发展》，《傅故校长哀挽录》，第71页。
[4] 《全集》，第2003页。
[5] 《全集》，第1808页。
[6] 《全集》，第2006页。
[7] 许冠三：《新史学九十年》，上册，第218页。
[8] 《全集》，第1359页。
[9] 《全集》，第1410—1413页。

更有意义的是，傅斯年对传统和现代之间关系的思考也发生了变化。在五四期间，他相信传统能够在一夜之间被摧毁。但是在1949年，他却攻击新文化运动和五四"全盘西化"的口号不通之至，他争辩说，一个民族在语言未经改变之前，其文化不可能改变。[1]他坚持认为："中国民族五千年文化，必定不会泯灭……现在世界上一脉相承的文明古国，只有中国了……所以中国现在实在是非白种人的文化担负者……我们现在要看清我们的面孔，想到我们的祖先，怀念我们的文化。"[2]他总结说："传统是不死的，所以也并抹杀不了。"[3]

但是傅斯年继续坚持主张中国传统需要改革。他说："中国非工业文明的教育意义是必须改正的，中国传统文明之忽视大众是必须修正的。我所谓修正，并不是抹杀之谓，乃是扩充之谓。"[4]

殷海光认为，除了傅斯年，大多数五四青年已经"用旧了"。[5]但殷海光对傅斯年心态特征的描述有些夸张。晚年的傅斯年从未系统论述过他的信念，但他似乎使其早年在传统和现代价值观念之间的紧张变得和谐。像大多数新文化运动的支持者一样，他曾经认为摧毁传统是引进新事物的先决条件，但现在他似乎相信新的和旧的可以并存。

"归骨于田横之岛"

深深地沉埋在行政事务之中对傅斯年的健康总是有害的。在抗日战争的八年时间里，他对自己生于斯长于斯的国土可能被征服的

---

[1]《全集》，第2120—2122页。
[2]《全集》，第2223—2226页。
[3]《全集》，第2121页。同样的观点反复出现过。见《全集》，第2122、2223、2225页。
[4]《全集》，第2121页。
[5] 殷海光：《我忆孟真先生》，《自由中国》4：2（1951年），第79页。

临猝逝前不久,摄于台大校长室

遗墨("归骨于田横之岛")

焦虑与恶劣的生活环境也严重损害了他的健康。[1]他甚至说在那些年里他"突然从少年进入老年"。[2]这位老人活得不长。1950年11月20日，被台湾省参议会一名绰号"郭大炮"的代表郭国基（1900—1970）质询了台大的行政管理之后，傅斯年猝死于高血压。因抗议官员而赢得声誉的"傅大炮"，在另一具"大炮"的轰击下死去。

台湾省议会议长对公众宣布"傅校长已经弃世"。由于"弃世"的语音与"气死"相近，台大学生立刻从这一双关语音中解读出对傅斯年去世的侮辱。第二天早晨，成千上万的学生涌入议会，喊叫"郭国基滚出来！滚出来！"学生开始朝议会厅扔石头，暴乱眼看就要来临。郭国基从后门逃跑了。直到有人劝学生说，傅校长如果在世，一定希望他们回去上课，他们才开始散去。[3]大约五千人参加了傅斯年的葬礼。1949年时傅斯年曾写了一个卷轴："归骨于田横之岛。"[4]这个自我期许竟然一语成谶！

---

[1] 傅斯年致胡适，"傅档"，Ⅰ—1676。
[2] 傅乐成：《先伯孟真先生的日常生活》，《傅故校长哀挽录》，第13页。
[3] 《新生报》，1950年12月22日。
[4] 《傅故校长哀挽录》插图，无页码。这一卷轴上的文字"归骨于田横之岛"，其字面意思是像田横一样死在岛上。田横原为齐国贵族，秦末抗秦自立。刘邦统一天下，建立汉朝。田横带领五百位属下避到一个小岛之上，拒绝承认新建的汉政权，后来他们全都自杀了。

结语　　一个五四青年的失败

近代中国从文明世界中心（至少在她自己眼中是如此）最终沦落为地球上最受屈辱、伤害和挫折的国家，这一衰落激起了令人溃痛的民族主义情绪。在爱国主义的名义下，一个民族主义者可能在保守主义与激进主义之间、在右翼狂热主义与左翼极端主义之间摇摆不定。在难以逆料的巨变激流之下，对这样的民族主义者而言，爱国主义永远是终极的动力。

贯穿于傅斯年一生的思想历程尤其如此。出生于最保守的地区，受到特别传统的教育，他被期望成为传统学术的薪火传人。傅斯年1918年令人惊讶地转向新文化运动，大部分归因于强烈的爱国主义情感及其寻找医国之方的愿望。他的爱国主义热情不是表现于赞美中国的过去，而是表现于自责。他的文化反传统主义是如此彻底，以至于他宣称只有西方的学术才能称为学术，而中国的传统应该被完全抛弃。但是在他内心深处，他被两极撕扯着。他要完全抛弃那些他最熟悉的，批判那些他曾经最为安于其中的事物。困窘、歧异和矛盾在傅斯年的思想和著作中非常显著。他被冠以"一团矛盾"的诨名，过着充满紧张的生活。

五四运动的两个最重要的偶像，德先生和赛先生，并非偕伴而来。在他早年的写作中，傅斯年很少使用"民主"一词，他的早期关注点更集中于科学和国民训练。对傅斯年而言，中国的政治问题在于从未存在过一个"社会"，一个只有通过公民培养才能够建立的实体。总之，在五四运动期间，傅斯年的思想中凸显着三种主要的关怀：弥合各种文化形式与中国社会现实之间的分歧；避免他定义为内省、道德化、混沌的有害传统心态；通过"国民训练"将中国人由"群众"转变为"社会"。

虽然傅斯年的学习涉及许多学科，然而他负笈欧洲所学的主要科目是自然科学。在欧洲，他的兴趣很快从心理学转向数学，又转向物理学，最终转向历史语言学和史学。最后他在史学领域找到自己的位置，并将一种混杂了实证主义和兰克史学的方法论引入中国史学，结果产生出一种主要由客观性和严谨的科学精神构成的方法论。傅斯年提倡专门的研究。他主张整理史料，让事实自然彰显出来；他反对过度诠释和通论。

史语所的建立是实现傅斯年历史研究新理想的一项事业。在这个研究所里，他坚持历史研究是集众的事业，创造一种制度性的遗产是现代学术的首要目标。他的企业家管理方式和他的私人关系使史语所取得了巨大成功。傅斯年敲响了钟声，一批有能力的学者们群起呼应，聚集到这个研究所一起工作。史语所成为中国历史研究领域第一流的学术机构，培养了大批专业史家、考古学家、历史语言学家和人类学家。随便举两个例子就能说明这一点：在张光直列举中国现代最重要的六名考古学家中，其中四人来自史语所；他所列举的四位殷商史研究的顶尖学者全部都出身于史语所。[1]

傅斯年强调第一手材料的重要及其收集材料的方法也产生了民国时期学术研究新风范。他派遣专业团队开发档案，开展人种学调查，进行大规模的考古发掘，并从事了许多其他合作性历史项目，促成了很多领域的进步。他鼓吹的研究方法（利用工具、铲和人的双脚）开辟了研究新方向。随这些成功之后，中国的历史学和考古学领域见证了为数众多的研究社团和团队计划的兴起。[2]

---

[1] 见 Chang Kwang-chih, *The Archaeology of Ancient China*, 3rd ed.（New Haven, 1977），p.6（张光直：《中国古代考古学》第三版，新港，1977 年，第 6 页）。*Shang Civilization*, p.46（《商代文明》，第 46 页）。两个名单中都有董作宾和李济的名字。

[2] 史全生编：《中华民国文化史》中册，第 720 页。

但是傅斯年的新史学反对通史。其史学因回避任何伦理的或政治的评论，而被批判为对当下的现实冷漠；也因将个别事实置于理论之上，被批评为不能提供任何简单而全面的理论来回应迫切的时代问题；而其对哲学和道德教化的反感，也遭到尖锐的非难。

作为一名历史学家，傅斯年长于中国古代史的研究。他的学问具有显著的方法论特点，即从多元论和起源的观点看待历史事件，而这也正是五四思想世界的一个部分。傅斯年成功地勾勒出中国古代史上一些意义重大的转接点。尤其重要的是他关于中国古代历史多元起源论的学说。其他几个有效推断也为推进中国古代史研究作出了重要贡献。这些项目的主要特点是将体系化解为多元进化的过程。许多传统中国史学描述被化解为不相关的脉络，不再支持儒家的道德典训。例如，道德构成的三代被化解为东西方族群的斗争史。疑古本是新文化运动的重要组成部分，但作为五四青年的傅斯年，后来又有意识地拆解顾颉刚的激进学说，将中国古代的碎片，搜集整理，重新建构。傅斯年同时集破坏者和建设者于一身。

傅斯年也因为研究古代中国道德哲学起源而闻名。他相信，中国落后的各种特性深深地植根于中国的内省道德哲学。在欧洲时，任何反内省的哲学都能吸引他，甚至包括朴素的唯物主义。他后来追溯了中国道德哲学中几个关键术语的语源学意义，认为在正统的儒家思想那里"我们的本性没有善恶之分"。傅斯年将孟子的道德传统看作对原始儒家的偏移，而将强调观察外部世界的精神及规范行为的传统视为儒家学说的真谛。这是其众多的两难困窘之一：在带有坚固的孟子道德学说的教育环境下成长，却要将中国从其内省道德的"重负"下拯救出来；他谴责孟学的传统，甚至开始相信朴素实证主义。

1931年九一八事变以后，五四理想逐渐变成了负担。与其他许多五四青年一起，傅斯年曾呼吁文化革命先于政治革命。对军阀政治的厌恶及其对辛亥革命失败的失望，使他们远离政治，也使他们相信文化转型是政治秩序的一个必要先决条件。他们主张，第一步是建立一个"学术社会"。因此,他们创造了这样的口号:"二十年不谈政治";"作学问不问实际应用";"拯救国家的惟一办法是让年轻学者用二三十年做深刻学问"。[1] 傅斯年最初努力要严格践行这一理想。但是这些观念很少能幸免于当下政治需求的挑战,尤其是类似国共两党的对抗和与日本侵略的生死搏斗那样的政治需求。学术独立——新文化运动的一项主要目标——被证明是个奢望。"为真理而真理"和"发现一个字的古义,与发现一颗恒星,都是一大功绩"一类格言,以其荒诞冲击着许多青年学者。在很多青年心目中,最急迫的问题更是向何处去?中国是一个什么样的社会?应该做些什么?——这些问题都需要明确简洁的答案。研究必须与政治相关。"延缓判断"和"不谈政治"的理想被看作是对当下现实懵懂无知和漠不关心,成为一代中国知识分子的重负。

文化反传统主义这一五四思想的另一特征也面临着挑战。甚至在他的许多同事已经缓和其立场之后,傅斯年仍不遗余力地鼓吹批判中国传统。但20世纪30年代文化保守主义的复兴以及保护国家不受外来侵犯的迫切需要,都要求集体价值和民族认同。为了说服人民国家是值得保卫的,就特别需要光大民族的往昔。为此,以及其他一些原因,文化反传统主义从各个角度受到严峻的质疑。此外,对中国传统价值和意义的蔑视和忽视,也遭到了新儒家学派的攻击,他们认为道德观念,尤其是孟子的道德观念,对人民具有本质意义。新儒家含蓄指出,上述道德观念的失落导致了青年的道德无序,对后来中共的成功产生了巨大影响。[2] 像熊十力这样的新儒家以及他协助创立的哲学学派在今天仍很活跃,他们坚持内省式道德哲学的重要作用。这实际上是对胡适和傅斯年的回应。

---

[1] 吴敬恒:《四十岁日记选录》,《吴敬恒选集·序跋、游记、书信卷》,第221页。
[2] 见唐君毅:《中国近代学术文化精神之反省》,《民主评论》1:24(1950年),第3—10页;徐复观:《中国思想史论集》,第228页。

个人主义,又一种五四价值理念,则受到来自左右两方面的挑战。左派非难个人主义,认其为资本主义价值观念,[1]在大部分党的宣传机构中,反个人主义方兴未艾。[2]青年党的领袖陈启天(1893—1984)则是中间派,呼吁复兴敌视自由主义的古代法家。[3]右派则相信个人主义有损于国难之时国家急切需要的集体意志。

白话文也受到来自左右两方面的严厉批判。国民党赞成读经,并规定把古汉语作为学校课程中的必修课,而左派则批评五四青年鼓吹的新式白话文不能为普通百姓掌握,并谴责它是欧化语言、新文言、资本主义的语言。[4]

尽管左派的理念在很多方面确实植根于五四运动,但当"阶级"成为主要的关怀时,五四价值观很快被指责为"城市的"、"资本主义的"和"买办的"。许多左派辩称,五四思想不能为无产阶级的需要服务,改造和启蒙人民的工作很快被看作缺乏民众感情。为适应无产阶级的需要,"本土文化模式"(尤其是大众的本土文化模式)卷土重来。当文化形式的作用被看作动员民众参与无产阶级革命或抵抗日本人的侵略时,五四价值观念就被诋毁为极端脱离社会现实。用毛泽东的话说,启蒙人民不再是知识分子的使命:"我们知识分子出身的文艺工作者,要使自己的作品为群众所欢迎,就得把自己的思想感情来一个变化,来一番改造。"[5]

---

[1] 彭康:《新文化运动与人权运动》,蔡尚思主编:《中国现代思想史资料简编》(浙江,1982—1983年,5卷本)第3卷,第107页。

[2] 徐渊:《法西斯蒂与三民主义(节录)》,同上书,第3卷,第690—696页。

[3] 陈启天:《法家的复兴》,同上书,第3卷,第835—844页。

[4] 瞿秋白:《普洛大众文艺的现实问题》,《瞿秋白文集·文学编》(北京,1985年,6卷本),第1卷,第461—483页。也见于《欧化文艺》,同上书,第1卷,第491—497页。

[5] Mao Tse-tung, "Speech Made at the Yenan Forum on Literature and Art," May 2, 1942, in Conrad Brandt ed., *A Documentary History of Chinese Communism* (Cambridge, Mass., 1952), p. 411. (毛泽东:《在延安文艺座谈会上的讲话》,1942年5月2日,康拉德编:《中国共产主义文献史》,剑桥,马萨诸塞,1952年,第411页)

面对这些挑战，五四青年发生了相当大的变化。一些人甚至抛弃了他们以前的信念。其中两个人的变化最清楚地说明了这种转型。五四游行的热情参加者、左派领导人瞿秋白（1899—1935）在他的"左联成立大纲"中说，人民应该"埋葬"五四运动。傅斯年的同学茅盾，曾经勇敢地宣布他要坚持五四运动的理想，但他在1930年也改变了想法，呼吁抛弃五四运动遗留的因素。[1]

傅斯年显然改变了他的一些观点，尤其是在1931年之后。他从未完全抛弃他的五四价值，但经常为它们所苦。在历史研究中，他从未远离自己的客观性理想。但为了响应九一八事变之后的民族危机，他仓促编写了肤浅而主观的《东北史纲》，以反驳日本人关于东北不是中国本土一个不可分割部分的宣传。这本书相当浮泛，表现出对他学术理念的偏离，但是尖锐的民族危机迫使他将其出版。虽然他提倡"忠于事实"的原则，但在抗日战争期间，他谴责其他学者的中国西南民族史的研究，并建议他们应该停止，因为西南少数民族有着不同的种族起源这一历史事实不利于国家的统一。他激烈地抨击所谓的国学，而在外人看来，史语所的许多工作恰属于这一范畴。他支持将反传统主义作为医治中国文化痼疾的良方，但在一些场合他又赞美民族的往昔，以唤起爱国情感。他的确是"一团矛盾"。

傅斯年以支持国民政府而著称。值得注意的是，一大批知识分子在1927年从北方前往广州加入国民党事业，其中有鲁迅、郭沫若、郁达夫。傅斯年也被国民党第一次全国代表大会的宣言所吸

---

[1] 瞿秋白号召"脱下五四的外衣"，例如，瞿秋白的《自由人的文化运动》，《瞿秋白文集·文学编》第1卷，第498—503页。参见 Paul Pickowicz, "Qu Qiubai's Critique of the May Fourth Generation: Early Chinese Marxist Literary Criticism," in Merle Goldman ed., *Modern Chinese Literature in the May Fourth Era* (Cambridge, 1977), pp. 351-384（毕克韦：《瞿秋白对于五四一代的批判：早期中国马克思主义文学批评》，收入古德曼：《五四时期之现代中国文学》，第351—384页）。关于茅盾，见茅盾（沈雁冰）：《"五四"运动的检讨——马克思主义文艺理论研究会报告》，《文学导报》1：2(1931年)，第14页。

引,这是一个社会主义的、反对买办和反对帝国主义的纲领。然而,蒋介石后来的独裁统治却疏离了这些原则。在20世纪30年代早期,傅斯年曾激烈地批判蒋介石和他的党。这使他陷入了另一个两难困境:考虑到他对中共的敌意,政治上他必须在这两个他最不喜欢的党派中进行选择。日本的入侵迫使他支持一个他相信能够拯救这个国家的强势领导人。傅斯年担心,即使有了一个好的政府,中国仍处于被日本征服的严重危险之中;而如果根本就没有政府,他的结论是中国一定会被征服。他将蒋介石看作中国当时唯一可能的领袖,在谴责蒋的同时,他也极力维护他的地位。

身处一个混乱无序而学术资源有限的国家,一位学术领袖与政府的个人关系是获得其事业所需资金的唯一方式。这样,他的政治选择就不仅是一种意识形态的选择,也是一种事业性的策略选择。

但是自由主义者在中国没有真正的权力基础,尤其在北伐战争取胜之后。他们不能扭曲他们的自由主义理想来适应两个集权主义的政党:国民党或共产党;他们从未在两者中任何一个党派里真正建立地位,也从未被其中任何一个党派所接受。他们实际成了现代中国政治中的"第三种人"。[1]

抗日战争期间,傅斯年连续七年担任国民参政会的参政员。在这个机构里,他英雄式地批判行政院长孔祥熙派系的腐败和渎职,促成了孔氏的辞职。后来在1947年,目睹了混乱的经济和腐败,他在三篇文章中公开谴责另一位行政院长宋子文,也导致了他的辞职。将两个行政院长拉下台的努力给傅斯年带来了巨大的声誉,但他是一个传统的劝谏者,而决非一个职业的政客。傅斯年对两位行政院长的批判是显而易见的。一方面,后五四时期,中国政治在左右之间日益两极化的进程中,北伐战争期间国民党政权的改革派倾向给傅斯年这样的自由主义者提供了唯一能参与政治、从事公职的

---

[1] "傅档",Ⅲ—886,储安平(1909—1966)致傅斯年的一封信。

空间。另一方面，国民党严重的威权主义只给自由主义者留下了极小的余地来行使其批判和抗议的权力。国民党党派专制的制度和意识形态基础当然是讨论和批评的禁区。在这样的情势下，傅斯年只能攻击政治人物而不触及政治框架。这导致他更像一个传统的中国士大夫，他们通过攻击宰相来抗议独裁统治，却不去触动王朝的中心，而不像一个现代的自由主义者那样扮演一个忠实的政治反对派的角色。这样，在傅斯年谴责孔祥熙和宋子文那轰动一时的事件中，我们可以对中国知识分子陷入传统思想和现代政治之间的困境有所感悟。

傅斯年屡次拒绝进入政府担任阁员，然而他确实担任了北大代理校长，并在1949年初成为台大校长。在台大，傅斯年在学术行政上取得了相当重要的成就，并成为台湾教育史上最值得纪念的人物。

大陆政权易手对傅斯年是一个巨大的打击。傅斯年曾号召他的同胞抛弃他们的传统，拥抱西方的价值观；作为一个民族主义者，这使他感到不安。傅斯年自己和其他一些人相信，他对传统文化的反对态度，尤其是他呼吁抛弃源于中国传统文化遗产的内省式道德观念，有助于为马克思主义进入中国铺平道路。然而，对他们而言，中共的胜利在很大程度上对他们的理想并无正面意义。

傅斯年逐渐地回归到孟子的道德哲学，在晚年，他要求所有台大一年级的学生读《孟子》；他也指责"全盘西化"的口号为荒谬。他相信，中国的传统才是真正的人文主义的价值观念，他甚至敦促学生成为非白种文化的继承者和传递者。然而，说傅斯年最终抛弃了所有的五四理想是不准确的。当傅斯年的大多数五四老友已渐入老境之时，他仍被承认为是科学和自由这两个五四时代的两个核心观念的坚强支持者。

中共的胜利也促使傅斯年更彻底地坚持自由主义。尽管傅斯年说过"自由主义"不应该被称为"主义"，并否认他自己是一个自由主义者，[1]然而他早年实际上是一名自由主义者和社会主义者的结合体。他同样关注经济平等和政治自由，但当他最后发现中共为了取得经济平等而鼓励激烈的阶级斗争时，他和其他许多人都意识到经济平等并不一定与自由携手而来。他晚年的生活有一个明显的转变：他不再鼓吹经济平等；相反，他更彻底地坚持自由主义。

然而，傅斯年的思想在晚年变化得如此迅速，以至于他不能以任何系统的方式整体表述出这些相互缠绕的丰富思想。很不幸，在他1950年骤然弃世之时，这些思想也同他一起被埋葬了。

---

[1] 见金耀：《忆傅斯年先生》，《傅故校长哀挽录》，第59页。

1951年台大校内纪念傅斯年的傅园落成,并安葬于该地

附录一 攻击顾颉刚的小说片段

以下是一篇短篇小说中的一个片段,在小说里他讽刺了顾颉刚用以拆解中国古代史真实性的方法论。[1]顾颉刚是傅斯年在北大的室友,后来成为中国最重要的历史学家之一,以其对中国古代史的反传统分析性研究而著称。

戏 论

时宇相对,日月倒行,我昨天在古董铺里搜到半封信,是名理必有者写的,回来一查通用的人名典,只说"理必有是……三十三世纪的人,好为系统之疑古,曾做《古史续辨》十大册,谓民国初建元时谈学人物颇多,当时人假设之名,有数人而一名者,有一人而数名者,有全无其人者,皆仿汉儒造作,故意为迷阵以迷后人。甚谓孙文堇[2]《西游记》孙行者传说之人间化、当时化,黄兴亦本'黄龙见'之一种迷信而起。此均是先由民间传信,后来到读书人手中,一面求雅驯,一面借俗题写其自己理想的。此等议论盛行一时,若干代人都惊奇他是一位精辟的思想家"。他这信的原文如下:

---

[1] "傅档",Ⅱ—910,无日期。
[2] 原稿如此,疑"堇"应作"是"。

中华民国三千二百十四年六月十日[1]疑成[2]疑县理必有奉白：

顾乐先生，辱你赏我一封信，叙述你先生自己于民国初建元史料上之心得，何等可感！细读几回，甚为佩服。我于此时史事亦曾研究其一面，始以为但是当时文士之一面，数年后顿觉此实是当时一切史事之线索，盖当时史事多此数君以一种理想为之造作者，弟已布专书，现在略举两三个例。弟于《胡适年谱》上已证成世传之《胡适文存》很多是后人续入者，于《顾君考》上证名[3]顾君《古史解》颇多增改。此均不甚箸警之论。其使人可以长想者，则有如钱玄同问题，世人以钱玄同与疑古玄同为一人，实是大愚。……查"玄"是满洲朝康熙帝名，是则此名必不能先于民国元年，若曰在民国元年改的，则试看所谓钱玄同一人之思想，实是最薄中国的古物事者及通俗物事者；有此思想之人，必不于此时改用此一个百分充足道士气之名无疑。故如玄同为王敬轩之字犹可说也，[4]……细思方觉此实一非有先生、亡是公子，姑名之为"玄同"以张其虚，姓之曰"钱"以表其实。……

---

[1] 本行旁另有附语："希望我们民国这么长。我的附注。"
[2] 原稿如此，疑"成"应作"城"。
[3] 原稿如此，疑"证名"应作"证明"。
[4] 为了表示对疑古运动的支持，钱玄同将他的名字改为"疑古玄同"（即怀疑古代历史的玄同）。王敬轩是支持新文化运动的钱玄同的化名，为了有别于新文化运动的理想，钱玄同用王敬轩这一名字在《新青年》上发表极端保守的文章，讽刺保守派，见王敬轩：《文学革命之方向》，《新青年》4：13（1918年），第265—268页。

附录二　傅斯年与陈布雷笔谈记录

以下是傅斯年于1946年在南京政治协商会议期间，与蒋介石当时的幕僚长陈布雷的谈话。他们就蒋介石的性格互相交换了意见。[1]

傅斯年：蒋先生对上海市民言，"明礼义、知廉耻、负责任、守纪律"，此乃国家元首所以责其公务员而负责做到者，非对人民之言也。

陈布雷：此语我一大半同意。蒋先生向来总是以"作之师"的精神讲话，其讲话之对象，都认为他的学生，不问官、民也。亦尝进言，但他看了不感十分兴趣，知之而亦不能行。譬如他常说"综核名实"，但只责成考核机关为止；常说"信赏必罚"，但罚不多，而赏则往往失之滥（他的罚亦只口头训斥而已，仍是作之师，此乃其个性及早年认识之故也）。他是做参谋出身的人，所以顾虑多（只是对国家大事是十分有决断的）；又是当过多年校长的人，所以教育家的意味多于政治家。

---

〔1〕"傅档"，I—29。原稿以"政治协商会议便笺"写就，起首空白处有傅斯年于事后以毛笔补入之标题"开会时与布雷对坐，笔谈"，标题由编者拟定；本文当为傅斯年于1946年1月赴重庆出席政治协商会议，席间与陈布雷之笔谈记录。

参考书目

"傅斯年档案",台北,中央研究院历史语言研究所

《安徽俗话报》,1904 年,北京,1983 年重印,2 卷本
《罢委会通讯》(昆明),1945 年 12 月 5、7、8 日
《北京大学季刊》,1918 年 4 月 30 日
《二十二史纂略》,1803 年
《傅斯年校长最后论著》,台北,1950 年
《国故》(北京),1—4(1919 年)
《国立中山大学日报》(广州),1927 年 6 月 21 日
《中央研究院历史语言研究所傅所长纪念特刊》,台北,1951 年
《汉名臣传》,台北,1970 年
《胡适来往书信选》,香港,1983 年,上册
《礼记注疏》,1815 年
《民族的斗士》,台北,1979 年
《明清档案与历史研究》,北京,1988 年
《明实录校勘记》,台北,1968 年
《清史列传》,上海,1928 年
《全唐诗》,北京,1960 年,第 10 卷
《世界日报》,北平,1947 年 2 月 15 日
《台大傅故校长斯年先生纪念论文集》,台北,1952 年
《五四时期的社团》,北京,1979 年,第 2 卷
《五四时期期刊介绍》,北京,1958 年
《夏史论丛》,山东,1985 年
《新潮》(北京),1:1—3:2(1919 年 1 月—1922 年 3 月)

《新青年》(上海、北京、广东),1915—1925年

《新生报》(台北),1950年12月22日

《一二九运动史》,北京,1980年

《一二一惨案实录》,昆明,无出版资料

《一二一运动》,昆明,1988年

《一二一运动史料选编》,昆明,1980年

《义和团运动史论文选》,北京,1984年

《御批通鉴辑览》,1874年

《中国现代社会科学家传略》,北京,1982—1990年,11卷本

《中国的出发》,《仙人掌》1∶1(1977年)

《中国国民党第一次全国代表大会宣言》,《中国国民党第一次全国代表大会史料专辑》,台北,1984年

《中国历史文化名城——聊城》,山东,1995年

《中国社会科学家联盟成立五十五周年纪念专辑》,上海,1986年

《中央日报》,南京,1947年7月1日

《中央研究院史初稿》,台北,1988年

《最近之五十年》,《申报》,上海,1922年

白鸟库吉:《极东史上に於ける满洲の历史地理》,《白鸟库吉全集》,东京,1971年,第9卷

白鸟库吉:《满洲の过去与将来》,《白鸟库吉全集》,东京,1971年,第8卷

包瀚生:《历史证明东三省是中国的领土》,《东方杂志》30∶19(1933年)

包瀚生:《历史证明蒙古是中国的领土》,《东方杂志》31∶5(1934年)

北洋大学校友会编:《国立北洋大学记往》,台北,1979年

蔡建国编:《蔡元培先生纪念集》,北京,1984年

蔡尚思:《中国近现代学术思想史论》,广东,1986年

蔡元培:《就任北京大学校长之演说》,沈善洪主编:《蔡元培选集》,杭州,1993年

蔡元培:《为说明办学方针答林琴南君函》,孙德中编:《蔡元培先生遗文类钞》,台北,1961年

蔡元培研究会:《论蔡元培》,北京,1989年

曹聚仁:《国故学之意义与价值》,许啸天编:《国故学讨论集》,上海,1927

年，第1卷

曹聚仁：《我与我的世界》，北京，1983年

陈坡等：《青年毛泽东与北京大学》，《北京大学学报》第6期（1984年）

陈伯达：《中国四大家族》，香港，1947年

陈登原：《国史旧闻》，北京，1958年

陈独秀：《答钱玄同》，《陈独秀著作选》，上海，1993年，第1卷

陈独秀：《今日之教育方针》，《陈独秀著作选》，上海，1993年，第1卷

陈独秀：《吾人最后之觉悟》，《陈独秀著作选》，上海，1993年，第1卷

陈独秀：《宪法与孔教》，《陈独秀著作选》，上海，1993年，第1卷

陈独秀：《袁世凯复活》，《陈独秀著作选》，上海，1993年，第1卷

陈端志：《五四运动之史的评价》，上海，1935年；台北，1986年重印

陈翰笙：《陈翰笙回忆录》，北京，1988年

陈槃：《侯与射侯》，《中央研究院历史语言研究所集刊》22（1950年）

陈槃：《怀故恩师傅孟真先生有述》，《新时代》3：3（1963年）

陈槃：《怀故恩师傅孟真先生有述之二》，《传记文学》11：4（1967年）

陈槃：《忆傅孟真师在中山大学》，《传记文学》5：6（1964年）

陈槃：《左氏春秋义例辨》，上海，1947年

陈启天：《法家的复兴》，蔡尚思主编：《中国现代思想史资料简编》，浙江，1982—1983年，第3卷

陈漱渝：《傅斯年其人其事》，《团结报》1985年7月29日、8月1日

陈卫平：《论柏格森哲学在中国近代的影响》，《中国哲学史研究》2（1988年）

陈寅恪：《大乘起信论伪智恺序的真史料》，《陈寅恪先生论文集》，台北，1977年，下册

陈寅恪：《寒柳堂集》，上海，1980年

陈寅恪：《金明馆丛稿初编》，上海，1980年

陈寅恪：《论韩愈》，《陈寅恪先生论文集》，台北，1977年，下册

陈寅恪：《重刻元西域人华化考序》，《陈寅恪先生论文集》，台北，1977年，第1卷

陈毓贤：《洪业忆故友》，《明报月刊》第12期（1987年）

陈元晖：《中国的马赫主义者》，《陈元晖文集》，福州，1993年，中卷

陈之迈：《关于傅孟真先生的几件事》，《传记文学》28：3（1976年）

陈智超编：《陈垣来往书信集》，上海，1990年

程爱勤与李惠玲:《"倒宋运动"的主将》,收入聊城师范学院历史系、聊城地区政协工委和山东省政协文史委编:《傅斯年》,山东,1991年

程沧波:《记傅孟真》,《傅故校长哀挽录》,台北,1951年

程沧波:《再记傅孟真先生》,《傅故校长哀挽录》,台北,1951年

程端礼:《程氏家塾读书分年日程》,杨家骆编:《读书分年日程》,《学规类编》,台北,1962年

戴念祖:《五四运动和现代科学在中国的传播》,中国社会科学院近代史研究所编:《纪念五四运动六十周年学术讨论会论文集》,北京,1980年

单士魁:《清代档案丛谈》,北京,1987年

邓广铭:《回忆我的老师傅斯年先生》,收入聊城师范学院历史系、聊城地区政协工委和山东省政协文史委编:《傅斯年》,山东,1991年

邓广铭:《记一位山东的老教育家——王祝辰先生》,收入聊城师范学院历史系、聊城地区政协工委和山东省政协文史委编:《傅斯年》,山东,1991年

丁山:《由三代都邑论其民族文化》,《中央研究院历史语言研究所集刊》5:1(1935年)

丁文江:《梁任公年谱长编初稿》,台北,1958年

董作宾:《大龟四版考释》,《安阳发掘报告》3(1931年)

董作宾:《历史语言研究所在学术上的贡献》,《傅故校长哀挽录》,台北,1951年

董作宾:《民国十七年十月试掘安阳小屯报告书》,《安阳发掘报告》1(1929年)

董作宾:《五等爵在殷商》,《中央研究院历史语言研究所集刊》6:3(1936年)

董作宾:《殷墟文字甲编》,上海,1948年

杜维运:《清代的史学与史家》,台北,1984年

杜正胜:《关于先周历史的新认识》,《台湾大学历史学系学报》第16期(1991年)

杜正胜:《中国古代社会史重建的省思》,《大陆杂志》82:1(1991年)

杜正胜、王汎森编:《傅斯年文物资料选辑》,台北,1995年

樊抗父:《最近二十年中国旧学之进步》,《东方杂志》19:3(1922年)

方豪:《英敛之先生年谱及其思想》,《台湾大学历史学系学报》第1期(1974年)

方豪编:《英敛之先生日记遗稿》,台北,1974年

房鑫亮:《何炳松评传》,上海,1990 年

冯契:《中国近代哲学史》,上海,1989 年

冯友兰:《三松堂全集》,河南,1985 年

冯友兰:《三松堂学术文集》,北京,1984 年

傅崇兰:《中国运河城市发展史》,成都,1985 年

傅乐成:《傅孟真先生的民族思想》,《时代的追忆论文集》,台北,1984 年

傅乐成:《傅孟真先生的先世》,《时代的追忆论文集》,台北,1984 年

傅乐成:《傅孟真先生与五四运动》,《时代的追忆论文集》,台北,1984 年

傅乐成:《回忆先伯孟真先生的日常生活》,《时代的追忆论文集》,台北,1984 年

傅乐成:《我撰写傅斯年传的构想》,《时代的追忆论文集》,台北,1984 年

傅乐成:《先伯孟真先生的日常生活》,《时代的追忆论文集》,台北,1984 年

傅孟真先生遗著编辑委员会编:《傅孟真先生集》,台北,1952 年

傅斯年(孟真):《美感与人生》,《晨报》,1920 年 7 月 7 日、8 日、9 日、10 日

傅斯年(孟真):《要留学英国的人最先要知道的事》,《晨报》,1920 年 8 月 12 日、13 日、14 日、15 日

傅斯年:《东北史纲》,北京,1932 年

傅斯年:《发刊词》,《中山大学语言历史研究所周刊》1∶1(1927 年)

傅斯年:《傅斯年全集》,台北,1980 年

傅斯年:《傅斯年选集》,台北,1967 年

傅斯年:《傅斯年学术论文集》,香港,1969 年

傅斯年:《留英纪行》,《晨报》,1920 年 8 月 6 日、7 日

傅斯年:《论豪门资本之必须铲除》,《观察》2∶1(1947 年)

傅斯年:《论哲学门隶属文科之流弊》,《北京大学日刊》,1918 年 8 月 10 日

傅斯年:《青年的两件事业》,《晨报》,1920 年 7 月 3 日、5 日

傅斯年:《社会革命——俄国式的革命》,《新潮》1∶1(1919 年)

傅斯年:《时代的曙光与危机》,《傅斯年文物资料选辑》,台北,1995 年

傅斯年:《宋子文的失败》,《世纪评论》1∶8(1947 年)

傅斯年:《谈两件努力周报上的物事》,《古史辨》,北京和上海,1926—1941 年,第 2 卷

傅斯年等:《城子崖》,南京,1934 年

傅衣凌:《我是怎样研究明清资本主义萌芽的》,《傅衣凌治史五十年文编》,福建,1989 年

傅增湘:《藏园群书经眼录》,北京,1982年,5卷本

干志耿、李殿福、陈连开:《商先起源于幽燕说》,《历史研究》1985年第5期

高军:《第一次国内革命战争后关于中国社会性质问题的论战》,《史学月刊》2(1982年)

高军编:《中国社会性质问题论战》,北京,1984年,上册

耿云志:《胡适年谱》,香港,1986年

龚育之、逄先知、石仲泉:《毛泽东的读书生活》,北京,1986年

谷应泰:《明史纪事本末》,台北,1968年

顾潮:《顾颉刚年谱》,北京,1993年

顾潮:《顾颉刚与傅斯年在青壮年时代的交往》,《文史哲》2(1993年)

顾颉刚:《当代中国史学》,南京,1947年

顾颉刚:《古史辨》,北京和上海,1926—1941年

顾颉刚:《回忆新潮社》,《五四运动的社团》,北京,1979年,第4卷

顾颉刚:《战国秦汉间人的造伪与辨伪》,《古史辨》,北京和上海,1926—1941年,第7卷

关贝亮:《傅斯年校长二三事》,《传记文学》48:2(1986年)

郭沫若:《驳说儒》,《青铜时代》,北京,1954年

郭沫若:《郭沫若书简》,广东,1981年

郭沫若:《少年时代》,上海,1948年

郭沫若:《十批判书》,北京,1954年

郭沫若:《整理国故的评价》,《郭沫若古典文学论文集》,上海,1985年

郭沫若:《中国古代社会研究》,上海,1930年

郭荣光:《孔祥熙先生年谱》,台北,1980年

郭廷以:《近代中国史纲》,香港,1986年,下册

郭湛波:《近代中国思想史》,出版年、出版者不详

国家档案局明清档案馆编:《宋景诗档案史料》,北京,1959年

何炳松:《论所谓国学》,《小说月报》20:1(1929年)

何炳松:《中华民族起源之新神话》,《东方杂志》26:2(1929年)

何定生:《损失太大了》,《傅故校长哀挽录》,台北,1951年

何佑森:《阮元的经学及其方法》,《故宫文献》2:1(1970年)

贺麟:《当代中国哲学》,台北,1974年重印本

胡昌智:《历史知识与社会变迁》,台北,1988年

胡逢祥：《何炳松与鲁滨逊的新史学》，《史学史研究》1987年第3期

胡厚宣：《〈东北史纲〉第一卷的作者是傅斯年》，《史学史研究》1991年第3期

胡厚宣：《殷非奴隶社会论》，《甲骨学商史论丛初集》，成都，1944年，上册

胡适：《戴东原的哲学》，台北，1975年

胡适：《傅孟真先生的思想》，《胡适讲演集》，台北，1978年，中册

胡适：《关于傅孟真先生生平的报告》，台北，中研院历史语言研究所，1965年

胡适：《国学季刊发刊宣言》，《国学季刊》1：1（1923年）

胡适：《胡适的日记》，台北，1989年

胡适：《胡适家书手迹》，安徽，1989年

胡适：《胡适来往书信选》，香港，1983年

胡适：《清代学者的治学方法》，《胡适文存》，台北，1968年，第1卷

胡适：《人权论集》，上海，1930年

胡适：《说儒》，《中央研究院历史语言研究所集刊》4：3（1934年）

胡适：《我们走哪条路》，《新月》2：10（1939年）

胡适：《五四运动是青年爱国运动》，《胡适讲演集》，台北，1978年，下册

胡适：《新思潮的意义》，《胡适文存》，台北，1968年，第1卷

胡适：《新文化运动与国民党》，《新月》2：6、7（1929年）

胡适：《在皇家国际事务研究所的演讲》，《皇家国际事务学刊》6：6（1926年）

胡适：《整理国故与打鬼》，《胡适文存》，台北，1968年，第3卷

胡适：《治学的方法与材料》，《胡适文存》，台北，1968年，第3卷

胡颂平：《胡适之先生年谱长编初稿》，台北，1984年

胡映芬：《傅斯年与中国新史学》，台北，台湾大学历史研究所硕士论文，1976年

黄福庆：《近代中国高等教育研究——中山大学》，台北，1988年

黄季陆：《忆傅孟真先生》，《传记文学》1：7（1962年）

黄进兴：《历史主义与历史理论》，台北，1992年

黄炎培：《延安归来》，《国民参政会资料》，四川，1984年

黄彰健：《经学理学文存》，台北，1976年

季羡林：《从学习笔记本看陈寅恪先生的治学范围和途径》，《纪念陈寅恪教授国际学术讨论会文集》，广东，1989年

翦伯赞：《历史哲学教程》，1938年；第二版，长春，1949年

江心力：《傅斯年的国民性格论》，《聊城师范学院学报》2（1949年）

金景芳:《金毓黻传略》,《史学史研究》3（1986年）
金景芳:《商文化起源于我国北方说》,《中华文史论丛》7（1978年）
金耀:《忆傅斯年先生》,《傅故校长哀挽录》,台北,1951年
金毓黼:《中国史学史》,上海,1944年;台北,1960年重印
金兆梓:《中国人种及文化之由来》,《东方杂志》26:24（1935年）
经济资料社编:《宋子文豪门资本内幕》,香港,1948年
静弇:《为〈关于傅斯年〉补遗》,《文汇报》,1946年11月10日
瞿秋白:《欧化问题》,《瞿秋白文集·文学编》,北京,1985年,第1卷
瞿秋白:《普洛大众文艺的现实问题》,《瞿秋白文集·文学编》,北京,1985年,第1卷
瞿秋白:《自由人的文化运动》,《瞿秋白文集·文学篇》,北京,1985年,第1卷
康有为:《大同书》,北京,1959年
康有为编:《不忍杂志汇编》,上海,1914年;台北,1968年重印本
康仲平:《论中国官僚资本主义》,《群众》38（1948年）;39（1948年）
劳榦:《傅孟真先生与近二十年来中国历史学的发展》,《大陆杂志》2:1（1951年）
劳榦:《居延汉简》,台北,1957、1960年
劳榦:《劳榦学术论文集》,台北,1976年
老舍:《抗战以来文艺发展的情形》,《老舍文集》,北京,1990年,第15卷
李大钊:《李大钊选集》,北京,1959年
李汉亭:《在东西方的夹缝中思考——傅斯年西学为用的五四文学观》,《当代》25（1988年）
李桓编:《国朝耆献类征初编》,台北,1966年重印本
李济:《安阳发掘对于揭开中国历史新篇章的重要性》,《李济考古学论文集》,台北,1977年,下册
李济:《安阳发掘与中国古史问题》,《李济考古学论文集》,台北,1977年,下册
李济:《安阳最近发掘报告及六次工作之总估计》,《李济考古学论文集》,台北,1977年,上册
李济:《感旧录》,台北,1967年
李济:《华北新石器时代的文化类别、分布与编年》,《李济考古学论文集》,

台北，1977年，第2卷

李济：《值得青年们效法的傅孟真先生》，《傅故校长哀挽录》，台北，1951年

李济：《中国古器物学的新基础》，《李济考古学论文选集》，台北，1977年，下册

李济：《中国最近发现之新史料》，《中山大学语言历史研究所周刊》5：57、58（1928年）

李夔学：《萧伯纳点起中国文坛战火》，《当代》37（1989年）

李零：《出土发现与古书年代的再认识》，《九州学刊》3：1（1988年）

李泉：《浮海说三千弟子》，收入聊城师范大学历史系、聊城地区政协工委和山东省政协文史委员会编：《傅斯年》，山东，1991年

李泉、徐明文：《台港知名人士忆傅斯年》，收入聊城师范学院历史系、聊城地区政协工委和山东省政协文史编：《傅斯年》，山东，1991年

李锐：《湘江评论与文化书社》，张静庐辑注：《中国现代出版史料》，北京，1954—1959年，甲编

李尚英：《杨向奎先生学术研究及著作编年》，《清史论丛》，1994年

李文平：《傅斯年的史学观点与治史方法》，收入聊城师范学院历史系、聊城地区政协工委和山东省政协文史委编：《傅斯年》，山东，1991年

李小峰：《新潮社的始末》，《文史资料选辑》第61辑（1979年）

李孝定：《逝者如斯》，台北，1996年

李学勤：《中国青铜器的奥秘》，上海，1987年

李云汉：《从容共到清党》，台北，1966年

李泽厚：《中国近代思想史论》，北京，1979年

李泽厚：《中国现代思想史论》，北京，1987年

李宗侗：《古史问题的唯一解决方法》，顾颉刚编：《古史辨》，北京和上海，1926—1941年，第1卷

梁启超：《清代学术概论》，台北，1980年

梁启超：《新民说》，台北，1978年

梁启超：《中国历史研究法》，收入《梁启超史学论著三种》，台北，1984年

梁山等：《中山大学校史》，上海，1983年

梁漱溟：《朝话》，上海，1941年

梁漱溟：《敬以请教胡适之先生》，收入《胡适论学近著》，上海，1935年

梁漱溟：《印度哲学的报告》，《北京大学日刊》，1918年10月4日

梁思永:《后岗发掘小记》,收入《梁思永考古学论文集》,北京,1959年
梁思永:《小屯、龙山与仰韶》,收入《梁思永考古学论文集》,北京,1959年
聊城师范学院历史系、聊城地区政协工委和山东省政协文史委编:《傅斯年》,山东,1991年
林登(Allen Linden):《蔡元培与中国国民党,1926—1940》,收入蔡元培研究会编:《论蔡元培》,北京,1989年
林甘泉等:《中国古代史分期讨论五十年》,上海,1982年
林基成:《弗洛伊德学说在中国的传播,1914—1925》,《二十一世纪》4(1991年)
林寿晋:《论仰韶文化西来说》,《中国文化研究学报》10:2(1979年)
林毓生:《不以考证为中心的人文研究》,《思想与人物》,台北,1983年
凌云:《彭昭贤政海沉浮话当年》(一),《艺文志》80(1972年)
刘大鹏:《退想斋日记》,太原,1990年
刘静白:《何炳松史学的批判》,山东,1933年
刘起釪:《顾颉刚先生学述》,北京,1986年
柳诒徵:《国史要义》,台北,1957年
柳诒徵:《论文化事业之争执》,《史学杂志》2:1(1930年)
柳诒徵:《中国文化史》,台北,1954年
鲁迅:《教授杂咏》,《鲁迅全集》,北京,1981年,第7卷
鲁迅:《两地书》,《鲁迅全集》,北京,1981年,第11卷
吕思勉:《白话本国史》,上海,1920年
吕思勉:《蔡子民(元培)》,《蒿庐问学记》,北京,1996年
吕思勉:《先秦史》,台北,1967年重印
罗尔纲:《两个人生》,《胡适思想批判》,北京,1955年,第2辑
罗家伦:《罗家伦先生文存》,台北,1988年
罗家伦:《元气淋漓的傅孟真先生》,《傅故校长哀挽录》,台北,1988年
罗振玉:《史料丛刊初编》,北京,1924年
马亮宽:《彷徨徘徊念故土》,收入聊城师范学院历史系、聊城地区政协工委和山东省政协文史委编:《傅斯年》,山东,1991年
马亮宽:《请看剃头者,人亦剃其头》,收入聊城师范学院历史系、聊城地区政协工委和山东省政协文史委编:《傅斯年》,山东,1991年
马亮宽、王强:《何思源:宦海浮沉一书生》,天津,1996年

马骕：《绎史》，台北，1968年

毛以亨：《关于傅斯年的一封信》，《天文台》1951年1月2日

毛泽东：《丢掉幻想，准备斗争》，《毛泽东选集》，北京，1966年

毛泽东：《在延安文艺座谈会上的讲话》，1942年5月2日，收入Brandt, Conrad. *A Documentary History of Chinese Communism.* Cambridge，1952

毛子水：《师友记》，台北，1967年

茅盾（沈雁冰）：《五四运动的检讨——马克思主义文艺研究会报告》，《文学导报》1：2（1931年）

茅盾（沈雁冰）：《有志者》，上海，1938年

茅盾：《我走过的道路》，香港，1981年

蒙文通：《古史甄微》，上海，1933年

缪凤林：《评傅斯年君东北史纲卷首》，《文艺丛刊》2：2（1934年）

缪凤林：《中国民族西来辨》，《学衡》36（1924年）

牟润孙：《记所见之二十五年来史学著作》，《思想与时代》116—118（1964年）

牟润孙：《学兼汉宋的余季豫（余嘉锡）先生》，《海遗杂著》，香港，1990年

牟宗三：《为中国文化敬告世界人士宣言》，《民主评论》9：1（1958年）

那廉君：《傅孟真先生六十晋四冥诞》，《大陆杂志》18：5（1959年）

那廉君：《傅孟真先生轶事》，《传记文学》15：6（1969年）

那廉君：《他走得太快了：记孟真先生生前二三事》，《仙人掌杂志》1：1（1977年）

那廉君：《台大话当年》，台北，1991年

那廉君：《追忆傅孟真先生的几件事》，《传记文学》14：6（1968年）

内藤隽辅：《矢野先生のお思いて》，《东洋史研究》28：4（1970年）

逄振镐：《东夷古国史论》，成都，1989年

彭康：《新文化运动与人权运动》，蔡尚思主编：《中国现代思想史资料简编》，浙江，1982—1983年，第3卷

彭明：《五四运动史》，北京，1984年

彭明敏：《自由的滋味》，台北，1995年

齐思和：《近百年来中国史学的发展》，《燕京社会科学》2（1949年）

钱基博：《现代中国文学史》，台北，1976年

钱理群：《凡人的悲哀：周作人传》，台北，1991年

钱穆：《八十忆双亲·师友杂忆》，台北，1983年

钱穆:《驳胡适之〈说儒〉》,《中国学术思想史论丛》,台北,1976—1980年,第2卷
钱穆:《国史大纲》,台北,1954年
钱穆:《现代中国学术论衡》,台北,1984年
钱穆:《战后新首都问题》,《政学私言》,重庆,1945年
钱穆:《中国近三百年学术史》,台北,1968年
钱穆:《周初地理考》,《燕京学报》10(1931年)
钱玄同:《中国今后之文字问题》,《新青年》4:4(1918年)
秦绶昌:《政治协商会议始末记》,长沙,1946年
清史稿校注编纂小组:《清史稿校注》,台北,1986年
邱永明:《何炳松历史教学法述论》,刘寅生编:《何炳松纪念文集》,上海,1990年
屈万里:《敬悼傅孟真先生》,《自由中国》4:1(1951年)
阮元:《揅经室集》,台北,1964年
商衍鎏:《清代科举考试述录》,北京,1958年
上原淳道:《傅斯年の古代史研究について》,《古代学》1:2(1952年)
沈兼士:《故宫博物院文献馆整理档案报告》,《沈兼士学术论文集》,北京,1986年
沈松侨:《学衡派与五四时期的反新文化运动》,台北,1984年
沈尹默:《我和北大》,《五四运动回忆录》,北京,1979年,续编
生活·读书·新知三联书店编:《胡适思想批判》,北京,1955年,7卷本
石原皋:《闲话胡适》,安徽,1985年
石璋如:《考古年表》,台北,1952年
石璋如:《殷墟发掘对于中国古代文化的贡献》,《学术季刊》2:4(1953年)
史全生编:《中华民国文化史》,吉林,1990年,中册
矢野仁一:《六十年の思い出》,《东方学》28(1964年)
矢野仁一:《满蒙藏非支那领土论》,《外交时报》35:412(1931年)
矢野仁一:《叶青先生的意见》,《读经问题》,上海,1935年
舒芜:《蔡元培的两次说媒》,《中国时报》,1992年2月5日
舒新城:《中国近代教育史资料》,北京,1961年
司马迁:《史记》,北京,1973年
宋新潮:《近年来商族起源研究概述》,《中国史研究动态》5(1990年)

苏秉琦：《建国以来中国考古学的发展》，《苏秉琦考古学论述选集》，北京，1984年

苏同炳：《史语所发展史》，台北，未完成之未刊稿

苏云峰：《民初之农村社会》，《中华民国初期历史研讨会论文集》，台北，1984年

孙常炜：《蔡元培先生与中央研究院》，《传记文学》12：2（1968年）

孙同勋：《谈傅斯年先生的史学》，《历史月刊》12（1989年）

台大四六事件资料搜集小组：《台大四六事件考察——四六事件资料搜集小组总结报告》，台北，1997年

台湾大学纪念傅故校长筹备委员会哀挽录编印小组编：《傅故校长哀挽录》，台北，1951年

谭训聪：《清谭复生先生嗣同年谱》，台北，1980年

唐宝林和林茂生编：《陈独秀年谱》，上海，1988年

唐才常，《通种说》，《唐才常集》，北京，1980年

唐德刚：《胡适口述自传》，台北，1981年

唐德刚：《胡适杂忆》，台北，1980年

唐君毅：《说中华民族之花果飘零》，台北，1974年

唐君毅：《中国近代学术文化精神之反省》，《民主评论》1：24（1950年）

陶飞亚：《山东士绅与反教会斗争》，《义和团运动与近代中国社会》，四川，1987年

陶希圣：《潮流与点滴》，台北，1964年

陶希圣：《傅孟真先生》，《傅故校长哀挽录》，台北，1951年

陶英惠：《蔡元培与北京大学（1917—1923）》，《中央研究院近代史研究所集刊》5（1976年）

藤枝晃：《矢野先生と昭和六十年》，《东洋史研究》28：4（1970年）

汪漱石：《关于傅孟真先生致李宗仁书》，《传记文学》3：3（1963年）

王汎森：《古史辨运动的兴起》，台北，1987年

王汎森：《刘师培与清末的无政府主义运动》，《大陆杂志》90：6（1995年）

王汎森：《章太炎（炳麟）的思想》，台北，1985年

王国维：《古史新证》，北京，1935年

王国维：《浣溪纱》，《王观堂先生全集》，台北，1968年，第4卷

王国维：《论近年之学术界》，《王静庵文集》，台北，1978年

王国维:《说自契至成汤八迁》,《观堂集林》,北京,1959年

王国维:《殷卜辞中所见先公先王考》,《观堂集林》,北京,1959年

王国维:《殷周制度论》,《观堂集林》,北京,1959年

王敬轩:《文学革命之方向》,《新青年》4:13(1918年)

王世杰:《傅先生在政治上的二三事》,《传记文学》28:1(1976年)

王新命:《新闻圈里四十年》,台北,1957年

王新命:《中国本位的文化建设宣言》,《文化建设》1935年

王迅:《东夷文化与淮夷文化研究》,北京,1994年

王永贞:《五四时期的傅斯年》,《民国档案》3(1989年)

王云:《傅斯年与北京大学》,收入聊城师范学院历史系、聊城地区政协工委和山东省政协文史委编:《傅斯年》,山东,1991年

王云五:《十年来的中国出版事业》,收入张静庐编:《中国现代出版史料》,北京,1954—1959年,乙编

吴晗:《我克服了"超阶级"观点》,《吴晗文集》,北京,1988年,第4卷

吴敬恒:《科学周报编辑话》,《吴敬恒选集·科学卷》,台北,1967年

吴敬恒:《四十年前的小故事》,《蔡元培先生纪念集》,北京,1984年

吴敬恒:《四十岁日记选录》,《吴敬恒选集·序跋、游记、杂文卷》,台北,1967年

吴敬恒:《一个新信仰的宇宙观及人生观》,《吴敬恒选集·哲学卷》,台北,1967年

吴相湘:《傅斯年》,《传记文学》23:3(1973年)

吴相湘:《傅斯年学行并茂》,《民国百人传》,台北,1971年,第1册

吴学昭:《吴宓与陈寅恪》,北京,1992年

吴元昭:《李达与中国社会性质社会史问题论战》,《史学史研究》4(1988年)

吴忠匡:《吾师钱基博先生传略》,《中国文化》4(1991年)

伍俶:《忆孟真》,《傅故校长哀挽录》,台北,1951年

希夷:《关于中国文明起源多元的新架构》,《历史月刊》10(1988年)

夏鼐:《梁思永传略》,《中国现代社会科学家传略》,陕西,1985年,第7辑

夏鼐:《五四运动和中国近代考古学的兴起》,《考古》1979年第3期

夏曾佑:《中国古代史》,北京,1955年

萧超然:《北京大学校史,1898—1949》,北京,1988年

萧公权:《问学谏往录》,台北,1972年

萧公权：《中国政治思想史》，台北，1954年

熊尚厚：《傅斯年》，《民国人物传》，北京，1987年，第6卷

熊十力：《读经示要》，台北，1973年

熊十力：《玄圃论学集》，北京，1990年

徐复观：《考据与义理之争之插曲》，《学术与政治之间》，台中，1963年，乙集

徐复观：《三十年来中国的文化思想问题》，《学术与政治之间》，台中，1963年，乙集

徐复观：《是谁击溃了中国社会反共的力量》，《学术与政治之间》，台中，1963年，乙集

徐复观：《中国人性论史》，台中，1963年

徐复观：《中国思想史论集》，台中，1968年

徐刚：《傅斯年的教育思想及其教育学术事业》，台北，政治大学教育研究所硕士论文，1981年

徐旭生（徐炳昶）：《中国古史的传说时代》，北京，1960年

徐渊：《法西斯蒂与三民主义》，蔡尚思主编：《中国现代思想史资料简编》，浙江，1982—1983年，第3卷

徐中舒：《从古书中推测之殷周民族》，《清华国学论丛》1：1（1927年）

徐中舒：《金文嘏辞释例》，《中央研究院历史语言研究所集刊》6：1（1936年）

徐中舒：《殷人服象及象之南迁》，《中央研究院历史语言研究所集刊》2：1（1930年）

徐中舒：《殷周之际史迹之检讨》，《中央研究院历史语言研究所集刊》7：2（1936年）

徐中舒：《再述内阁大库档案之由来及其整理》，《中央研究院历史语言研究所集刊》3：4(1933年)

许德珩：《回忆国民杂志》，《五四时期的社团》，北京，1979年，第2卷

许德珩：《五四运动六十周年》，《文史资料选辑》61（1979年）

许冠三：《新史学九十年》，香港，1986、1988年

许纪霖：《中国自由主义知识分子的参政》，《二十一世纪》6（1991年）

许之衡：《读国粹学报感言》，《国粹学报》6（1905年）

严复：《论事变之亟》，蒋贞金编：《严几道文钞》，台北，1971年

严复：《论治学治事宜分二途》，蒋贞金编：《严几道文钞》，台北，1971年

严复：《译余赘语》，《群学肄言》，上海，1931年

严耕望:《我对傅孟真先生的感念》,《仙人掌》1(1977年)

杨步伟:《杂记赵家》,台北,1972年

杨宽:《中国上古史导论》,《古史辨》,北京和上海,1926—1941年,第7卷

杨希枚:《西洋近代的东方学及有关中国古史的研究》,《大陆杂志》24:4（1962年）

杨向奎:《大一统与儒家思想》,吉林,1989年

杨向奎:《评傅孟真的〈夷夏东西说〉》,《夏史论丛》,山东,1985年

杨向奎和张政烺:《悼念尹达同志》,《历史研究》1983年第5期

叶桂生、刘茂林:《吕振羽的治史道路》,《文献》2(1980年)

叶曙:《初期台大的人和事》,《传记文学》48:6(1986年)

叶曙:《我所认识的八位台大校长》,《传记文学》49:1(1986年)

叶元龙:《重大校长叶元龙亲历马寅初事件》,《传记文学》3(1992年)

易宗夔:《新世说》,1918年,1982年重印本

殷海光:《我忆孟真先生》,《自由中国》4:2(1951年)

尹达:《新石器时代》,北京,1955年

尹达:《尹达史学论著选集》,北京,1989年

尹达主编:《中国史学发展史》,湖南,1985年

英千里:《回忆幼年时代的傅校长》,《傅故校长哀挽录》,台北,1951年

于衡:《以身殉教的傅斯年》,《传记文学》22:5(1973年)

余嘉锡:《古书通例》,上海,1985年

余英时:《历史与思想》,台北,1976年

余英时:《论戴震与章学诚》,香港,1976年

余英时:《钱穆与新儒家》,《犹记风吹水上鳞》,台北,1992年

余英时:《谈郭沫若的古史研究》,《明报月刊》10(1992年)

余英时:《五四——一个未完成的文化事业》,《文化评论与中国情怀》,台北,1988年

余英时:《五四与中国传统》,《史学与传统》,台北,1976年

余英时:《中国近代思想的激进与保守》,《犹记风吹水上鳞》,台北,1992年

余英时:《中国思想传统的现代诠释》,台北,1987年

余英时:《中国知识分子的边缘化》,《二十一世纪》6(1991年)

余湛邦:《毛泽东主席在重庆谈判期间》,《重庆文史资料选辑》24(1985年)

俞大綵:《忆孟真》,《仙人掌》1(1977年),也收入《傅斯年全集》

俞旦初：《二十世纪初年中国的新史学思潮初考》，《史学史研究》3（1982年）
岳玉玺：《傅斯年生平评略》，《聊城师范学院学报》3（1989年）
岳玉玺：《国民参政会期间的两件事》，收入聊城师范大学历史系、聊城地区政协工委和山东省政协文史委员会编：《傅斯年》，山东，1991年
曾繁康：《中国现代史学界的检讨》，《责善半月刊》1：5（1940年）
曾士荣：《战后台湾之文化重编与族群关系》，台湾大学历史研究所，硕士论文，1994年
张光直：《从夏商周三代考古论三代关系与中国古代国家的形成》，收入《屈万里先生七秩荣庆论文集》，台北，1978年
张光直：《殷商文明起源研究上的一个关键问题》，杜正胜编：《中国上古史论文选集》，台北，1979年，第1卷
张灏：《形象与实质——再论五四思想》，收入《自由民主的思想与文化》，台北，1990年
张利庠：《略论傅斯年先生的学术贡献》，《晋阳学刊》5（1990年）
张荫麟，《中国史纲》，台北，1963年重印
张玉法：《中国现代史》，台北，1977年
张致远：《兰克的生平与著作》，《自由中国》7：12（1952年）
张忠栋：《胡适与殷海光》，《台湾大学文史哲学报》37（1989年）
章炳麟：《检论》，收入《章太炎全集》，上海，1984年，第2卷
赵纪彬：《读〈性命古训辨证〉》，《赵纪彬文集》，河南，1985年，第1卷
赵科：《毛泽东读书逸闻》，《立报》14（1981年）
赵效沂：《关于李万居与傅斯年》，《传记文学》21：2（1972年）
赵元任：《台山语料序论》，《傅所长纪念特刊》，台北，1951年
郑鹤声：《傅斯年等编著东北史纲初稿》，《图书评论》1：11（1933年）
郑师许：《郑师许先生的意见》，《读经问题》，香港，1966年
郑振铎：《且慢谈所谓国学》，《小说月报》20：1（1929年）
中国现代哲学史研究会：《中国现代哲学与文化思潮》，北京，1989年
钟贡勋：《孟真先生在中山大学时期的一点补充》，《传记文学》28：3（1976年）
周朝民：《何炳松史学理论初探》，刘寅生编：《何炳松纪念文集》，上海，1990年
周法高：《地下资料与书本资料的参互研究》，《联合学报》1（1970年）
周培源：《六十年来的中国科学》，中国社会科学院近代史研究所编：《纪念五

四运动六十周年学术讨论会论文集》,北京,1980年

周天健:《傅斯年》,收入《中华民国名人传》,台北,1989年

周天健:《高明柔克的人格典型:傅孟真先生逝世四十周年志感》,《联合报》1990年12月10日

周衍孙:《沈兼士与中国史学》,《民主评论》5:14(1954年)

周一良:《西洋汉学与胡适》,《胡适思想批判》,北京,1955年,第7辑

周质平:《胡适与冯友兰》,《知识分子》3(1985年)

周子东等编:《三十年代中国社会性质论战》,上海,1987年

朱家骅:《悼亡友傅孟真先生》,《傅故校长哀挽录》,台北,1951年

朱有瓛编:《中国近代学制史料》,上海,1986年,第2卷

庄练:《老虎傅斯年》,《中央日报》,1988年

左舜生:《近三十年见闻杂记》,香港,1954年

Alitto, Guy. *The Last Confucian: Liang Shu-ming and the Chinese Dilemma of Modernity.* Berkeley, 1979

Asen Johannes, ed. *Gesamtverzeichnis des Lehrkörpers des Universität Berlin. Bd. I, 1810 – 1945.* Leipzig, 1995

Bannister, Robert C. *Sociology and Scientism: the American Quest for Objectivity, 1880 – 1940.* Chapel Hill, 1987

Beasley, W. G. and E. G. Pulleyblank, eds. *Historians of China and Japan.* London, 1971

Berlin, Isaiah. "Nationalism." In *Against the Current.* New York, 1979

Bonner, Joey. *Wang Kuo-wei: An Intellectual Biography.* Cambridge, 1986

Boorman, Howard L., ed. *Biographical Dictionary of Republican China.* New York, 1968, 4 vols

Bourdieu, Pierre. *Homo Academicus.* Translated by Peter Collier. Stanford, 1984

Brandt, Conrad, ed. *A Documentary History of Chinese Communism.* Cambridge, Mass., 1952

Burke, Peter. *The French Historical Revolution.* Cambridge, 1989

Ch'en, Jerome. "The Chinese Communist Movement to 1927." In Denis Twitchett and John K. Fairbank, eds., *The Cambridge History of China*, Cambridge; New York: Cambridge University Press, 1983

Chan Wing-tsit. *Religious Trends in Modern China*, New York, 1953

Chang Hao. "New Confucianism and the Intellectual Crisis of Contemporary China. " In Charlotte Furth, ed. , *The Limits of Change: Essays on Conservative Alternatives in Republican China.* Cambridge, Mass. , 1976

Chang Hao. *Chinese Intellectuals in Crisis: Search for Order and Meaning 1890 – 1911.* Berkeley, 1987

Chang Hao. *Liang Ch'i-ch'ao and Intellectual Transition in China*, 1890 – 1907. Cambridge, Mass. , 1971

Chang Kwang-chih. "Sandai Archaeology and the Formation of States. " In David Keightley, ed. , *The Origins of Chinese Civilization.* Berkeley, 1983

Chang Kwang-chih. "The Origins of Chinese Civilization: A Review. " *Journal of the American Oriental Society*, 98 (1978)

Chang Kwang-chih. *Early Chinese Civilization: Anthropological Perspectives.* Cambridge, Mass. , 1976

Chang Kwang-chih. *Shang Civilization.* New Haven, 1980

Chang Kwang-chih. *The Archaeology of Ancient China.* 3rd ed. New Haven, 1977

Chang Kwang-chih. *The Archaeology of Ancient China.* 4rd ed. New Haven, 1986

Chang Wing-tsit. *Religious Trends in Modern China.* New York, 1953

Ching, Su and Luo Lun. *Landlord and Labor in Late Imperial China: Case studies from Shandong.* Translated by Endymion Wilkinson. Cambridge, Mass. , 1978

Chow Tse-Tsung. *The May Fourth Movement: Intellectual Revolution in Modern China.* Cambridge, Mass. , 1960

Coble, Parks M. *The Shanghai Capitalists and the Nationalist Government, 1927 – 1937.* Cambridge, Mass. , 1980

Creel, Herrlee G. *The Origin of Statecraft in China*, Vol. 1 , *The Western Chou Empire.* Chicago, 1970

Dirlik, Arif. "Mirror to Revolution: Early Marxist Images of Chinese History. " *Journal of Asian Studies*, 33: 2 (February 1974)

Dirlik, Arif. *Revolution and History: the Origins of Marxist Historiography in China, 1919 – 1937.* Berkeley, 1978

Duiker, William. *Ts'ai Yuan-p'ei: Educator of Modern China.* Pennsylvania State University Studies, no. 41. University Park, 1977

Eastman, Lloyd. *The Abortive Revolution: China under Nationalist Rule, 1927 – 1937.* Cambridge, Mass., 1974

Eber, Irene. "Hu Shih and Chinese History: The Problem of cheng-li kuo-ku." *Monumenta Serica*, 27 (1968)

Edwards, Paul, Ed. *The Encyclopedia of Philosophy.* New York, 1967

Elman, Benjamin. *From Philosophy to Philology.* Cambridge, Mass., 1984

Erikson, Erik. *Young Man Luther.* New York, 1962

Esherick, Joseph. *The Origins of the Boxer Uprising.* Berkeley, 1987

Feigon, Lee, *Chen Duxiu: Founder of the Chinese Communist Party.* Princeton, 1983

Feng, Yu-lan. *A History of Chinese Philosophy.* Translated by Derk Bodde. Princeton, 1952

Foreign Relations of the United States, 1945. Vol. 7. Washington, D. C., 1969

Foreign Relations of the United States, 1948. Vol. 7. Washington, D. C., 1973

Furth, Charlotte. *Ting Wen-chiang: Science and China's New Culture.* Cambridge, Mass., 1970

Gay, Peter. *Freud for Historians.* New York, 1985

Gay, Peter. *The Enlightenment: An Interpretation.* Vol. 1, New York, 1966; Vol. 2, New York, 1969

Gilbert, Felix. "Leopold von Ranke and the American Philosophical Society." *Proceedings of the American Philosophical Society*, no. 3 (September 1986)

Gilbert, Felix. *History: Politics or Culture?: Reflections on Ranke and Burckhardt.* Princeton, 1990

Gooch, George P. *History and Historians in the Nineteenth Century.* Boston, 1965

Graham, A. C. "The Background of the Mencian Theory of Human Nature." 收入《清华学报》6: 1—2 (1967 年)

Grieder, Jerome B. *Hu Shih and the Chinese Renaissance: Liberalism in the Chinese Revolution, 1917 – 1937.* Cambridge, 1970

Grieder, Jerome B. *Intellectuals and the State in Modern China: a Narrative History.* New York, 1971

Higham, John. *History.* Baltimore, 1989

Hightower, James Robert. *The Poetry of T'ao Ch'ien.* Oxford, 1970

Historische Zeitschrift (Munich), 1 (1859)

Hobsbawn, E. J. *Nations and Nationalism since 1780*. Cambridge, 1990

Hsia, Chih-tsing. *A History of Modern Chinese Fiction, 1917 – 1957*. New Haven, 1961

Hu Shih. "The Indianization of China: A Case Study in Cultural Borrowing." In *Independence, Convergence, and Borrowing in Institutions, Thought, and Art*. Cambridge, Mass., 1937

Hu Shih. "The Scientific Spirit and Method in Chinese Philosophy." In Charles A. Moore, ed., *The Chinese Mind*. Honolulu, 1967

Hu Shih. Address given at the Royal Institute of International Affairs. *Journal of the Royal Institute of International Affairs*, 6: 6 (1926)

Humboldt, Wihelm von. *On Language*. Translated by Peter Heath. Cambridge, 1988

Hummel, Arthur W. *The Autobiography of a Chinese Historian*. Leyden, 1931

Hummel, Arthur. "What Chinese Historians are Doing in their Own History." *American Historical Review*, 34: 4 (1929)

Hummel, Arthur, Ed. *Eminent Chinese of the Ch'ing Period*. Rpt., Taipei, 1972

Iggers, Georg, and James M. Powell. *Leopold von Ranke and the Shaping of the Historical Discipline*. Syracuse, 1990

Iggers, Georg. "The Crisis of the Rankean Paradigm in the Nineteenth Century." In Georg G. Iggers and Konrad von Moltke, eds., *The Theory and Practice of History*. Indianapolis, 1973

Iggers, Georg. *The German Conception of History*. Middletown, Conn., 1968

Isreal, John. *Student Nationalism in China, 1927 – 1937*. Stanford, 1966

James, William. *Pragmatism*. Cambridge, Mass., 1979

Jespersen, Otto. *The Philosophy of Grammar*. London, 1924

Keightley, David. *The Origins of Chinese Civilization*. Berkeley, 1983

Kohn, Hans. *Nationalism: Its Meaning and History*. Princeton, 1955

Kohn, Hans. *The Idea of Nationalism*. New York, 1945

Kolakowski, Leszek. *The Alienation of Reason: A History of Positivist Thought*. Translated by Norbert Guterman. New York, 1968

Krieger, Leonard. *Ranke: the Meaning of History*. Chicago, 1977

Kwok, D. W. Y. *Scientism in Chinese Thought, 1900 – 1950*. New Haven, 1965

Lattimore, Owen. *Inner Asian Frontiers of China*. New York, 1940

Laue, Theodore Hermann Von. *Leopold Ranke: the Formative Years*. Princeton, 1950

Lee, Leo Ou-fan. "Literary Trends: The Road to Revolution (1927 - 1949)." In John K. Fairbank and Albert Feuerwerker, eds., *The Cambridge History of China*. Cambridge, 1986

Lee, Leo Ou-fan. "Literary Trends I: The Quest for Modernity, 1895 - 1927." In John K. Fairbank and Denis Twitchett, eds., *The Cambridge History of China*. Cambridge, 1983

Lee, Leo Ou-fan. *The Romantic Generation of Modern Chinese Writers*. Cambridge, Mass., 1973

Legge, James, trans. *Chinese Classics*. Hong Kong, 1861

Lei Hai-tsung. "Periodization: Chinese History and World History." *Chinese Social and Political Science Review*, 20: 4 (1937)

Levenson, Joseph Richmond. *Confucian China and Its Modern Fate*. Berkeley, 1968

Levenson, Joseph Richmond. *Liang Ch'i-ch'ao and the Mind of Modern China*. Cambridge, 1959

Li, Chi. *Anyang: A Chronicle of the Discovery, Excavation, and Reconstruction of the Ancient Capital of the Shang Dynasty*. Seattle, 1977

Li, Chi. *The Beginnings of Chinese Civilization*. Seattle, 1957

Link, Perry. "Traditional-Style Popular Urban Fiction in the Tens and Twenties." In Merle Goldman, ed., *Modern Chinese Literature in the May Fourth Era*. Cambridge, 1977

Lin, Yü-sheng. *The Crisis of Chinese Consciousness*. Madison, 1979

Losee, John. *A Historical Introduction to the Philosophy of Science*. Oxford, 1980

Mach, Ernst. *Analysis of the Sensations*. Translated by C. M. Williams. Chicago, 1897

McDougall, William. *The Group Mind*. Cambridge, 1920

Meinecke, Friedrich. *Cosmopolitanism and the National State*. Princeton, 1963

Meisner, Maurice. *Li Ta-chao and the Origins of Chinese Marxism*. Cambridge, Mass., 1967

Moller, Alan Gordon. "Bellicose Nationalist of Republican China: An Intellectual Biography of Fu Ssu-nien." Ph. D. diss., University of Melbourne, 1979

Naquin, Susan. *Shantung Rebellion: the Wang Lun Uprising of 1774*. New Haven, 1981

Novick, Peter. *That Noble Dream*. Cambridge, 1988

Numata, Jiro. "Shigeno Yasutsugu and the Modern Tokyo Tradition of Historical Writing." In W. G. Beasley and E. G. Pulleyblank, *Historians of China and Japan*. London, 1971

Pelliot, Paul. "The Royal Tombs of An-yang." In *Independence, Convergence, and Borrowing in Institutions, Thought, and Art*. Cambridge, Mass. , 1937

Pickowicz, Paul. "Qu Qiubai's Critique of the May Fourth Generation: Early Chinese Marxist Literary Criticism." In Merle Goldman, ed. , *Modern Chinese Literature in the May Fourth Era*. Cambridge, 1977

Said, Edward. *Orientalism*. New York, 1978

Scheler, Max. *Ressentiment*. Translated by William Holdheim. New York, 1961

Schneider, Laurence. *Ku Chieh-kang and China's New History*. Berkeley, 1971

Schwarcz, Vera. *The Chinese Enlightenment: Intellectuals and the Legacy of the May Fourth Movement of 1919*. Berkeley, 1986

Schwartz, Benjamin Ed. *Reflections of the May Fourth Movement: A Symposium*. Cambridhe, Mass. , 1972

Schwartz, Benjamin. "A Marxist Controversy in China." *Far Eastern Quarterly*, no. 2 (February 1954)

Schwartz, Benjamin. "Theme in Intellectual History: May Fourth and After." In John K. Fairbank and Denis Twitchett, eds. , *The Cambridge History of China*. Cambridge, 1983

Schwartz, Benjamin. *In Search of Wealth and Power: Yen Fu and the West*. New York, 1969

Snow, Edgar. *Red Star over China*. New York, 1978

Stern, Fritz. *The Varieties of History*. Cleveland, 1957

Sun, E-tu Zen. "The Growth of the Academic Community, 1912 – 1949." In John K. Fairbank and Albert Feuerwerker, eds. , *The Cambridge History of China*. Cambridge, 1986

Teng, S. Y. "Chinese Historiography in the Last Fifty Years." *Far Eastern Quarterly*, no. 2 (February 1949)

Thompson, James, and Bernard Holm. *A History of Historical Writing*. New York, 1942

Wang, Yu-Ch'uan. *Early Chinese Coinage.* New York, 1951

Wellmuth, John. *The Nature and Origins of Scientism.* Milwaukee, 1944

Wells, H. G. *The Outline of History.* New York, 1971

Yang Lien-sheng. "Review of *Fu Meng-chen Hsien-sheng chi.*" *Harvard Journal of Asiatic Studies*, 16: 3 - 4 (1953)

Yeh Wen-Hsin. *The Alienated Academy: Culture and Politics in Republican China, 1919 - 1937.* Cambridge, Mass., 1990

Young, Ernest. *The Presidency of Yuan Shih-k'ai.* Ann Arbor, 1977

Yü Ying-shih. "The Changing Conceptions of National History in Twentieth Century China." In Erik Lönnroth, Karl Molin, Ragnar Björkeds., *Conceptions of National History*, Proceedings of Nobel Symposium 78. New York, 1994

附论六篇

傅斯年对胡适文史观点的影响

几十年来胡适(1891—1962)与傅斯年(1896—1950)常被当作同一个学派。在政治上,大陆发起的批判胡适思想运动中,提及胡适的"党羽"时必提傅斯年[1]。在学术上,提到胡适的整理国故运动时,亦必提到傅斯年的历史语言研究所是这个运动实际的中心。他们两个人关系密切,不言可喻。当傅斯年病逝时,胡适所发表的纪念文字尤其证实这一点。胡适提醒大家:中国丧失了它最忠实的爱国主义者。同时,胡适在1950年12月20日的日记上写着:

---

[1] 关于胡适与傅斯年这个题目,已有人写过,但颇有错误。如蒋星煜:《胡适与傅斯年》(刊于《山西师大学报》[社会科学版]20:1)一文中说:"1918年3月15日,胡适在北京大学国文研究所小说科作了《论短篇小说》的演讲,傅斯年已经毕业,在研究所当研究员,他为胡适记录后,即在《北京大学日刊》刊出。"(页85)所谓"毕业"是不了解当时北大学制的说法。研究员可以是大学本科毕业生,也可以是高年级学生,而傅斯年属于后者。又如说傅斯年当时由黄季刚的得意门生转而追随胡适,"人们对之迷惑不解,陈独秀写信给周作人,怀疑他是什么人派来的奸细。胡适只觉得他恭顺可爱,第二年就让傅斯年用庚款到英国伦敦大学和德国柏林大学去留学了"(页85)。是否"恭顺可爱"没有材料记载,不过傅氏赴英念书是考上山东官费,既不是过去所传的是受穆藕初资助,也非此处的使用庚款。胡颂平:《胡适之先生年谱长编初稿》(台北:联经,1984),页2932:"今天蒋复璁带来民九、民十两年的北京政府教育公报","编者附记:在附录里,还有傅斯年当年考取出国的分数是八十二分,第二名。"为了这次官费考试,还有一个插曲,即许多考官因为傅斯年是激烈学生而不拟录取。当时山东省教育厅的科长陈雪南出面力争,认为成绩如此优秀的学生非取不可,终于定案。值得注意的是,此后陈雪南与傅氏保持相当友好关系,1948年,傅在美国,竟被选为立法委员,傅氏不就,也是托陈雪南劝说才接受。

今天下午四点半，宋以忠夫人（应谊）打电话来，说 AP 报告傅斯年今天死了。这是中国最大的一个损失！孟真天才最高，能做学问，又能治事，能组织。他读书最能记忆，又最有判断能力，故他在中国古代文学与文化史上的研究成绩都有开山的功用。在治事的方面，他第一次在广州中山大学，第二次在中研院史语所。第三次代我作北大校长，办理复员的工作。第四次做台大校长，两年中有很大的成绩。[1]

因为胡、傅二人在生活、学术上异常密切，故大家在注意到二人的相似处之余，竟常忽略了二人的相异之处。也因为傅斯年是胡适的学生，所以一般只留意胡适对傅的影响，而少探究傅氏对胡的影响。

在傅斯年结识胡适的卅五年中，同在中国的时间，只有不到十五六年（北大二年、1927 年至 1937 年、1946 年至 1948 年），其余时间皆相暌隔，而同在中国的时间内，且住在同一城市者，只有在北京的几年。

胡适与傅斯年的关系有过几度变化。毛以亨（1895—1968）回忆说，1916 年胡适初到北大后数日曾讲墨子，毛与傅斯年去听，未觉精彩，所以胡适与马叙伦（1884—1970）所共同指导的十六个研究员中，十五个人跟随马叙伦研究老庄，而只有班长赵健一人与胡适研究墨经。当时整个学术风气尚未转变，章太炎学派仍占主流地位，太炎弟子马叙伦吸引大量对文史感兴趣的学生是很自然的事。毛以亨回忆说，当时他们听完胡适的墨子演讲：

> 回来觉得类于外国汉学家之讲中国学问，曾有许多观点，为我

---

[1]《胡适的日记（手稿本）》（台北：远流出版公司，1990），1950 年 12 月 20 日条，无页码。

们所未想到，但究未见其大，且未合中国之人生日用标准。[1]

在新文化运动时期，胡适与傅氏关系变得极为密切，胡适是《新潮》的指导老师，而傅是《新潮》的主编，又是胡适心中在旧学根柢上极令人敬畏的学生。可是傅斯年在欧洲游学近七年而未得任何学位，在胡适看来是一大失败，故 1926 年胡适日记上便记有，傅斯年甚"颓放"，在欧游学而无所成之类的句子。此外，日记中并涂去九行显然对傅不满的评语[2]。不过，他也感受到傅斯年许多精辟的见解，故同时的日记中不时有这样的句子："谈得很好"，或说傅氏精彩的论点太多，"不及记下"[3]。

当时胡适显然是拿傅氏与顾颉刚（1893—1980）相比。顾氏在《新潮》时期并未占有傅斯年般显著的位置。不过他后来因为替胡适访求与《红楼梦》相关的书籍，又与胡适共同发起标点出版《辨伪丛刊》，怀疑上古信史，而名满天下。当 1926 年胡适与傅斯年在欧洲相见前，《古史辨》第 1 册已结集出版，震动一时[4]。其声光之盛，自然使得胡适对眼前的傅斯年感到失望，故胡适在当时日记上说傅斯年不及顾颉刚之勤[5]。

傅氏回到中国后，在中山大学任文科学长（文学院院长），曾多次电邀胡适到中山任教，甚至将课程预先排出，但最后胡适仍未前往。傅与顾颉刚同任教于中山大学时，两人关系急速恶化。《胡适来

---

[1] 以上皆见毛以亨：《初到北大的胡适》，原刊香港《天文台》，无日期，见"傅斯年档案"（以下简称"傅档"），I：1696。
[2] 这九行在《胡适的日记（手稿本）》，1926 年 9 月 5 日条，无页码。它们可能是胡适决定将日记交傅氏在台代为保管时涂去，或是胡适重读日记时抹去。
[3] 《胡适的日记（手稿本）》，1926 年 9 月 2 日条。
[4] 而后恒慕义（Arthur Hummel）还在地位极高的《美国历史评论》中撰文介绍。Arthur Hummel, "What Chinese Historians are Doing in Their Own History," *The American Historical Review*, vol. XXXIV, no. 4（July 1929）. 此文亦收在《古史辨》第 2 册，页 421—443，后附中译。
[5] 《胡适的日记（手稿本）》，1926 年 9 月 5 日条。

往书信选》中收有顾颉刚向胡适控诉傅氏专权任性的信件。胡适将攻击傅斯年的信给傅氏看过后,引起两人极大的不快[1]。

1929年,史语所迁北平,当时胡适在上海,不过自1930年以后,胡适与傅斯年便因同在北平而常有见面机会。胡适日记中屡屡有傅斯年今夜来访,或谈身世,或谈上古史事。胡适认为傅氏在当时上古史之见解当不做第二人想。其中胡适对史语所年轻人才的训练及成绩尤其感到惊喜。安阳殷墟发掘的成果也深为胡适所欣赏[2],日记中甚至还保留了当时媒体报导史语所的剪报[3]。这些事迹皆使胡适对傅斯年的印象改观,同时胡适与顾颉刚也日渐疏远[4]。整体而言,从1926年起,傅斯年在三方面对胡适有所影响。首先要谈胡适古史观由疑而信的过程,及傅斯年在此变化中所扮演的角色。

傅斯年对胡适古史观有两个方面的影响:第一是由"疑古"到"重建",第二是多元的古史观。而这两者其实也有相会合之处,即多元的古史观其实解决了古文献中的一些矛盾,而使得原来认为是古人作伪的,现在可以别有合理的解释。

---

[1] 顾潮:《顾颉刚与傅斯年在青壮时代的交往》,《文史哲》1993:2,页17。从最近公布的一封顾氏给胡氏的信(此信并未包括在《胡适来往书信选》中),可以发现傅、顾两人的冲突或有另一原因。在这封信中,顾颉刚希望由他与胡适分史语所之权:"……最好,北伐成功,中央研究院的语言历史学研究所搬到北京,由先生和我经管其事,孟真则在广州设一研究分所,南北相呼应。这也须先生来此商量的。"耿云志编:《胡适遗稿及秘藏书信》(合肥:黄山书社,1994),册42,页353—354。
[2] 如《胡适的日记(手稿本)》,1935年6月6日条,无页码。
[3] 同上书,1930年2月12日条,无页码。
[4] 胡适与顾颉刚感情之渐趋疏远,应该是当时人所感觉得到的,所以当时顾颉刚的学生何定生出了一本《关于胡适之与顾颉刚》,此册不能得见,不过可以由顾氏给胡适的一封信中看出其大概:"有一件事情,使我很不安的,是何定生君出了一本《关于胡适之与顾颉刚》,趁我不在北平的时候,用话骗了朴社同人,印出来了。其中文字,有几篇是广东作的,先生已见过,有几篇是新近作的,其中对于先生颇有吹索之论。这也不管,他不该题这书名,使得旁人疑我们二人有分裂的趋势,而又在朴社出版,使人疑我有意向先生宣战。"顾潮:《顾颉刚年谱》(北京:中国社会科学出版社,1993),页172;顾致胡信,见《胡适遗稿及秘藏书信》,册42,页402。

胡适、傅斯年在新文化运动时期皆倾向于疑古。胡适在《中国古代哲学史》中说《尚书》"或是儒家造出的托古改制的书","无论如何没有史料的价值"[1]。后来相信瑞典地质学家安特生（Johann G. Anderson, 1874—1960）的臆测,认为商代的中国仍是新石器时代[2]。他同时也受晚清今文家疑伪思想的影响,在1919年的井田论战中,一再说《周礼》是伪书,王制是汉朝博士造的[3],而且又强调东周以前古史不可信。

傅斯年在《新潮》的文章中偶然也说东周平王以后"始有信史可言",或是夸赞《史记志疑》等疑伪之书的价值[4]。可是到了1926年左右,从欧洲留学回来后的傅斯年对古史的看法已有改变。但当时胡适还很支持顾颉刚《古史辨》的工作,并乐道其实验主义方法在《古史辨》上的大成果[5]。

傅斯年对古代历史由疑转信的过程是逐步发展逐步调整的。1924年至1926年傅氏断续写成的《与顾颉刚论古史书》中已露出征兆。此时他对于古史信多于疑,虽然处处还流露着晚清今文家疑伪的口气,而且认为尧、舜、黄帝等可能是传说,但态度已大大不同,而且商、周为东、西二集团的初步想法,以及东夷一地（渤海湾一带）是中国古文明的发源地之想法也已隐然成形。虽然因为沾染今文家说而对《左传》等书的态度仍有所保留,但基本上已信过于疑

---

[1] 胡适：《中国古代哲学史》(台北：商务，1978)，页22。
[2] 见《古史辨》第1册，页120，胡适写信告诉顾颉刚："发现渑池石器时代的安特森，近疑商代犹是石器时代的晚期（新石器时代），我想他的假定颇近是。"又《胡适的日记（手稿本）》，1930年12月6日条："如我在六七年前，根据渑池发掘的报告，认商代为在铜器之前。"
[3] 《胡适文存》(台北：远东，1990)，第1集，页430—431。
[4] 傅斯年：《中国历史分期之研究》，《傅斯年全集》(台北：联经，1980)第4册，总页1231；《清·梁玉绳著〈史记志疑〉》，同书，总页1417—1419。
[5] "傅档"，I：1678 胡适1926年8月24日致傅斯年的信，信上说："颉刚在他的《古史辨》自序里说他从我的《水浒传考证》里得着他的治史学方法。这是我生平最高兴的一件事。"

了。而且觉得今文家怀疑是古文家伪造的许多东西必有很长的渊源,不可能只是顺应政治需求而造出[1]。傅氏回国以后,回过头来治中国古代文史之学,从《战国文籍中之篇式书体——一个短记》等文章便可发现,他已发展出一些足以破解疑古思想的论述[2]。不过"五四"这一代青年基本上对传统文献没有太大信心,他们相信的是科学地下发掘的成果。从1928年起,安阳殷墟的发掘逐步使傅氏相信古史辨派过疑,故此后文章常驳古史辨派。如《"新获卜辞写本后记"跋》中,便因"命周侯"一段甲骨文而怀疑古史辨派所提的商、周不相臣属之说[3]。

尤其值得注意的是,我在傅斯年的一本题为《答阑散记》的笔记本中,发现一则短篇讽刺小说《戏论》。这一则小说无法断代(大约写于1930年左右),文字潦草凌乱,极不易辨认[4]。全文是讽刺钱玄同(1887—1939)及顾颉刚的,尤其针对《古史辨》最核心的方法论"层累造成说",极尽揶揄嘲讽之能事。而这个方法论正是他过去认为是顾颉刚"将宝贝弄到手"的"宝贝",现在却讥为荒诞之至。这件档案在近代疑古思潮衰退的过程中是极为重要的史料,我将全文放在附录中[5]。

殷墟中出土的大量器物,尤其是精美青铜器,也打破了胡适原先持之甚坚的"商是新石器时代"之说。1930年12月6日,他在史语所演讲时便承认:

> 在整理国故的方面,我看见近年研究所的成绩,我真十分

---

[1] Wang Fan-sen, *Fu Ssu-nien: A Life in Chinese History and Politics* (Cambridge: Cambridge University Press, 2000), pp. 110 – 114.
[2] 《全集》,第3册,总页739—744。
[3] 《全集》,第3册,总页959—1005。
[4] 我曾于1990年,将其中一部分译成英文,附在我的 *Fu Ssu-nien: A Life in Chinese History and Politics*, pp. 205 – 206。
[5] "傅档",Ⅱ:910,杜正胜先生的隶定刊于《中国文化》1990:12,页250—251。

高兴。如我在六七年前根据渑池发掘的报告,认商代为在铜器之前,今安阳发掘的成绩,足以纠正我的错误。[1]

此处所谓"商代为在铜器之前",其实是一婉转的说法。六七年前,胡适认为商是新石器时代,而不是"铜器以前"。足见殷墟考古对其古史观点的重大改变。而这一修正作用应该早从1928年底或1929年殷墟实物出土就已开始了,所以在1929年3月11日,当胡适还在上海担任中国公学校长时,顾颉刚因辞了中山大学而顺道过访,胡适告诉他:

> 现在我的思想变了,我不疑古了,要信古了![2]

顾颉刚说:

> 我听了这话,出了一身冷汗,想不出他的思想为什么会突然改变的原因。后来他回到北大,作了一篇《说儒》,说孔子所以成为圣人,是由于五百年前商人亡国时有一个"圣人"出来拯救他们的民族……这就是他为了"信古"而造出来的一篇大谎话……宜乎这篇文章一出来,便受到郭沫若的痛驳,逼得他不敢回答。[3]

在1951年批判胡适的座谈会上,顾颉刚说:

> 我本是跟着他走的,想不到结果他竟变成反对我。
> 固然我所说未必对,可是他自己却已"宁可信而过,不可疑而过了"……钱玄同先生曾在1936年对我说:"真想不到,

---

[1]《胡适的日记(手稿本)》,1930年12月6日条,未标页数。
[2] 顾潮:《顾颉刚年谱》,页171。
[3]《我是怎样编写〈古史辨〉的?(上)》,《中国哲学》第2辑,页341。郭沫若的驳文见他的《青铜时代》。

适之的思想会如此的退步。"[1]

胡适这一重大转变应与殷墟发掘有关。胡适的疑古是有特色的,他的态度基本上是"宁可疑而错,不可信而错",但是一旦发现地下材料可以证明不当疑时,马上进行修正。1921年1月28日,他在《自述古史观书》中已说过这样的话:

> 大概我的古史观是:现在先把古史缩短二三千年,从《诗》三百篇做起。将来等到金石学、考古学发达,上了科学轨道以后,然后用地底下掘出的史料慢慢地拉长东周以前。[2]

所以当考古学有所发现时,他是可以很快修正其古史观的,尤其是这考古工作如果是用科学的发掘,说服力更大。1928年秋天,董作宾(1895—1963)率员在小屯发掘,已经发现不少重要东西。胡适不一定读过他的《民国十七年十月试掘安阳小屯报告书》[3],不过以他与傅斯年的关系,及傅氏对安阳发掘之重视,他对发掘所得必有所知。

1929年的第二次发掘从3月7日至5月10日止,由李济(1896—1979)所主持,"获灰坑十三处,有字甲骨六百八十四版,并得大宗陶器、陶片、兽骨、铜器以及其它各种贵物。"[4]李济是哈佛大学博士、清华国学院讲师,也是第一次由中国人主持的科学考古山西西阴村发掘的主持人,用的是科学方法,有清楚的地层纪录,这使得他的发掘的信服力大大增强。所以虽然所出铜器不多,但商代是一物质文明相当高的阶段已可确定。在那年3月11日胡适与顾颉刚

---

[1]《大公报》(上海),1951年12月16日,转引自刘起釪:《顾颉刚先生学述》(北京:中华,1986),页263。
[2]《古史辨》,第1册,页22。
[3] 李济:《殷墟发掘报告》(南京:中研院历史语言研究所,1929),第1册,页3—36。
[4] 石璋如:《考古年表》(台北:中研院历史语言研究所,1952),页11。

见面之前，胡适未必知道这些新发现，不过1928年秋天以来殷墟的种种发现，当能逐渐改变商是新石器时代的看法。这也就符合胡适前面所说的"考古学发达，上了科学轨道以后，然后用地底下掘出的史料慢慢地拉长东周以前"，所以他会告诉顾颉刚"我不疑古了"。

1931年，胡适进一步接受傅斯年《周东封与殷遗民》中的观点。据傅氏1934年6月在该文刊出的前记上说：

> 此我所著《古代中国与民族》一书中之一章也。是书经始于五年以前，至民国二十年夏，写成者将三分之二矣。日本寇辽东，心乱如焚，中辍者数月。以后公私事纷至，继以大病，至今三年，未能杀青，惭何如之！此章大约写于十九年冬，或二十年春，与其它数章于二十年十二月持以求正于胡适之先生。适之先生谬为称许，嘱以送刊于《北大国学季刊》。余以此文所论多待充实，逡巡未果。今春适之先生已于同一道路上作成丰伟之论文，此文更若爝火之宜息矣。而适之先生勉以同时刊行，俾读者有所参考。今从其命，并志同声之欣悦焉[1]。

这段引文中所指《古代中国与民族》一书是傅氏未完成之作，《周东封与殷遗民》原预定为该书第三章[2]。在傅斯年先生遗档中尚有一

---

[1]《全集》，第3册，总页894。
[2] 胡适与傅斯年在1931年左右针对上古史事有过几次谈论，当时也正是傅氏撰写《古代中国与民族》的后期，所以见面所谈亦常环绕手中正进行的工作。1931年2月17日条，《胡适的日记（手稿本）》上说："孟真来谈。谈他的《"新获卜辞写本后记"跋》，此文论二事……，一因卜辞'命周侯'而论'殷周的关系'。两题皆极大贡献，我读了极高兴。"隔天下午，傅斯年又前往胡宅谈论古史，《胡适的日记（手稿本）》，1931年2月18日条下："下午孟真来谈古史事，尔纲也参加。孟真原文中说：'每每旧的材料本是死的，而一加直接所有可信材料之若干点，则登时变成活的'，此意最重要。尔纲此时尚不能承受此说。"《胡适的日记（手稿本）》，1935年6月6日条上说："孟真来谈他的古史心得，特别是秦民族的问题，极有趣味。他是绝顶聪明人，记诵古书很熟，故能触类旁通，能从纷乱中理出头绪来。在今日治古史者，他当然无有伦比。"

些残件,讨论《天问》、种族变动与社会阶级等问题。因此胡适先生在1931年冬见到的不只是《周东封与殷遗民》,而且包括《夷夏东西说》的一些初步草稿。我在检视傅先生遗稿时,在一个牛皮纸大信封中见到以上稿件中间夹着胡适的一张便笺(这张便笺没有档号):

> 孟真兄:
> 　　大作极好。佩服! 佩服!
> 　　如不难钞写,请钞一份送给我作参考,如何? 山东人今尚祀"天齐",即黄飞虎。……
> 　　　　　　　　　　　　　　　　　　　适之
> 　　　　　　　　　　　　　　　　20、12、15

此处所指的"大作"一定是以《周东封与殷遗民》为主的一批稿件,一方面因为这封信夹在这份稿子中,二方面是因讲到"黄飞虎"的部分,正是《周东封与殷遗民》之论点:

> 周人逐纣将飞廉于海隅而戮之,飞廉在民间故事中曰黄飞虎。黄飞虎之祀,至今在山东与玄武之祀同样普遍。太公之祀不过偶然有之,并且是文士所提倡,不与民间信仰有关系。[1]

傅斯年认为,鲁的下层是殷遗民,他们祀的黄飞虎,即飞廉。而太公,是从西方来的周的统治阶级所崇祀,故即使到现代,山东祀姜太公也仍是上层文士所提倡的。

《周东封与殷遗民》对胡适的古史观影响极大。他于1952年12月20日,在"傅孟真先生逝世两周年纪念会"上演讲时提到《周东封与殷遗民》一文对他的影响:

---

[1]《全集》,第3册,总页902。

我在《中国哲学史》内提到古代服三年之丧这个问题，感觉到很困难。孔子的弟子宰我曾说一年就够了，但孔子却说，"夫三年之丧，天下之通丧也。"过了一百年以后，当滕文公继承他父亲为滕侯时，孟子居然说动了滕文公，说丧礼应服三年。但当时滕国的士大夫都不赞成；他们都反对"三年"。他们说，"吾宗国鲁先君莫之行，吾先君亦莫之行也。"这两句话与孔子的话是冲突的……究竟是孔子说假呢？还是滕国大夫错了呢？[1]

有关三年丧的历史矛盾，使得胡适在哲学史中主张孔子"说假"，可是傅斯年的《周东封与殷遗民》用古史二元文化观解开这个矛盾——殷朝虽然已亡，"但其后七百年间，上边统治阶级与下边人民的习俗不同。绝对多数的老百姓是殷遗民，而三年之丧是殷民的制度，孔子自称是殷人（而孔子之天下，大约即是齐鲁宋卫，不能甚大，可以'登泰山而小天下'为证），所以孔子以三年之丧为天下通丧是不错的。"[2]胡适说"我接受了他的观念，写了一篇五万字的文章，叫做《说儒》"，而从这个观念来讲，"根本推翻我过去对于中国古代思想史的见解"[3]。尤其重要的是，在这个新诠释系统中，孔子不必再如晚清今文家所极力主张的，是一个"说假"的人。细读《说儒》全文，便可以发现贯串这篇文学的关键架构，便是周人在西，殷人在东，殷被周征服，但上边的统治阶级与下边的人民文化习俗不同这个二元观点。

胡适在《说儒》中说周是西边来的征服者，而殷是东方的亡国遗民。儒原是殷民族的传教士，他们的人生观是亡国遗民柔顺的人生观。殷亡国后，有一个"五百年必有王者兴"之悬记，而孔子乃被认为应此悬记而生的圣者，他将殷商民族部落性的儒扩大为仁以为己任的

---

[1] 《傅孟真先生的思想》，《胡适讲演集》（台北：胡适纪念馆，1978），页344。
[2] 同上书，页345。
[3] 同上书，页346。

儒,把柔懦的儒改变为刚毅进取的儒。1932年12月1日在武汉大学的演说《中国历史的一个看法》中,胡适基本上也是使用古史二元的论点:

> [商民族]在这正在建设文化的时候,西方的蛮族——周,侵犯过来了,他具强悍的天性,有农业的发明,不久把那很爱喝酒的、敬鬼的、文化较高的殷民族征服了。这一来,上面的——政治方面是属于周民族,下面的就是属于殷民族,二民族不断的奋斗,在上面的周民族很难征服下面的殷民族,孔子虽是殷人(宋国),至此很想建设一个现代文化,故曰"吾从周",而周时也有人见到两文化接触,致有民族之冲突,所以东方(淮水流域)派了周公去治理,南方(汉水流域)派了召公去治理,封建的基础,即于此时建设。[1]

从"傅斯年档案"中所存《周东封与殷遗民》的残稿看来,它不是一次定稿,所以1931年胡适所读的是初稿,夹在《古代中国与民族》的一堆稿件中。1934年3月14日胡适拟作《原儒》一文,尚未动手[2],遂请傅斯年将前稿送来,这一次他看到的或许是《周东封与殷遗民》较为清楚的稿子。胡适日记1934年3月20日条记:"孟真来谈,他昨晚送来他的旧稿《周东封与殷遗民》诸文,于我作《说儒》之文甚有益,已充分采用,今天我们仍谈此题。"[3]

---

[1]《胡适选集》(台北:文星,1966),演说,页85—86。
[2]《胡适的日记(手稿本)》,1934年3月14日条,无页码。
[3] 同上书,1934年3月20日条。章希吕日记中记1934年4月30日"把适之兄做的《说儒》抄一两章,计一万字。今天抄完。"(见颜振吾编:《胡适研究丛录》[北京:三联,1989],页257)在胡适写《说儒》的过程中,傅斯年不时前往胡宅讨论。根据罗尔纲在《胡适琐记》中追忆:"1934年春,胡适撰《说儒》,每星期天下午,是他在家做研究的时间,傅斯年就过来共同讨论。"(罗尔纲:《师门五年记 胡适琐记》[北京:三联:1995],页138)章希吕1934年日记中也不时记傅斯年来胡宅之事(见颜振吾编:《胡适研究丛录》,页245—277)。

1934年5月19日,《说儒》脱稿,胡适在8月30日给孟森(1868—1938)的信上得意地表示此文是"数年来积思所得",并说三年丧制这个久不得解决的制度,现可归为殷礼,亦是"致思至十七年之久,近年始觉惟有三年丧制为殷人古礼之说足以解决一切疑难矛盾"[1]。值得注意的是,胡适在《说儒》中主张殷为祖先教,乃殷代盛行人殉的观点,也与傅斯年的《周东封与殷遗民》有关。胡适于1945年在哈佛大学神学院讲座中依旧指出:"殷人的祖先教的用人祭及殉葬等惨酷风俗,引起后来思想家的反抗,故孔子说未知生焉知死,未能事人焉能事鬼……都带有 Agnosticism 意味。"[2]

胡适在《说儒》中其实已一再提到傅斯年对他的影响,但该文在1935年发表之后,一般读者似未注意傅、胡二氏前后思想沿承的关系,故对于这一段思想公案常有误解。如陈荣捷先生以英文撰写《近代中国宗教趋势》时,竟说胡适的《说儒》得到傅斯年的声援,所不同的是,胡适所用皆传统文献史料,而傅斯年多用甲骨文材料[3]。

在《说儒》中,胡适推崇孔子为殷商亡国之后,是应"五百年必有王者兴"之悬记而起的圣者。他将"五百年必有王者兴"比为耶稣基督的"悬记",这是傅斯年原来所没有的想法,可能与胡适撰

---

[1] 见引于耿云志:《胡适年谱》(香港:中华,1986),页142。有意思的是傅斯年北大时期的同学毛以亨,在追忆傅氏的文章中说:"傅氏有若干独到见解,如《说儒》,胡适之先生曾依其说而撰一长篇论文(《关于傅斯年的一封信》,香港《天文台》,1951年1月2日、4日)。"毛氏不治中国上古史,所以将整个事实颠倒了过来。不过他的回忆倒也说明了当时有不少人留意到两人文章之间的关系。

[2] 《胡适的日记(手稿本)》,1952年1月7日的这一段话可以与傅斯年的《周东封与殷遗民》及后来的《性命古训辨证》的第三章相比较(参考《全集》,第3册,总页902及总页602、622)。《胡适的日记(手稿本)》,1952年1月7日条,无页码。

[3] Chan Wing-tsit, *Religious Trends in Modern China*(New York: Columbia University Press, 1953), pp. 27 – 30.

稿期间所读关于耶稣基督的历史有关[1]。

值得注意的是胡适在由疑古转而重建古代之时，也逐渐摆脱他早年深受影响的清季今文家言。钱穆注意到胡适在写《中国古代哲学史》时，只用《诗经》，不用《左传》。他问胡适缘故，胡适告以因为当时过信清季今文家言[2]。胡适后来一步步摆脱疑古思维，除了傅斯年及史语所地下发掘的影响之外，也当与钱穆的《刘向歆父子年谱》的发表有关[3]。

钱穆在《师友杂忆》上对胡适古史观的变化有扼要观察：

> 适之于史学，则似徘徊颉刚、孟真两人之间。先为《中国大史家崔东壁》一文，仅成半篇，然于颉刚《古史辨》则备致称许。此下则转近孟真一边。[4]

胡适的转变是件有重大意义的事，它代表一个由拆解上古史，到重建上古史的过程，而这个转变竟发生在一开始提倡疑古辨伪的胡适身上。而促成胡适改变商是新石器时代、孔子"说假"等观点的，主要是傅斯年的上古史观及史语所的殷墟发掘。这种由疑而信，由疑伪而重建的趋势，不只发生在胡适身上，但胡适当时的转变，却有重大的示范作用。殷墟发掘之后，才有讲上古史的书敢将商代作

---

[1] 据章希吕1934年4月11日记"适兄说新旧约是一部奇异之书"，似当时正精读这一部书（见颜振吾编：《胡适研究丛录》，页253）。攻击《说儒》成为攻击整理国故派的一个重点。郭沫若、钱穆、冯友兰、范文澜等都有文章批评。而"五百年必有王者兴"这一"悬记"及商、周是否为二民族集团更是被攻击的重点。
[2] 钱穆：《师友杂忆》（台北：东大，1983），页144。
[3] 譬如《胡适的日记（手稿本）》，1930年10月28日条："顾（颉刚）说一部分作于曾见钱谱（《刘向歆父子年谱》）之后，而墨守康有为、崔适之说，殊不可晓。"1931年3月31日的日记上则说："今天讲西汉经学……我现在渐渐脱离今文家的主张，认西汉经学无今古文之分派，只有先出后出，只有新的旧的，而无今古文分家。"
[4] 钱穆：《师友杂忆》，页147。

为信史放在书的开端[1]。足见其影响之广泛。

除了古史观外,1926年8月胡适与傅斯年在巴黎见面时,傅斯年提出以发生学观点治文学史的口号,也曾深深影响了胡适。傅斯年的观点,贯串在两年后所写的《中国古代文学史讲义》中。他说文学的生命仿佛有机体:

> 都是开头来自田间,文人借用了,遂上台面,更有些文人继续的修整扩张,弄得范围极大,技术极精,而原有之动荡力遂衰,以至于但剩了一个躯壳,为后人抄了又抄,失去了扩张的力气:只剩下了文字上的生命,没有了语言上的生命。……文学史或者可和生物史有同样的大节目可观,"把发生学引进文学史来!"是我们工作中的口号。[2]

在"傅斯年档案"中,我们可以看到一份题为《赤符论》的笔记本,只有两页拟目,及一些零星的笔记。其中有一页傅氏写了一行"文学由俗而雅,由雅而典,由典而则,有则则死",也是同样的意思[3]。

就在胡适与傅斯年见面大约十天后,当胡适为自己所编《词选》写《序》时,便沿用了这个说法:

> 但文学史上有一个逃不了的公式。文学的新方式都是出于民间的。久而久之,文人学士受了民间文学的影响,采用这种新体裁来做他们的文艺作品。文人的参加自有他的好处:浅薄的内容变丰富了,幼稚的技术变高明了,平凡的意境变高超

---

[1] 苏秉琦:《建国以来中国考古学的发展》,在《苏秉琦考古学论述选集》(北京:文物,1984),页300。
[2] 《全集》,第1册,总页13。
[3] 《赤符论》,见"傅档",无档号。

了。但文人把这种新体裁学到手之后，劣等的文人便来模仿；模仿的结果，往往学得了形式上的技术，而丢掉了创作的精神。天才堕落而为匠手，创作堕落而为机械。生气剥丧完了，只剩下一点小技巧，一堆烂书袋，一套烂调子！于是这种文学方式的命运便完结了，文学的生命又须另向民间去寻新方向发展了。[1]

胡适《白话文学史》基本上发挥这一想法[2]，胡适后来回忆说这是因为他与傅斯年见解的相同。他说：

> 我们做学问功力不同，而见解往往相近。……孟真有"生老病死"的议论，与我很相同。

此处谈到文学形式"生老病死"之观念，应该说是受到傅斯年影响。胡适在一篇回忆傅氏的文字中便说1926年8月：

> [这次孟真]从柏林赶来[巴黎]与我同住了许多天，……那个时候他就已经撒下了许多种子。他说：中国一切文学都是从民间来的，同时每一种文学都经过一种生老病死的状态。[3]

此外，在哲学的观点上，傅斯年似乎也曾对胡适有所影响。1918年傅斯年发表一篇文章，主张哲学门不当隶属于文科，此文是傅氏深得蔡元培欣赏的开始。在这篇文章中，他认为哲学问题的解

---

[1]《词选》（台北：商务，1975），《序》，页9—10。
[2]《白话文学史》（台北：信江，1974）中写于1928年6月5日的《序》中要人们特别注意他这方面的观点（页10）。在页13中胡适说："一切新文学的来源都在民间。民间的小儿女、村夫农妇、痴男怨女、歌童舞妓、弹唱的、说书的，都是文学上的新形式与新风格的创造者。这是文学史的通例，古今中外，都逃不出这条通例。"
[3]《傅孟真先生的思想》，《胡适讲演集》，页342。

决有待科学的发展：

> 凡自然科学作一大进步时，即哲学发一异彩之日。以历史为哲学之根据，其用甚局；以自然科学为哲学之根据，其用至溥。

又说：

> 以为哲学、文学联络最为密切，哲学、科学苦少关系者，中国人之谬见然也。……在于西洋，凡欲研治哲学者，其算学知识，必须甚高，其自然科学知识，必具大概。今吾校之哲学门，乃轻其所重，绝不与理科诸门谋教授上之联络，窃所未喻也。[1]

不过此时他只说哲学与科学较文学、历史为近，但在欧洲受实证主义的深刻熏陶之后，他对哲学的看法更为激进，进而主张取消哲学了。他陆续说：

> 哲学是一个大假定。[2]
> 哲学一定要合经验。哲学与科学用一样方法。[3]
> 哲学不能出于人性。[4]
> 中国本没有所谓哲学，多谢上帝，给我们民族这么一个健康的习惯。[5]

---

[1] 傅斯年：《论哲学门隶属文科之流弊》，高平叔编：《蔡元培全集》（北京：中华，1984），第3卷，页194—197。原刊1918年10月8日出版《北京大学日刊》第222号。
[2] 《全集》，第4册，总页1255。
[3] 同上。
[4] 同上。
[5] 《与顾颉刚论古史书》，《全集》，第4册，总页1521。

而且当他初抵国门不久,办理中山大学文学院时,他决不讳言他的目标是:

> 绝国故,废哲学,放文人及存野化。[1]

而最终目标是"必使斯文扫地而后已"。这是傅斯年受当时欧洲实证主义影响的结果。而这些论点曾在巴黎见面时给予胡适相当深刻的影响。在《胡适遗稿及秘藏书信》中有一封信,也许是因为字迹太过潦草不易辨识,故并未收于《胡适来往书信选》中。在这封信中,傅斯年主张中国只有"方术",没有"哲学",而且认为这是中国极幸运的地方——"多谢上帝,使得我们天汉的民族走这么健康的一路。"[2]他说:

> 我当方到英国时,觉得我好像能读哲学书,甚至德国哲学书,后来觉得不能懂德国哲学了。觉得德国哲学只是些德国语言的恶习惯。现在偶然想起一部 Hume 来,也不知所谓了。总而言之,我的脑筋对于一切哲学都成石头了。我于这个成绩,也很欢喜。[3]

傅斯年这时以哲学为语言的"恶习惯",以不能读哲学为"很欢喜"。从胡适 8 月 24 日的回信可以看出胡适对此大有共鸣。由于胡适的回函保留在"傅斯年档案"中未发表,故详细摘抄于此:

> 孟真:前天发一信,已接到否?我决计住到九月三号,甚盼你能早来。……你最得意的三件事,我却也有点相像。一、近来每用庞居士临死的遗训劝人:"但愿空诸所有,慎勿实诸所无。"庞居

---

[1] 《朱家骅傅斯年致李石曾吴稚晖书》,《全集》,第 7 册,总页 2445。
[2] 傅斯年 1926 年致胡适信,在《胡适遗稿及秘藏书信》,册 37,页 357。
[3] 《胡适遗稿及秘藏书信》,册 37,页 359。

士也许注重在上半句,我却重在下半句。你的几句中国书,还不曾忘得干干净净,但这不关紧要。只要把那些捆死人的绳索挣断几条——越断的多越好——就行了。二、捆人最利害的是那些蜘蛛肚里吐出来捆自己的蛛丝网,这几年我自己竭力学善忘,六七年不教西洋哲学,不看西洋哲学书,把西洋人的蛛网扫去了不少,自己感觉痛快……这一层我很得意。因为我是名为哲学教授,很不容易做到把自己吃饭家伙丢了。三、我很佩服你的"野蛮主义"。我近来发表一文《论西洋近代文明》,你若见了此文,定有许多地方能表示同意。我在那文里说:"西洋近代文明不从宗教出发,而结果成一新宗教,不管道德,而结果自成一新道德。"此言与你的"一学得野蛮,其文明自来"同一见解,但没有你说得痛快。[1]

胡适在留学时期的日记中一再谈到他将以哲学为志业,他是哲学博士、哲学教授,又以《中国哲学史》享大名,但从此以后却倾向废哲学。他真正将废哲学的想法付诸行动是 1931 年担任北大文学院长时,"曾言其办文学院其实则只是办历史系,因其时适之已主张哲学关门。"[2]这和 1927 年傅斯年主持中山大学文学院时想"废哲学"的主张何其相近。哥伦比亚大学哲学系毕业的胡适,竟主张关闭哲学系,甚至在日记中不时吐露反哲学言论。如 1929 年 6 月 3 日日记上记:

…………

(2)哲学的根本取消:

问题可解决的,都解决了。一时不能解决的,如将来有解决的可能,还得靠科学实验的帮助与证实。科学不能解决的,哲学也休想解决;即使提出解决,也不过是一个待证的假设,

---

[1] "傅档",I:1678。
[2] 钱穆:《师友杂忆》,页 147。

不足以取信于现代的人。

故哲学自然消灭,变成普通思想的一部分……[1]

这是胡适原来所不曾有的想法。极可能是傅斯年的影响,认为所有哲学皆该消灭,并认为中国没有哲学是一件值得庆幸的事情[2]。

以上是将傅斯年与胡适之间的思想交涉痕迹作一勾勒,主要指出在古史观、文学观及哲学观这三方面,傅斯年对胡适的影响。这些思想交涉,对当时中国整个学术界具有相当的意义。以胡适在当时全中国思想学术界的关轴地位,他的逐步由疑古转为相信,由破坏而走向重建,自有涟漪效应,而他接受上古二元集团的史观,也对史学界的上古史诠释有所影响。他逐步倾向"取消哲学",使得他的学问领域变得愈来愈转注于文献考订的工作,未多关心哲学理论与时代的密切关联,未能同情中国传统哲学,也未努力发展任何哲学思维来对抗当时日渐壮大的马克思主义思潮。

附录:戏论一[3]

时宇相对,日月倒行,我昨天在古董铺里搜到半封信,是名理

---

[1] 《胡适的日记(手稿本)》,1929 年 6 月 3 日条,无页码。
[2] 此外,胡适在日本京都支那学会演讲时,提出一个与傅斯年在《史语所工作旨趣》中相同的看法,即西洋汉学家在所谓"虏学"的范围中,贡献特别大。傅氏是这样说的:"凡中国人所忽略,如匈奴、鲜卑、突厥、回纥、契丹、女真、蒙古、满洲等问题,在欧洲人却施格外的注意。说句笑话,假如中国学是汉学,为此学者是汉学家,则西洋人治这些匈奴以来的问题,岂不是虏学,治这学者岂不是虏学家?然而也许汉学之发达有些地方正借重虏学呢!"(《全集》,第 4 册,总页 1305—1306)"傅档"V:26 是傅在德国时的一本书目笔记,其中便列有"虏史"一目,我推测这个观念在 1926 年胡、傅二人巴黎见面时,傅氏可能也对胡适说到过。1927 年 4 月间,胡适在京都演讲时,依吉川幸次郎的回忆,他在黑板上大书"虏学"二字,并发挥了类似的观点。见《吉川幸次郎全集》(东京:筑摩书房,1967),第 16 卷,页 432。
[3] 按:杜正胜先生将此稿整理出来。

必有者写的，回来一查通用的人名典，只说"理必有是民国三十三世纪的人，好为系统之疑古，曾做《古史续辨》十大册，谓民国初建元时谈学人物颇多，当时人假设之名，有数人而一名者，有一人而数名者，有全无其人者，皆仿汉儒造作，故意为迷阵以迷后人。甚谓孙文菫[1]《西游记》孙行者传说之人间化、当时化，黄兴亦本'黄龙见'之一种迷信而起。此均是先由民间传信，后来到读书人手中，一面求雅驯，一面借俗题写其自己理想的。此等议论盛行一时，若干代人都惊奇他是一位精辟的思想家"。他这信的原文如下：

中华民国三千二百十四年六月十日[2]疑成[3]疑县理必有奉白：

顾乐先生，辱你赏我一封信，叙述你先生自己于民国初建元史料上之心得，何等可感！细读几回，甚为佩服。我于此时史事亦曾研究其一面，始以为但是当时文士之一面，数年后顿觉此实是当时一切史事之线索，盖当时史事多此数君以一种理想为之造作者，弟已布专书，现在略举两三个例。弟于《胡适年谱》上已证成世传之《胡适文存》很多是后人续入者，于《顾君考》上证名[4]顾君《古史解》颇多增改。此均不甚箸警之论。其使人可以长想者，则有如钱玄同问题，世人以钱玄同与疑古玄同为一人，实是大愚。更傅会谓钱越人，故武肃王之苗裔，则等于桥山有黄帝陵一种之可笑矣。查"玄"是满洲朝康熙帝名，是则此名必不能先于民国元年，若曰在民国元年改的，则试看所谓钱玄同一人之思想，实是最薄中国的古物事者及通俗物事者；有此思想之人，必不于此时改用此一个百分充足道士气之名无疑。故如玄同为王敬轩之字犹可说也，玄同为此等思想之人之改定名，在理绝不可通。又如"钱"之一字，今固尚有姓钱者，今

---

[1] 原稿如此，疑"菫"应作"是"。
[2] 本行旁另有附语："希望我们民国这么长。我的附注。"
[3] 原稿如此，疑"成"应作"城"。
[4] 原稿如此，疑"证名"应作"证明"。

世人用文采粲然之纸币、皮币大张精印，而三千年前则用一种不便当的可憎品，当时人尤以为不然。今虽书缺文脱，而常常见"铜臭物"一个名词，果然自己改名"玄"，名"玄同"矣，何不并姓而亦改之？胡留此一不甚雅之字以为姓乎？细思方觉此实一非有先生、亡是公子，姑名之为"玄同"以张其虚，姓之曰"钱"以表其实。世无有虚过于玄而实过于钱者，以此相反之词为名，实系一小小迷阵，若谓别人曰：看破者上智，看不破者下愚。何以见得呢？钱君后来至改姓疑古，疑古二字与钱同以喉音为纽，明是射覆的意思。我又比列一切见存钱君著作，所有在陈氏《理惑集》（按此必《新青年》知于后世之名）、《胡氏春秋》（按此必适之先生之《努力》及其《读书杂志》）、《古史解》（按此必君之《古史辨》也），按其年次而列之，见其颇不一贯，显系至少有三人，一为一欲举一切故传而汇之者，一为一好谈当时之所谓注音字母者，一则但为一以一种激断论（radicalism）治经史材料者，所谓疑古玄同是也。此三类行文上甚不同，虽然勉强使其外表同，使其成语前后一贯，因而其吃力勉强，造成此前后求若一贯之状态，从此愈为显著。余曾断定末一玄同（疑古），实顾颉刚举其最激断之论加此名下而布之，其它二端亦当时《理惑集》中人所设亡有先生，盖《理惑集》中无此一格，在建筑意义上为不备格，一切证据均详该书（惜乎此地不详举，可惜！可惜！我的注）。谓余不信，则试看钱玄同名下一切文字中之含性，始也便是一切扫荡之谈，而卒之反局[1]于辩经[2]疑古之绩。如有钱玄同其人，必是一多闻中国故事物者，于其名下之文字中可见。如先弄了些中国故事，后来愿舍而去之，亦必先经辨经疑古之一步，然后更放而至于为一切扫荡之谈，理为顺叙。若既已至于一切扫荡矣，又安得转身回来，标小言詹詹之疑古氏哉？此种颠倒之程

---

[1] 原稿如此，"局"应作"偏"。
[2] 原稿如此，"辩经"应作"辨经"。

叙[1]，按之[2]胡适氏之个人或社会思想进化步次论，绝然不符；按之顾君之累层地造成之组织学论亦无。譬如藉薪，后来居下[3]者也。今人信民国初元人之疑古，而忘疑民国初元人之古；不知民国初元人性德上亦若汉初元人耳。见斯公整齐文字，则谓史籍亦然；则有周公，则谓亦有伊尹，此汉初儒者的说法。识破这些圈套矣，而另造些圈套以试试后人之眼力，此民国初儒者的说法。明知没有左丘明，更没有丘明作传的故事，偏自编一部书，说是丘明作的传，这是刘子骏的办法。明知没有谯周，更没有谯周作《古史解》故事，遍[4]造了这断[5]故事，又作了一部书，使他□□三分之二，同于乌有谯周之凭虚书，却不说《古史解》是谯周之作了。这是顾颉刚的进化了的办法，此之进化是时代的果……（下文不及见，可惜！）

请颉刚转以质之我们的玄同先生，这断[6]小小疑古是难保无呵，或者是"莫须有呢"？

我想诸公"作法自毙"，"不暇自哀而使后人哀之也"。

* 原发表于《汉学研究》14：1（1996年），页177—193

---

[1] 原稿如此："程叙"今多作"程序"。
[2] 此字后作者插入一句："今时通以为然"。
[3] 此"下"字旁原标二圈（○○），以排版限制，改易为"⌢"符号。
[4] 原稿如此：疑"遍"当作"偏"。
[5] 原稿如此："断"应作"段"。
[6] 原稿如此："断"应作"段"。

胡适与傅斯年

当胡适以一个年轻留学生回到北大教书时，讲哲学史将上古一段完全舍去，从东周讲起，而竟未被虎视眈眈的学生赶走，是因为学生中的领袖傅斯年表示胡适走的路子不错，"你们不能赶"。

傅斯年与胡适通常被视为一体，属同一个学派。一般认为胡适提出"整理国故"运动，是以傅斯年领导的历史语言研究所为中心。在中共发动的批判胡适运动中，傅斯年也往往被并提。胡适与傅斯年的确有不寻常的密切关系。不过他们一生真正生活在一个地方得以时常见面的机会其实没有几年。胡、傅二人交谊可以大致分成几段。第一段是自民国六年傅氏成为胡适的学生到傅斯年自欧洲留学归国的民国十五年底。这段时间傅氏从胡适所最看重的学生，到有一些失望。新文化运动期间，傅斯年受胡适影响甚大，以致他后来留英时写的一封长信表示"在北大期间，以受先生影响最多"，并希望胡适能终身作为他的导师。可是傅氏在欧洲七年，从英到德，从心理学到物理学、数学，到历史语言学，并未获得学位，以致民国十五年9月间他们在巴黎再度见面时，胡适抱怨说傅斯年颇颓放，远不如顾颉刚之勤，并深为傅氏在欧七年未得一学位感到不满。这些不满显然记在日记中，所以后来胡适用墨笔将日记涂去了九行。连鲁迅也在给朋友的一封信中说"傅近来颇骂胡适，不知何故。据流言，则胡适于他先有不敬之语言（谓傅所学名目甚多而一无所成）"。

但是七年不见，胡适却又觉得以傅氏天资之高，古书之熟，在过去几年中创发极多，以致日记中不断有"谈得极好"、"一时不能尽记"等话。

傅斯年回到中国，马上被聘为等于中山大学文学院院长的职位。从民国十六年起傅斯年千方百计想请胡适南下到中山大学任教，但未成功。不过胡、傅二人的交谊日渐亲密，而胡适与顾颉刚原本密切的关系却日渐疏远。钱穆在《师友杂忆》上的观察是有道理的。他觉得胡适始则依违于傅、顾二人之间，后则逐渐倾向傅氏，尤其以古史方面的见解为然。由于史语所安阳殷墟发掘的成果，使得胡适逐步放弃早年的疑古之说，而且还亲自到史语所演讲、对过去主张商代是铜器时代以前表示他的愧歉。此后，他对傅斯年领导史语所的能力极为肯定，并不断地在日记中表示对傅氏在古史方面的精微见解表示赞叹。而胡适的《说儒》这篇文字便受到傅斯年《周东封与殷遗民》的影响。

民国二十年代，中国政治上内外交困，内则国民党独裁之风兴起，外则日本的入侵日急一日。胡适与傅斯年有一些共同的政治活动，但也有不少歧见。九一八事变以后，在"书生何以报国"这一前提下，胡适与傅斯年于民国廿一年合创了《独立评论》。关于此事，胡夫人江冬秀不止一次表示胡适是被傅胖子所害。民国廿二年5月，国民政府与日本签订塘沽停战协议，胡适在《独立评论》上发表《保全华北的重要》，赞成华北停战，傅斯年则坚决反对，胡、傅二人严重冲突，傅斯年甚至表示要退出独立评论社，后来因为丁文江的缓颊才打消退意。此后，傅、胡还为类似问题持不同意见。不过当民国廿四年，日本策动华北五省自治，北平市长萧振瀛举行北平教育界招待会时，胡、傅坚持立场，傅斯年并当面教训萧氏，因为他们两人坚决的态度，使得北平的空气大变。

从民国二十七年胡适使美一直到抗战胜利，可以说是两人交往的第三阶段。胡适之所以答应出使美国，据胡适自云，与傅斯年民国廿六年9月在中英文化协会宿舍为国事而痛哭有关。抗战期间，傅斯年任国民参政会参政员，一度任中央研究院总干事，胡适曾表

示对国内情形隔膜,必须有人冷静为他分析,民国廿八年5月24日给傅斯年的一封信说:

> 国中形势,我甚盼你多给我消息。此一年之中,全赖(翁)咏霓与我通电。徐新六与廷黻的信都很重要,可惜新六死了,而T. F.(廷黻)太多成见、太悲观,所以我深盼你写信给我。

在《胡适来往书信选》中,已收了傅氏在这个时期给胡适的信,此处不赘。

民国卅四年,日本投降,北京大学复校。蒋介石原属意傅斯年出任校长,傅氏拒绝,推荐胡适之,在胡适回国前则由傅氏代理。傅氏在代理期间斥逐所谓伪北大教职员,广延好教授,并为北大增设农、工、医三个学院。用傅氏自己的话,他是在为胡适做清道夫的工作,以免胡适将来回国时做不了。此后,一直到傅斯年死亡,两人始终保持密切的关系。

总括来说,傅斯年是胡适的保护者、支持者及谏诤者。何以说是保护者?胡适说他很久以后才知道当他以一个年轻留学生回到北大教书时,讲哲学史将上古一段完全舍去,从东周讲起,而竟未被虎视眈眈的学生赶走,是因为学生中的领袖傅斯年听了几次他的哲学史课后表示,胡适读的书虽然不多,但是走的路子不错,"你们不能赶"。有了这一护持,他才能在不少旧学根柢比他强的学生的环伺之下教书。当傅氏为胡适代理北大校长时,奋不顾身作了许多大改革,也是为了替胡适铺下坦途。他后来曾开玩笑地对蒋梦麟说,傅、蒋二人办事才干远过于蔡元培与胡适,可是会办事的是北大的"功狗",而办事令人不敢恭维的蔡、胡二君成了北大的"功臣"。

何以说傅斯年是胡适的谏诤者呢?傅氏是极少敢于对胡适大胆直言其失的人。从学问到政治皆是如此。如胡适在驻美大使任内,傅斯年写信提醒胡适国内对他的种种议论,说胡适到处演讲,对大使正式职务兴趣不大，纵容高宗武进出馆中，大使与馆员打麻将，大使只与亲我人士交往而忽略争取敌对人士，大使忙于到处领荣誉博士学位等。在中研院史语所收藏的及胡适回信中，我们可以看到胡适如何向关心他的傅斯年委婉解释。

民国三十六年，蒋介石拟任命胡适出任国府委员兼考试院长，傅斯年及北大教授皆极力反对，主张他续任北大校长。傅斯年似乎敏感到，对国府委员一职，胡适仍有所犹豫，故写了一封措辞相当强烈的信。由胡适的回信中，可以看出傅斯年的强聒不舍使他相当地不快，但是事后证明傅氏这封直率的信，也正是促使胡适及时煞车的利器。

从史语所收藏的胡适信中，可以看出胡适与傅斯年在政治观点上同中有异。他们二人皆被泛称为自由主义者，但事实上，傅斯年社会主义的色彩相当重。可能是因为傅斯年幼年生活太苦，使他终生痛恨贫富不均。在《新潮》时期，傅氏写过《一段疯话》，主张将有小汽车的富人全部枪毙，并撰文提倡说社会主义革命是将来要走的道路。傅氏痛恨豪门资本主义，主张没收孔、宋的家产，当时胡适便曾写信质问他："老兄主观太强……试举一例。如老兄主张现在改革政治之起码诚意是没收孔宋家产。我的 Anglo-Saxon 训练决不容许我作此见解。若从老兄所主张的法治观点看来，用法律手续做到没收孔宋家产，在 Anglo-Saxon 国家里可说是绝不可能。"傅斯年直到生命后期，仍旧强调，有平等而没有自由的国家，他不住，可是有自由而没有平等的国家，他也不住。相较之下，胡适虽然后来在台湾自承从民国十五年起到卅年左右信奉社会主义，可是胡适仍更接近于纯粹的英美自由主义传统。

在民族主义问题上，傅斯年也显得比较激烈。前面提到过，在华北特殊化事件中，傅、胡一度闹僵。傅氏欲退出独立评论，这件事陈之迈等人都曾报导过，但由《胡适日记》中可知道得更详细些。民国廿一年7月13日日记：

> 孟真为了我最近的文字(《保全华北》)大生气,写了一封信来说他要脱离独立评论,但他希望主张的不同,不至于影响到私交。其实他当时不曾见我的原文,只见了日本新联社发出的摘要,其中有一段话是原文没有的,又是最容易使人生气的(说"中日亲善不至于被冯玉祥破坏了的"),今天孟真说他见了我的原文,他的气平多了。

过了三年,师生两人再度为华北问题不欢。傅氏显然不满意胡适为了保全华北对日人妥协的态度。胡适则责备傅斯年不为国家利益小心谋画,胡适民国廿四年8月20日日记上说:

> 独立聚餐,我将昨与雪艇函意提出讨论。孟真大不以为然。这个情形又与三年前无异……孟真说,这块糕宁再切一块去,不可使它整层的劈去。他的热诚可敬,但他是不肯细细平心考虑的。为国家谋不能不细心,不能不远虑。

但傅斯年是位强烈的民族主义者,当吴丰培提出史语所校《明实录》应参考日本的版本时,傅氏竟答以日本有再好的书都不用。他不愿在这类问题上作任何让步。

胡、傅来往信件中还反映了两人对当时国内政治人物的歧见。尤其是对宋子文与孔祥熙的看法。

胡适对孔祥熙素无好感,但是他后来任驻美大使办理大借款时,得到孔氏旧属陈光甫帮助极大,而且陈氏之能干清廉很得当时美国朝野人士的敬佩,所以胡适逐渐改变他对孔氏的态度。他在给傅斯年的信上说,他自己过去亦是"倒孔家店"的一员,但后来因陈光甫而改变了。胡适任驻美大使时,孔祥熙不时对人说"适之不如王儒堂(正廷)",傅斯年在给胡适信中提到这一点,可能引起胡适的不快。后来傅斯年反"孔"时,胡适也转而支持他。

宋子文原是胡适所欣赏的人。他们早年同任《留美学生季报》的编辑，后来胡适在学界崭露头角，宋氏则掌握政经大权，宋氏每逢辞职，还常与胡适商酌辞呈文字。但在胡适任驻美大使期间，宋氏对他时有不满之辞，甚至亲自赴美坐镇，俨然另一大使。凡此皆增胡适之不快。不过胡、宋二人之决裂，当因珍珠港事件后，国民政府因美方既已参战，又觉得大使馆无效率，决定撤换胡适而爆发。后来傅斯年痛批宋子文时，胡适来信表示支持。在民国卅六年2月20日的信上说"今天收到你寄来的《世纪评论》第七期，已读了你的大文（《这样的宋子文非走开不可》），痛快之至，佩服佩服"。

以上是胡适、傅斯年一生交往的大概。傅斯年年纪比胡适轻，但却比胡适早逝。1950年12月，当傅斯年在台北猝逝时，纽约的胡适随即在日记上写着："这是中国最大的一个损失！孟真天才最高，能做学问，又能治事，能组织，他读书最能记忆，又最有判断能力，故他在中国古代文学与文化史上的研究成绩都有开山的功用。"后来又说"孟真是人间一个最难得最稀有的天才"，"他能够做最细密的绣花针工夫，他又有最大胆的大刀阔斧本领"，"他集中人世许多难得的才性于一身"，"像这样的人，不但在一个国家内不容易多得，就是在世界上也不容易发现有很多的"，"我总感觉，能够继续他的路子做学问的人，在朋友当中也有，但是像他这样一个到处成为道义力量的人，还没有"。最后他问："中国今日何处能得这样一个天才最高的人？"上引的几段话，可以作为胡适对傅斯年的最后定评。

综观胡、傅师生三十四年（1917—1950）的情谊，其中有相互保护与扶持，也有不假颜色的谏诤。傅对胡适如此，对蔡元培亦如此，都是一贯地以义相争在前，不弃不离的相持在后，是一种值得称道的交谊，至于傅斯年与胡适的学术因缘，我在《傅斯年对胡适文史观点的影响》中已讨论过了，这里便不再重复。

伯希和与傅斯年

北京中华书局编辑法国吉美博物馆（Guimet Museum）收藏的伯希和（Paul Pelliot, 1878—1945）私人档案，希望我作一篇论文介绍其中与史语所[1]有关的档件。史语所亦藏有约四十件与伯希和有关的档案，我把它们合读之后，写成这篇短文。

一　双方关系的开始

伯希和与史语所的正式往来，是 1928 年 9 月起应史语所之聘，担任"外国通信员"。首先我要强调两点：第一，中研院各研究所的特约研究员、外国通信员或通信研究员，通常是一种荣誉职，平时来往不多。第二，伯希和与史语所基本上是机构性的关系，所以吉美博物馆收藏伯希和档件中有关史语所的部分，所涉及的内容也以公事为多。

伯希和与中国学界之来往甚早，结识的朋友甚广，[2]相较之下，他与史语所的关系比较晚。伯希和与史语所的关系或可说是始于 1925 年 10 月间，当时（后来筹办史语所的）傅斯年（1896—1950）还在柏林大学读书。我过去在有关傅斯年的书中曾经提到，

---

[1] 全名为"中央研究院历史语言研究所"，以下简称作"史语所"。
[2] 桑兵，《国学与汉学：近代中外学界交往录》（杭州：浙江人民出版社，1999），第四章《伯希和与中国学术界》中有详细的考论，见该书页 109—148。

傅斯年最初到欧洲是为了学心理学，但经几次转变，在他留学的后期，兴趣已经逐渐转向欧洲的东方学、比较语言学等。[1]

从傅斯年当时的学习笔记可以看出，在1925至1926年间，笔记的内容已不是心理学、数学之类，而更多是中亚语言、欧洲东方学的研究文献目录或若干札记等，尤其注意的是中国与四裔的历史，也就是他后来认为是"虏学"的部分，[2]这也难怪傅斯年1925年到巴黎时，会持蔡元培（1868—1940）给伯希和的介绍信，希望拜访伯氏。

傅斯年在1925年10月15日给伯希和的信中，[3]提到他的两种关怀：一个是新疆（Eastern Turkestan）的历史与考古，他说除非能深入了解此地的历史，否则中国中古史的许多问题都无法解决，信中并表示希望将来能有机会到彼处从事考古发掘，他希望能得到这个领域最权威学者伯希和之指导。

第二个问题是与古代语学（philology）有关的，他提到希望扩充方法以助于解决一部分问题，期望能比顾炎武以来的大学者们更上一层。傅斯年表示非常喜欢高本汉（Bernhard Karlgren，1889—1978）这一方面的著作，但是认为高本汉的工作比较像是对顾炎武著作的评论与重建，而不像是对中国古音的彻底的专论。在这封信中他同时提到如果可能，希望也能见到马伯乐（Henri Maspéro，1883—1945）及John Przyluski。这一次见面的实况已经没有纪录，不过上述学术兴趣在1928年《中央研究院历史语言研究所工作之旨

---

[1] Wang Fan-sen, *Fu Ssu-nien: A Life in Chinese History and Politics* (Cambridge: Cambridge University Press, 2000), pp. 63 – 64.
[2] 傅斯年一直对这类问题感到兴趣，譬如他的遗稿中有一残片说："圆形的铸币之在中国，恰恰当汉初以渐发达，正在亚历山大东征后百年间，当时中国与西域已渐交通。至于汉武帝时，五铢币之大铸，尤其是在所谓'木须随天马，葡萄逐汉臣'的时代，这使人不能不疑想到圆形币之在中国生，是否也有点外国影响。"史语所藏件。
[3] 吉美博物馆藏件。

趣》中有所反映。[1]

在这封信的末尾,傅斯年署下"非常尊敬您的傅斯年"。这当然带有客气的成分,不过如果我们考虑到当时四十七岁的伯希和已经名满天下——1911 年他被选为法兰西学院教授(Professeur au Collège de France),1921 年当选为法兰西学院院士(Membre de l'Académie des inscriptions et belles-lettres),1920 年起担任《通报》协同主编,1925 年起担任主编,至于从敦煌带回二千多卷极有价值的文件,则是早在 1908 至 1909 年的事[2]——而时年廿九岁的傅斯年还是一位留学生,固然早因领导五四运动及编辑《新潮》而名满中国,但在学术上尚未有专门的论文或著作,史语所的成立则是 1928 年的事,所以这封信的辞气相对谦逊是颇为自然的事。

傅斯年留学欧洲日久,欲与西人在东方学上争胜,这是胡适(1891—1962)的观察。故傅斯年认为"第一线"的若干种学问及他所宣扬的学问风格,大抵与当时欧洲的东方学相近(同时

---

[1] 譬如在《旨趣》中傅斯年说:"凡一种学问能扩张他所研究的材料便进步,不能的便退步。西洋人研究中国或牵连中国的事物,本来没有很多的成绩,……但他们却有些地方比我们范围来得宽些。我们中国人多是不会解决史籍上的四裔问题的,丁谦君的诸史外国传考证远不如沙万君之译外国传,玉连之解大唐西域记,高几耶之注马哥博罗游记,米勒之发读回纥文书,这都不是中国人现在已经办到的。……如匈奴、鲜卑、突厥、回纥、契丹、女真、蒙古、满洲等问题,在欧洲人却施格外的注意。说句笑话,假如中国学是汉学,……则西洋人治这些匈奴以来的问题岂不是虏学,……然而也许汉学之发达有些地方正借重虏学呢!……西洋人作学问不是去读书,是动手动脚到处寻找新材料,随时扩大旧范围,所以这学问才有四方的发展,向上的增高。……凡一种学问能扩充他作研究时应用的工具,则进步,不能的,退步。……又如解释隋唐音,西洋人之知道梵音的,自然按照译名容易下手,在中国人本没有这个工具,又没有法子。又如西藏、缅甸、暹罗等语,……将来以比较言语学的方法来建设中国古代言语学,取资于这些语言中的印证处至多,没有这些工具不能成这些学问。"见傅斯年,《历史语言研究所工作之旨趣》,《国立中央研究院历史语言研究所集刊》第一本第一分(广州,1928),页 5—6。

[2] J. J. L. Duyvendak, "Paul Pelliot, May 28th 1878-October 26th 1945," *T'oung Pao*, v. 38 (1947/1948), pp. 161–164.

也可与乾嘉学术接榫）。且就学问风格而论，他与当时代表欧洲东方学最高成就的伯希和有异曲同工之妙。譬如他们都轻视综合性的通论（例如教科书）而欣赏窄又深的专论，根据与伯希和非常亲近的中亚专家塞诺（Denis Sinor, 1916—— ）的回忆，伯氏轻视德国汉学家富兰阁（Otto Franke, 1863——1946），认为富氏基本上是写教科书的；[1]这恐怕说明了即使到1930年代史语所虽曾动念，但最后仍未聘请富兰阁为外国通信员之类名誉职的原因。[2]

在史语所创立之初开列的外国学者名单里，最后仅聘了三位作为"外国通信员"[3]：米勒（1863——1930）、伯希和、珂罗倔伦[4]。1928年9月间，蔡元培先生通知伯希和获选为"外国通信员"之事，接着傅斯年在10月8日写信给当时在哈佛做客的伯希和，[5]通知他被选为史语所"外国通信员"，每月津贴国币一百元，傅并自

---

[1] Denis Sinor, "Remembering Paul Pelliot, 1878 – 1945," *Journal of the American Oriental Society*, vol. 119 no. 3 (1999), p. 469, 471. 关于伯希和的介绍，另可参考 Alain Thote, "Paul Pelliot: A Bridge between Western Sinology and Chinese Scholarship," *Orientations*, vol. 26 no. 6 (June 1995), pp. 38 – 45。

[2] 在史语所档案中，陈寅恪于1936年11月13日致傅斯年函提到："Otto Franke 此人在今日德国情形之下，固是正统学人，此无待论者，但除有他种可考虑之事实外，若仅据其研究中国史之成绩言，则疑将以此影响外界误会吾辈学术趋向及标准，此不能不注意也。"又，傅斯年似乎对于教科书与"教书匠"有负面评价，依据毛以亨之回忆，傅斯年即批评钱穆是"教书匠"。见毛以亨，《关于傅斯年的一封信》，刊于香港《天文台》1951年1月2日及4日两日。

[3] 依据民国十八年（1929）的《国立中央研究院职员录》，史语所聘了三位"外国通信员"：米勒、伯希和、珂罗倔伦，并依序记载着其国籍、现职、起聘时间以及联络地址。三位外国通信员的起聘时间都是民国十七年（1928）9月，国籍、现职、联络地址分别是：（1）米勒：德意志、柏林大学正教授、Prof. F. W. K. Müller, Museum für Völkerkunde, Berlin；（2）伯希和：法兰西、法兰西学院教授、Prof. Paul Pelliot, 38 Rue de Varenne, Paris, Ⅶ；（3）珂罗倔伦：瑞典、歌登堡大学正教授、Prof. Bernhard Karlgren, University of Gothenburg, Sweden。

[4] 珂罗倔伦即高本汉。

[5] 史语所藏件，傅斯年1928年10月8日致伯希和函。

署为史语所"秘书"。[1]伯希和随即回信给蔡、傅两位,[2]表示殊为荣感,希望知道史语所的活动,并随时向欧洲学界推介。

二 争论不休的"津贴"

在吉美及史语所收藏的函件中,最大宗的部分是有关"津贴"或"薪水"的争议。傅斯年决定请米勒、伯希和、高本汉担任外国通信员时,即决定仿照若干国家的惯例,每月给予伯、高二人津贴(米勒则因当时年事已高故未给予),当时蔡元培院长曾经对傅斯年说,伯希和是要钱的,北大曾经花了不少钱请他。[3]傅斯年最后决定津贴伯、高二人,史语所想借重伯希和宣传研究成果,而津贴高本汉则是因为当时胡适拟组织一个团队翻译他的《中国音韵学研究》。[4]最初一年多,津贴的支付正常,[5]伯希和1929年6月2日致傅函即表示收到三千多法郎,信中称"我们研究所"(our Institute),并对研究所的工作报告深表兴趣。[6]但是因为国家危机,预算不定,从1931年起这项津贴便有所迁延。

1932年12月,伯希和来中国访问,于17日抵达上海。[7]伯氏

---

[1] 依据民国十八年(1929)的《国立中央研究院职员录》,傅斯年当时的职称是"秘书代行所长职务"。中研院草创之初,人事制度尚未建立完成,故全院除了天文、地质研究所以外,其他各所所长的职务名称都是"秘书代行所长职务(权)"。
[2] 史语所藏件,伯希和1928年12月15日致蔡元培函、伯希和1928年11月13日致傅斯年函。
[3] 北大从1923年1月起,聘伯希和为北大文科研究所国学门考古学通信员,从1925年起,每月津贴伯希和百元,伯希和曾在《通报》中对北大《国学季刊》之论文给予介绍。见桑兵,《国学与汉学》,页127。
[4] 高本汉所著该书原名为 Études sur la Phonologie Chinoise,由史语所的赵元任、罗常培、李方桂同译为《中国音韵学研究》(上海:商务印书馆,1940)。
[5] 王敬礼1932年12月27日致傅斯年函说:"伯希和先生薪发至民国十九(1930)年十二月止。"史语所藏件。
[6] 史语所藏件,英文函。
[7] 据史语所藏件,傅斯年1932年12月17日致蔡元培及杨铨电报稿两件。

当面与中研院总干事杨铨（1893—1933）谈及津贴两年未发之事，杨铨乃电傅斯年询问此款是否可发。[1] 傅斯年回信对此事说明甚详，因为原件藏史语所，[2] 是相当有意思的史料，故钞录如次：

孑民、杏佛两先生：

伯希和、高本汉二君津贴事之原委如下。

大学院时，斯年等提出外国通信员之聘任，蔡先生云："伯是要钱的，如有用他时，非钱莫办。北大前曾津贴其每年千元，此事今已不行，可用所中承之。如需要着他的话。"适当时元任先生云，要翻高本汉之书，前者提议清华津贴他一数，而以数小他未受。斯年以两事相类，就商于 杏佛先生，杏佛先生云可行。其时研究所之经费多，而用款少也。

此两人支一津贴者，盖想伯希和为我们宣传，高则翻其书，他自己还有些贡献。此目的似乎均已达到，如我们更有事委之，他必乐于办理，亦不成问题也。

无如经费一年比一年窘，故两年中未再发，高已通知，而伯则前年已云即来，故久待之，不知其至今方来也。[3] 斯年意以前结束，到前年年底为止，以后不再给，可告以此款并未能通过预算，前之付给，乃用余款，而余款两年中已无之也。实情本如此。斯年想不给他钱，他自然不高兴，而给他钱，现在支付两年，已不得了，若以后天长地久，尤为难题。反正利用是双方的，彼等应知此时代表汉学者为本院，他们也未必有意外的举动，以后多买几部书送他们好了。读 杏兄书，知 孑师意不如付之。斯年想到廿年度，即廿年七月至廿一年六月。是不能付的，如此期补付，无以对在所

---

[1] 史语所藏件，杨铨1932年12月19日致傅斯年电报。
[2] 史语所藏件，傅斯年1932年12月26日致蔡元培、杨铨函。
[3] 本行行首附注："此事手续，斯年有忽略处。"

工作之同人。(同人皆折扣也。)以前一年应付否,应请斟酌。今年以后应如何办,亦乞决定。如 两先生主张以后再付,至少亦须减其半数,而声明政府不发款,便枉然,不要使他算在账上也。并须指定其工作。此事关系将来正大,盼与济之兄一商,就询其意见。

约言之,斯年主张不付,由斯年任其交涉,以求不惹恼他为主意。如 两先生主张付,斯年当与同事商之。他两人自然极有用处,然研究院此时局面,亦直无可奈何也。本周中大约尚不会与他谈到此事,下周大约不免了。乞即 决定见示,便遵照进行。专颂

日安!

斯年谨上　廿一年十二月廿六日

信中意思大概有几点:一、史语所创始之初,研究院经费相对充裕,而且因机构初创,用费较少,故支付伯、高二人津贴不成问题。但是到了1931年,经费一年比一年窘困,故两年未发。高本汉那边已正式通知,伯希和这边因为先前即屡言要来中国访问,故原拟俟其前来时再予说明,不意延至1932年底才前来。二、史语所一向发的是"津贴"而不是"薪水","津贴"由每年年度经费剩余款中拨付,既是余款量力支付,则不可能稳定支付。三、以研究院目前的窘况,傅斯年主张不应再付,但蔡元培院长主张继续支付。傅斯年认为即使要再付,也要减半,并交付工作。四、傅斯年说,1931年7月至1932年6月,因为研究院经费困难,故同仁的薪水皆已打折扣,故主张这一段时间不应付给伯希和津贴。后来史语所决定续发津贴,但未发1931年7月至1932年6月这一年的津贴。[1]

在傅斯年给蔡元培、杨铨说明津贴事约两个月后,他给当时人在

---

[1] 参见吉美博物馆藏1933年3月14日之英文明细。

中国的伯希和写了一封很长的英文信（1933年2月24日），完整说明津贴之事。此信引经据典，把国家局势、中研院预算与史语所的财务状况合在一起作说明。这封信吉美博物馆及史语所都有收藏，我不拟尽录原信，只撮译其大旨如下。从中也可看出当时中研院财务之艰难：

（一）在史语所创所之初，有"外国通信员"及"特约研究员"之设，依规定是无给荣誉职，但蔡元培院长建议月付一百元津贴给伯希和，傅斯年则将之扩及高本汉。至于米勒，因为当时已退休，故未支付。当时是希望这一笔津贴能帮助西方研究中国学问卓有贡献的学者进行研究工作，是"津贴"而不是"俸给"，所以不扣税。而且因为不是所有外国通信员都得到"津贴"，所以它与"外国通信员"的头衔无关。信中也提到，中研院给"外国通信员"的"津贴"并不低于欧洲部分通货膨胀国家（譬如法国）支给院士的标准。

（二）政府发给中央研究院的预算并不理想。由于给"外国通信员"的津贴并不在正式预算内，故全院各所皆已停止津贴特约研究员，[1]然而史语所仍尽其可能依约给付。这是因为院长接受史语所的要求，准予使用年度节余款之故。

（三）1931年，洪水、灾荒、日本侵略等，使国家财政的恶化到达最高点，傅斯年列下1931年7月至1932年6月因政府不能正常拨款，致中央研究院所收到的预算的成数逐月骤降，而史语所因为工作规模最大，又不能动支其它研究所的经费，故特别困窘。

（四）原先接受津贴的特约研究员，陈垣只付到1930年，

---

[1] 根据傅斯年1932年5月8日致陈寅恪及所内其他六位同仁函，傅表示"现在院中将通信员置在颇后之地位，故吾所前定之外国通信员之地位，已觉不甚适宜。（因原定之外国通信员乃甚崇者。）弟拟改聘伯希和、珂罗佩伦二君为'特约研究员兼外国通信员'，……何如？"并获得同人一致支持。故伯希和自1932年5月起在史语所的职位名称改为"特约研究员兼外国通信员"。史语所藏件。

刘复只付了1928年，其它皆未得到津贴。

（五）所务会议决定，将付伯希和至1931年6月。但1931年7月至1932年6月，因为中研院财政赤字太大，故不能付。因为院务会议曾决定停止支付"津贴"，而史语所近年已经没有年度剩余款，故从今年[1]起续付之款移至"总务目"。由于政府拨款成数一向不稳定，所以将来"津贴"数亦依政府拨款成数而定。史语所将在会计年度之末，汇出这项津贴。

在此长信之后，史语所档件中仍有与津贴一事相关者。1933年3月，史语所奉命南迁，情况相当混乱。如1933年9月7日代所长李济（1896—1979）函伯希和，云其1933至34年津贴一千二百元续发，并云研究所部分南迁上海，会议拖延故通知有所延误。[2]同年10月4日，傅致李济函中有一段云"伯希和、高本汉二人，非继续其聘任，乃继续其津贴"，并提到去年研究院院务会议决定取消"外国通信员"之名义，改称"通信研究员"；并强调"故此事其津贴之继续问题，非'外国通信员续聘'"。[3]

三 学术活动

从吉美博物馆及史语所两方面的档件合观，与学术方面有关的活动大约有几件。1931年1月27日，史语所将所务会议提案及议决发起编辑《蔡孑民先生六十五岁纪念论文集》[4]的文件抄送给伯希和，强

---

[1] 当时各国政府之会计年度采七月制者居多，国民政府于1927至1937年之会计年度采用七月制，故此处之"今年"系指自1932年7月1日起至1933年6月30日止的会计年度。
[2] 史语所藏件，李济1933年9月7日致伯希和函。
[3] 史语所藏件，傅斯年1933年10月4日致李济函。
[4] 有时作《庆祝论文集》，出版时的正式名称为《庆祝蔡元培先生六十五岁论文集》（国立中央研究院历史语言研究所研究员、外国通信员、编辑员、助理员共撰；北平，1933年1月出版）。

调"吾等建设此所之始意,岂不曰将汉学各面之正统,不在巴黎、不在西京,而在中国?上以补前修之所不及,而求后来居上,……然所中同人所工作者,俱是有意义之新题目,就每一线论,皆站在其最前之在线"。[1]接着在1931年3月26日由陈寅恪(1890—1969)、赵元任(1892—1982)、李济、陈垣(1880—1971)、朱希祖(1879—1944)、林语堂(1895—1976)、刘复(1891—1934)、傅斯年具名的公函(油印)中,强调"此事在中国为创举"。[2]足见这一类纪念集(Festschrift)虽在今天已成习惯,但在1930年代则属创举,值得注意。

从此后给伯希和的催稿信可以看出伯氏迟迟未将文章寄来,[3]故一再催促,伯希和最后寄来法文的 "Sur un passage du *Cheng-wou ts'ing-tcheng lou*" 一文,意为《〈圣武亲征录〉中之一段》。[4]

---

[1] 吉美博物馆藏件。
[2] 吉美博物馆藏件。
[3] 吉美博物馆藏件,傅斯年1932年4月21日致伯希和函。
[4] 该文刊于《庆祝蔡元培先生六十五岁论文集》,页907—938。在这篇文章中,伯希和提到,元史除了有中国官方历史书,另有蒙文写成的《元朝秘史》与中文写成的《圣武亲征录》可以参考;他想藉考证《圣武亲征录》其中一段,缅怀钱大昕、王国维等中国博学鸿儒,并向时任中研院院长的蔡元培致敬。通篇文章在详细考证《圣武亲征录》一书中某一段落提到的两个名字,究竟所指何人;这个段落描述1213年成吉思汗带兵出征时,军队分为三支,其中左翼军队由四位将领带队,即哈撒儿、斡陈那颜、拙赤䚟、薄刹。第一及第四位的身份较不成问题,而第二位及第三位则一直有争议及疑点。伯希和此文的目的,就是要考证这两位将领的身份:(一)斡陈那颜(Wo-tch'en-no-yen):伯希和参考王国维、那珂通世等人的作品,觉得王文比那珂之文优,王的错误较少。伯以蒙文、中文等不同语言译写的可能错误来考证及推断,指出以蒙文译写的可能错误,最后指出此人的身份应是驸马,他的名字应写为"斡律出(Wo-liu-tch'ou)"。(二)拙赤䚟(Tcho-tch'e-tai):原先学界以为他是成吉思汗最小的儿子,而洪钧《元史译文证补》认为他其实是顺位最小、但年龄最大的比因。那珂通世支持洪钧的推论,但伯希和认为此论不妥。伯以蒙文译写的几种可能性以及所提战役事件的历史考察推断,拙赤䚟是成吉思汗的一个儿子,曾经参加过几次战役,卒于1213年取下大同等地之战,死时年纪颇轻,但与另一位陪伴Qasar出征河北与满洲的有名的同名将领并非同一个人。《元朝秘史》将参加这两次战役的人都说成是成吉思汗的儿子,而没有提到那位知名将领,这可能是以蒙文写成的《元朝秘史》张冠李戴而导致的错误。感谢戴丽娟女士帮助解读此文。

1932年底，伯希和为了调查近年中国文史学之发展，并为巴黎大学中国学院购买普通应用书籍而来到中国，[1]这也是傅斯年与伯希和信件来往保存较多的时段。1933年春天，史语所举行了公宴，据1月4日致伯希和请柬，订于1月10日在"欧美同学会"公宴。[2]三天后傅斯年去函提醒伯希和1月10日的宴会不在北海静心斋史语所本址，而在"欧美同学会"。[3]1月17日傅给伯希和的信里，[4]夹送了刊载1月10日晚宴中傅斯年所致的欢迎词及伯希和致答的剪报。他说北京、天津五家主要报纸都刊登了消息，《大公报》因文稿送得太迟，故未刊出。信中傅斯年说他也将摘要送到南京、上海的报纸，但可能文稿太长、送得太迟，不确定是否会刊出。[5]傅信中提到的剪报，是1933年1月15日《北平晨报》刊出的《法国汉学家伯希和莅平》。这篇报导分成两部分，一部分是"傅斯年欢迎词"，一部分是"伯希和之答词"。傅斯年谈到中国学者治纯粹中国问题易于制胜，而外国学人擅长四裔材料，伯希和则沟通这两种风气：

> 　　我们诚不可以中国学之范围概括伯先生，因为他在中亚各语学无不精绝。……伯先生之治中国学，有几点绝不与多数西洋之治中国学者相同：第一，伯先生之目录学知识真可惊人，旧的新的无所不知。第二，伯先生最敏于利用新见材料，如有此样材料，他绝不漠视。第三，他最能了解中国学人之成绩，而接受之，不若其它不少的西洋汉学家，每但以西洋的汉学为全个范域。

---

[1] 参见桑兵，《国学与汉学》，页124；傅斯年，《论伯希和教授》，收入《傅斯年全集》(台北：联经出版公司，1980)，第七册，总页2349。
[2] 此请柬史语所及吉美博物馆皆有收藏。
[3] 吉美博物馆藏件。
[4] 吉美博物馆藏件。
[5] 在此信中，傅还介绍史语所藏学专家于道泉前去拜访伯希和。

伯希和之答词先对中研院蔡元培院长致敬，接着谈及其师沙畹（Édouard Chavannes，1865—1918）"确为全欧巨擘，亦惟有沙畹始能认识中国文化之伟大的价值"，又说：

> 中国之文化，不仅与其它古代文化并驾媲美，且能支持发扬，维数千年而不坠，盖同时为一古代文化、中世文化，而兼近代现代之文化也。

且同时对清代考证学之成就倍加叹赏：

> 观其刈获，良足惊吾欧洲之人。此果何由？亦由理性之运用与批评之精密。……予心向既久，不禁对于继承前辈学者之在座诸位，寄有无限之敬重与希望。[1]

伯希和此行目的之一是了解中国文史研究之情形，他应当曾以中国戏曲小说方面的研究情况请教傅斯年，故1933年1月27日傅斯年的信中谓，日前已请友人孙楷第（1898—1986）代编一份目录，现寄供参考之语。[2]在2月4日傅致伯希和函，显然是同意伯希和的要求，愿将史语所出版品送给巴黎大学中国学院（"Institut des Etudes Chinoises" at Sorbonne）。[3]2月10日傅斯年写信给伯希和，介绍北京书商群玉斋主人张大达给伯氏，信中提到张手头上虽然没有大量库存，但是他通晓书界的行情，可以很快找到客户想要的书。[4]

---

〔1〕 摘自《北平晨报》1933年1月15日星期日第七版所载《法国汉学家伯希和莅平："伯氏系治中国学巴黎学派三学者中之一"，傅斯年等日前举行公宴》之报道。
〔2〕 吉美博物馆藏件。
〔3〕 史语所藏件，傅斯年1933年2月4日致伯希和函。
〔4〕 吉美博物馆藏件。

伯希和当时在做《元秘史》翻译的工作，[1]显然曾以洪武本《元秘史》相询。傅斯年1933年3月13日给伯氏的信中说洪武本《元秘史》确实存在，赵万里（1905—1980）在北平图书馆一批内阁大库书中见到残本，而且赵愿意带伯希和前往观览。[2]案：新发现内阁大库藏残洪武刊本，陈垣在1933年完成的《元秘史译音用字考》中所用的六种《元秘史》版本中，即有此一种。该书于1934年由史语所出版。[3]

1935年4月间，伯希和再度来访。[4]4月15日中研院设席款宴伯氏，陪宾皆当时学界俊彦：李济、赵元任、李方桂（1902—1987）、吴定良（1893—1969）、朱家骅（1893—1963）、罗家伦（1897—1969）、辛树帜（1894—1977）、竺可桢（1890—1974）、丁

---

[1] 伯氏翻译的《元秘史》于1949年在巴黎出版。Paul Pelliot, *Histoire secrète des Mongols: Restitution du texte mongol et traduction française des chapitres I à VI*（Paris: Librairie d'Amérique et d'Orient Adrien-Maisonneuve, 1949）.

[2] 吉美博物馆藏件。

[3] 《元秘史译音用字考》第7页《新发现内阁大库藏残洪武椠本》说："今年（1933）夏，北平图书馆赵万里先生从内阁大库故纸堆中发见《华夷译语》与《元朝秘史》残页，计《译语》二十六页，《秘史》四十五页，此洪武椠本也。"这些残页属于洪武本第二、第四册之残页。《用字考》第6页《俄本来历》又说："今年春，伯希和教授来游，以苏俄国家学院所藏《元秘史》复印件十五卷六册赠北平图书馆。"见陈垣，《元秘史译音用字考》（北平：国立中央研究院历史语言研究所，1934）。

[4] 伯希和此次访华，《胡适日记》中有若干记载，见季羡林主编，《胡适全集》（合肥：安徽教育出版社，2003），第三十二册，第456页，1935年5月18日条："中央研究院傅孟真与陈寅恪宴请伯希和，我也去了。伯希和今年五十七，生于一八七八。"又，第459—460页，1935年5月28日条："访伯希和先生，同他去研究所看汉简及缪藏拓本。……伯希和谈，今日宜作一个《外国文字碑文拓本总目》，以为整理的第一步。此言甚是。他又说，今日有人反对掘古墓，此非坏事，实于考古学有益无损。今日中国考古人才尚不够分配，仅够安阳一地，与其胡乱发掘，不如留以有待也。"又，第460页，1935年5月29日条："到辅仁大学晚饭，客人是Father Schmidt，是天主教中的一个人种学者。还有伯希和夫妇。"不过，当时也有像邓之诚之类的学者，心中似乎不以伯希和为然，以"法国流氓"称之。邓瑞整理，《邓之诚日记（外五种）》（北京：北京图书馆出版社，2007），第一册，页237，1935年6月1日记："下午四时赴哈佛燕京社之招，往晤伯希和，未谈，观其壮貌，诚一法国流氓而已。"

文江（1887—1936）、傅斯年、段锡朋（1896—1948）、俞大维（1897—1993）、滕固（1901—1941）、朱希祖。[1]伯氏于5月11日访问史语所，5月18日又由陈寅恪、傅斯年具名柬邀于欧美同学会公宴。[2]伯氏接着应邀参观在河南安阳的发掘，并留下一帧照片。石璋如（1902—2004）对这一次参访有这样的纪录：

> 那时是殷墟第十一次发掘，所用工人在三百人以上，为殷墟发掘以来规模最大的一次，也是中国的考古工作在国际间最煊赫的时期。约在五月中旬，气候已经相当的热了，他（傅斯年）和法国的东方学者的伯希和先生到达安阳。那时西北冈工作地，西区的四个大墓行将到底，东区的四百多个小墓已在发掘，虽然墓葬多被早期盗掘，可是其中的残遗也大有可观。譬如高约九公寸的大牛鼎，少低一点的大鹿鼎及大圆鼎，各种鸟兽形制的石雕、玉器、松绿石器，又有数十套车器，武士用的钢盔、弓矢、戈、矛、刀、戚、斧、钺等，饮食用的爵、觚、斝、卣、鼎、彝等等，并有车坑、马坑、象坑、鸟坑、人头坑、无头葬等。伯希和先生对着那样伟大的陵墓，那样排列整齐的小墓，那样大量并精美的灿烂的器物，在孟真所长面前，不断的惊讶和赞叹。在安停留二日后返所。[3]

这一次参访，让伯希和后来决定以史语所商王大墓之发掘为题，在欧美演讲（详后）。

伯希和此次访华任务之一，是担任1936年初将在伦敦举行的中国艺术国际展览会的选择委员。依据傅振伦（1906—1999）《故

---

［1］ 史语所藏件，1935年4月15日宴请宾客名单。
［2］ 吉美博物馆藏件。
［3］ 傅乐成编，《傅孟真先生年谱》，"1935年（40岁）5月条"，收入《傅斯年全集》，第七册，总页2634—2635。

宫古物首次出国展览始末》，[1]1934年10月国民政府行政院组成专门委员会筹办此事。教育部长王世杰（1891—1981）被任命为"伦敦中国艺术国际展览会"之主任委员，英方派专人前来选择、鉴定。当时北平学界有反对国宝出国展览之声，《北平晨报》刊出反对声响，对伯希和担任选择委员之事亦表不满。[2]所以傅斯年的《论伯希和教授》一文会说："本年（1935）一月末，王力先生等发表伦敦中国艺术展览会一文，其中第三点为涉及巴黎法兰西书院伯希和教授者。"[3]伯希和显然主张某张姓私人收藏家所收玉器参加此次伦敦大展，故档件中有一份王世杰所发电文云：

> 张君玉器单未曾送会。私人物品参加展览本不由会接派。据闻张君玉器参加与否，因保险问题未决，尚未确定。现展品出时限已迫，烦转告伯希和先生注意。[4]

接着，又有傅斯年在1935年5月11日给伯希和的英文信说，当天伯希和甫离史语所，王世杰部长之信即来。傅告诉伯说，王世杰似未与张姓收藏家联系，傅建议伯希和直接找马衡（1881—1955）写信给张，或有帮助。[5]案，此处之张先生为张乃骥（字叔驯，1900—1949），浙江南浔人。傅斯年之所以建议伯希和请马衡出面，一方面是因为马衡时任故宫博物院院长同时兼伦敦展览委员会之理事；另方面马衡是浙江鄞县人，与张乃骥可

---

[1] 傅振伦，《故宫古物首次出国展览始末》，《傅振伦文录类选》（北京：学苑出版社，1994），页853—857。
[2] 参见桑兵，《国学与汉学》，页117。
[3] 傅斯年，《论伯希和教授》，收入《傅斯年全集》，第七册，总页2347。
[4] 吉美博物馆藏件。
[5] 吉美博物馆藏件。

能相识。

在《参加伦敦中国艺术国际展览会出品目录》[1]中所载全是公家展品,仅"玉器目录"中有"附张叔驯先生参加伦敦中国艺术国际展览会玉器简目",共65件。[2]此附录在整部《目录》中相当特殊,显然即出自伯希和之建议。傅振伦前引文中也提到张乃骥私人藏玉65件附展。这批展品在1935年4月,于上海外滩中国银行仓库展览五周之后,于6月6日启运。同年11月28日在伦敦开幕,一直展到1936年3月7日。这批展件当中,中央研究院有113件考古遗物参展。[3]

从2001年出版的伯希和著作书目所列866条伯氏生前及逝后陆续出版的条目中(其中有不少是寥寥几页的书评),可以看到伯希和在《通报》中陆续介绍中研院或史语所出版品,有刘复《敦煌掇琐》、刘复及李家瑞(1895—1975)《宋元以来俗字谱》、赵元任《广西猺歌记音》、罗常培(1899—1958)《厦门音系》、赵万里《校辑宋金元人词》、吴金鼎(1901—1947)《山东人体质之研究》、于道泉(1901—1992)《第六代达赖喇嘛仓洋嘉错情歌》,以及《国立中央研究院十七年度总报告》、《安阳发掘报告》、《记明台湾郑氏亡事》、《明清史料》等书的评介。[4]

除上述之外,1933年10月24日,卧病中的傅斯年曾要李济写了两封法文信给伯希和,希望他转交巴黎语言学会(Société de linguis-

---

[1] 《参加伦敦中国艺术国际展览会出品目录》由伦敦中国艺术国际展览会筹备委员会编辑,线装一册,出版地不详,序于民国二十四(1935)年4月。
[2] 张叔驯先生参展之玉器简目收在该书"其它"类,位于"其它类总目"的第9—11页。
[3] 傅振伦,《故宫古物首次出国展览始末》,《傅振伦文录类选》,页853。
[4] 零散见于伯氏著作书目中,条目分别为588、589、714、725、738、746、748、643、655、719、597。Hartmut Walravens, *Paul Pelliot*(*1878 – 1945*): *His Life and Works: a Bibliography*(Indiana University Oriental Studies, Volume IX; Bloomington, IN: Indiana University Research Institute for Inner Asian Studies, 2001).

tique de Paris）编辑及法兰西金石美文科学院（L'Académie des Inscriptions et Belles-Lettres）秘书，内容都是希望交换出版品。[1]1934年3月28日，傅斯年写信到巴黎介绍方壮猷（1902—1970）给伯希和，他说方在中央大学讲课两年，以唐、宋史为主，尤其是边疆民族史，并发表过一些这方面的论文。他说方现正离开南京到巴黎，希望进一步研究这方面的学问，并希望伯希和给予引导。[2]方壮猷后来成为伯希和的学生。

四　有关殷墟发掘之演讲

1936年伯希和对于史语所发掘"安阳商王大墓"作过两次演讲，先是当年1月6日为英国 Royal Academy of Arts 举办的有史以来规模最大的中国文物展（即伦敦中国艺术国际展览会）在皇家学会大厅所作的演讲；[3]同年9月，他在哈佛大学三百年校庆中又以同样的标题 "The Royal Tombs of An-yang" 作过一次演讲。[4]

为了这个演讲的材料，作为史语所领导者的傅斯年与作为考古工作执行人的梁思永（1904—1954）之间，认知上似乎有一点出入。作为史语所的领导者，当初请伯希和便是为了替所的研究工作宣传，[5]所以自然乐意提供材料给伯希和，更何况安阳殷墟发掘的

---

[1] 史语所藏件，傅斯年1933年10月24日致李济函（附两件法文函）。
[2] 吉美博物馆藏件。
[3] 伯希与其他几人（J. Hackin, Osvald Sirén, Langdon Warner）的演讲后结集为 *Studies in Chinese art and some Indian influences*（Lectures delivered in connection with the International Exhibition of Chinese Art at the Royal Academy of Arts）with a foreword by Sir William Llewellyn（London: The India Society, 1937–1938）。
[4] Paul Pelliot, "The Royal Tombs of An-yang," in Part III, East-West of *Independence, Convergence, and Borrowing in Institutions, Thought, and Art*（Harvard Tercentenary Publications; Cambridge, MA: Harvard University Press, 1937）, pp. 265–272.
[5] 参见史语所藏件，傅斯年1932年12月26日致蔡元培、杨铨函。

成果，用吴敬恒（1865—1953）的话说，是"其可喜不在邦贝伊之下"，[1]而史语所创立的目标就是将东方学的正统移回中国，当然希望欧美学界能知道这些新成果。可是当时在安阳主持考古工作的梁思永似有一点保留。史语所收藏了几封相关的信，我谨抄录相关的段落如下：

> 送伯希和的材料，弟越想越想不到一个好办法。写几张照片的说明书觉得颇为无聊，长篇大论一时又写不出来。如我兄觉得可以，那丁脆白送这"大师"十五件东西的照片（孟真已切实的允许了，不能拆烂污），总算向△△主义磕几个响亮的头完事。至于送那几件的照片，当然是由吾兄决定。[2]
>
> 关于供给伯希和安阳材料事，想已得孟真兄函。详细节目弟亦不甚清楚。[3]

梁思永半带点调侃，"△△主义"当然是"帝国主义"。1935年8月5日李济致伯希和英文信说，受傅斯年之命送上一组安阳发掘现场及文物之照片，选了49件，属于三个范畴。第一组是12张照片，显示发掘现场及小屯、侯家庄遗址之状况，伯希和最近刚访问过那里。第二组是侯家庄出土的15件重要出土文物的18张照片，伯希和曾亲自看过这些文物。第三组是小屯出土物之照片，目前正在伦敦展出，李济在信里告诉伯希和可以从《展览会出品图说》[4]里看到有关它们之详细说明。李济强调，它们只供伯希和一人在公开演讲或私人研究中使用。在史语所出版报告之前，第二组照片决不能

---

[1] 史语所藏件，吴敬恒1932年12月12日致杨铨函。
[2] 史语所藏件，梁思永1935年6月29日致李济函。
[3] 史语所藏件，梁思永1935年7月9日致李济、董作宾函第三条。
[4] 此处是指由伦敦中国艺术国际展览会筹备委员会编辑，上海商务印书馆于1936年2月印行出版之《参加伦敦中国艺术国际展览会出品图说》，共四册。

正式发表。[1]

中研院的考古成就在1930年代初期即已扬名欧洲,1933年,荷兰主动提出退回庚子赔款,便提到是对中研院成绩之肯定。[2]即使如此,我们不能忽视伯希和这两场演讲的影响。[3]

我读到哈佛演讲的论文。从该文可以看出伯希和对当时安阳殷墟之工作了解相当深入,可能梁思永为每张图片所作的说明也起了一定的作用。在这次演讲中,伯希和提到这是当时全东亚最重要的一件学术工作,同时也提到,由于这件工作,中国的信史一下子上推了将近一千年。在演讲中,他提到YH127坑出土数目惊人的甲骨,提到梁思永在后冈所发现三迭层的意义。[4]伯希和简要地说出这三迭层上层所包含的白陶文化,即小屯文化的遗物;中层是黑陶文化,即龙山文化之遗物;下层所包含的是彩陶文化,即仰韶文化的遗物;而且清楚确定这三期文化先后次序是龙山早于小屯,而仰韶又早于龙山。

伯希和也提到侯家庄商王大墓的种种精美出土品,包括石雕、青铜头盔、兵器等,并在论文中附了若干精美照片。在讨论青铜头盔时,他说头盔上有假眼的装饰,那是中亚及西亚游牧民族的头盔上所常见的。文中也讨论到殷人是否"服象"的问题。他总结说商人文化甚高。在文末,他特别向在艰苦环境中以科学方法发掘而取得成果的史语所考古学家们致敬,并特别提到梁思永。

---

[1] 史语所藏件,李济1935年8月5日致伯希和英文函。
[2] 史语所藏件,杨铨1933年4月20日致傅斯年函。
[3] 哈佛三百年校庆那一场演讲,其论文被印在三百年校庆论文集中之一册(即前述 *Independence, Convergence, and Borrowing in Institutions, Thought, and Art* 乙书),读者很多。
[4] 关于三迭层,请参考梁思永在史语所时期发表的《后冈发掘小记》,《安阳发掘报告》4(1933年6月),页609—625,以及《小屯龙山与仰韶》,《庆祝蔡元培先生六十五岁论文集》下册(1933),页555—568等文;它们也被收入中国科学院考古研究所编,《梁思永考古论文集》(北京:科学出版社,1959),页99—106、91—98。

根据哈佛这一篇文章的篇首注记，伯希和并未提供任何讲稿，故这篇文章是根据速记打字稿、经伯希和过目之后完成的。后来，在1938年出版的 Studies in Chinese Art and Some Indian Influences 一书，是伦敦中国艺术国际展览会的演讲文集，收入同一篇文章。据伯希和表示，它是综合两次演讲的内容而成。[1]

抗战期间，史语所迁至四川南溪县李庄时，梁思成（1901—1972）、梁思永兄弟两家病倒，无钱医治，傅斯年于1942年3至4月间多方奔走，希望能向蒋介石（1887—1975）要求大约两万元的补助。后来在1942年6月16日傅斯年致蒋介石之信稿上，[2]有一段说：

民国廿五年[3]，法国汉学家伯希和在美国哈佛大学成立三百年周年纪念会讲演，谓正在中国进行之殷墟发掘实近代汉学发展之一最重要阶段，尤推崇梁思永在侯家庄之工作。

五　演讲后的小插曲

伯希和1936年1月在英国发表关于商王大墓的演讲之后，发生了一件原先意想不到的插曲。伯希和于1936年7月8日来函说，[4]他严格遵照与史语所的约定，未将照片交给任何刊物。但是1936年4月4日出版的《伦敦画报》(The Illustrated London News) 刊出一篇由田伯莱（Harold William V. Temperley, 1879—1939）[5]博士执笔的

---

[1] 我尚未找到这一部论文集，故未能读到这篇文章，此处根据 Hartmut Walravens, *Paul Pelliot (1878 – 1945)：His Life and Works：a Bibliography*, pp. 139 – 140。
[2] 史语所藏件，傅斯年致蒋介石函（残件），暂系年于1942年6月16日。
[3] 原件作民国廿四年（1935），应系笔误，本文径改。
[4] 史语所藏件，伯希和1936年7月8日致傅斯年函。
[5] 伯希和来函将田伯莱教授的名字写成 H. F. Temperley (middle name 有误)，应系笔误，本文径改。

文章，其中用了一些与伯希和手中一样的照片，而且注明是得到中研院许可。伯希和表示，既然如此，原先不准刊布这些照片的约定看来不再是问题。因为伦敦中国艺术国际展览会的主办单位希望出版包括伯希和在内的一批演讲稿，伯希和表示，如果他的讲稿没有配上出土照片，也就没有什么意思，所以要求傅斯年与李济批准他使用若干照片，而且还另外要了几张田伯莱博士所刊发、而伯希和原先没有的照片。伯希和补充说，大部分的图书馆并不收藏《伦敦画报》，所以如果允许他将照片连同讲稿收入书中，对学术界帮助更大。[1]

傅斯年最初并未立即回答伯希和，故史语所藏有1936年10月26日伯希和再度询问照片事宜的电报。隔日，傅斯年发电文表示同意。

可能是受到伦敦展及伯希和演讲的影响，英国考古界对安阳考古产生极大兴趣。1936年8月3日，伯希和发函给傅斯年表示，他当时在伦敦受英国学术界之托，希望把英国的美索不达米亚考古权威查尔斯·李奥那多·乌里爵士（Sir Charles Leonard Woolley, 1880—1960）送来考察中国的考古工作。伯希和提到，中方可以给他一封信，说明中国学术界同意乌里前来，伯希和说傅斯年只需要在给他的私函中提到这一点，再由他在给英方学人的信中加以摘引即可。但是伯希和最为关心的是乌里在回到英国之后，必须向英国学人作一场有关中国考古的演讲，所以在不打扰中研院考古工作进行的前提之下，乌里必须被容许观察安阳考古工作两周左右，故他希望知道史语所下一次大规模的发掘何时开始、持续多久，方便乌里安排他的行程。

目前史语所档件中有1937年2月26日傅斯年发给伯希和"欢迎

---

[1] 案，田伯莱系剑桥大学历史教授、近代外交史权威，曾任世界历史学会会长，他在1940年代初期曾鼓励中国成立中国史学会。他在《伦敦画报》发表文章所附的照片，可能是从中研院参展的113件古物中直接取得的。他或许曾得到中研院同意，但目前尚未见到相关档件。

乌里，希望与李济联系"的英文电文。傅将此事交给李济办理，李济主张乌里1938年秋天前来。[1]乌里于1927至1932年间发掘苏美乌耳（Ur，今伊拉克境内）王朝的王陵而有重大的发现，在当时西方考古学界地位崇隆。他之所以被派往中国观察殷墟商代王陵的发掘，与伯希和在英国的演讲可能不无关系。不过，傅斯年发出电文几个月以后，对日抗战爆发，目前并未看到乌里来访的纪录。

六 尾 声

史语所《简介》记载着米勒由1928年聘至1929年，伯希和由1928年聘至1942年，高本汉由1928年聘至1948年。[2]1937年7月抗日战争爆发，史语所本身正所谓"救死之不暇"，史语所与外国同行的联络近乎停顿。斯文赫定（Sven Hedin，1865—1952）于1938年来信询问汉简是否安全，[3]是极少数的例外。而几年之后，第二次世界大战爆发，法国被德军占领，法国东方学界许多学者急速凋零，其中包括马伯乐。[4]从塞诺的回忆看来，伯希和一度被逮捕。[5]1945年2月7日，史语所全汉升见到伯希和在美国哈佛的哈燕社讲演。[6]1945年5月盟军于欧洲战场宣告战胜，同年10月，伯氏竟以六十七之龄因癌症骤逝，震撼了全世界的东方学界。

---

[1] 史语所藏件，李济1937年4月9日致傅斯年函。
[2] 陈正国、张秀芬、陈静芬编，《中央研究院历史语言研究所简介》（台北：中研院史语所，2008），页90。
[3] 史语所藏件，斯文赫定1938年6月22日致傅斯年函。斯文赫定第二次来函是1939年3月10日，目的是询问罗布泊（Lop-nor）古物的复制事宜。
[4] 见Paul Pelliot, "Orientalists in France During the War: Address delivered at a Meeting of the Chinese Art Society of America, January 25th, 1945," *Archives of the Chinese Art Society of America*, volume 1 (1945/1946), pp. 14 – 25. 中译版收在李璜，《关于保禄·伯希和》，《法国汉学论集》（香港：珠海书院出版委员会，1975），页55—61。
[5] Denis Sinor, "Remembering Paul Pelliot, 1878 – 1945," *Journal of the American Oriental Society*, vol. 119 no. 3 (1999), p. 469.
[6] 史语所藏件，全汉升1945年2月7日致傅斯年函。

最后我想以一段话来收尾。傅斯年留学期间（1919—1926）使用的笔记本中有两条，可能与本文的讨论有关：

> 如不去动手动脚的干——我是说发掘和旅行——他不能救他自己的命。

> 我们现在必须把欧洲的历史作我们的历史，欧洲的遗传作我们的遗传，欧洲的心术作我们的心术。这个叫做"螟蛉有子，蜾蠃负之"，就是说欧洲人有文明，我们负来，假如我们不这样干，结果却也是一个"螟蛉有子，蜾蠃负之"，就是说我们有土地，欧美人负去。这是郑康成解"言有国家而不能治，则能治者将得之也"。[1]

我认为这正是傅斯年对当时欧洲东方学所抱的心态，希望尽量把他们的长处学来作成自己的东西，然后更进一步超越之。他与伯希和、高本汉、米勒的关系，亦应如此理解。在史语所成立四五年之后，当伯希和来中国访问并牵连到津贴之事时，傅斯年在1932年12月26日致蔡元培、杨铨信中说"彼等应知此时代表汉学者为本院"，[2]来年1月蔡元培给傅斯年的信也说"中国学之中心点由巴黎而移至北平，想伯希和此时亦已不能不默认矣"。[3]从前面所引傅、蔡两位先生的通信，早在1932年，他们对汉学中心重回中国已有充分的信心。至于蔡、傅二人何以如此自信，因为直接可供讨论的材料不多，所以这个问题有待将来进一步探讨。

---

[1] 史语所藏件。
[2] 史语所藏件，全文已录于本文301页。
[3] 史语所藏件，蔡元培1933年1月某日致傅斯年函。

傅斯年与陈寅恪

——介绍史语所收藏的一批书信

按:中研院史语所的"傅斯年档案",藏有傅斯年与民国学人大量的信件。在1995年"傅斯年百龄纪念会"时,我曾特别选出他与陈寅恪的信件,整理编年在《联合报》副刊连载。以下这篇文字是我当初为该批书信所写的介绍。因为它与本书有一定关联,故收在这里,以供参考。

人类学家克罗伯(Alfred L. Kroeber)曾问过这样一个问题:为什么天才成群地来(come in a cluster)?1890年代的中国,似乎就印证了"天才成群地来"这句话。在这成群而来的学术人物中,有些是单打独斗,靠着本身的研究对学术界产生了广大的影响,也有的除了个人学术外,还留下制度性的遗业(institutional legacy),而至今仍在学术界维持其影响力的,前者可以陈寅恪(1890—1969)为代表,后者可以拿傅斯年(1896—1950)为例。我个人觉得,在近代史家中,傅斯年更像法国年鉴学派的创始者费夫尔(Lucien Febvre)。首先,他们都是集学术、组织、鉴赏力及霸气于一身的人,他们都有长远的学术眼光,对史学发展有一个整体的观点,而且他们都主张跨学科的合作,也都在一个动荡、资源并不丰厚的时代环境中,成功地聚合各种资源,并尽可能地将一流人才聚集在一起开创了一个学派。而陈寅恪便是傅氏刻意罗致到史语所的一位大史家。傅斯年不止一次对人说陈寅恪是三百年来第一人,能为历史语言研究所的历史组找到他来领导，是傅氏相当得意的事。

陈寅恪与傅斯年缔交始于他们留学柏林的时期，陈氏之弟青年党创始人之一陈登恪应该是介绍人。登恪是傅氏在北大的同学。傅、陈二人于1923年在柏林大学见面，当时傅氏甫从伦敦大学转学该校，此后同学近二三年之久。可惜，这时期他们两位留下的材料非常稀少，为他们作年谱的人在记述这几年的生活时几乎都只能一笔带过。

1924年曾往德国访问的赵元任夫人杨步伟（1889—1981）留下这样一段记载："那时在德国的学生们大多数玩的乱的不得了，他们说只有孟真和寅恪两个人，是'宁国府大门前的一对石狮子'。他们常常午饭见面，并且大家说好了各吃各的，因为大家都是苦学生。"当时同在德国留学的毛子水（1893—1988）也形容："在柏林有两位中国留学生是我国最有希望的读书种子：一是陈寅恪；一是俞大维"，但他说俞大维（1897—1993）对傅氏更佩服，私下对人说："搞文史的当中出了个傅胖子，我们便永远没有出头之日了。"

陈寅恪与傅斯年的相处，似乎对傅氏的治学方向造成某种改变。傅氏到英国时的兴趣是实验心理学及弗洛伊德的学说，到柏林时主要兴趣是物理学，尤其是相对论及量子力学。不过，在柏林的最后一两年，我们发现他的注意力逐渐转向比较语言学方面。从傅、陈二人留下的笔记本及修课记录可以看到一些相仿佛之处。在傅斯年先生的遗物中有一藏文笔记本，这一笔记本与大陆现存的陈寅恪藏文笔记本，授课教授相同，足见他们可能上过同一教师的课程。陈寅恪最崇拜梵文大师吕德斯（Lüders），而在傅斯年离开柏林大学的证明书中也记载着上课但未正式获得学分的课程有吕德斯的梵文。此外，傅斯年笔记中有两件记当时西方学者有关东方学的目录，而陈寅恪初到清华所授的课便是"西人之东方学之目录学"。当时同在柏林的毛子水便自承他受陈寅恪影响而注意比较语言学，我遂有点怀疑陈寅恪似曾在傅斯年留学生涯的最后阶段对他有过影响，使他转而重视比较语言学。从傅斯年藏书扉页所记的购书年代可以判断，他当时开始大量购买这一方面的书籍。

当时两人的相得之情，或许可以在1927年陈氏的一首赠傅斯年的诗中看出：

> 不伤春去不论文，北海南溟对夕曛。
> 正始遗音真绝响，元和新脚未成军。
> 今生事业馀田舍，天下英雄独使君。
> 解识玉珰缄札意，梅花亭畔吊朝云。

从这一首诗中可以看出陈氏对傅斯年想将"东方学的传统"从柏林、巴黎等地移回北京，并在中国建立新学术的悲愿是相当欣赏、支持的。在陈寅恪的诗中并不轻易用"天下英雄独使君"这么高级的形容词，它显示了陈氏对傅斯年一番事业的期待。

陈寅恪从1929年起便应傅斯年之邀出任史语所历史组主任，一直到陈氏滞留大陆，在台北继任该组主任的陈槃先生仍不敢真除，自称代主任，直到1969年陈氏凶耗传来，才将"代"字去掉。不过陈氏真正待在史语所的时间并不长，傅斯年特许他在大学以专任研究员暂支兼任薪水名誉上课，而历史组的实际组务则由傅氏代办。在傅氏档案中尚有数张盖有陈寅恪私章的公文纸，是陈寅恪预留作为推荐升等之用的。不过，在一些重要的会议及决定上，陈寅恪仍尽可能参加。

抗战时期，史语所南迁昆明，傅斯年、陈寅恪同住在昆明靛花巷的一幢楼房，陈居三楼，傅居一楼，当时同仁便注意到每当空袭警报大作时，大家皆往楼下奔，而肥胖的傅斯年却往三楼冲，以护持视力模糊、行动不便的陈寅恪下楼。而陈寅恪给傅斯年的四五十封私信也大多集中于抗战期间转徙西南之时。

在陈寅恪所有的来往函札中，给傅斯年的信当属大宗，陈寅恪一生只写过几封短信给胡适（1896—1962），即使连相契至深的陈垣（1880—1971），陈寅恪写给他的信也远少于傅氏，相较之下可以看出他与傅斯年交往的比重。这一批书信所谈的都是日常琐事及身世之慨，几乎没有论学作品，其中以抱怨生活病苦占最大比例。它们对了解从抗战到胜利之后将近十年间陈寅恪的生活状况，大有裨益。而这些在蒋天枢的《陈寅恪先生编年事辑》中都未能得见。

这批信首先是谈病与穷。在当时的中国知识分子没有不穷的，吴晗（1909—1969）曾在一封给傅斯年的信中说他写《朱元璋传》纯粹就是为了生活，并在信上为如何买几斤米写上一大段。不过陈寅恪敏感的心灵对穷困更难忍受。他所需要的，其实只是几百英镑而已。但是为了几百镑，也花费这位史学大师无数笔墨，来来去去地谈兑换及偿还的细节。在这批信中，可以看出陈寅恪已失去战前在北京那种优游著述的心情，一场战争下来，使得他处处感到生活与身体都陷入绝境，所以到处可以见到如下字眼：

> 弟素忧国亡，今则知国命必较身命为长。
>
> 宜其不久将淘汰也。
>
> 弟所患为穷病，须服补品，非有钱不能愈也。
>
> 薪金不足以敷日用，又无积蓄及其它收入可以补助，且身病家口多，过俭则死亡也。
>
> 家人大半以御寒之具不足生病。所谓"饥寒"之"寒"，其滋味今领略到矣。

第二是有关陈寅恪受聘到牛津大学任教之事。陈氏于1939年初决定受牛津之聘，同时为英国皇家学会研究员。当时牛津除想藉陈氏之力成一汉学重镇外，从各种私札中还可以看出他们想让他监督英译《唐书》的工作。最初剑桥方面考虑聘陈氏，可能是托驻英大使馆代为推荐人选，故杭立武在1938年9月17日致傅信说：

关于介绍寅恪先生赴剑桥任教事，近接剑桥来函询问下列各点（一）年龄（二）体格如何（三）如聘请任教，能否在英连续五年以上（四）英文程度如何（讲演须用英文）……

后来剑桥事未成，牛津方面却成功了，所以此后陈氏一家便一直待在香港准备前往牛津。他们借钱买了船票，但后来欧战爆发，牛津大学疏散至韦尔斯一带，而且赴欧道阻，未能成行。大战结束后，寅恪赴英治眼疾，负责诊治的是英皇乔治的医生，但因为先前在成都存仁医院的手术失败而未再开刀。

我个人始终认为陈寅恪牛津之聘对他个人而言并不是一件了不得的事。他的成就，根本不需要这个头衔来肯定。1930 年代英国的东方学传统比不上法国或德国，T. H. Barrett 一本讲英国汉学的小书 *Singular Listlessness: A History of Chinese Books and British Scholars* 中已将这个实情和盘托出。牛津、剑桥的图书设备不好，学生不多，对陈寅恪而言，赴英只是为了全家人能平静住在一起，他自己能专注研究而已。

牛津给陈寅恪的薪水是由英庚款在文化教育项下支付的，所以寅恪向该会借了三百英镑作为川资，在无法偿还这一笔"巨款"之前，不去英国便得还债，而他当时已一贫如洗，故他在一封给傅氏的信中说"欠人款自应践约，故去牛津不成问题"，但又说"惟此时则去英途中乘船既危险，到彼无学生，又战时所得税极重"，"我知剑桥尚有学中文学生，牛津似乎学中文者空无一人，如彼不欢迎，或无人理会，则不必去。"在百无聊赖之际，陈氏也曾想放弃赴英而将全家搬入四川，可是搬家需要另一笔川资约国币五千元，在进退不得之际，陈寅恪决定"只有冒险赴英一途"（给邓广铭信）。

陈氏在香港等待赴牛津的这一段时间极为穷苦，虽然中英庚款按月给予补助，但他仍抱怨"无肉食"、"一屋三床"，自己与妻子都病了，却只能"轮班诊治，否则破产"。

从这一批书信中也可以看出傅斯年对陈氏的始终支持。陈氏在遇到任何现实生活上的困境时,第一个想到的就是写信找傅氏商量,再由傅氏找朱家骅及杭立武等政府官员想办法。

当香港被日军攻陷时,陈寅恪一家消息全无,傅斯年忙着到处打电报请人营救。当时国民政府曾派机前往接人,但从来往的书信看出,除非是政府要人,否则无法列入接运名单。

陈寅恪之不能及时撤出香港,也与当时政府的错误判断有关。1941年12月,香港尚未陷落时,傅斯年请人帮助陈寅恪离港,但在港的杭立武12月12日回信说:"似香港尚可守,至航空运输仅限通货,等通货运完才照登记次序及缓急办理。至于当时中央在港人员则不撤。等到真撤时,需开名单交最高当局批准。"寅恪似未成功列入撤运名单中,后来派去的飞机又只运走孔祥熙家的机师、箱笼及宠物,所以当时在港"要人"皆未接出,消息透露后,引起重庆五千学生游行抗议。这件事可能加深了傅斯年后来在1945年倒孔祥熙的决心,也更加深陈寅恪对国民政府之不满,他的诗"九儒列等真邻丐",想必是有所为而发。

后来陈氏不断托人向国内要求援助,最后得以脱险由广州湾赴桂林。这批书信中对整个脱险获救的历程有所反映。陈氏一生受困于财,连不能离港避难也是因为没钱。他信中说自己窘迫到"得一鸭蛋,五人分食,视为奇珍","以衣鞋抵债,然后上船"。他曾在给傅斯年一封信中说:"弟不好名而好利,兄所素知",其实是对自己经济困窘悲愤之余的一种自我调侃。

第四,这一批信可以对寅恪先生在香港陷日后之苦况及面临日本人威逼下之凛然大节有进一步了解。在这批书信中夹有一不知名者所写之报告:"闻伪组织曾四次逼其赴广州教书,均被拒绝,日人馈米亦未收,但近日病甚。寅恪兄素来食面,现在面极难得。前传其已赴广州,不确。"蒋天枢的《事辑》中引陈流求笔记:"这年春节后,有位父亲旧时学生来访,说是奉命请父亲到当时沦陷区的上海或广州任教。父亲岂肯为侵略我国的敌人服务。只有仓促设法逃出。"此事可从当时的几封通信中获得更详细的内情。如1942年6月19日陈寅恪给傅斯年等人的信中说：

> 即有二个月之久未脱鞋睡觉，因日兵叩门索"花姑娘"之故，又被兵迫迁四次，至于数月食不饱，已不肉食者，历数月之久。得一鸡蛋，五人分食，视为奇珍。此犹物质上之痛苦也。至精神上之苦，则有汪伪之诱迫，陈璧君之凶恶，北平"北京大学"之以伪币千元月薪来饵。倭督及汉奸以二十万军票（港币四十万），托办东亚文化会及审查教科书等，虽均已拒绝，而无旅费可以离港，甚为可忧。

当然，从这批信中也可以看出傅斯年对某些原则坚持不让以致和陈寅恪不快的情形。傅氏一生对陈寅恪呵护照顾，无微不至。可是，当寅恪脱险从香港赴桂林，任教于广西大学时，中央研究院的总干事叶企孙未经傅氏许可即发给专任研究员聘书及薪水，容许陈氏在广西教书。傅氏闻讯勃然震怒，一方面痛责总干事叶企孙，一方面写信给陈寅恪。傅氏说他在史语所多年来为了维持制度，不准研究人员拿所里的薪水却在外面教书，不可因陈氏而破坏。他在信中说"老兄是明理之人"，一定可以体谅。

傅氏对陈寅恪于脱险之后未直接到李庄史语所感到不快，去函责备。信中对陈氏先前滞留港大教书不满，对他留广西大学教书也不满，说"弟等及一组同人渴愿兄之来此"。傅氏说过去他对陈寅恪在外教书虽不同意，但"朋友不便多作主张，故虽于事前偶言其不便，亦每事于兄既定办法之后，有所见命，当效力耳。犹忆去年春，弟入中央医院之前一日，曾为兄言，暑假后不可再往香港，公私无益，且彼时多方面凑钱，未尝不可入内地也。但兄既决定仍留港后，弟养病歌乐山，每遇骝先、立武见面皆托之设法也。"他反对寅恪留在广西而不入四川，说"至少此（四川）为吾辈爱国者之地也。兄昔之住港，及今之停桂，皆是一拖字，然而一误不容再误也。"（1942年8月14日函）陈寅恪的覆信也相当不客气，坦言自己就是想拖延："弟当时之意，虽欲暂留桂，而不愿在桂遥领专任之职。院章有专任驻所之规定，弟所凤知，岂有故违之理？今日我辈尚不守法，何人更肯守法耶？此点正与兄同意者也。但有一端不得不声明者，内人前在港，极愿内渡；现在桂林，极欲入川。而弟欲与之相反，取拖延主义，时时因此争辩。其理由甚简单，弟之生性非得安眠饱食（弟患不消化病，能饱而消化亦是难事），不能作文，非是既富且乐，不能作诗。平生偶有安眠饱食之时，故偶可为文，而一生从无既富且乐之日，故总做不好诗。古人云诗穷而后工，此精神胜过物质之说，弟有志而未逮者也。现弟在桂林西大，月薪不过八九百元之间，而弟月费仍在两千以上，并躬任薪水之劳，亲屑琐之务，扫地焚[蚊]香，尤工作之至轻者，诚不可奢泰。若复到物价更高之地，则生活标准必愈降低，卧床不起乃意中之事，故得过且过，在生活能勉强维持不至极苦之时，乃利用之，以为构思写稿之机会。前之愿留香港，今之且住桂林，即是此意。若天意不许毕吾工作，则亦只有任其自然。"（1942年8月30日致傅函）从这些信看起来，傅、陈二人在抗战中后期一度关系相当紧张。

1943年冬，陈寅恪突然失明，此后书信几乎全由夫人唐筼代笔。所讨论的，也是由穷与病衍生出来的一些生活问题。如果这一批信札基本上是完整的，则傅、陈二人的通信在1946年春已经停顿了。

1948年12月，当北平危急时，傅斯年发起抢救北平学人到南京的计划，陈寅恪一家也在里面。可是陈家在飞到南京，转往上海后不久，便决定前往广州，而且是由陈寅恪主动写信给岭南大学校长陈序经要求前往。从1949年元月傅斯年发表为台大校长起，一直到该年10月广州易手，傅氏极力电催陈氏来台，从催促的电文内容看来，陈氏先前对傅斯年似乎有某种承诺，但最终还是未成行。从这批信函中，并不能对此中隐曲得到直接了解。我们只知道，1950年12月，当傅斯年以台大校长身份在省参议会接受质询而猝逝时，陈寅恪很快便知道了。《陈寅恪诗集》中有《〈霜红龛集〉望海诗云"一灯续日月不寐照烦恼不生不死间如何为怀抱"感题其后》一首，这首诗已经被傅氏昔日门生指出是为悼念傅斯年而作。该诗自题1950年12月，也就是傅斯年猝逝于台北之时，而《霜红龛集》的作者是傅青主，正好影射傅斯年，"望海诗"更显然是对隔海的傅氏而发。诗中表达了他对傅氏的怀念：

> 不生不死最堪伤，犹说扶余海外王，
> 同入兴亡烦恼梦，霜红一枕已沧桑。

这一首意味深长、余蕴无穷的诗，结束了两位一代大才二十几年的因缘。

* 原发表于《中国文化》12（1995年），页238—241

什么可以成为历史证据

——近代中国新旧史料观点的冲突

史学史的研究至少应该包括两个层次,一方面是研究史学意识的发展,一方面是史家们实际上如何作研究。因为出现在史学方法论教科书上的并不一定反映在实际工作的层次。把过多的注意力放在里程碑式的宣言,而忽略了在实际研究工作中眼光及方法的转变,其实有所缺憾。

关于傅斯年(1896—1950)及他所创立的历史语言研究所——中国近代历史上第一个专业的史学研究机构——已经有相当多的研究。不过包括我自己在内,在研究傅斯年时,不知不觉地出现一种"本质主义"的倾向,把太多注意力放在《历史语言研究所工作之旨趣》(以下简称《旨趣》)一文的解析,而对《旨趣》一文的讨论,又过度关心傅氏及他所领导的史语所究竟可以归诸西方哪一学派。一般认为,傅斯年所倡导的是德国的兰克史学,不过我们需要注意:傅斯年一生只提到兰克二三次,他的藏书中没有任何兰克的著作,而他留学英、德两国,并非专修历史;傅斯年在英、德的求学生涯,主要的精力是了解西方学术整体发展的情形,所以他的藏书几乎包括当时西方学术的每一个方面,这使他不曾得到任何学位,但也使他可运用各种工具治史[1]。

---

[1] 关于傅斯年藏书中无兰克著作一事,参 Wang Fan-sen, *Fu Ssu-nien: A Life in Chinese History and Politics* (Cambridge: Cambridge Univ. Press, 2000), pp. 62 – 63。傅斯年在英留学的纪录中并无史学方面的课程,在德正式修课的纪录,见王汎森、杜正胜编:《傅斯年文物资料选辑》(台北:傅斯年先生百龄纪念筹备会,1995),页53。

本文想探讨的是他在实际领导史语所展开工作时，究竟如何实践他所谓的新史学，以及新学术的社会条件、新学术与"国家建构"（state-building），以及新学术与晚清至民国以来政治社会问题的纠缠。

一 对旧史料观的反省

傅斯年以"史学就是史料学"一语闻名。至今，许多人仍将他所创立的史语所称为"史料学派"。这样的标签不一定正确，不过，也反映出"史料"确实在他所提倡的新史学中居相当核心的地位。讨论傅氏新史料观时必须强调几个前提。第一，傅氏领导同时代中与他有相近史学观点的新学者以实践其新史学，他把这一群人从各个地方找来领导史语所的相关各组，从事"集众式的研究"。第二，傅斯年等人所展现的一些史料观点，先前不是完全没人分别提到过，但是出现在讨论史学方法的文章上的论述，不一定展现在史学家日常的实践中。第三，以集体的力量搜寻新史料成了一般口号，形成了一种集体的自觉，而不仅止于是个人的嗜好，也是自此开始。第四，讨论新史料观必须了解旧史料观是什么？这必牵涉到两方面的问题：一、传统学者认为什么是学问？知识的最后判准是什么？包括哪些范围及内容？二、传统学者们认为什么可以作为史学的"证据"？而对文字数据的"迷恋"（obsession），以及学术带有"古董化"倾向两点，是新学者对旧史家的主要批评。而所谓"旧史家"常常是指清儒或是受清儒影响的学者。

相对于明儒，清儒对"知识"与"证据"的看法相当不同，心学笼罩下的知识分子基本上认为"心"才是知识最终的来源与根据，但清儒认为记载在经书上的文献知识，才是知识的根源。此外所有相关的文献及实物，包括子书、佛藏、道藏等，都是经学之附庸。或许它们后来获有独立的地位，甚至"婢作夫人"，但至少在一开始及相当长的时期内都只是经学的婢女而已[1]。所以如果以什么是"事实"(fact)、什么是"重要"(important)作为判准，那么在清代，经书的研究大抵即兼为"事实"与"重要"。

但是经典考据学发展的过程中，也逐渐形成"求其古"与"求其是"两派。前者以吴派为主，强调追寻最古的经典注疏[2]。因为西汉的注疏最古，最接近孔子及其弟子们活动的时期，吴派学者认为，如果能将它们好好地整理出来，可以对儒经的原始面貌有最直接的了解。另一派主张"求其是"，以皖派为代表。他们主要认为古儒家义是一固定不移之物，故不分解与变动，他们想在各种诠释中寻得一个最恰当的解释。在清代，一般学者推崇"求其是"一派胜过"求其古"一派，那是因为清儒所最关心的是如何对经书求得一个最合于圣人本意的了解，而不是每一代人如何了解圣人。到了民国时代，经书的神圣地位动摇了，开始有人认为，如果以历史发展的眼光看，"求其古"一派更有胜处，因为他们至少不会将不同时代的诠释混在一起，"求其古"之一派所整理的历朝经解，其实即是等于历朝的学术史料，譬如他们所辑出的汉代经解，即是汉代学术史材料[3]。也就是说，经过他们的手，一层一层的史料被梳理清楚了。

清代在唯六经三史是尚的研究典范下，所用的方法及材料偏向内循环，基本上是从文字到文字，从文献到文献，间有实物的研究，也是为了佐证或厘清文献里的记载，尽可能地将它与六经三史或与文字史料相联系，所以重视的是铭文、著录之校勘，以及传递源流等等，而不大留意实物还可以告诉我们什么其他的知识。在这

---

[1] 关于这一点，胡适在《〈国学季刊〉发刊词》及《治学的方法与材料》中已详述，见《胡适文存》（台北：远东，1990），第3集。
[2] 傅斯年：《性命古训辨证》，《傅斯年全集》（以下简称《全集》。台北：联经，1980），第2册，总页501—502。
[3] 同上。

样一个典范中，所重的是功力，不是理解，所重的是如何在文字证据中作考证与判断，而不是去开发文字以外的新史料。但是，从文献到文献的过程中，即使下了极大的功夫，累积了极深厚的功力，许多问题还是无法得其确解。继承山东考据学大家许印林（1797—1866）之绪余的金石及古史家王献唐（1897—1960）就这样批评清儒是"古董式之学术"：

> 献唐昔年治学，颇撷拾乡先辈许印林先生绪余，以音求义，又以义求音，其术殆出于高邮，盖印林为伯申先生弟子故也。近岁渐悟清人所治声音训诂，多为死音训诂，古自古，今自今，结果只造成一种古董式之学术，供人玩赏而已。[1]

王献唐所感叹的，也正是后来李济（1896—1979）等人所感叹的——经过有清三百年，学术是"古董式之学术"。这是一群既深悉清儒的工作，又受到现代学术洗礼的新学者提出的反省。大概在1920年代至1930年代，中国一群领导性的史学家不约而同地提出新的反省，他们对史料的态度有一个革命性的变化，这些人包括胡适（1891—1962）、傅斯年、顾颉刚（1893—1980）、李济等。他们的文字分散各处，如果稍加比辑，可以发现一个认识论上的改变。首先，对这一代人而言，传统的权威已经几乎倒塌了，所以六经在他们看来都只是史料了——是供人研究的材料，而不是让人寻求治国平天下大道理之所在。在这个前提之下，他们同时也提倡一种历史发展的观点，也就是平等看待每一时代学术思想材料的价值，不再以为只有那最高点才有价值。

在历史发展式的史料观之下，注意力不再局限在那最高的一点。每一个时代，甚至每一阶层的人所留下的史料都有相等的价

---

[1] 引自山东大学历史系张书学等：《新发现的傅斯年书札辑录》，未刊稿。

值,所以产生了蔡元培(1868—1940)所形容的"平等的眼光"。"平等的眼光"有多方面的作用,它解放了以经学为正统的旧局,同时在史料的范围及意义上也有扩充。既然是平等看待每一时代,平等看待每一阶层的历史,治史的问题及史料的范围便前所未有地扩大了。

首先谈胡适对旧史料观的批评。胡适在1923年的《国学季刊发刊宣言》中表达了他对清儒经书中心主义之不满:

> 他们脱不了儒书一尊的成见,故用全力治经学,而只用余力去治他书。[1]
>
> 三百年的心思才力,始终不曾跳出这个狭小的圈子外去。[2]
>
> 他们排斥异端,他们得着一部《一切经音义》,只认得他有保存古韵书古词典的用处;他们拿着一部子书,也只认得他有旁证经文古义的功用。他们只向那几部儒书里兜圈子;兜来兜去,始终脱不了一个陋字![3]

胡适也指出受清儒影响的学者有"古董家的习气",也就是不管任何学问,皆注意最古的东西,而忽略其余:

> 近来颇有人注意戏曲和小说了;但他们的注意仍不能脱离古董家的习气。他们看得起宋人的小说,而不知道在历史的眼光里,一本石印小字的《平妖传》和一部精刻的残本《五代史平话》有同样的价值,……[4]

---

[1] 《胡适文存》,第2集,页4。
[2] 同上。
[3] 同上书,页6。
[4] 同上书,页9。

在1928年9月所写的《治学的方法与材料》中，胡适批评清儒的史料观，认为这三百年间的学术"方法虽是科学的，材料却始终是文字的"，"故这三百年的学术，也只不过是文字的学术"[1]，是"纸上的学问，纸上的工夫"，"文字的材料有限，钻来钻去，总不出这故纸堆的范围，故三百年的中国学术的最大成绩，不过是两大部《皇清经解》而已。"[2]纸上的材料只足以形成一种内循环——"纸上的材料本只适宜于校勘训诂一类的纸上工作，稍稍逾越这个范围，便要闹笑话了。"[3]

最有意思的是，对他们形成最大挑战的是西洋汉学家如高本汉（K. Klas Benhard，1889—1978）。这恐怕是因为西洋汉学家所治的问题常与乾嘉诸儒相似，而以不通中国之人竟能在几年之间胜过三百年汉学家之成就，使得他们大为惊叹。胡适便说高本汉"他有西洋的音韵学原理作工具，又很充分地运用方言的材料，用广东的方言作底子，用日本的汉音吴音作参证"。用了几年工夫便可以推倒顾炎武（1613—1682）以来三百年的中国学者的"纸上工夫"[4]。他的结论是向来学者所认为纸上才能解决的学问，如今都要"跳在故纸堆外去研究了"[5]。

接着谈傅斯年。傅斯年的史语所工作《旨趣》，年代与胡适《治学的方法与材料》几乎一样，这两篇文章看不出有互相影响的痕迹，但对史料的看法却有相近之处。傅斯年在这篇文章中表达对局限于纸上的文字史料的不满，故主张要"上穷碧落下黄泉，动手动脚找材料"。他提到"一种学问能扩张他研究的材料便进步，不能的便退步"[6]。要无限扩大史料，故说"能利用各地各时的直接材

---

[1]《胡适文存》，第3集，页111。
[2] 同上书，页115。
[3] 同上书，页120。
[4] 同上书，页120—121。
[5] 同上书，页121。
[6]《全集》，第4册，总页1305。

料,大如地方志书,小如私人的日记,远如石器时代的发掘,近如某个洋行的贸易册"[1],"近代史学所达到的范域,自地质学以至目下新闻纸"[2]。

傅氏更直接地表示说要"改了'读书就是学问'的风气"[3],又说"西洋人作学问不是去读书,是动手动脚到处寻找新材料,随时扩大旧范围"。他说"如神祇崇拜、歌谣、民俗、各地各时雕刻文式之差别,中国人把他们忽略了千百年,还是欧洲人开头为规模的注意。零星注意,中国向来有的"[4]。他甚至宣称"我们不是读书的人"[5]。这大概是他那一代人对史料问题最决绝的一句话。

顾颉刚并未多讨论史料的问题。不过1925年他已经公开地说"凡是真实的学问,都是不受制于时代的古今、阶级的尊卑、价格的贵贱、应用的好坏的","是一律平等的","在我们的眼光里,只见到各个的古物、史料、风俗物品和歌谣都是一件东西"[6]。所以他1927年为中山大学图书馆所计划搜集的东西广及十六类,其中有许多是旧经史家决未想见的[7]。

至于李济,他是一个考古学家。他在1928年12月演讲《中国最新发现之新史料》,强调"就历史这学问的立场而论,不与古董客一样,材料不在完整大个,大小是同等价值的"[8]。李济发现清代虽是古学最发达的时代,可是如果以现代学术的眼光去看,许多方面

---

[1] 《全集》,第4册,总页1304。
[2] 同上书,总页1301。
[3] 同上书,总页1314。
[4] 同上书,总页1306。
[5] 同上书,总页1312。
[6] 顾潮:《顾颉刚年谱》(北京:中国社会科学,1993),页119。
[7] 同上书,页141,包括经史子集及丛书、档案、地方志、家族志、社会事件之记载、个人生活之记载、账簿、中国汉族以外各民族之文籍、基督教会出版之书籍及译本书、宗教及迷信书、民众文学书、旧艺术书、教育书、古存简籍、著述稿本、实物图像。
[8] 李济:《中国最近发现之新史料》,《国立中山大学语言历史学研究所周刊》,5:57、58(1928),页3。

比宋儒还落后。他在几十年后曾以宋吕大临《宣和考古图》（1092年）的记载与清末端方（1861—1911）的《陶斋吉金录》（1908年）这两部金石学的里程碑著作相比，发现就铜器的出土地一项而言，前者远比后者详细。八百年来的士大夫似乎变得愈来愈不了解出土地是研究青铜器的重要材料。吕大临所定下的一些研究吉金的基本规则逐步被忽弃，只剩下最学究味的工作，对实物的研究被题跋所取代，客观的了解被古董趣味的欣赏所凌驾[1]。

当以上这些新学者提出种种不满时，其实也在批评同时代的旧学者，因为后者与清代学者的心态基本上没有太大的不同，依然牢守几种旧观点：第一是经书中心主义；第二是对文字史料的过度迷恋，忽略实物，即使在面对实物时，也贵鼎彝而忽略日常使用的器具，对铭文题记的重视也代替了实物的研究，而且往往注意文字学的研究而非历史学的研究；第三是沉迷于搜求宋版书。

新旧史料眼光之扞格，造成了一些隔膜与冲突。首先我要以和本文没有直接关系的一则事例开始。顾颉刚于1927年抱着十六大类史料的目标出发前往各地购书时，他发现整个图书界基本上仍笼罩在以六经三史为中心的史料观中，全中国的书商与旧藏书楼"正统派的气息"极重[2]。所以，他想买的与书商们所提供的，形成极讽刺的对比：

> 就是我志在为图书馆购书，而他们则只懂得正统派的藏书。他们心目中以为可藏的只有这几部，所以送来的书重复太多，一也。我所要的材料，他们以为不应买，所以不肯（实在也不会）替我去搜集，使得我不能完全达到我的计划，二也。[3]

---

[1] 李济：《中国古器物学的新基础》，《李济考古学论文选集》（北京：文物，1990），页60—61。
[2] 顾颉刚语，见顾潮：《顾颉刚年谱》，页165。
[3] 同上书，页143—144。

在图书市场上所遇到的新旧眼光之矛盾，同样也出现在档案的买卖以及考古发掘中。以下我便想以傅斯年创所初期主持的两件最重要、影响最深远的工作为例，从细微之处勾勒出两代人史料眼光之不同及更迭的情形。有意思的是这两件事都发生在1928、1929年，只比顾颉刚为中山大学搜集史料的时间稍晚一点而已。

二 明 清 档 案

史语所初创时，傅斯年搜集史料的方式及眼光便相当引起同时代人的注意[1]。傅氏是以集团的力量到处寻找材料，这一点，在此前当然也有，譬如北大国学门便有这类活动，但大体而言，在当时中国并不普遍。史语所创所之初便派出三支队伍，进行云南人类学知识初步调查、泉州调查、川边人类学调查[2]，但实际成就不大。明清内阁大库档案及殷墟发掘则是当时较为成功的两件大事。

有关史语所购买明清内阁大库档案的过程，已有许多相关的论述作过巨细靡遗的考论[3]，所以此处不拟再花笔墨讲述整个故事。为了说明新旧两代史料观的不同，此处只对相关处扼要地加以叙述。

光绪三十四年（1908）冬，德宗及慈禧太后相继崩殂，宣统嗣位，醇亲王监国，令大臣于内阁大库中检取清初摄政典礼之旧档而不得，故上奏说库档无用，请求准予焚毁，并且得到准许。海宁章梫（1860—1949）偶于库书中得到宋人玉牒残页，影照以呈张之洞（1833—1909），张之洞遂持之请教罗振玉（1866—1940）。罗振

---

[1] 钱穆：《师友杂忆》（台北：东大，1983），页146。
[2] 这三支队伍的相关史料在史语所公文档案中。
[3] 如徐中舒：《内阁档案之由来及其整理》、《〈明清史料〉甲编首本序》；《再述内阁大库档案之由来及其整理》，《中央研究院历史语言研究所集刊》，3、4（1933），页538—571。刘铮云：《史语所明实录校勘与内阁大库明清档案的整理》（两岸古籍整理学术研讨会，1996）。

玉表示这即是《宋史·艺文志》所提到的文献。罗氏认为内阁大库是明代文渊阁故址，则其中藏书必多，请张之洞询问其阁僚，果然发现有文渊阁所藏残破旧书。"乡人（罗振玉）乃以文渊阁书目进，且告文襄，宜归部保存，备将来贮之图书馆。文襄以为然。乃委员检查，且命乡人时往相助。乡人于庭中见红本高若丘阜，结束整齐。既询知为奏毁物，大骇。亟言于文襄，谓是皆重要史料，不当毁弃。遂与会稽司长任丘宗梓山树楠谋，装为八千麻袋移贮部中，已又移贮南学敬一亭"[1]。此中最可注意者，以张之洞这样的硕学大僚，又是《书目答问》的作者，对此等史料之价值并不能了解，所以并不能察知准备毁弃的高若丘阜的红本是重要史料。这其实相当准确地反映了清代儒者的知识观及价值观。

由于这批档案是比较残破不完整的，所以被移置午门，无人看管。在张之洞建议不要将之毁弃之后，有不少官员或因职务或因私人理由陆续前来察看。官员自然不是学者，所以他们不一定用史料的观念来看待这堆档案，但他们之中不乏有浓厚学术兴趣的学士大夫，即使如此，来来往往的人都只注意夹杂在其中的宋版书或宋版残页[2]，退而求其次，也是明版书。所以一旦发现在这堆档案中找不到上述东西时，便认为它的价值已尽，可以任意处置了。清季最有名的藏书家之一傅增湘（1872—1950）前来踏勘之后，便因再三搜寻不再发现宋版书之后，认为它已经毫无价

---

[1] 甘鹓：《永丰乡人行年录》（南京：江苏人民，1980），页33—34。
[2] 宋版书的价值是多方面的。在学术上，清代嘉道年间的版本大家黄丕烈（1763—1825）、顾千里（1766—1835）的话可以作为一代表。黄氏认为书愈旧愈佳。即最先刻者为佳，说明刻不如元刻，元刻不如宋刻。顾千里甚至说宋本书无字处亦好。论其市场价值，则在明末即以页论价，汲古主人毛晋（1598—1659）便曾榜于门曰："有以宋刻本至者，门内主人计页酬钱，每页出二百，有以旧钞本至者，每页出四十。"抗战前浙江图书馆收宋刻《名臣碑传琬琰集》，是建本，乃所谓宋本之最下者，每页价达银元五枚（张舜徽：《中国古书版本研究》，在《中国古籍研究丛刊》[台北：粹文堂，无出版年代]，页36—38）。

值[1]。总之,他们视书本文献之价值高过一切,所以对于档案,尤其是残破的档案,还不能敏感到其学术重要性。最后这堆档案被卖到纸厂作还魂纸。

真正能以较具现代史学之眼光审视这一批档案的,仍是在近代史料学中极具关键地位的罗振玉。他从纸行手上抢救了这一批档案,并且从中择取了一些比较重要的,刊成《史料丛刊初编》[2]。但是,当这批档案辗转卖到另一位当时中国有数的大藏书家李盛铎(1859—1937)之手时,李氏所最留心的,仍是想从中找出宋版书。前有傅增湘,后有李盛铎,可以看出清代学者的注意力被价值昂贵的宋版书所盘踞的情形。

当李盛铎透露要卖出这批档案时,史语所很快地在陈寅恪(1890—1969)的主导下进行购买。在洽购的过程中,民族主义的情绪是一个重要的力量。当时满铁及哈佛燕京社皆挟有巨资,而史语所的经费则非常困难,陈寅恪在给傅斯年信促请中央研究院买下时,便屡屡说出重话。譬如说:

---

[1] 李光涛:《明清档案存真选辑》(台北:中研院历史语言研究所,1959)《序》说:"及至傅增湘氏来长教部,他本是富有藏书的名人,所以他很关心这八千麻袋,以为麻袋里定有好的宋版书'海内孤本'。有一天,他就发一个命令,第一次先搬了二十个麻袋到教部西花厅倒在地上试行检查。……前后两次检查的所获,大概是贺表、黄绫封、题本、奏本,题本以小刑名案子居多。至于宋版书,有是有的,或则破烂的半本,或是撕破的几张……也有清初的黄榜,也有实录的稿本,还有朝鲜的贺正表,也是其中之一宝。而他们对于这些发现比较最感兴趣的,便是宋版书。于是傅氏更要大举整理了。……那时整理的方法,据原来参加这项工作后来又充当历史语言研究所整理档案工作的工友佟荣说,当初这些东西从麻袋里倒出来的情形大概都是整大捆的居多,这样的自然也用不着什么整理,只须将一捆捆的提出来堆在一起便算了事。最奇怪的,就是当时整理的工友也不知道是奉到什么人的命令,大家都一致认真的在尘埃和乱纸中拼命的去找宋版书。当然,工友们也不是版本家,宋版不宋版全无分别,但是只要能够找出书册一本,便会现金交易,立时赏以铜元四十大枚(等于银元二角),其余的乱纸自然也就视同废纸了。"(页1—2)

[2] 案:《史料丛刊初编》的《天聪朝奏疏册》系转录而来,非内阁大库原档,见李光涛:《明清档案存真选辑》,《序》,页6。

> 观燕京与哈佛之中国学院经费颇充裕,若此项档案归于一外国教会之手,国史之责,托于洋人,以旧式感情言之,国耻也。[1]

从史语所与李盛铎往复商洽的过程中,亦可以再度看出不同学术眼光之间的更迭。当交易将定未定之际,李盛铎表现出他所挂念不置的仍然是,将来万一在这八千麻袋中继续发现宋版残页,仍应归他[2]。在这关键性时刻,陈寅恪在1929年3月10日写信给傅斯年,从其中可以看出新一代史学家所看重的是完全不同的东西。陈寅恪说:

> 此档案中宋版书成册者,大约在历史博物馆时为教育部人所窃,归罗再归李以后,则尚无有意的偷窃。……又我辈重在档案中之史料,与彼辈异趣,我以为宝,彼以为无用之物也。

这封信中"我辈重在档案中之史料,与彼辈异趣,我以为宝,彼以为无用之物"等句,最能点出两代学者眼光之差距[3]。

陈、傅这一辈新学者重视档案有两层原因:第一,与他们在欧洲,尤其是德国,所受重视历史档案的熏陶有关。兰克便以大量使用教廷的外交档案著称。当他们在德国时,编辑档案史料出版的工作始终大量进行着,尤其是德国中古史的相关档案[4]。傅斯年本人的藏书中便有这一类的书籍。他们极度强调第一手史料。傅氏在《历史语言研究所之工作旨趣》中这一方面的话很多。陈寅恪在一封给傅氏的信上也说:

---

[1] 1928年3月2日函,在"史语所公文档案"(以下简称"公文档")元字第4号卷中。
[2] 见陈寅恪1928年12月27日致蔡元培、杨铨、傅斯年函中,在同前号卷中。
[3] 张之洞、傅增湘、李盛铎等人当然不是严格意义的史学家,但在他们的时代中,严格意义的史学家并不多。
[4] 当时德国出版档案情形,见 James Thompson, *A History of Historical Writing* (New York: Macmillan Press, 1942), vol. 2, pp. 166–168。

> 盖历史语言之研究,第一步工作在搜求材料,而第一等之原料为最要。[1]

第二是他们幼年时代受晚清革命宣传影响,认为清代官书实录经过历朝改窜,极不可信,所以他们寄极大希望于这一批档案,甚至在心理上假设会有石破天惊的新发现。1928年9月傅斯年致蔡元培院长要求购买档案的信中充分透露这一心情:

> 午间与适之先生及陈寅恪兄餐,谈及七千袋明清档案事。……其中无尽宝藏。盖明清历史,私家记载究竟见闻有限,官书则历朝改换,全靠不住,政治实情,全在此档案中也。且明末清初,言多忌讳,官书不信,私人揣测失实,而神、光诸宗时代御房诸政,《明史》均阙。此后《明史》改修,《清史》编纂,此为第一种有价值之材料。[2]

因为他们一致认为"此后《明史》改修、《清史》编纂,此为第一种有价值之材料",所以当后来耗费大量人力整理这批档案而无石破天惊的新发现时,傅斯年会有所感叹,李济遂询以:"难道先生希望在这批档案内找出满清没有入关的证据吗?"[3]

三 殷墟发掘

囤放在午门的明清旧档,几十年间曾有大大小小的学者官员前往看过,但都只想在这破纸堆中发现宋版书,而未将眼光放在档案

---

[1] 1928年12月17日,在"公文档"元字第4号卷中。
[2] 1928年9月11日函,在同前号卷中。
[3] 李济:《傅孟真先生领导的历史语言研究所》,《感旧录》(台北:《传记文学》,1967),页82—83。

上面；殷墟也是这样，这一个废墟因为出甲骨而著名，在史语所从事发掘之前的几十年，也不时有人前往勘查，但是眼光之所注都在有字的甲骨。想从午门的烂纸堆中发现宋版的人，自然发觉宝库已空，应该送进纸厂作还魂纸；而想要看到档案的人，则这一堆破纸正是"宝贝"。想在殷墟这一块遗址中找有字甲骨或青铜器物的人，在经过几次探勘后亦觉"宝库已空"，但史语所的学者想求的是文字以外的知识，所以认为它还有无尽宝藏。这两种史学眼光呈现一种鲜明的对照。此下，我想以不同人不同时期前往殷墟的不同着重之点，看他们所代表的不同学术眼光。

讲殷墟，罗振玉又是不可不提的人物。他对殷墟的认识其实是一步一步地成长。殷墟卜骨出于光绪己亥年（1899），十年后，也就是宣统元年（1909），罗振玉才从河南古董商人口中知道它的出土地是安阳县西五里之小屯而非汤阴。罗氏又从刻辞中得到殷代十几个帝王的名谥，乃恍然悟出这批卜骨是殷王朝之遗物[1]。来年，他派遣祝继先、秋良臣两人大索于洹水之阳，一岁之间，得到两万片卜骨。"汰其赝作，得尤异者三千余。"[2]又来年（1911年），他派弟子赴河南访殷墟遗物。此行除卜骨外，"凡得古兽骨骼齿角及犀象、雕器、石磬雕戈之属各若干事，皆精巧绝伦，几与彝器刻镂同，古良工遗制也。"[3]四年后（1915年）罗振玉决定亲赴安阳踏勘[4]。他到了现场一看，感叹"宝藏几空"[5]。

罗振玉几次派人前往殷墟大索的主要目标，仍是甲骨。他还得到了一些零星古器物，"叹得睹三千年前良工手迹"[6]。他很能在

---

[1] 甘孺：《永丰乡人行年录》，页38。
[2] 同上书，页39。
[3] 同上书，页41—42。
[4] 同上书，页55。
[5] 同上书，页62。
[6] 同上。

有字甲骨之外注意到实物。可是因为他的眼光只到此为止,所以在他亲自踏勘,确定"宝藏几空"后就出版了《殷虚古器物图录》。此书之出版,有告一总结的意思。

十一年后,当傅斯年派董作宾(1895—1963)前往安阳时,董先生似乎也仍停留在前一阶段的学术眼光。

董作宾的教育背景中并无现代考古学的训练,所以他对殷墟的预期,与前一代史家罗振玉相近。1928年他到安阳后给傅斯年的报告信说,他在三十六个地方试掘十三天后,只发现一小部分甲骨。董先生认为在史语所财务困难重重之际,可以放弃这个计划了。

他主张放弃,是因为所存甲骨不多,这一想法与罗振玉的"宝物几空"相近。这些喟叹曲折地反映出他们的史学眼光,以发现带字的甲骨或铜器为主,一旦不再发现这些东西,即认为没有再进一步工作的价值。

傅斯年给董作宾的回信相当值得注意,那是一种新史学眼光的展示。董先生悲观地说:"观以上情形,弟甚觉现在工作之无谓,不但每日获得之失望,使精神大受打击,且劳民伤财,亦大不值得。……试想发掘已卅六坑,而得甲骨文字者,不过六七处,且有仅此三数片者,有为发掘数四之残坑者,有把握者不及全工五分之一,岂敢大胆做去?"[1]但傅斯年却乐观地答复:"连得两书一电,快愉无极,我们研究所弄到现在,只有我兄此一成绩。……但即如兄弟第二信所言,得一骨骼,得一骨场,此实宝贝,若所得一径尺有字大龟,乃未必是新知识也。此兄已可自解矣。我等此次工作目的,求文字其次,求得地下知识其上也。盖文字固极可贵,然文字未必包新知识。"[2]

对于抱持新史料眼光的学者,这空无所存的遗址其实是"观之

---

[1] 此信在"公文档"元字第23号卷中。
[2] 傅斯年:《历史语言研究所报告书第一期》,在"公文档"元字第198号卷中。

令人眼忙"（详后）的宝库。傅斯年坚持有字的甲骨并不重要，重要的是地下整体的情形，他甚至慨叹："不知罗振玉'大获'时，地下情形如何，当时不知注意及此，损失大矣。"[1]

后来傅斯年在回忆董作宾这一段工作时，仍强调以旧眼光——即以中国历来玩古董者之眼光论之——此处宝物已空，但以近代考古学眼光看，则仍是富于知识之地：

> 董君试掘十余日，知其地甲骨文字之储藏大体已为私掘者所尽，所余多属四下冲积之片，然人骨兽骨陶片杂器出土甚多。如以中国历来玩骨董者之眼光论之，已不复可以收拾。然以近代考古学之观点论之，实尚为富于知识之地。[2]

董作宾寻即以殷墟工作超乎其能力为由谦辞领导人之职[3]，李济被派去负责殷墟的工作。以李济代董作宾之举其实也反映两种学术眼光之更迭。李济与董作宾的看法完全不同，他在给傅斯年的信上说：

> 晏堂此次发掘，虽较罗振玉略高一筹，而对于地层一无记载，除甲骨文外，概视为副品，其所谓副品者，有唐磁，有汉简，有商周铜石器，有冲积期之牛角，有三门纪之蚌壳，观之令人眼忙。[4]

李济在给院长蔡元培及总干事杨铨（1893—1933）的信中，也说：

---

[1] 此信在"公文档"元字第23号卷中。
[2] 傅斯年致河南省政府信，引自《史语所发掘殷墟之经过》，《全集》，第4册，总页1326。
[3] 《全集》，第4册，总页1326。
[4] 此信在"公文档"元字第25号卷中。

> 此次董君挖掘，仍袭古董商陈法，就地掘坑，直贯而下，惟检有字甲骨，其余皆视为副品。虽绘地图，亦太简略，且地层紊乱，一无记载。故就全体论之，虽略得甲骨文（约四百片），并无科学价值。惟晏堂人极细心，且亦虚心，略加训练，可成一能手，并极愿与济合作，斯诚一幸事。[1]

李济于 1929 年在安阳工作了两季之后，在该年 10 月间，突有河南博物馆馆长何日章派人带领河南省教育厅之告示前来禁止中研院继续工作，并拟自行发掘。此事的导火线是 1929 年 5 月间，因为军事突兴，安阳驻军不知去向，县长亦逃，土匪并起，李济乃将发掘器物之一部分运往北平史语所。河南地方人士认为此举违反当初将古物留在河南的约定，故一面向研究院交涉，一面设法自行开掘。何日章（1895—？），河南商城人，北京高等师范蒙学部毕业，自云曾问学于罗振玉。

李济于 1929 年 10 月 21 日报告傅斯年云，何日章拟来挖掘，他与董作宾已商量了应付之法，准备暂时停工回北平。他强调这并不是退，而是"以退为进"。他表示自己之所以这么有信心，是因为深知以何日章的史学眼光，所想找寻的必是字骨，而如果以字骨论，当时殷墟已"宝藏几空"了，李济说："盖彼辈注意者只字骨头而已，若以此为目标，则小屯希望实少，至于瓦片兽骨，则彼等必无此胆量广为收集。以此计之，则彼等若三日不见字骨，必心忙，七日不见字骨，必收工。所患者，彼辈挖掘，又多乱几处地层耳。好在关于此种问题弟等心中已略有把握，多乱几处固自可惜，然实亦无法挽救。反之，若拒之使其不来，则我辈无此力量，彼却有地方上之援助。……此次所得甲骨文字甚少，故弟等敢毅然决作此以退

---

[1] 此信在"公文档"元字第 25 号卷中。

为进之打算也。"[1]

李济写信时冲突刚发生,等到何日章真正派人前来时,其工作实况所展现的学术眼光亦正如李济原先所推测的。可惜,我们没有何日章这一面的材料可用,未能稽考其史学观点。不过在中央大学出版的《史学杂志》中有一篇《中央研究院历史语言研究所傅斯年君来函》,对何日章这边的工作情况略有描述:"由彼之妻舅警察学校毕业轩君率领'发掘',无方法,无问题,公然声言是来找宝贝的。""遇一墓葬,见头取头,见脚取脚,积而成之,不知谁为谁之头。其葬式之记载,更无论矣!……若地墓问题,更不知何解矣。又专以市场价值为价值。彼等初次到安阳,经介绍到吾等工作地参观三日,不言何为。见一白瓦片,大喜,谓若置开封,可值九十余元。近督责工作,亦以谁能找到出宝的地方,则分半价奖之为言。"[2]

傅斯年并未故意扭曲何日章这边的工作实况。从1929年10月21日河南教育厅机关报《河南教育日报》上的一条报导,我们可以看出找字骨确实是他们发掘的主要目标。该报载:"河南图书馆馆长何日章奉令拟定自掘办法十二条。"其中多牵涉到人员组织、待遇、经费等问题。不过也有几条记载工作重点。如第五条:"如有人报告甲骨所在地,因而掘获时得予二元以上至二十元以下之奖励金。"第十一条:"甲骨运至开封后,精装玻璃柜公开陈列。"第十二条:"聘请金石专家罗振玉莅汴考证出版。"而《河南省政府公函第三二一二号》中引何日章的话也说:"安阳地中所存之龟骨等器物,实为河南地方文明之表率,以中国国粹供中国人之研究则可,以河南地方文明之表率,尽移置于他方,则不可。如此请准将掘得器物,仍留在开封保存。"[3]

---

[1] 李函在"公文档"元字第152号卷中。
[2]《中央研究院历史语言研究所傅斯年君来函》,《史学杂志》2:4(1931),页1—2。
[3] 此件在"公文档"元字第141号卷中。

何日章的观点还表现在他所散发的传单及他所主持河南博物馆中的陈设。在河南博物馆中,三皇五帝皆有塑像[1],足见其对古代史事仍采信古态度。史语所当时并不主张疑古,不过对上古史事基本上采合理的批判重建态度[2]。傅氏本人与李云林争论《尧典》年代以至在火车上揎袖欲打的故事,可以印证此一思想趋向[3]。在何氏所发传单中,除声明他是罗振玉学生外,并对中国文字的历史演变发表了一段相当陈旧的话:

> 夫文字为民族精神之所赖以寄托,历史实国家文化之所由以表现,此义至显,寰宇皆同。而吾国为东方最古之邦,文化策源之地。观其文字制作之始,造端之闳大,包罗之广博,孳乳之繁多,年祀之邈远,绝非世界其它各国所能相提并论。尝溯庖牺画卦,仓颉作书,均在洪荒初辟之时。改易殊体,又更六十七代之赜。至于夏商,始粲然大备,象形指事,精谊发皇。吾人生隶楷迭变之后,读结绳以降之书,自非宿学专门,潜心冥索,无以辨其跟肘,启其镝键。自史籀作大篆而古文杂,李斯作小篆而古文亡。魏晋以还,仅恃许氏一书以略窥文字之径。[4]

在谈到甲骨文出土时又说:

> 罗氏与海宁王国维,致力尤勤,纂述綦富,既据《项羽本纪》洹水南殷虚上之文,定其地为殷墟,命之曰殷墟书契,奇

---

[1] 傅斯年:《史语所发掘殷墟之经过》,《全集》,第4册,总页1332。
[2] 当时史语所这方面的态度,请参考杜正胜:《从疑古到重建——傅斯年的史学革命及其与胡适、顾颉刚的关系》,《当代》116期(1995年12月),页10—29。
[3] 屈万里:《敬悼傅孟真先生》,《傅故校长哀挽录》(台北:台湾大学,1951),页15。
[4] 何日章:《陈列安阳殷墟甲骨暨器物之感言》,此传单存在"公文档"元字第142号卷中。

文异字，省释盈千，世系名号都邑迁徙之序，足补龙门之遗阙者，不一而足。字体之瑰琦诘屈，变化错综，日月风雷，鱼龙犬豕，以至名物制度，无论巨细繁简，无不神形俱肖，理性兼存，可见六书之始，首在象形，所谓庖牺观象于天，观法于地，视鸟兽之迹，与地之宜，近取诸身，远取诸物，及仓颉见鸟兽递嬗之迹，文理可相别异，始作书契。百工以乂，万品以察诸说，绝非穿凿附会之词，皆信而有征，昭然若揭。若不睹此史籀未作以前之真古文，何由知之。[1]

反观史语所这边，既然不是在寻找字骨，又认为已不太出字骨的殷墟是"观之令人眼忙"的富藏，那么他们在找什么？他们的新眼光是什么，吾人可以一语概括之，即他们想摆脱对文字史料的迷恋，求取一个"整体的观点"。

蔡元培为《安阳发掘报告》所写的《序》是这样说的，"古来研究文字者，每每注意在一字一字上，而少留意其系统性，考定器物者尤其是这样"。但中研院这几位新史学者"立足点是整个的"，"他们现在的古学有其它科学可资凭借"[2]。傅斯年也反复这样说："以殷墟为一整个问题，并不专注意甲骨等"[3]，李济强调的一样是"对于一切挖掘，都是求一个全体的知识，不是找零零碎碎的宝贝"[4]。

既然是"整体的观点"，则必涉及材料及工具两方面之扩充。所以傅斯年、李济当时的文字中，除一再宣示，一片土可以比一篇文字更有意义外，对于治史工具的扩充也再三致意。工具不只是兰克

---

[1] 何日章：《陈列安阳殷墟甲骨暨器物之感言》。
[2] 《安阳发掘报告》第1期（北平：中央研究院历史语言研究所，1929），页1—3。
[3] 《中央研究院历史语言研究所傅斯年君来函》，页2。
[4] 《现代考古学与殷墟发掘》，《安阳发掘报告》第2期（北平：中央研究院历史语言研究所，1930），页406。

学派所强调的纹章学、印章学、泉币学、古文字学、古文书学之类，如以《旨趣》中所言，近代史学的工具包括西方近代自然科学的全部[1]。

傅、李二人都批评前人考古的旧方法最根本的问题是过度局限于文字的材料。傅斯年在《考古学的新方法》中说：

> 中国人考古的旧方法，都是用文字做基本，就一物一物的研究。文字以外，所得的非常之少。外国人以世界文化眼光去观察，以人类文化作标准，故能得整个的文化意义。[2]

傅并强调，1918年他一开始派董作宾前往殷墟调查的目标便与前人不同：

> 盖所欲知者，为其地下情形，所最欲研究者，为其陶片战具工具之类，所最切搜集者，为其人骨兽骨。此皆前人所弃，绝无市场价值。至于所谓字骨，有若干人最置意者，乃反是同人所以为众庶重要问题之一，且挖之犹不如买之之廉也。[3]

他所标举的方法其实已涉及西方在20世纪前二十年才大为流行的严密的地层学方法：

---

[1] 《旨趣》中扼要地说是"利用自然科学供给我们的一切工具，整理一切可逢着的史料"。(《全集》，第4册，总页1301）譬如掘地，"没有科学资助的人一铲子下去，损坏了无数古事物，且正不知掘准了没有，如果先有几种必要科学的训练，可以一层一层的自然发现，不特得宝，并且得知当年入土的踪迹，这每每比所得物更是重大的智识。所以古史学在现在之需用测量本领及地质、气象常识，并不少于航海家。"(《全集》，第4册，总页1307）

[2] 《全集》，第4册，总页1341。

[3] 同上书，总页1317。

> 吾等每掘一坑，必先看其地层上下之全，并为每一物记其层次，及相互距离，此为考古学之根本工作。不如是，则器物时代皆已紊乱，殷唐不分，考古何云？[1]

至于殷墟，他指出从许多没有文字的，前人所绝不感兴趣的材料所能得到的古学知识。譬如人骨与陶，他说：

> 考古学上最难定的是绝对的时期。而殷墟是考古学上最好的标准时期，便于研究的人去比较：因为这个时期，是史前的一个最后时期，以这个时期的人骨做标准，去比较其它地方所发现的人骨，来定他们的时代先后，可以知道人类的演进是怎样；同时以殷墟发掘的陶器作标准，推出其它地方的陶器变更情形，及其时代关系，可以断定其时文化是怎么样。[2]

又如从猪骨及发镇等材料也可以推知历史状况："兽骨的种类，有野马、野鹿、牛、羊等等，猪骨很少，可以证明当年此地尚属游牧民族的地方。""又发现商代的衣冠形式，以及发镇（为压头发用的）等项，可以证明当时'衣裳之治'，当时的民族，决非断发民族。"[3]此外，居室、兽骨皆可以揭示无限知识——"又如商、周生活状态，须先知其居室；商、周民族之人类学的意义，须先量其骨骼。兽骨何种，葬式何类，陶片与其它古代文化区有何关系，此皆前人所忽略，而为近代欧洲治史学古学者之重要问题。"[4]

李济与傅斯年一样，指出现代中国学者对于考古学尚有一种很普遍的误会，以为"考古学不过是金石学的一个别名"。他说这种误

---

[1]《全集》，第4册，总页1318—1319。
[2] 同上书，总页1343。
[3] 同上书，总页1344。
[4] 同上书，总页1317。

会有两个来源：（一）因为缺少自然科学的观念。（二）以为古物本身自有不变的历史价值。"由第一种误会就发生一种人人都可考古的观念，由第二种误会就发生了那'唯有有文字才有历史价值'的那种偏见。"[1]他说"土中情形"比文字的材料更能解答许多问题：

> 我们并没有期望得许多甲骨文字……就殷商文化全体说，有好些问题都是文字中所不能解决而就土中情形可以察得出的。[2]

在《现代考古学与殷墟发掘》文中，李济反复声明耽溺于文字史料是过时的，并强调要得到"整个的知识"。而想得到整个的知识必须有三个前提：（一）一切自然科学的基本知识。（二）人类史的大节目。（三）一地方或一时期历史的专门研究。而傅斯年在史语所一再提倡的"集众研究"便在此显出其意义来——"这些资格也许不必全具于一人，却在一个团体内，总要全代表出来。"[3]他说：

> 我们拟定的工作秩序，有下列的重要题目：（一）殷商以来小屯村附近地形之变迁及其原因。（二）小屯村地面下文化层堆积状况。（三）殷墟范围。（四）殷商遗物。

而在这四项题目中，甲骨文只占第四类中的一小部分而已。[4]

傅斯年、李济所提倡的方法，对于当时中国的古代史学界是一个相当大的突破。当时最为人所重视的是王国维的二重证据法。二重证据法基本上是以地下史料印证文献记载，而史语所考古工作的方法及意趣显然已经超出了这个范围。新史学观念的说服力，可以

---

[1] 李济：《现代考古学与殷墟发掘》，页405。
[2] 同上书，页407。
[3] 同上书，页406。
[4] 同上书，页408。

拿史语所成立之后中国的档案及考古方面风起云涌的工作作为例证。譬如顾颉刚这位以辨古史而享大名的学者,便曾带团亲访殷墟,在1935年所写《战国秦汉间的造伪与辨伪》的《附言》中有感而发地说:"以前中国的上古史材料只限于书本的记载,……当然不知道史料可从地底下挖出来的。"[1]李、傅等人所提倡的观点对不少治金石文字的旧学者产生相当大的说服力,山东的王献唐便说:

> 从前治金石文字,其材料但能求之地上,不能求之地下,但能求诸文字经史方面,不能求诸社会学、生物学、地质学。故其效果,偏于臆度,而缺乏实验,偏于片断,而缺乏系统。此非古人聪明不及今人,实其凭借不及今人耳。晚近数年以还,国人治学,渐变前此虚矫之习,趋笃实,其代表此笃实学风,真正运用科学方法,整理新旧材料,不坠其人窠臼者,实以贵院为先导,此非献唐一人之私言也。[2]

但最有意思的例子还是何日章的考古队在田野上的表现了。

学术新典范取代旧典范的明显痕迹是旧典范的守护者也对新典范有样学样。何日章的考古队了解史语所正在进行的是一种全新的方法,所以也想模仿,但却知其然而不能知其所以然——"……何氏中仅有一位号称古学家之关君,从未一履安阳工作之场。率其事者,乃其警官妻舅。无照相专人,仅雇一照相馆员学我等工作时照相,而不知其何谓。……陶片则一往弃置,见吾等收之,偶效吾等保留若干。"[3]何日章并抄了一些李济、傅斯年的方法论。他在1930年元旦所发的传单《陈列安阳殷墟甲骨暨器物之感言》中

---

[1]《古史辨》(台北:无出版时地)第7册,页64。
[2] 引自张书学等:《新发现的傅斯年书札辑录》,此信写于1930年9月13日。
[3]《中央研究院历史语言研究所傅斯年君来函》,页2。

这样说的:

> 而又以当时发现之后,除文字有所发明外,其它贡献颇少。殊为考古学者之遗憾,爰本其职守,请教专家,作精密之设计,备详确之说明,分段兴工,重行发掘,匪第取其有记载之骨甲,且于其它器物之形状种类以及土质颜色、地层纹理、土中位置、距地深浅,莫不详为记录,设法影照,务期于古文字外能再有古文化之遗迹,供当代考古家之探讨。[1]

敏感的读者可以马上发现他是袭用 1929 年 11 月 19 日傅氏在河南演讲《考古学的新方法》的观点。先前在殷墟的田野上,因无文字参考,故只能有样学样。但一旦有了现成文字可抄时,便有了此宣言中的几种论点。[2]

在讨论过傅斯年等人所代表的新史料观点与旧观点之间的更迭后,我想以两点作结。

首先,傅斯年等人新史料观点基本上是从西方来的,它们之所以能很快得到知识界的信服,与当时整个中国的思想文化生态有关。新文化运动以后,知识分子对旧的传统失去信心,争趋新潮,新史料观的胜利与这一文化气氛息息相关。

第二,新史学观念之所以能够落实下来并逐渐开展,对史学界造成决定性的变化,与史语所这个新的学术建制,以及与这一派史学关系密切的机构、刊物有关。它们使得新史学观念有制度性的实践基地,对当时知识系统的转换造成关键性的作用。

在新史学观念的影响下,取得治学材料的方法产生了变化,传

---

[1] 此传单收在史语所"公文档"元字第142号卷中。
[2] 傅氏在给《史学杂志》的函中说:"然何君传单,直是欺语。彼见吾等工作之术,不得不抄袭若干方法论。然其在安阳在开封所作为者,则与此全不相干。"见《中央研究院历史语言研究所傅斯年君来函》,页2。

统"读书人"那种治学方式不再占支配性地位。傅斯年说"我们不是读书的人",他们是带着仪器、锄头,"上穷碧落下黄泉,动手动脚找材料"的人。

附录:民初中央、地方与新旧学术观点之纠缠

学术上新、旧观点之争,其实也涉及政治上中央与地方的争端,在安阳,中央代表着新,而地方代表着旧。

中央研究院是南方国民政府所设之国家最高学术机关,所以它的发展与北伐军的推进息息相关。傅斯年在史语所的工作《旨趣》中便有"稍过些时,北伐定功,破虏收京之后"要如何如何的话[1]。中研院所网罗的一批受过新学术训练的学者以及国民政府的文化人士随着北伐军的力量逐步伸入各地,在学术文化上也有以新学术眼光和地方保守人士的力量相抗的倾向。在双方的争持中,中研院与地方人士的着眼点不同。以殷墟的争执为例,中研院在各种来往文稿中一再强调的"是为了国家学术光荣",是为了向国际学术人士宣达学术成果,河南地方人士强调的则是地方文化之荣光[2]。"中央"与"地方"在文化上存在着紧张。

安阳发掘团与何日章等河南人士的争执虽曾有两次相当程度地解决了,但是过了不久,旧问题仍再度爆发。它某种程度地证明了,河南当地的声音相当大(可惜我们看不到何日章及河南当地这一面的材料),同时也证明当时中央的命令只是所谓"中央"而已,在河南当地并无多少力量。

当时中央与地方政治的变幻与学术事业之间密切的关系,可以从史语所公文档案中各种来往文稿的细微之处看出。当河南尚非国

---

[1]《全集》,第4册,总页1311。
[2]《河南省政府公函第3212号》,在"公文档"元字第141号卷中。

民政府所能直接控制之际,河南地方意识相当高,对中央的电令基本上采阳奉阴违的态度,所以蒋介石的两度电令,及傅斯年亲往开封所达成的协议都不算数。地方政府对中央学术机构派来的研究人员也是威风十足[1]。

当中研院与河南省冲突之际,在中央研究院这一边认为北伐已成功,全国已统一在南京的中央政府之下了,在河南当地的看法并不一样。从民国肇建以来,河南始终在北洋军阀手上,从未真正隶属于国民政府,安阳发掘争论发生的那段时间,河南基本上是冯玉祥的势力范围,冯玉祥派下的人物才是河南真正的统治者,中央只是名义上的中央。中央研究院认为本身"为全国最高的学术研究机关",负"中国学术大任"[2],但在全国统一尚有名无实之时,河南当地人士并不认为有所谓"全国最高学术机构"。

中央研究院认为依照欧美各先进国之古物法令,古物是属于全国的,但当时中国并无古物保管法令[3];而河南当地地方意识甚强,认为物出河南,应该留在河南陈列,以彰当地文化之光辉。中央研究院认为发掘的目标是为研究,而不是为了陈列。蔡元培在致河南省政府函中说:"本院为全国最高学术研究机关,集著名考古之专家,为三代古都之发掘,同此国土,同属国民,共致力于学术,何畛域之可分?"并表示发掘"系考古学上之要端,不只为地方文明之表率"[4]。但是对河南当地而言,"同此国土"

---

[1] 兹引一例。1929年10月23日李济致傅斯年函:"今日休息,却受了一阵闷气,因为要向地方上的'要人'表示好意,联络感情,所以同此边高级中学校长请了一桌客。请的时候为正午,等到两点半钟才到。这位县长是初次见面,却把我们的事——按,即在安阳发掘纠纷之事,一句也没说,只带了五个马弁,吃了一阵,扬扬而去,'余今日乃知□□之尊也'。"
[2] 1929年10月23日傅致蔡元培、杨铨函。
[3] 近代中国第一部古物保管法令颁行于安阳争执之后,于1930年6月7日由国民政府公布,1933年6月15日施行。见卫聚贤:《中国考古学史》(上海:商务,1937),《附录》,页287—289。
[4] 蔡元培致河南省政府函,稿为史语所代拟,在"公文档"元字第141号卷中。

并无决定性的说服力。

正因为中央与地方认知差异如此之大，而且是学术夹杂着政治，所以1929年10月24日傅斯年致教育部蒋梦麟（1886—1964）部长函稿时说："此事关系行政系统、吾国学术至大。"[1]行政系统与学术在这里已分不开了。李济于1929年11月23日致董作宾函也足以令人感觉学术眼光的新、旧之分与中央、地方之争密不可分："至于彼等挖法，实在可笑可恨之至。传闻彼等已得三墓葬，皆为见头挖头，见脚挖脚，十有八九，均捣碎了，无记载，无照相，无方向，挖完了不知到底是怎么回事。此等方法名之曰研究（张尚德说：双方都是研究），而省政府提倡之，此真中华民族之羞也。""总论此事有须注意者数点：（一）省府何以不遵国府令，国府对此事是否有追究……"[2]在1929年11月时的河南，中央当然追究不了河南地方政府。

其实何日章在1929年10月前来禁止中研院发掘的时机，可以和蒋介石与冯玉祥关系之急遽恶化相对照。1929年10月10日，西北军将领宋哲元（1885—1940）等二十七人通电反蒋，随后兵分三路，直指河南。11日，蒋介石下令讨伐，蒋、冯战争爆发[3]。大战一起，鹿死谁手尚难断定，而何日章便选在10月中旬前来安阳殷墟阻止中央研究院发掘。当时中央为了发掘事交涉的对象是省主席韩复榘（1890—1938）。韩虽系冯玉祥的爱将，但蒋于1929年3月召韩至武汉，盛宴款待，赐以重金，使长期处在冯氏家长式权威统制之下的韩萌生异志。5月，韩在洛阳通电叛冯投蒋，蒋后来委以河南省主席一职。不过蒋调唐生智（1890—1970）到河南与冯玉祥作战后，要唐军留驻郑州，并且电渠要监视韩复榘。唐心惧有朝一日被

---

[1] 此信在"公文档"元字第141号卷中。
[2] 同上。
[3] 陈传海、徐有礼：《河南现代史》（开封：河南大学，1992），页114—115。

蒋吞并，遂与韩复榘、石友三（1891—1940）共谋反蒋。所以当中研院与河南地方人士冲突发生之时，韩复榘与中央的关系也在变易不定之时。

来自南京方电令自然不易产生作用。以上诸节当可以说明何以傅斯年在1929年底于河南大学演讲，并与中州政学要员周旋再四，终于在1930年初与河南省政府达成协议，但协议归协议，河南人照样前来发掘的缘故，中研院真正再度工作是1931年春天，也就是中原大战结束，冯玉祥的力量退出河南，而国民政府已直接控制河南之时。从公文档案也可以看出在此之后，中央政府、中央研究院与河南政府来往函电之间，地方对中央采全力配合之态势，连原来对中研院语多不逊的教育厅长李敬斋（1889—1987）也对史语所考古工作者极力配合[1]。上面所道中央与河南地方政治之分合，及中央学术机构与地方文化人士之间的争执密切对应的程度，可以从下面这张对照表看出[2]。

河南省大事	史语所发掘团与当地人士之冲突
一、1920年起河南便陷入长期动乱。1922年冯玉祥任河南督军，但一部分地区（豫西、豫北）仍为吴佩孚所控制。 二、1922年10月吴、冯失和，冯军离豫他往，吴派人长豫。 三、1924年直奉战争，直系败后，胡景翼、岳维峻相继主政。 四、1926年后，吴再度入主豫省。 五、1927年初北伐军入河南，冯军亦入。6月，国民政府任命冯为河南省主席。	

---

〔1〕 李敬斋1931年9月24日致傅斯年函，在"公文档"元字第156号卷中。1929年11月2日李敬斋致教育部长段锡朋的信中说史语所请各方电援，"均嫌幼稚"。此信在"公文档"元字第141号卷中。

〔2〕 本表关于河南史事系根据沈松侨《中国现代化的区域研究，河南省，一八六〇至一九三七》（国科会专题研究成果报告，1988）与陈传海、徐有礼《河南现代史》第三、四章及张钫《风雨漫漫四十年》（北京：中国文史，1986）编成。

续表

河南省大事	史语所发掘团与当地人士之冲突
六、1928年，北伐完成，冯名义上服从中央，但河南实际上为冯之地盘。 七、1929年，冯为编遣问题与南京决裂。5月，任护党救国西北军总司令，集兵西北与蒋抗，战争爆发。	一、1928年9月28日河南省同意史语所发掘。1928年冬间，董作宾在安阳工作。 二、1929年2月间，李济开始在安阳工作。 三、1929年8月安阳等地土匪起，史语所将一部分发掘物抢运北平，引起发掘团与当地人士抗议。 四、1929年10月间，何日章云奉河南省政府之命禁止中研院发掘。何日章获河南教育厅长李敬斋批准，自行发掘。 五、1929年10月间，傅斯年透过吴稚晖请蒋命令河南当地政府合作，国民政府文官处电令河南省主席韩复榘，未发生作用，何日章仍来发掘。 六、1929年11月2日李敬斋函中研院，云此次冲突系双方误会。 七、1929年11月教育部长段锡朋致傅斯年信，表示事情已解决。 八、1929年11月傅亲赴河南周旋，达成协议。 九、1929年12月何日章发表第一份传单。
八、1930年3月，冯、阎、李集合反蒋。5月，中原大战爆发。此年10月间，刘峙为河南省主席。12月中原大战结束，河南正式在南京政府掌握之下。不过因为豫省政局至为混乱，各地民团、土匪、军阀残余势力仍多，刘峙一开始能控制的多是政治交通要冲，安阳也是其一。刘峙长豫前后共五年。	十、1930年2月傅发表《史语所发掘殷墟之经过》一文。 十一、1930年2月，何日章发表第二份传单。 十二、1930年2月5日，郭宝钧函董作宾，表示河南地方人士仍想自行挖掘。史语所工作亦停顿。 十三、1931年春天，中原大战结束后，史语所才能顺利工作，一直到抗战爆发。

北伐成功后国民政府要将它的影响力尽其可能地伸到每一个角落，这是近代"国家建构"(state-building)的重要一环。但中国经过晚清以来的督抚分权、军阀割据，地方力量在相当程度上是独立的。现在，代表全国的政府要将统治权扩张到此地，对习于晚清以来政治社会情势的人民而言，是一件不能习惯的事。名义上已经统一全国的国民政府与各个地方仍充满紧张。国民政府派人到各地

去,想支配原先带有浓厚地方色彩的事务,自然引起相当大的矛盾,尤其当中央的军事政治力量尚无法完全控制时,中央来的命令或文件表面上或许会得到地方尊崇。但实际上地方另有一套。而安阳的冲突便是众多这类矛盾中的一个。

除了安阳的争执外,北伐之后文化领域中还有几件相似的事例:第一是1929年12月间政府收取《清史稿》之事。第二是保存唐塑运动之事。第三是教育部收取国学书局之事。这些争论都发生在北伐以后的几年间,由于材料的限制,此处只能就所知者略加陈述。

国民政府于1929年12月决定检校《清史稿》。此事之提议人是故宫博物院长,但背后的促动人或可能是着少将军服,于北伐后到清华大学担任校长的罗家伦[1],而其提议检校《清史稿》,代表"国家建构"过程中中央对历史诠释权的掌握。《清史稿》基本上原是由一群清遗民所修,其中固有不少错误[2],但是新兴国民政府的中央大员想要加以检校的理由是其中有袒护清朝政府污蔑国民革命的话。故宫博物院检举的十九条中有七条是:一曰反革命也。二曰藐视先烈也。三曰不奉民国正朔也。四曰例书伪谥也。五曰称扬遗老鼓励复辟也。六曰反对汉族也。七曰为满清讳也[3]。以上几点是国民政府所不能忍受的。在军阀割据的时代,旧军阀中有不少对清廷尚存怀念之心,所以清史馆在1927年北伐军攻占长江各省时便在北京先印。未及发行完毕,北伐告成。当北伐军到达北京时,金梁(1878—1962)早已带着四百部跑到沈阳。整个事件即反映了中央的力量准备大举伸入原先被军阀保护的一些文化思想范围中。

---

[1] 傅振伦:《清史稿的查禁与清史的重修》,在《傅振伦文录类选》(北京:学苑,1994),页88。
[2] 此可参傅振伦的两篇长文《清史稿之评论(上)(下)》,在《傅振伦文录类选》,页93—146。
[3] 朱师辙:《清史述闻》(香港:太平,1963)中所载《故宫博物院呈请严禁〈清史稿〉发行文》,页419—421。

南京国学书局及甪直镇唐塑的保护问题，一个是由清季地方政府遗留下来的摇摇欲坠的文化机构，一个是在地方政府力量下无人理睬的古迹，它们一如殷墟，原本是"河南省内弃置三十年从不过问"[1]者，但当中央的力量介入接管时，则马上发生中央与地方相互争持的情形。

所谓南京政府教育部没收江苏省政府所属国学书局一事，其过程是这样的：南京的国学书局原名江南书局，是曾国藩（1811—1872）任两江总督时所创设，专司校刊经史。到了清季，因为新学兴起，该局逐渐没落，先后多次改易名称，而书局营运也始终处于"不绝若线"的状态。不过该局始终隶属于江苏地方政府。

北伐成功后，国民政府定都南京。因为书局难以为继，该局负责人遂于1928年上书南京大学院，希望由地方改隶中央。蔡元培批准了此事。由大学院改组的教育部也在1929年9月20日正式行文表示接受。但此事迅即被地方人士解释为是新兴的中央政府介入地方文化事业。江苏人士呈文曰："惟苏省地方人士，均以前清数十年经营之事业，及民国以来省方十余年维持之历史，所系于人心及观瞻者甚巨，断不容自省政府时代任其放弃。……应请仍旧移归省方，俾得发扬而光大之，以为一省文化之基础。"[2]与这个书局有过密切关系的中央大学教授柳诒徵（1880—1956）则将此事件解释为"上级机关擅夺下级机关所相沿治理之事"[3]。

至于引起中央的党国大老与江苏地方古物保存分会争执的杨惠之塑像保护工作，也几乎与安阳纠纷及检校《清史稿》等事同时，涉及的是同一批中央党国要员，如张继（1882—1947）、蔡元培等；而反对的陈佩忍也曾于1922年在中央大学的前身东南大学教书，他

---

[1]《全集》，第4册，总页1317。
[2] 柳诒徵：《论文化事业之争执》，《史学杂志》2：1（1930），页6。
[3] 同上书，页7。

曾经是辛亥革命的参与者，但北伐后并未在国民政府中担任高职。

甪直镇杨惠之塑像的"再发现"，与史学家顾颉刚有分不开的关系。依顾氏1923年底在《小说月报》上所写的几篇文章看来，早在1918年他在江苏吴县东南甪直镇的一次旅游中，便惊诧于保圣寺的唐塑精神弥满，但是1923年重游时，却发现这些塑像因无人理睬，四年之内竟变得"地下满积着瓦砾，大佛座身之后几乎全坍塌了！我最不能忘的题壁罗汉，因为塑在东北角里，也连着倒得全无踪影了"[1]。他照了照片，发起保存运动，向各处接洽。运动了一年，却未能奏效，乃作《记杨惠之塑罗汉像》一文投《努力周报》，引起了高梦旦、任鸿隽（1886—1961）的注意，立刻函请江苏教育厅长蒋竹庄派员拆卸保存。但镇上人士知道此事后，由沈伯安等自己集款将杨惠之塑像真迹三尊，及虽经修饰而尚未失神的二尊拆下，安置在陆龟蒙祠中，并想捐钱造一公园安顿之[2]。又过了五年（1928年），叶恭绰（1881—1968）游甪直，发现该寺已于数月前倾圮，其余存留者亦毁颓，故分函蔡元培、张继、谭延闿、李石曾、易培基、于右任、胡汉民、钮永建、叶楚伧等宣传保护，并得到蔡元培答应协助，由大学院拨款一万元作为保存唐塑之经费。叶恭绰接着组织"唐塑保存会"。此事因为有中央要员介入，很快地形成中央与地方人士之矛盾。1928年10月，古物保存会江苏分会出面议决此事由当地人士沈伯安主办。该会主席陈佩忍则表示，古物之保存，自应归入分会之范围，不须另设机构（"唐塑保存会"）。支持唐塑保存会的陈彬龢则怒骂："杨惠之塑像之弃于甪直，为樵夫、牧童所不顾，盖亦久矣！"陈氏又说当唐塑会进行保存之前，江苏分会对唐塑丝毫未有任何具体之计划，一至有人"欲加保存，则十目视之，十手指之"，"矧苏省需保存之古物犹伙，今江苏分会何独不予注意，

---

[1] 顾颉刚：《杨惠之的塑像》（二），《小说月报》，15：1（1918），页20。
[2] 同上。

而惟干涉别人已加进行之事。"[1]

保护唐塑的争执中除涉及中央大员与地方人士之争执外,也涉及两种古物保存观点的不同。沈伯安系该地小学校长,他想将保圣寺的寺址变成小学校园,故反对修庙,但主张拆卸保存五尊罗汉。而新派人物则认为合理的保存方法是原地原式修建,留下整体的遗迹以存历史意味。

在这次争执中,叶恭绰及他所致函的当道,都是北伐成功的国民政府中较为关心文化的中央大员,而出面支持大学院的亦是中央机构,则唐塑保存会虽不似中央研究院之为中央机构,但其性质、意味皆颇相近,后来教育部下令组成的保管委员会,基本上也是以全国性人物为主组成,没有将地方人士纳入。

以上事件,是当时文化、社会、政治转换的集中反映,是晚清以来地方督抚分权,以及社会、政治动荡之总反响,是新兴的中央在"国家建构"过程中接管地方事务而与地方人士较劲的例子。其实,中央及地方的军政领袖根本不会太过在意学术上的事。以殷墟争执为例,当时河南局势混乱,民疲兵困,加上中原大战之前的种种纵横捭阖,军政大员中,大概除了以搜集唐代碑刻拓片闻名的千唐斋主人张钫之外,不会有人真正关心这种争执。但是中央与地方分裂是一个事实,地方上的文化人士便可以运用这一个事实与中央来的、一样是手无寸铁的学术机构周旋下去。即使"中央"函电交加,但是一旦中央不是真正能够控制时,这种周旋便无已时[2]。

---

[1] 陈彬龢:《保存唐塑运动之经过——杨惠之算是倒霉》,《国立中山大学语言历史学研究所周刊》6:70(1929),页16—17。
[2] 有意思的是投稿者也知道各种主要刊物的态度,如何日章从河南遥寄其传单至柳诒徵主之《史学杂志》,因知其一向反对新文化与新学术也。而陈彬龢亦知将其抗议江苏地方文化人士有关杨惠之塑像的文章投到《中山大学语言历史研究所周刊》,因为知道它是倡导新学术的刊物也。中央大学中文系教授一向为反对、批评新文化运动之大本营,吴宓之《学衡》固不论矣,柳氏及其学生对傅斯年及史语所一贯采取批评态度。史语所的考古事业受其讽刺(柳诒徵在《论文化事业之争执》中说:"正不必炫鬻骨董,求人间未见之书而读之也。"见该文,页7),傅氏本人的《周颂说》及《东北史纲》也受其挞伐。

从以上事例不难看出新旧学术之间的更迭也涉及当时政治、社会的复杂纠葛。而前面所整理出来的这些新与旧、中央与地方,以及北伐与中国近代新学术等方面的问题,似乎同时也反映了近代学术发展与晚清以来社会政治之矛盾的密切关系。

* 原发表于《新史学》第8卷第2期(1997年),页93—132

一个新学术观点的形成

——从王国维的《殷周制度论》到傅斯年的《夷夏东西说》

在现代中国的新学术社群中,出现不少新的论述,它们纷纷取代旧说,成为人们在相关研究领域中的典范。而这些论述的形成,有学术内部发展的逻辑,但也常常带着新思潮的烙印。现在,我想举史学研究方面的一个例子,来分析新论述形成的过程。我想讨论的是"古史多元观"的形成,它是一个相当有力量的"工作假设"(working hypothesis),对古代历史作了一种由一元到多元的诠释。而这个新诠释观点与王国维(1877—1927)和傅斯年(1896—1950)是分不开的。

王国维与傅斯年出生时间相差将近二十年,一位是清代遗老,一位是五四青年;一位声嘶力竭提倡保护传统文化的价值,一位是近代反传统的健将。他们的社会角色截然不同,著作却有着相当微妙的关联。但是在傅斯年的已刊及未刊文稿中,除了早年的一篇书评外,从未专文讨论过王国维,这就使得后人要考索这一层因缘变得相当困难。然而傅氏藏书中对王氏著作的眉批却是提供了一些线索。

一

在1920年代至1930年代,先后出现几种论著提倡多元古史观,依时代先后,分别有蒙文通(1894—1968)的《古史甄微》(1927年)、傅斯年的《夷夏东西说》(1934年)、徐炳昶(1888—1976)

的《中国古史的传说时代》(1943年)。

古史多元论的产生,与顾颉刚(1893—1980)的古史辨运动自然有密切的关系。他在一些震人心弦的文章中质疑古代民族出于一元的旧观念,提出古代民族应当出于多元的推想,同时也颇怀疑殷、周本不相干[1]。古史辨派将上古信史击成碎片,使得后来的史家能较无拘束地将这些碎片重新缀合。蒙、傅、徐三人在某种程度上都是对顾颉刚《古史辨》的回应。蒙文通的三集团说最早出,但在当时影响较小。徐炳昶先生之书最为晚出,以分析古代神话为主。

至于傅斯年的《夷夏东西说》,不只批判性地运用文献,而且深受当时考古新发现的影响,并时时以新出土之甲骨作为证据,论证相当细密,贯串全文的方法,一个是种族的,一个是地理的。引用劳榦先生的话,这一篇文章对于殷人在东、周人在西这一点"有一个透彻的了解","根据这个理论来推断殷、周两部族的来龙去脉,以及中国文化史的渊源与其分合,那就更显然如在指掌"[2]。这篇文章一直到今天都有重大影响。

傅斯年这一篇文字的思想源头是多方面的。有人认为他可能是受了哥廷根大学汉学家哈隆(Gustav Haloun)的影响[3],我个人不太赞同此说。傅氏在欧洲并不学历史,而且我遍检他的藏书也未见到哈隆的文章。细读哈隆的文章,也可以发现他的观点与傅氏并不相同。惟有重视上古多元民族、民族迁移这一方面两人的取径有相似之处,但是重视种族本来就是当时德国史学界共同关心的问题[4],不

---

[1] 《讨论古史答刘、胡二先生》,《古史辨》(台北:翻印本,无出版时间)第1册,页105—150,尤其是页142—150。
[2] 见傅乐成:《傅孟真先生年谱》,在《傅斯年全集》(以下简称《全集》)第7册,总页2637。
[3] Gustav Haloun, "Contribution to the History of Clan Settlement in Ancient China I," *Asia Major*, vol. 1 (1924), pp. 76 – 111.
[4] Friedrich Meinecke, *Cosmopolitanism and the National State* (Princeton: Princeton University Press, 1963), pp. 12 – 13.

一定要特别受到某人的启发。我个人倾向于认为傅氏原有一些东、西二分的模糊看法，而王国维《殷周制度论》深化了他原先的观点。

传统中国有一种牢固的成见，认为三代出于一元，认为殷、周皆起于西土，而且认为西土是孕育强盛朝代的地方。《史记》中的一段话反映了这一种意识：

> 或曰："东方物所始生，西方物之成孰。"夫作事者必于东南，收功实者常于西北。故禹兴于西羌，汤起于亳，周之王也以丰镐伐殷，秦之帝用雍州兴，汉之兴自蜀汉。[1]

在这一段话里，"汤起于亳"之"亳"，经常被解释为是在西边。譬如徐广（352—425）就说京兆杜县有亳亭，照此说则在三亳阪尹之外，又有一个西亳，那么商也是起于西土的。不过，清儒中已有不少人对此提出不同的看法，孙星衍（1753—1818）、胡天游（1696—1758）、郝懿行（1757—1825）、金鹗（?—1819）、毕亨，都主张偃师之西亳为后起之亳，汤之始都应在东方[2]。王国维显然继承了清儒这方面的成绩，然后再往前推进了一步，提出了一条有力的证据证实汤之亳为汉代山阳的薄县，也就是今天山东的薄县。他引的材料是《左传·哀公十四年》"宋景公曰，薄，宗邑也"。

这里必须强调的是，在王国维的瓜皮帽及长辫发之下，其实是位思想异常新颖的史家，他运用地理的观点，将一些自古以来认为一脉相传的系统拆解开来。传统的一元系谱被他空间化、多元化了。譬如他在1916年提出战国时秦用籀文，六国用古文，一东一西，便打破了由古文而籀文，由籀文而篆，由篆而隶一脉相承之

---

[1]《史记·六国年表》（北京：中华，1983），页686。
[2] 傅斯年：《夷夏东西说》，《全集》，第3册，总页840。

说。在《殷周制度论》等文字中,他也运用地理的观点,将过去认为一脉相传的朝代加以空间化。

王国维的一系列考证都邑地理的著作,如《自契至于成汤八迁》、《商》、《亳》等都指向一个地理上东、西二分的结论,即殷以前帝国宅京皆在东方,惟周起于西土。他说:

> 自上古以来,帝王之都皆在东方太皞之虚在陈,大庭氏之库在鲁,黄帝邑于涿鹿之阿,少皞与颛顼之虚皆在鲁卫,帝喾居亳。惟史言尧都平阳,舜都蒲坂,禹都安邑,俱僻在西北,与古帝宅京之处不同。然尧号陶唐氏,而冢在定陶之成阳;舜号有虞氏,而子孙封于梁国之虞县;孟子称舜生卒之地皆在东夷。盖洪水之灾,兖州当其下游,一时或有迁都之事,非定居于西土也。禹时都邑虽无可考,然夏自太康以后以迄后桀,其都邑及他地名之见于经典者,率在东土,与商人错处河济间盖数百岁。商有天下,不常厥邑,而前后五迁,不出邦畿千里之内。故自五帝以来,政治文物所自出之都邑,皆在东方。惟周独崛起西土。[1]

王国维在《殷周制度论》中又说:

> 自五帝以来,都邑之自东方而移于西方,盖自周始,故以族类言之,则虞、夏皆颛顼后,殷、周皆帝喾后,宜殷、周为亲。以地理言之,则虞、夏、商皆居东土,周独起于西方,故夏、商二代文化略同。[2]

又说:

---

〔1〕 王国维:《殷周制度论》,《观堂集林》(台北:河洛图书,1975),页451—452。
〔2〕 同上。

> 殷、周间之大变革，自其表言之，不过一姓一家之兴亡与都邑之移转，自其里言之，则旧制度废而新制度兴，旧文化废而新文化兴。[1]

在这篇文字中，王国维不但是将商、周这两个过去习以为是前后相承的朝代以地理上分为东、西，而且从制度上广泛论述殷、周之不同。

当《殷周制度论》于1917年发表时，在北大国文系读书的傅斯年显然并未留意，在他的任何文字中也从未提到过。1927年8月，傅斯年从广州到上海时首度购读《观堂集林》，我们很幸运地在傅斯年逝世后所遗的藏书中，看到这部《观堂集林》（封面题"中华民国十六年八月旅次上海，斯年"），所以可以清楚看出他注意到《殷周制度论》，并在该文的"中国政治与文化之变革，莫剧于殷、周之际"上眉批：

> 此盖民族代兴之故。

这句简短的眉批必须配合着傅斯年的两段话来看。他在1924年所写的一篇《评丁文江的"历史人物与地理的关系"》中有这样一段话：

> 或者殷、周之际，中国的大启文化，也有点种族关系正未可知。要之中国历史与中国人种之关系是很可研究的。[2]

此外，《与顾颉刚论古史书》中的一段话也应仔细玩味。在这一封

---

[1]《观堂集林》，页453。
[2]《全集》，第4册，总页1550。

写于 1924 至 1926 年，没有寄出的长信中，他已经表示了一些后来《夷夏东西说》的影子了：

> 周之号称出于后稷，一如匈奴之号称出于夏氏。与其信周之先世曾窜于戎狄之间，毋宁谓周之先世本出于戎狄之间。姬姜容或是一支之两系，特一在西，一在东耳。
> ……我疑及中国文化本来自东而西：九河济淮之中，山东辽东两个半岛之间，西及河南东部，是古文化之渊源。以商兴而西了一步，以周兴而更西了一步。不然，此地域中何古国之多也，齐容或也是一个外来的强民族，遂先于其间成大国。[1]

傅氏在这封信中又说：

> 究竟谁是诸夏？谁是戎狄？[2]

以上几点充分显示出他对上古中国种族复杂性的兴趣。

种族观点在傅斯年早年便已深深蚀刻。辛亥革命所牵涉到的种族问题想必在其脑海中留下深刻印象，而他在评桑原骘藏（1871—1931）的《东洋史要》时也已透露这方面的想法。桑原之书是最早以新式题材撰写的中国通史，在当时中国影响极大[3]，许多新出版的教科书皆以之为准，划分上古、中古、近代[4]。傅斯年熟读该书并曾有过评论。他并不满意桑原"始以汉族升降为别，后又以东西

---

[1]《全集》，第 4 册，总页 1533—1534。
[2] 同上书，总页 1535。
[3] 桑原书之中译本我未见到，该书原本《中等东洋史》收于《桑原骘藏全集》（东京：岩波书店，1968），第 4 卷，页 1—290。
[4] 傅斯年：《中国历史分期之研究》，《全集》，第 4 册，总页 1225。

交通为判,所据以为分本者,不能上下一贯"[1],认为"宜据中国种族之变迁升降为分期之标准"。他说:

> 研究一国历史,不得不先辨其种族,诚以历史一物,不过种族与土地相乘之积,种族有其种族性,或曰种族色者(Racial Colour),具有主宰一切之能力,种族一经变化,历史必顿然改观。[2]

在傅斯年留学德国期间"历史一物,不过种族与土地相乘之积"一类想法,必然被进一步深化了。在当时德国历史学界,种族史始终是热门的一支,譬如与傅氏同在德国留学的陈寅恪也不约而同地表现出以"种族—文化"为主轴来诠释历史变动的现象。陈寅恪治史时重"种族—文化"之特色早已有人指出[3],陈先生《唐代政治史述论稿》第一句即引《朱子语类》"唐源流出于夷狄,故闺门失礼之事不以为异"一语,然后说"然即此简略之语句亦含有种族及文化二问题,而此问题实李唐一代史事关键之所在,治唐史者不可忽视者也。"故他说要先论唐代三百年统治阶级中心是皇室之氏族问题,"然后再推及其他统治阶级之种族及文化问题"[4]。至于《隋唐制度渊源略论稿》中提出隋唐制度的三种来源,也是从"种族—文化"着眼[5]。傅斯年在欧洲的六七年间,对欧洲历史作过广泛的阅读,在傅氏的古史论文中,随处可见这方面的痕迹,如《大东小东说》中

---

[1]《全集》,第4册,总页1226。
[2] 同上书,总页1230。
[3] 1958年在《历史研究》中,有署名北京大学历史学三年级三班研究小组的《关于隋唐史研究中的一个理论问题——评陈寅恪先生的"种族—文化"观点》,文中痛骂陈氏未能与马克思主义史学合节。不过这篇文章倒是把握到陈氏史学的一个特质即"种族—文化"。见《历史研究》12(1958),页37—52。
[4]《陈寅恪先生论文集》(台北:九思,1977),页153。
[5]《关于隋唐史研究中的一个理论问题——评陈寅恪先生的"种族—文化"观点》,《历史研究》12(1958),页37。

提到大哥里西、哥里西、大不列颠、小不列颠,近于罗马本土者为小,远于罗马本土者为大,如《论所谓五等爵》之得到欧洲封建时代爵制之启发。他尤其注意欧洲史中的种族问题,如《周东封与殷遗民》(1934 年):

> 试以西洋史为比:西罗马之亡,帝国旧土分为若干蛮族封建之国,然遗民之数远多于新来之人,故经千余年之紊乱,各地人民以方言之别而成分化,其居意大利、法兰西、西班牙半岛、意大利西南部二大岛,以及多瑙河北岸,今罗马尼亚国者,仍成拉丁民族,未尝为日耳曼人改其文化的、语言的、民族的系统……遗民之不以封建改其民族性也如是。[1]

值得注意的是除了种族方面的观点,他还受到巴克(H. Buckle, 1821—1862)《英国文明史》(History of Civilization in England)中地理史观的影响,一度还想将它译成中文[2]。所以,傅氏在 1926 年冬回到中国时,心中必有牢固的"种族"及"地理"观点。他从欧洲运回来的藏书中便有不少这两类的书。正由于他关心种族史问题,所以他个人的研究工作会以"民族与古代中国"为主题,而且可以说这是他所有关于古代史著作的总纲;而史语所工作之计划与布置,亦与这个主题密切相关,如史禄国(S. M. Shirokogoroff, 1887—1939)等人之体质人类学调查、西南少数民族调查等,都是为了解决中国古代民族的问题。

当他回到阔别多年的中国后,首先引起他注意的,也是"种族—地理"方面的研究。他在为董作宾(1895—1963)《新获卜辞写

---

[1]《全集》,第 3 册,总页 902。
[2] 朱家骅一度拟聘傅氏为中研院地理所筹备委员之一,足见其地理方面的素养。信存中研院近代史研究所档案馆。

本后记》所作的跋中说他在上海买到《观堂集林》,发现王国维对"族类"与"地理"有可喜的研究:

> 十六年八月,始于上海买王静庵君之《观堂集林》读之,知国内以族类及地理分别之历史的研究,已有如《鬼方猣狁考》等之丰长发展者。[1]

《观堂集林》中最主要的文章之一是《殷周制度论》。这篇论文开启了种种可能性,在学术背景不同的人读来,即有相当不同的发挥。譬如郭沫若(1892—1978)在1930年出版的《中国古代社会研究》中认为那是时会使然,即经济状况已发展到另一阶段,自不能不有新兴的制度逐渐出现,并认为是由氏族社会到奴隶社会的变化[2]。然而,王国维比较殷、周制度异同,并以地理的观点将殷、周加以东、西二分的文章,在心中怀抱着"种族—地理"观点的傅斯年看来,意义却不一样。殷、周之际文化上如此剧烈的变化,显然与"民族"代兴有关。这不是王氏原有的观点。因为在这方面,王国维仍持守传统的看法,主张"殷、周皆帝喾后。宜殷、周为亲"。(按:《世本》、《帝系姓》皆以殷、周同出帝喾之后)但在后人读来,颇觉殷、周文化差异如果以民族代兴去解释,似乎更为合理。所以王国维将直线的发展切开平铺,而傅斯年又以种族观点将它们划分两个集团,所以傅氏会在"中国政治与文化之变革,莫剧于殷、周之际"之上批以"此盖民族代兴之故"。

王国维的学生徐中舒(1898—1991)显然也是从其师《殷周制度论》读出王国维意想不到的结论。徐氏在1927年所写的《从古书推测之殷、周民族》中暗驳其师殷、周皆出帝喾之说,认为:

---

[1]《全集》,第3册,总页998。
[2] 潘光哲:《王国维与郭沫若》(未刊稿)。

> 殷、周之际，我国民族之分布，实经一度极剧之变迁，其关系后世，至为重要。旧史非但不载其事，又从而湮晦其迹，使我国古代史上因果之关系，全失真相。[1]

他由几个方面证明殷、周非同种民族，譬如说：

> 今由载籍及古文字，说明殷、周非同种民族，约有四证。一曰由周人称殷为夷证之……二曰由周人称殷为戎证之……[2]

徐中舒所引材料中尤有《左传·襄公十四年》"我诸戎饮食衣服，不与华同，贽币不通，言语不达"一条，说明周人之语言文字其初是否与中国相同，实属疑问[3]。徐氏强调殷、周非但不是同一种族，而且两者之间有激烈的冲突。他说牧野之战实系两民族存亡之争，后来周人将这个事实掩盖起来，而儒家又以吊民伐罪解释之，于是东、西两民族盛衰变迁之遂无闻焉。（按：殷、周是不是属于不同种族，目前学界仍未有定论，有不少史家认为它们没有分别。不过这并不是本文讨论的主旨之所在）

傅斯年以"民族代兴"的观点来理解殷、周之间剧烈的变化，深化了他原有的周人在西、殷人在东的观点，成为他后来的古史方面的几篇杰作，尤其是《"新获卜辞写本后记"跋》、《周东封与殷遗民》及《夷夏东西说》的一个基本论点。在《"新获卜辞写本后记"跋》中傅斯年一再强调殷、周种姓不同，认为"《诗》《书》上明明

---

[1]《国学论丛》1：1（1927），页109。
[2] 同上书，页110。关于徐文与王国维之关系，参考顾颉刚：《当代中国史学》（南京：胜利，1947），页131。王国维与傅斯年的关系，周予同《五十年来中国之新史学》也曾点及。见朱维铮编：《周予同经学史论著选集》（上海：上海人民，1996），页551。
[3]《国学论丛》1：1，页109。

白白说出他们种姓、地理、建置,各项差别的"[1]。在《夷夏东西说》中傅斯年又说从地理上看,三代及近于三代前期,有着东、西两个系统:

> 历史凭借地理而生……现在以考察古地理为研究古史的一个道路,似足以证明三代及近于三代之前期,大体上有东、西不同的两个系统。[2]

他说东、西对峙史即三代史:

> 东、西对峙,而相争相灭,便是中国的三代史。在夏之夷、夏之争,夷东而夏西。在商之夏、商之争,商东而夏西。在周之建业,商奄东而周人西。[3]

至于传统一元式的古史观倒像是希腊的"全神堂",本来是多元的,却硬被凑成一个大系统:

> 《左传》中所谓才子不才子,与《书·尧典·皋陶谟》所举之君臣,本来是些互相斗争的部族和不同时的酋长或宗神,而哲学家造一个全神堂,使之同列一个朝廷中。"元首股肱",不限于千里之内、千年之间。这真像希腊的全神堂,本是多元,而希腊人之综合的信仰,把他们硬造成一个大系。[4]

不过,我们绝对不能轻率地认为《夷夏东西说》是《殷周制度

---

[1]《全集》,第3册,总页986。
[2] 同上书,总页823。
[3] 同上书,总页887。
[4] 同上书,总页883。

论》单纯的延续。事实上在《夷夏东西说》中,直接称引王国维的地方只有寥寥几处[1],而且,《夷夏东西说》的许多观点还与王氏明显不同。譬如王国维说夏在东而傅斯年说夏在西,王国维很少说及夷,而傅文中考论东夷的部分相当之多。然而,在原始的精神上,我们仍可以在这两篇文字之间发现一些微妙的联系。

王国维与傅斯年之间关系当然还不止于此。

傅斯年早年倾向疑古,但他后来不满意于怀疑,并主张重建古史。促成其转变的,当然是史语所殷墟考古的成果,不过王国维《殷卜辞中所见先公先王考》及《续考》等文字也有微妙的影响。傅斯年在1930年所写《"新获卜辞写本后记"跋》中说:

> 即如《史记·殷本纪》的世系本是死的,乃至《山海经》的王亥,《天问》的恒和季,不特是死的,并且如鬼。如无殷墟文字之出土,和海宁王君之发明,则敢去用这些材料的,是没有清楚头脑的人。然而一经安阳之出土,王君之考释,则《史记》、《山海经》、《天问》及其联类的此一般材料,登时变活了。[2]

他接着推论说,《殷本纪》之世系虽有小误,但是"由文字传写而生,不由虚造。既不妄于《殷本纪》,何至妄于《楚世家》?"[3]足证《殷卜辞中所见先公先王考》及《续考》两篇文字增强了他对古代文献的信心。值得注意的是1940年出版的《性命古训辨证》中,也有一段显然与前引有关的话,认为夏代之存在是可信的:

> 即以殷商史料言之,假如洹上之迹深埋地下,文字器物不出

---

[1] 傅斯年特别注意到的是王国维对于"亳"的考证。
[2] 《全集》,第3册,总页961。
[3] 同上书,总页978。

土中，则十年前流行之说，如"殷文化甚低"、"尚在游牧时代"、"或不脱石器时代"、"《殷本纪》世系为虚造"等等见解，在今日容犹在畅行中，持论者虽无以自明，反对者亦无术在正面指示其非是。差幸而今日可略知"周因于殷礼"者如何，则"殷因于夏礼"者，不特不能断其必无，且更当以殷之可借考古学自"神话"中入于历史为例，设定其为必有矣。夏代之政治社会已演进至如何阶段，非本文所能试论，然夏后氏一代之必然存在，其文化必颇高，而为殷人所承之诸系文化最要一脉，则可就殷商文化之高度而推知之。[1]

他从出土的殷商遗物中推论其"乃集合若干文化系以成者，故其前必有甚广甚久之背景可知也"。[2]这个态度与王国维《古史新证》"总论"上所说的"虽古书之未得证明者，不能加以否定，而其已得证明者，不能不加以肯定"，颇为相近。[3]

二

除了王国维以外，从未见到傅斯年对任何学者如此倾心。他在给陈垣（1880—1971）的一封信中，表示了他对西洋学术羡妒交加的情绪，既肯定他们在东方学研究上的成就，"并汉地之历史材料亦为西方旅行者窃之夺之，而汉学正统有在巴黎之势"同时又"惭中土之摇落"，希望能建立一个机构，聚合一群学者急起直追。但傅斯年在悲叹"中土之摇落"时，却认为王国维与陈垣是两位足以傲视西方的学者。他说："幸中国遗训不绝，经典犹在，静庵先生驰誉海

---

[1]《全集》第2册，总页632—633。
[2] 同上书，总页633。
[3]《古史新证》（北京：清华大学出版社，1994），页2—3。

东于前，先生（陈垣）鹰扬河朔于后。"[1]单以甲骨文来说，他在董作宾《殷历谱》序中说，自孙诒让（1848—1908）始得甲骨文字以来，对甲骨文的研究，"若夫综合研究，上下贯穿，旁通而适合，则明明有四个阶段可寻，其一为王国维君之考证殷先公先王，与其殷墟文字考释之一书"[2]。

不过傅斯年显然认为王国维的史学观点仍有所限制，即他并不能脱离"二重证据法"，仍然局限于将地下史料与古代文献相比较的方法，未有"整个的观点"[3]。故在《"新获卜辞写本后记"跋》中又说：

> 殷代刻文虽在国维君手中有那么大的成绩，而对待殷墟之整个，这还算是第一次。[4]

言下之意，傅氏认为史语所以"整个的观点"处理商代考古发掘的工作，是超出王国维的境界了[5]。

此外，傅斯年也没有王国维《殷周制度论》中所反映的那种强烈的道德关怀。王国维说："周人制度之大异于商者，……皆周之所以纲纪天下，其旨则在纳上下于道德，而合天子诸侯卿大夫士庶民以成一道德之团体。周公制作之本意，实在于此。"[6]从王国维语气中可以清楚看出他是"周文化主义者"，所以说周是一个"道德团体"。傅氏与王国维不同，他是新文化运动的健将，对他而言，传统

---

[1] 傅斯年致陈垣函，藏于中研院历史语言研究所"公文文件"。
[2] 《〈殷历谱〉序》，《全集》，第3册，总页953。
[3] 关于"整个的观点"，参见傅斯年：《考古学的新方法》，《全集》，第4册，总页1337—1347。
[4] 《全集》，第3册，总页959。
[5] 参见王汎森：《什么可以成为历史证据——近代中国新旧史料观点的冲突》，《新史学》8：2（1997），页117。该文收入本书中。
[6] 《观堂集林》，页454。

宗法社会早已失去了光环。在《殷周制度论》的文末，我们可以看到傅斯年的几句眉批，充分反映两代学者在面对相近的历史现象时全然不同的观点：

> 殷、周之际有一大变迁，事甚明显，然必引《礼记》为材料以成所谓周公之盛德，则非历史学矣。

此外，傅斯年《周东封与殷遗民》及《夷夏东西说》中不但在一些史事上与王氏有不同，而且还透露出一种强烈的"东方主义"，强调东夷和商的文化贡献。他说东夷中"如太皥，则有制八卦之传说，有制嫁娶用火食之传说。如少皥，则伯益一支以牧畜著名，皋陶一支以制刑著名。而一切所谓夷，又皆以弓矢著名。可见夷之贡献于文化者不少。殷人本非夷族，而抚有夷之人民土地……"[1]又说：

> 商朝本在东方，西周时东方或以被征服而暂衰，入春秋后文物富庶又在东方，而鲁、宋之儒，墨、燕、齐之神仙，惟孝之论，五行之说，又起而主宰中国思想者二千余年。然则谓殷商为中国文化之正统，殷遗民为中国文化之重心，或非孟浪之言。[2]

王国维以周为中国文化之中心，而傅斯年以殷商为中国文化之正统，一西方，一东方，也反映出两代学人对宗法道德完全不同的态度。

在这一篇短文中，我讨论了两个问题。第一是从王国维到傅斯年，一个新诠释典范形成的曲折过程。第二是在追溯傅斯年《夷夏东西说》的思想渊源时可以看出，王国维这位坚守传统道德价值的学者，以相当微妙的方式为新文化运动开道。但是在新一代人看

---

[1]《全集》，第3册，总页882。
[2] 同上书，总页902—903。

来,他那具有深刻道德关怀与经世用心的《殷周制度论》却有了相当不同的意义,"所过者化,所存者神"(《孟子·尽心上》)。王国维与傅斯年这两代学者的关系似乎就是这样。

附　录

本附录是辑抄傅斯年藏书中对王国维著作所作眉批中的学术评论。

《观堂集林》卷二《说商颂下》批云:"此所论至允,然以不敢违鲁语,故仍不敢从韩诗之说,卒之奋发荆楚之语,无以解矣。"

《观堂集林》卷十《殷周制度论》,傅斯年在"中国政治与文化之变革,莫剧于殷周之际"上用毛笔加句读,并于其上批:"此盖民族代兴之故。"在"是故大王之立王季也,文王之舍伯邑考而立武王也,周公之继武王而摄政称王也,殷制言之皆正也"上批云:"此言未惬,传长子之弟与传弟有别,仅周公摄政合殷制耳。"在"由传子之制而嫡庶之制生焉"一语上批:"此语因果倒置。"于此文最后批:"殷周之际有一大变迁,事甚明显,然必引《礼记》为材料以成所谓周公之盛德,则非历史学矣。"

《观堂集林》卷十一《太史公行年考》上批:"自庄、孔以来今文说,王君俱不采。此等今文说诚有极多可笑者,然亦有不可易者,王君既不取,则论《史记》非其所长矣。"在此文一开始不久"安国既云蚤卒,则其为临淮太守,亦当在此数年中,时史公年二十左右,其从安国问《古文尚书》,当在此时也"上批云:"此真捕风捉影之考矣。"

《观堂集林》卷十二《说亳》上批:"此下二文,大体皆袭人前说,仅其第一证为新说。"(按:此处所谓此下二文,可能是《说耿》、《说殷》)

《观堂集林》卷十三《鬼方昆夷玁狁考》,是全文圈点之文,无眉批,但有夹条云:"左哀二十三,申鲜虞,此亦以国名名人者。"

另一篇全文圈点的是《殷卜辞中所见先公先王考》。

《观堂集林》卷十五《汉黄肠木刻字跋》上批云:"安阳殷王墓中所见之木室盖即黄肠之渊源矣。"

《观堂集林》卷十八《胡服考》在第一页"胡服之入中国始于赵武灵王,其制冠则惠文"上批曰:"《左·僖二十四》:'郑子臧好聚鹬冠。郑伯闻而恶之,使盗杀之。'此斯冠之始也。以为惠文,误。杜曰:'鹬,鸟名,聚鹬羽以为冠。'"

在《观堂集林》全书中,傅氏对《五声考》一文批评最多,认为王氏"无音学常识"。文中批语不少,如:"入声不纯然另是一类,对转之说可能,配阴配阳则局论耳。"

在《海宁王忠慤公遗书三集》(戊辰孟春校印)《今本竹书纪年疏证自序》最后批云:"此书之辑,或以有徐位川、陈逢衡辈之书为之会集材料于前,并非难事,未可拟于惠君之疏伪书也,至徐、陈诸人之愚陋则不待证。""又此书大体,比之孙氏所疏增益不多,孙氏之力,何可略也?"

* 原发表于《学术思想评论》3(1998年),页473—492

《傅斯年全集》总目录

本书页下注中征引《傅斯年全集》,均作"《全集》,×××页"(或《全集》,第×册,×××页)。为了便于读者查寻征引文字所在专著或文章的篇目,特将台湾联经版《全集》各册所收专著、文章篇名、页码附列于下。——编者

第一册 / 1 -331
 中国古代文学史讲义 / 3
 诗经讲义稿 / 185

第二册 / 332 -738
 史学方法导论 / 333
 史记研究 / 393
 战国子学叙论 / 415
 性命古训辨证 / 491

第三册 / 739 -1048
论证
 战国文籍中之篇式书体——一个短记 / 739
 大东小东说 / 745
 姜原 / 759
 论所谓五等爵 / 770
 明成祖生母记疑 / 807

夷夏东西说 / 822
周东封与殷遗民 / 894
谁是"齐物论"之作者 / 904
说"广陵之曲江" / 921
谁是"后出师表"之作者 / 929

序跋
 刘复"四声实验录"序 / 935
 "城子崖"序 / 942
 "中国音韵学研究"序 / 948
 "殷历谱"序 / 951
 "新获卜辞写本后记"跋 / 959
 跋"明成祖生母问题汇证"并答朱希祖先生 / 1006
 "六同别录"编辑者告白 / 1018
 跋陈槃君"春秋公矢鱼于棠说" / 1021
 北宋刊南宋补刊十行本"史记

集解"跋 / 1027

"后汉书"残本跋 / 1044

第四册 / 1049 - 1550
文学类
  文学革新申义 / 1051
  文言合一草议 / 1065
  戏剧改良各面观 / 1075
  再论戏剧改良 / 1098
  中国文学史分期之研究 / 1112
  怎样做白话文 / 1119
  中国文艺界之病根 / 1136
  汉语改用拼音文字的初步谈 / 1138
  译书感言 / 1166
  白话文学与心理的改革 1176
  随感录 / 1187
  "新潮"之回顾与前瞻 / 1199

历史与思想类
  中国学术思想界之基本误谬 / 1213
  中国历史分期之研究 / 1224
  人生问题发端 / 1234
  对于中国今日谈哲学者之感念 / 1250
  毛子水"国故和科学的精神"识语 / 1258
  心理分析导引 / 1260
  历史语言研究所工作之旨趣 / 1301
  本所发掘安阳殷墟之经过 / 1315
  考古学的新方法 / 1337
  本所刊物沦陷港沪情形及今后出版计划 / 1348
  闲谈历史教科书 / 1357
  手批"史记"全文 / 1373

发刊词
  "新潮"发刊旨趣书 / 1397
  "史料与史学"发刊词 / 1402
  明清史料发刊例言 / 1405
  明清史料复刊志 / 1408
  台湾大学法学院"社会科学论丛"发刊词 / 1410

书评类
  清梁玉绳著史记志疑 / 1417
  马叙伦著庄子札记 / 1420
  宋郭茂倩著乐府诗集 / 1426
  王国维著宋元戏曲史 / 1429
  蒋维乔著论理学讲义 / 1433
  英国耶方斯之科学原理 / 1437
  出版界评 / 1439
  顾诚吾"对于旧家庭的感想"附记 / 1441
  傅斯年启事 / 1443
  失勒博士的形式逻辑 / 1445
  故书新评 / 1452
  清代学问的门径书几种 / 1454
  宋朱熹的诗经集传和诗序辩 / 1464

论学信札
  评秦汉统一之由来和战国人对于世界的想象 / 1481
  论孔子学说所以适应秦汉以来的社会的缘故 / 1486

评"春秋时的孔子和汉代的孔子"／1499

与顾颉刚论古史书／1502

评丁文江的"历史人物与地里的关系"／1543

第五册／1551－1996
国内问题

万恶之原／1553

去兵／1559

心气薄弱之中国人／1572

自知与终身之事业／1576

社会－群众／1578

社会的信条／1581

破坏／1584

朝鲜独立运动中之新教训／1587

一段疯话／1590

中国狗和中国人／1595

邮政罢工感言／1599

监察院与汪精卫／1604

中国现在要有政府／1611

日寇与热河平津／1617

"九一八"一年了！／1624

国联调查团报告书一瞥／1636

陈独秀案／1643

多言的政府／1652

这次的国联大会／1657

中国人做人的机会到了！／1662

国联态度转变之推测／1666

"不懂得日本的情形"？！／1673

溥逆窃号与外部态度／1680

政府与对日外交／1685

睡觉与外交／1690

政府与提倡道德／1694

"中日亲善"？？！！／1699

一夕杂感／1708

国联与中国／1715

地方制度改革之感想／1720

中华民族是整个的／1724

北方人民与国难／1729

公务员的苛捐杂税／1736

国联之沦落和复兴／1742

北局危言／1749

论张贼叛变／1754

讨贼中之大路／1758

西安事变之教训／1762

地利与胜利／1767

抗战两年之回顾／1774

汪贼与倭寇——一个心理的分解／1779

内蒙自治问题——驳盟等于省旗等于县说／1787

盛世危言／1796

"五四"偶谈／1805

战后建都问题／1809

天朝——洋奴——万邦协和／1821

"五四"二十五年／1828

我替倭奴占了一卦／1834

现实政治／1842

黄祸／1848

中国要和东北共存亡／1856

这个样子的宋子文非走开不可／1867

国际问题
  法德问题一勺 / 1879
  今天和一九一四 / 1893
  日俄冲突之可能 / 1899
  一喜一惧的国际局面 / 1904
  国联组织与世界和平 / 1910
  欧洲两集团对峙之再起 / 1915
  波兰外交方向之直角转变 / 1922
  "第二战场"的前瞻 / 1931
  罗斯福与新自由主义 / 1939
  评英国大选 / 1947
  论美苏对峙之基本性 / 1954
  自由与平等 / 1965
  苏联究竟是一个什么国家？ / 1971
  我们为什么要抗俄反共？ / 1980
  共产党的吸引力 / 1987

第六册 / 1997－2344
一般教育
  教育崩溃之原因 / 1999
  教育改革中几个具体事件 / 2007
  教育崩溃的责任问题——答邱椿先生 / 2014
  改革高等教育中几个问题 / 2017
  再谈几件教育问题 / 2025
  大学研究院设置之讨论 / 2034
  青年失业问题 / 2040
  论学校读经 / 2047
  中学军训感言 / 2054
  漫谈办学 / 2059
  几个教育的理想 / 2063

  一个问题——中国的学校制度 / 2075
  中国学校制度之批评 / 2082
关于台湾大学之问题
  国立台湾大学三十七学年度第一次校务会议校长报告 / 2137
  两件有关台湾大学的事 / 2143
  傅斯年校长的声明 / 2157
  傅斯年校长再一声明 / 2161
  台湾大学选课制度之商榷 / 2163
  台湾大学一年级新生录取标准之解释 / 2176
  台湾大学与学术研究 / 2183
  大学宿舍问题 / 2202
  "研究"与"出版" / 2214
  国立台湾大学第四次校庆演说词 / 2222
  台湾大学国文选拟议 / 2228
  台湾大学附属医院组织章程草案说明 / 2235
  台大办理本届一年级新生考试之经过 / 2239
  出席省参议会驻会委员会对所询台大开除学生之说明 / 2251
  关于台大医院 / 2260
  致诸同学第一封信 / 2281
  致诸同学第二封信 / 2290
关于医术问题
  所谓"国医" / 2299
  再论所谓"国医" / 2305

关于"国医"问题的讨论 / 2322
答刘学濬"我对于西医及所谓国医的见解" / 2330
医生看护的职业与道德的勇气 / 2336
护士职业与女子生活理想 / 2341

第七册 / 2345－2724
人物评论
论伯希和教授 / 2347
我所认识的丁文江先生 / 2352
丁文江一个人物的几片光彩 / 2364
我所景仰的蔡先生之风格 / 2374
我对萧伯纳的看法 / 2379

新潮通讯
答时事新报记者 / 2389
致同社同学读者 / 2399
答诚吾 / 2404
答余裴山 / 2409
答史志元 / 2414
答诚吾 / 2415
因明答诤 / 2421
对于新潮一部分的意见 / 2432
寄同社诸兄 / 2436

一般函札
致蔡元培书 / 2441
朱家骅傅斯年致李石曾吴稚晖书 / 2443
致蔡元培杨铨书 / 2448
致朱家骅杭立武书 / 2449
致顾颉刚书 / 2451
致吴景超书（一）/ 2453
致吴景超书（二）/ 2456
致吴景超书（三）/ 2463
与严耕望书（一）/ 2480
与严耕望书（二）/ 2482
复吴丰培书 / 2483
再复吴丰培书 / 2485
致吴丰培书 / 2487
致谢冠生书 / 2489
上蒋主席书（一）/ 2491
上蒋主席书（二）/ 2493
致李宗仁书 / 2495
致中央日报书 / 2497
贺蒋总统复职电 / 2499
致李书华书（一）/ 2501
致李书华书（二）/ 2504
致钱用和书 / 2506
与李玄伯书 / 2508
唁蒋碧薇女士与张道藩书 / 2510

杂文
山东底一部分的农民状况大略记 / 2513
中山大学民国十七年届毕业同学录序 / 2529
大明嘉靖三十三年大统历跋 / 2531
跋钟致和诗集 / 2533
跋人境庐诗草 / 2535
丁鼎丞先生七十寿序 / 2537
倪约瑟博士欢送词 / 2539

诗
深秋永定门城上晚景 / 2545
老头子和小孩子 / 2550

前倨后恭 / 2553

咱们一伙儿 / 2556

心悸 2558 /

心不悸了 / 2561

阴历九月十五夜登东昌城 / 2564

自然 / 2568

悼山东省专员范筑先战死聊城 / 2573

"当代学术"第一辑

美的历程
李泽厚著

中国古代思想史论
李泽厚著

古代宗教与伦理
陈 来著

从爵本位到官本位（增补本）
阎步克著

天朝的崩溃（修订本）
茅海建著

晚清的士人与世相（增订本）
杨国强著

傅斯年
中国近代历史与政治中的个体生命
王汎森著

法律与文学
以中国传统戏剧为材料
朱苏力著

刺桐城
滨海中国的地方与世界
王铭铭著

第一哲学的支点
赵汀阳著

生活·讀書·新知 三联书店 刊行